龍谷大学仏教文化研究叢書32

Practice and Consideration
over the Interpersonal Help

対人援助をめぐる実践と考察

吉川 悟 編 Satoru Yoshikawa

ナカニシヤ出版

序にかえて

吉川　悟

　友久久雄先生が2014年3月31日をもって，龍谷大学文学部臨床心理学科の教授職をご退職されることとなる。約40年の長きにわたって教育者として活動されてきた先生のエネルギーは，今も尽きることなくますますご健在であることを思えば，ほんとうに残念でならない。その先生の周りには，多くの研究者や後進の存在がある。先生のご経歴にあるように，京都教育大学から2002年に龍谷大学へと活動の拠点を移されたが，それ以外の社会活動・臨床活動に関しては，京都大学医学部付属病院小児科など，数挙にいとまがない。そしてそれらの教育，社会活動，臨床現場のすべてに，「人」を大切にされる先生の活動姿勢に惹かれ，研究や臨床に関与した研究者や臨床家，先生を師と仰ぎその後を随ってきた後進や学生など，さまざまな「人」のつながりが垣間見える。

　こうした先生のご退職にあたり，先生とのつながりの中で研究活動を行った「人」，臨床を含めた教育的活動をともに行った「人」，教えを受けた「人」などから，ご退職に際して何かできることはないかとの声が上がり，ご退官記念の論文集を作ろうとの話が持ち上がった。そして，率爾ながら編集を担当させていただくこととなり，論文集の編纂を企画させていただいた。

　しかし，先生の「人」とのつながりは，幾重にも張り巡らされた頑丈な絆でつながっており，かつそれぞれがそれぞれに先生への思いを持っておられる存在であることを知るだに，単純な論文集の編纂という作業には留まらないことを思い知らされた。それぞれの思いで書いていただいた論文であればいいのか，編纂の段階で論文集としての方向性を持たせるべきか，思い悩んだ末の結論として，「友久久雄先生のご退職記念論文集として，各自がふさわしいと思える論文をご寄稿いただくこと」とし，「対人援助」という言葉が先生の学際的な活動に共通すると考え，本論文集の表題である「対人援助を巡る実践と考察」とさせていただいた。

　なお，本論文集は，「仏教文化」「臨床心理」「教育」という先生が関わってこられた三つの領域ごとに論文をまとめたつもりであり，以下にその概要について記すこととしたい。

まず，第1章から第8章までは，龍谷大学の「仏教文化研究所」の研究会活動に携わっていただいている諸先生方からご寄稿いただいた論文である。2008年より，友久先生がはじめられた仏教文化研究所の付属研究所は，「仏教とカウンセリングの意義」や「悩みに対する宗教的・心理的アプローチに関する研究」を課題とした共同研究グループである。仏教者も臨床心理実践者も「人の困りごとに対応する立場」という類似性があるものの，これまでこのような学際的なつながりを科学的な視点から論じることは少なかった。この共同研究グループの活動は，独創的で学際的な視点を求めて多くの研究者が集い，精力的な研究活動を続けており，ご寄稿いただいた内容も，この研究会での活動に繋がる部分が多い。

　次に，第9章から第16章までは，この度ご退職となる龍谷大学臨床心理学科で，教育活動を共にした教員などからの寄稿である。先生がご着任時には，龍谷大学文学部には臨床心理学科はなく，（財）臨床心理士資格認定協会の指定校とすべく，大学院文学研究科教育学専攻に臨床心理学領域を設置することを目的としてご着任いただいた。そして，2003年度から現在まで，指定校として認定されるに至っている。そこでの臨床実践のあり方は，臨床心理士養成プログラムに直結するものである。研究者・教育者としてだけではない臨床実践家としての教員が集まることで，「実践的な臨床教育」に協働して当たるという現在の大学院臨床心理学専攻の特徴の礎も，先生の臨床実践への真摯な取り組みに準じて成立したものである。その実践過程の知見を元に，それぞれの教員の取り組みや関心事についての論文を寄稿いただいた。

　最後に，第17章から第31章までは，京都教育大学の卒業生・修了生などからの寄稿である。先生の教育者としての第一歩は，医師としての立場を基本としつつ，教員養成課程の中の「障害児教育」という教育だけには留まらない立場からはじまっている。そこには，先生より年長の現場教員が修士課程などに集結し，現場の実態に即した実践的な知見が求められており，当時の論文を含めてご寄稿いただいた。教育の中では周辺的とされがちな取り組みであるが，現在は「特別支援」とその名称を変え，「発達障害」という名称によって再度注目されるようになっている。他の論文集が最新の知見を提示するものであるのに対して，本論文集が先生のご退官記念という特別な意味を持つものである以上，当時の研究としては最新のものであったことを偲ばせるものも掲載した。それは，先生の薫陶によって生み出された当時の知見を掲載することにも意味があると考え，ご寄稿いただいた論文を掲載することとした。

こうして構成させていただいた友久先生の退官記念論文集ではあるが，当初の予定では，論文集である限り英文・和文の論文抄録の掲載を前提としていたが，編者の判断で本文のみを掲載することとした。加えて，ご寄稿いただいた全論文の掲載を前提としていたが，全体量が予想外となったことなどから，いくつかの論文の掲載をお断りしたり，修正をお願いしたり，全体量を削除していただくなど，無理なお願いをさせていだたいた。編者としての稚拙さを露呈したことを心よりお詫びし，先生のためであればとご協力いただいたことに感謝したい。結果，珠玉の論考を掲載させていただくことができたと考える。

　友久先生のご研究や臨床実践は，ご退職によって終演するものではないと考える。現在でも多くの研究者や同僚，後進などと，それぞれの研究や実践に関わるお話しをされ，信じられないほどに多忙な日々を過ごされている。そのお姿からは，まだまだ今後のご活躍が期待できると信じるからである。

　その意味においてもこの論文集は，先生の大学教員としてのご退職という区切であり，それは，新たなご活動をはじめられ，より多くの「人」とのつながりを作られるための区切りとなることを期待したい。先生が限りなく大切にされてきた「人」とのつながりが広がることを念じ，新たなご活躍を心より期待する。

　そして，先生の現在までの「人」との繋がりの片鱗を映し出した本論文集から，「人」との繋がりを大切すべきとの思いを持つ存在が多いことを受け止めていただければ幸いである。

定年を迎えるにあたって

友久　久雄

　長い間お世話になり有難うございました。いよいよ定年です。
　思い起こせば，大学卒業後，重症心身障害児施設の2年半を除けば，京都教育大学28年龍谷大学12年と40年間の大学教員生活でした。

　私は一人子で，小さい頃には母から離れられず，幼稚園にも泣いて行けませんでした。今にして思えば，分離不安型の不登園（校）児で小学校一年生は半分以上休んでいました。それでも何とか大学には行きました。それも医学部に。
　親戚には一人も医者はいませんし，医者になる必然性もありませんでした。私は当時高校卒業後は本気で就職するつもりでした。しかし，担任からお前の成績ではどこの会社にも推薦できないといわれ，やむなく大学に行くことになりました。
　しかし，どの学部に行くかも考えていなかったので，しかたなく，自転車に乗り町中の看板を見て回った結果，医者か弁護士になろうと思ったのです。その理由は簡単です。女の子にモテるだろうということだけでした。それ故，一浪して入学しましたが，あまり真面目な学生ではありませんでした。
　大学卒業後一年間はインターンで，各科を回りました。そして翌年精神科を専攻し，大学院に入学しました。精神科を選んだ理由は，母の影響だと思います。

　母は全くお寺には関係ありませんでしたが，浄土真宗の熱心な信者でした。そして「人間は生きている間に自分の死の問題を解決しておかなければならない」というのが口癖でした。そのため，自分のお寺参りはもちろん，自宅に布教師を招き，多くの人に法話を聞いてもらうように努力を続けた人でした。その母に感化され，人のこころを研究対象とする精神科を選んだわけです。

　精神科では，障害のある子どもの診察にあたりました。具体的には，学齢期になっても話すことのできない重度の自閉症児や寝たきりの子ども達です。そして大学院時代から重症心身障害児施設にも行くようになりました。恐らく自分は子どもの頃から，心も体も弱かったものですから，障害児に強い親和性があったのだと思います。
　しかし，医学に期待を持って選んだはずの障害児への医療でしたが，結果は惨たん

たるものでした。本来医学でいう治療とは，病気の原因を科学的に解明し，その原因を取り除き，結果として病気が治癒するというものです。しかし，重度の障害児の病気の原因はほとんどわからず，治療法も確立されていません。

そのような中で子ども達は，治療という名のもとに，大人が管理しやすいように薬を使って症状を抑制されています。何とかしなければならないと思っても，自分の能力ではどうすることもできません。強い無力感を感じながら，うつうつとした日々を送っていました。

その時，重症心身障害児施設に「障害児教育に携わる医師募集」という公募がありました。そうか治療ではなく，教育という手段で障害児の発達援助ができる。このことに気づいて教育大に応募し採用されました。この時私は32歳でした。

教育大での仕事は，養護学校（今は特別支援学校と改称）や障害児学級の先生を養成することです。当時の障害児教育は，教育，心理，医学の三本柱で成り立っていました。私の教育大でのモットーは，障害児教育は知識も大切だが「実践がなければダメだ」ということでした。

それ故，病院や施設，各種相談所など実習のできるところであればどこへでも学生をつれて行きました。この他キャンプやセミナーなど障害児に関する社会活動には多くの学生をつれて参加しました。この時の活動はほとんど現在も継続しています。たとえば，大学病院における障害児の外来診療，障害幼児の保育所巡回相談，不登校児のサバイバルキャンプなどは20年以上続いています。

40齢の年令すなわち不惑の年になった時，私は自分の死の問題が解決できていないことに気づきました。その結果，仏教について体系的に学ぶことのできる，中央仏教学院の通信教育部に入学しました。その後，浄土真宗本願寺派の得度習礼，教師教修も受け布教師の資格も取りました。

このようなことが縁となり，教育大を退職すれば，浄土真宗の宗門校である龍谷大学に行きたいと思うようになっていました。そのような時，龍谷大学から臨床心理士養成課程を作りたいので手伝ってくれないかという誘いがありました。恐らく，教育大での養成課程を作ったという実績があったからだと思います。

龍谷大学に転任したのは，2002年でした。今から12年前です。その時の所属は，現在の臨床心理学科ではなく，哲学科教育学専攻でした。

龍谷大学での私の仕事は，臨床心理士養成課程を作り，日本臨床心理士資格認定協

会より指定大学院の認定を受けるということでした。そのためまず最初にしなければならないことは，教員の補充と指定大学院用のカリキュラムの編成でした。このことは，既に学内では了解があったようで，すぐに教員の補充が認められ，2003年3月には第2種指定校の申請ができました。そして翌年の2004年4月には協会より認定がなされ，同時に特別措置ということで2年間の遡及が適用されました。

同時に，将来の第1種指定校の申請のため，この年の5月に，龍谷大学大学院文学研究科附属臨床心理相談室（大人とこどものこころのクリニック）を開設しました。このクリニックの目的は「龍谷大学の建学の精神に則り，臨床心理学の実践に関わる教育と研究を行ない，その成果を社会に還元すること（臨床心理相談室規程第2条）」です。具体的には，まず学外に向けられた臨床心理相談活動（カウンセリング）であり，ついで，臨床心理士養成課程の院生の実習の場であり，もう一つは学術的な調査・研究のためのものです。

次いで2008年4月には，第1種指定校として認められるとともに，2年間の遡及が特別措置として適用されました。このことにより，名実ともに臨床心理士養成課程として機能することができるようになりました。

このように，臨床心理士の養成課程を充実させると同時に，私が成果をあげたもう一つの仕事は，龍谷大学仏教文化研究所内に，付属の「仏教とカウンセリング研究センター」を新設し主催したということです。ここでは主に仏教とカウンセリングの接点を求め，毎月1回の研究会を開催しました。

この研究会は大学外にも開放され，会員数は70人を超えていましたが，常に活動しているのは10～20人でした。そして，研究成果としては2010年3月に龍谷大学仏教文化研究叢書26として「仏教とカウンセリング（法蔵館）」を上梓しました。この時の執筆者数は20名でした。次いで，2013年2月には，龍谷叢書XXVIとして「仏教とカウンセリングの理論と実践　仏の教えと心の癒し（自照社出版）」を17名の会員の執筆で刊行しました。

このように，龍谷大学に赴任して以来，私の主な仕事は，クリニックにおけるカウンセリングの実践と研究会における仏教とカウンセリングの接点に関する研究でありました。

もちろん，龍谷大学以外での，障害児キャンプ，大学病院での外来診療，各種施設での実践などは現在も続けています。

今後の龍谷大学の課題として考えることは，専門職大学院大学を作ることだと思っています。現在，日本臨床心理士資格認定協会より一種指定大学院の認定を受けてい

る学校数は150です。それに対して，専門職大学院大学が認めれられているのは全国で6校だけです。

　できるだけ早く専門職大学院を設置し，増々の龍谷大学の発展を期待することで，私の定年を迎えるにあたっての挨拶に代えさせていただきます。本当に長い間ありがとうございました。

目　次

序にかえて　　　　　　　　　　　　　　　　　　　　　　　　　　　　　*i*
定年を迎えるにあたって　　　　　　　　　　　　　　　　　　　　　　*v*

第1章　親鸞の護持養育論について：
　　　　「化する」と「マボロシ」の意味をめぐって（海谷則之）　　　*1*
　　はじめに　*1*
　　1　親鸞の護持養育論　*2*
　　2　「化する」の左訓　*6*
　　3　「マボロシ」の意味　*8*
　　おわりに　*10*

第2章　真宗法座とエンカウンター・グループ：
　　　　仏教カウンセリングを手掛かりとして（吾勝常行）　　　　　*13*
　　はじめに　*13*
　　1　藤田清の仏教カウンセリング　*15*
　　2　西光義敞の真宗カウンセリングへの展開　*17*
　　3　仏教を基調としたEGにおけるファシリテーターの課題　*20*
　　おわりに　*22*

第3章　いじめをなくすために：
　　　　仏教国・ブータンの教育にならって（藤　能成）　　　　　　*25*
　　はじめに　*25*
　　1　いじめの背景にあるもの　*26*
　　2　仏教の視点からの考察　*30*
　　3　ブータンにおける教育　*32*
　　4　ブータンの実践に倣う：「いじめ」をなくすために　*33*
　　おわりに　*35*

第4章　妙好人・浅原才市の「獲信」に至る心的過程に関する一考察
　　　　　　（中尾将大・藤　能成）　　　　　　　　　　　　　　　*37*
　　はじめに　*37*
　　1　獲信までの経緯　*40*
　　2　結びにかえて：親鸞の思想と元暁の仰信　*43*

第5章 「蓮位添状」と『歎異抄』第五条の表現上の意義について（原田哲了） 47
  はじめに　47

第6章 浄土教における対話的表現（大田利生） 55
  はじめに　55

第7章 浄土真宗における信心と救い（林　智康） 63
  はじめに　63
  1　転迷開悟と浄土真宗　64
  2　阿弥陀仏の本願　65
  3　光寿二無量と名号　68
  4　信心と往生浄土　70

第8章 東日本大震災の死別悲嘆に学ぶ：
　　　親鸞思想におけるグリーフサポート（鍋島直樹） 73
  はじめに　73
  1　親鸞における愛別離苦への姿勢　74
  2　東日本大震災の悲しみに学ぶ：町職員　遠藤未希さんの物語　79

第9章 新たな心理的援助サービスの可能性：
　　　ある精神科医の臨床スタンスとチーム対応（吉川　悟） 83
  はじめに　83
  1　心理的援助の前提となる「専門性」　84
  2　事　例　87
  3　考　察　93
  4　結　論　95

第10章 臨床心理学的実践の現象学的理解（森田喜治） 97
  はじめに　97
  1　臨床心理学の治療スタイルと現象学　101
  2　事例を通しての現象学的解釈　104

第11章 私にとってのスピリチュアリティとカウンセリング（東　豊） 113
  はじめに　113
  1　私のカウンセラーとしての基本的な立ち位置　114
  2　堕　落　116
  3　スピリチュアルな問いかけ　116
  4　私にとってのスピリチュアルな答えとシステムズアプローチ　117
  おわりに　120

第12章　不登校キャンプの意義：学生ワーカーに着目して（小正浩徳）　123
　　はじめに　123
　　1　問題と目的　123
　　2　方　　法　125
　　3　結　　果　126
　　4　考　　察　129

第13章　市営保育所における巡回相談による発達援助：精神遅滞である
　　　　A君に対する理解を深めるための保育士への働きかけについて
　　　　（赤田太郎・友久久雄）　133
　　はじめに　133
　　1　目的と問題　133
　　2　方　　法　134
　　3　事　　例　135
　　4　考　　察　142

第14章　三願転入とロジャーズ晩年の考え方（児玉龍治）　147
　　はじめに　147
　　1　仏教とカウンセリング　148
　　2　三願転入　149
　　3　ロジャーズ晩年の考え方　150
　　4　三願転入とロジャーズ晩年の考え方の比較検討　153
　　おわりに　154

第15章　日本におけるpsychotherapyの展開（赤津玲子）　155
　　はじめに　155
　　1　psychotherapyの経緯　155
　　2　考　　察　164
　　おわりに　166

第16章　特別養護老人ホームにおけるビハーラ・カウンセリングの
　　　　事例研究（伊東秀章）　169
　　はじめに　169
　　1　ビハーラ・カウンセリングの意義　169
　　2　事例研究の対象と方法　170
　　3　ビハーラ・カウンセリング事例1　171
　　4　ビハーラ・カウンセリング事例2　175
　　5　ビハーラ・カウンセリングの考察　180

第17章　重度障害（脳性マヒ）児への教育学的アプローチ（守田弘宣）　*187*
　　はじめに　*187*
　　1　事例（生育歴）　*187*
　　2　重複身体障害児学級設置への営み　*189*
　　3　脳性マヒの分類（医学的考察）抜粋　*191*
　　4　A児の口腔器官の機能についての評価　*195*

第18章　情緒障害を有するM児の対人関係に関する一考察（村田稔晴）　*197*
　　はじめに　*197*
　　1　事例M児（男；昭和X－6年2月生）　*198*
　　2　考　察　*204*

第19章　自閉児への教育的アプローチに関する一考察：
　　　　　対人関係の発達を中心に（眞弓春雄）　*211*
　　はじめに　*211*
　　1　事例の概況　*211*
　　2　対人関係の発達，向上をめざした指導　*213*
　　3　考　察　*225*

第20章　映画は障害と人間をどのように描いてきたか：
　　　　　知的障害者に神性を見た作品について（吉田　巽）　*229*
　　はじめに　*229*
　　1　「手をつなぐ子等」に描かれる善良な者に神性を見た作品　*229*
　　2　「安宅家の人々」で描かれる宗一の悲劇　*233*
　　3　知的障害者に神性を見ることについて　*235*
　　おわりに　*237*

第21章　教頭が実践する特別支援教育：小学校（今泉和子）　*239*
　　はじめに　*239*
　　1　教頭に求められる実践　*239*
　　2　事　例　*243*
　　結びにかえて　*248*

第22章　社会的養護を必要とする要保護児童への支援の現状と課題：
　　　　　発達障害児・被虐待児を中心に（井関良美）　*251*
　　はじめに　*251*
　　1　児童養護施設の現状　*252*
　　2　児童養護施設職員の課題　*254*
　　3　自立に向けての支援と課題　*256*

おわりに　258

第23章　特別支援学校コーディネーターの巡回相談の実際とその支援の一事例："死"と"友達の視線"に過度な不安を抱えた算数につまづきのある児童への支援（森田　正）　261

はじめに　261
1　東京都における特別支援学校特別支援教育コーディネーターの活動について　261
2　支援の一事例："死"と"友達の視線"に過度な不安を抱えた算数につまづきのある児童への支援　262
3　結　果　269
4　考　察　270

第24章　視覚障がいと肢体不自由障がいを併せ持つ児童のボディイメージの向上と探索活動を引き出す支援（田邊桂子）　273

はじめに　273
1　児童の概要　273
2　アセスメント　274
3　総合所見　276
4　総合所見に基づく支援計画　278
5　考　察　283

第25章　遊びと面談を糸口とした在宅病障害児とその家族への看護支援モデルの開発（大脇万起子）　285

はじめに　285
1　看護実践プログラムPLAIの構築のプロセス　285
2　看護支援による在宅病障害児の変化　288
3　結　果　288
4　考　察　292

第26章　中学生の社会貢献に対する意識：小・中学生のボランティア意識調査を通して（安居昌行）　293

はじめに　293
1　ボランティア活動と子供の姿　293
2　子供が行動化できない要因　298

第27章　生徒指導の目標概念としての自己表現（梶川裕司）　301

はじめに：問題の所在　301
1　用語「自己実現」の文教用語としての導入及び変遷　302
2　教育界への用語「自己実現」導入の経緯　305

3　マスローの自己実現論の生徒指導への導入による効果と問題点及びその解決の
　　　方策　*309*

第28章　学童保育における発達的支援について：学童保育指導員の視点か
　　　　らみた個別の支援の必要性（滋野井一博）　*313*
　　はじめに　*313*
　　1　目　　的　*313*
　　2　対象と方法　*315*
　　3　結果と考察　*315*
　　おわりに　*319*

第29章　コミュニケーションの力を培う指導をめざして（滋野井悦子）　*321*
　　はじめに　*321*
　　1　生育歴等　*321*
　　2　入級当初の様子　*322*
　　3　指導内容と経過　*323*
　　4　指導を振り返って　*324*

第30章　知的障害養護学校における生徒の授業評価に関する実践的研究（稲本信正）　*327*
　　はじめに　*327*
　　1　方　　法　*328*
　　2　結　　果　*334*
　　3　考　　察　*337*
　　まとめ　*341*

第31章　ある自閉症児の絵画発達について：Aくんの育ちから見えるもの（松浦智子）　*345*
　　はじめに　*345*
　　1　Aくんについて　*345*
　　2　パニックへの対応とAくんの育ち　*346*
　　3　対人関係・コミュニケーションの発達　*349*
　　4　描画・製作活動における発達　*351*
　　5　「絵を描く」ことからわかること　*352*
　　まとめ　*353*

友久久雄先生ご経歴　*355*

第1章
親鸞の護持養育論について：
「化する」と「マボロシ」の意味をめぐって

海谷則之

はじめに

　カント（I. Kant：1724-1804）は『教育学について』（Über Pädagogik, 1803）のなかで、「人間は、教育によってのみ人間（真の人間）になることができる[1]」と言っている。したがって、不完全で未熟なわれわれが「真の人間になる」という「人間生成」（Menschwerden, becoming a person）こそ、教育の目的でなければならないといえるが、親鸞（1173-1262）は人間生成についてどのように考えたのであろうか。そもそも親鸞の人間観とその教え（信仰）はかれ自身の深い内省と苦悩と罪業意識から生まれたものである。

　そこで本稿ではこれまでほとんど論じてこられなかった「護持養育」（protect and nurture）、すなわち「人間は神・仏によって護り育てられていく」という宗教教育の方法原理（護持養育論）について宗教教育学の視点から検討を加えてみたいと思う。そのさい仏教教育における「教化[2]」（edification）、すなわち「化する」ことの意味について、親鸞が和讃に付した左訓（註釈）にとくに注目して考察したい。というのは明治期以降の公教育では、「教化」というと、「社会教化」や「国民教化」など、社会規範（道徳）を国民に「教え込む・広く行きわたらせる」（indoctrinate）の意味で使われており、仏教伝来使われてきた本来の意味が失われてしまっているのはきわめて残念なことであり、改めてその深い意味を考えてみる必要があろう。

---

(1) Kant, I. *Über Pädagogik*. Hrsg. v. Rink, Fr. Th., Königsberg, 1803, S.16.
(2) 仏典には、「教化」以外に、「勧化」「開化」「降化」「摂化」「聖化」「化導」「化度」「化縁」などの類似語が出てくるが、いずれも「化」（化する）という意味を含んだ熟語である。

ところで、親鸞は、われわれが現生において「真の仏弟子」、すなわち仏法をふかくよろこぶ「真実信心の人」（信心の行者）になることをすすめている。そこで「正定聚（不退の位）に入る」（必ず仏となるべき身となる）とか「安養界（安養浄土）にいたる」という語をよく使っているのである。また、「安養界」とは安楽浄土のことであるが、これは、われわれが安穏に養い育てられていく世界である。つまり、「養」という語は、「身も心も大切に育てられる」という教育的な概念である。『説文解字』に、「育」とは「子を養って善を作さしむなり」とあるように、われわれは「安養界」（安楽浄土）の仏・菩薩や、この世のさまざまな災難や障りの象徴である諸々の鬼神との出会いを通して「真の仏弟子」となるように護持養育されていくと考えられるのである。

1 親鸞の護持養育論

親鸞は『顕浄土方便化身土文類』（「化巻」と略す）において、最澄の『末法灯明記』を引用し、「真の仏弟子」のあり方について論じている。『大集経』（第九）によると[3]、末法の時代には「名字の比丘」（名ばかりの比丘）しかいないのであり、そうした破戒・無戒の比丘こそ、この世の「真宝」（無上の宝）であるとしている。だから、名字の比丘を毀ることじたい無意味なことであるとし、もし戒律を修めた解脱堅固な比丘がいるとするなら、それこそおかしなことであって、それは町なかに虎がいるようなものであるという。そこで、名字の比丘であっても、その比丘を安穏に護持養育するならば、やがて真実のさとりを得るであろう、と説かれているのである。

これに対して親鸞は、「化巻」（後序）において「聖道の諸教は行証久しく廃れ、浄土の真宗は証道いま盛んなり[4]」と明言している。じつはこうした五濁悪世の像季・末法の世なればこそ、浄土真実の教法が光かがやくと言い、『正像末和讃』「三時讃」に、「像末五濁の世となりて　釈迦の遺教かくれしむ　弥陀の悲願ひろまりて　念仏往生さかりなり[5]」と強調しているのである。

そこで親鸞は、すべての宗教現象を「真実の教え」と「邪偽の教え」と「権仮の教え」の三つに分け、その全貌を体系的に著したのが『顕浄土真実教行証文類』（『本典』と略す）六巻である。

まず「教巻」において、『大無量寿経』が「真実の教え」であり、これは阿弥陀如来

---

[3] 本願寺出版社　1988　『浄土真宗聖典（第二版）注釈版』pp.421-422. 本願寺出版社　2000　『顕浄土真実教行証文類（現代語訳）』pp.546-549.
[4] 『浄土真宗聖典（第二版）』p.471.
[5] 同書、p.603.

(1) 「冥衆護持」の益

　娑婆世界の主である梵天や帝釈天・毘沙門天などの天神や，堅牢地祇・八大竜王などの地祇が，夜も昼も真実信心の人をつねに護持養育するのである。護持養育について親鸞は，「つねにまもりたまふと申すは，天魔波旬（はじゅん）にやぶられず，悪鬼・悪神にみだられず，摂護不捨したまふ[13]」と述べ，「現世利益讃」に，「南無阿弥陀仏をとなふれば　梵王・帝釈帰敬す　諸天善神ことごとく　よるひるつねにまもるなり[14]」と示している。

　『大集経』にあるように，もともと仏道修行の妨げをなし，衆生にさまざまな禍害を与える鬼神や魔王・波旬が仏教へ取り入れられると，それらの神々は仏法を護持する神となり，まさに「厳父」のごとく懈怠（けたい）を誡（いまし）める神（善神）にもなったと言えよう。そこで親鸞は，「天神・地祇はことごとく　善鬼神と名付けたり　これらの善神みなともに　念仏のひとをまもるなり[15]」と和讃している。親鸞はこれらの護持養育する天地の神々を，「厳父」のごとき神であるだけでなく，ときには「慈母」のごとき神として受け取っているのである。

(2) 「諸仏護念」の益

　われわれは自分の力量だけで生死の迷いを抜け出すことには限界があろう。親鸞は『唯信鈔文意』に，「無量無数の身をあらはして，微塵世界に無碍の智慧光を放たしめたまふ[16]」と述べているように，阿弥陀如来は種々の姿・形を現わして「今現在説法」（いま現にましまして法を説きたもう）のである。言い換えると，真実信心の人は身のまわりの一切のものを「諸仏」として拝し，その諸仏から「縁起の理」を聞くことができるのであって，いかなる時もその背後に阿弥陀如来の願力のはたらきを感得していくのである[17]。そこで親鸞は，「南無阿弥陀仏をとなふれば　十方無量の諸仏は　百重千重囲繞して　よろこびまもりたまふなり[18]」と和讃している。われわれは諸仏・諸菩薩の恵みと善導によって遇い難い阿弥陀如来の本願に遇うことができたとつねによろこぶことができるのである。

---

(13) 同書，p.659.
(14) 同書，p.574.
(15) 同書，p.575.
(16) 同書，p.710.
(17) 黒田覚忍　1997　『聖典セミナー「浄土和讃」』本願寺出版社，p.316.
(18) 『浄土真宗聖典（第二版）』p.576.

(3) 「心光常護」の益

親鸞は『正信偈』のなかで,「摂取心光常照護」(阿弥陀如来の摂取の心光はつねに真実信心の人を照護したもう) といい,『高僧和讃』「源信讃」にも「煩悩にまなこさへられて　摂取の光明みざれども　大悲ものうきことなくて　つねにわが身をてらすなり[19]」と示している。また,『尊号真像銘文』(末) にも,貪愛・瞋憎の雲霧に信心が覆われようとも,衆生のいかなる悪業煩悩も浄土往生の妨げになるものではないと教示している[20]。それは,悪業煩悩の者こそ必ず救うという阿弥陀如来の大悲の誓願があるからである。しかし親鸞はなにも悪業や破戒の行為を勧めているわけではなく,かえって「薬があるからといって,毒を好んではならない」ときびしく誡めている。真実信心の人は阿弥陀如来の慈光につねに照護され,諸神・諸仏・諸菩薩に護持養育されながら,真実に生きる生き方ができると教えているのである。

2 「化する」の左訓

では,親鸞は神・仏による「教化」(化すること) についてどのように考えていたのであろうか。『歎異抄』(第四条) において親鸞は,自力聖道門の慈悲と他力浄土門の慈悲とのちがいについて教示している[21]。聖道門の慈悲というのは,相手のことをどんなに「憐れみ,哀しみ,育んで」みても,所詮,思いのままに救うことはできないから,悲しいことではあるが,この慈悲は完全なものではない。これに対して,浄土門の慈悲というのは,念仏してただちに仏となり,大慈大悲の心で相手を思いのままに助け遂げることができるという仏の慈悲のことである。この慈悲行こそ,「普賢の徳」と言われるものである。

ところで,蓮如 (1415-99) によって開版された『三帖和讃』(文明本) では,これが風誦を目的にして作られたために,親鸞がわざわざ書き付けた左訓が多く省略されていることがわかる。そこで親鸞の真意をさぐろうとするならば,親鸞が付けた左訓はきわめて重要な意味をもつものであり,あらためてこの左訓に注目したいと思う。とくに親鸞の護持養育論を考える上で重要なのは,『浄土和讃』「讃弥陀偈讃」にある,

---

[19] 同書, p.595.
[20] 同書, p.673.
[21] 同書, p.834. 本願寺出版社　1998 『歎異抄 (現代語)』pp.9-10.
[22] 『高僧和讃』にある「還相の回向ととくことは」の和讃については, 国宝本では「普賢」のところに「普賢といふは仏の慈悲の極まりなり」と左訓されているが, 文明本ではこの左訓が省略されている。本願寺出版社　2011 『浄土真宗聖典全書 (2) 宗祖篇 上』p.422.

「安楽无量の大菩薩　一生補処にいたるなり　普賢[22]の徳に帰してこそ　穢国にかならず化するなれ」

の「化する」に付された左訓である。

　この「普賢の徳」について見ると，顕智本では「われら衆生，極楽に生まれなば，大慈大悲をおこして十方に至りて衆生を利益するなり。仏の至極の慈悲を普賢とまふすなり」と詳細に註釈されているが，蓮如の文明本では，この左訓が簡略化され，「大慈大悲を申すなり」とだけ記されているのである。

　また，この「化する」の語についても，国宝本では「メグム・アワレム・オシフ」（恵む・憐れむ・教ふ）という三つの意味が左訓されているが，顕智本では「メグム・オシフ・アハレム・マボロシ」と四つの意味が左訓されている。ところが文明本では，親鸞が付していた重要な左訓が全部省かれてしまっているのである。

　そこで，「化する[23]」に付された左訓の意味について，国宝本と顕智本と文明本を比較対照したものが次の表である。

化する	国宝本	①恵む	②憐れむ	③教ふ	
	顕智本	①恵む	②教ふ	③憐れむ	④マボロシ
	文明本	左訓なし			

　国宝本は確かに下書きとなった草稿本であろうが，顕智本では，これに「マボロシ」という意味が追加されているのである。では，なぜ追加されたのであろうか。追加したのは，親鸞が「マボロシ」という言葉を重要視したからである。前の三つが動詞であるのに対して，とくに四番目は「マボロシ」（phantom）という名詞である。本来ならば，四番目も動詞の意味を記すべきだと思われるが，なぜ四番目だけが名詞になっているのか。その理由としては，親鸞自身の晩年の夢告体験があったのではないかと推測される。とくにこの「マボロシ」という名詞の意味を含めて，四つの意味について検討することが必要だと思われる。

　ところで，親鸞が草稿本『正像末法和讃』を完成したのは正嘉2歳（1258）9月24日であり，86歳の時であった。それから32年後に顕智本は書写されている。ところが蓮如（1415-99）が編纂した文明本ではなぜか「正像末浄土和讃」と書かれており，しかも「正像末法」の「法」の字が省かれ，また名称まで変更されているのである。また国宝本には「愚禿親鸞八十五歳書之」とあるが，顕智本にはなかった「愚禿善信

[23]『浄土真宗聖典全書（2）』p.343.

集」という言葉が文明本には新たに記載されている。このことについては蓮如による何らかの作意が感じられる。

したがって,「化する」という教育活動には次のように,①利益(りやく) ②善導 ③哀憐 ④示現,という四つの意味が含まれていると考えられるのである。

> ①恵む…相手を保護養育し,相手に多くの安らぎと喜びの利益を与えることである。〈利益〉
> ②教える…相手の身になって善く教え導くことである。〈善導〉
> ③憐れむ…一切のものを平等に憐れみ哀しんで育てることである。〈哀憐〉[24]
> ④マボロシ…相手の能力や状態に応じて姿・形を変えて化現し教えることである。〈化現〉

「化する」に関わるこうした教育活動は,すべての人に真実信心を得させたいという阿弥陀如来の大悲回向のはたらきかけであり,「善巧方便(ぜんぎょうほうべん)」であるといえよう。それゆえに親鸞は,「釈迦・弥陀は慈悲の父母(ぶも)　種々に善巧方便し　われらが無上の信心を　発起(ほっき)せしめたまひけり[25]」と和讃しているのである。

3　「マボロシ」の意味

さて,「マボロシ」という語は解りにくい言葉である。「マボロシ」は俗に言うところの「霊」や「魂」ではない。世間には,妖怪（変化(へんげ)・化け物）や幽霊の話がある。恨みや怨霊が化けて出るとか,鬼や悪魔を退治したり,悪霊を払うとか,天の神や地の神,海の神などが災難をもたらすとかの話がある。こうした霊や魂と関わって,徐霊や浄霊,慰霊,鎮魂などの宗教儀礼が行われるが,こうした行為に対して親鸞はとくに悲嘆しているのである。

そもそも「マボロシ」とは,漢字を当てると「幻」であろうが,国語辞典によると,これは「実在しないものの姿が実在するように見えるもの。また,たちまち消えるはかないもののたとえにいう。幻影[26]」という意味である。

では,「マボロシ」が何ゆえに「化する」という動詞的な意味をもってくるのかについてさらに検討してみたい。

---

[24] 親鸞は曇鸞の『往生論註』を引用して,一切衆生を平等に憐愍したもう心を「方便」ともよんでいる。正直（かたよらなく平等であること）を「方」といい,外己（己を外にすること）を「便」といっている。『浄土真宗聖典（七祖篇）』p.146.
[25] 『浄土真宗聖典（第二版）』p.591.
[26] 小学館　1975　『日本国語大辞典』(第18巻) p.425.

「マボロシ」という言葉は，相手に応じていろいろと姿・形を変えて現われる，何かである。そうしたマボロシの教育的なはたらきを親鸞は「化する」と呼んだと考えられる。したがって，親鸞においては「マボロシ」という語は，「悪さをする」という否定的な意味ではなくて，「示現する」(reveal) とか「夢告」(夢のお告げ revelation in dream) というきわめて積極的なよい意味で使われているように理解できるのである。「マボロシ」という語は，現実から遊離した，単なる「夢」や「幻想・幻覚」ではなく，親鸞にとっては「リアリティ」(reality) をもつはたらきなのである。「現に姿・形をもって顕現し，その人を影護し教化善導する」という，きわめて積極的な意味をもつと考えられるのである。

じつは国宝本「正像末法和讃」の冒頭に，「康元二歳 丁巳二月九日の夜寅時 夢告にいはく」とあるが，この和讃の終りに，「この和讃を，ゆめにおほせをかぶりて，うれしさにかきつけまいらせたるなり。正嘉元年 丁巳閏三月一日 愚禿親鸞八十五歳書之[27]」と親鸞自身が添え書きをしている。「康元二年」という年は「正嘉元年」に当たると考えられるが，いずれにせよ親鸞85歳のとき，親鸞自身に夢告体験があってうれしさのあまり書き記したものが，夢告讃「弥陀の本願信ずべし 本願信ずるひとはみな 摂取不捨の利益にて 無上覚をばさとるなり」だったのであろう。「本願を信じよろこぶ人になりなさい」と告げたお方がだれであったのか。聖徳太子であったのか，師・法然なのか，あるいは阿弥陀如来ご自身であったのか，それはよく解らないが，まさに「マボロシ」としか言いようのない尊いお方による夢中での御教化こそ，もっとも重要であったにちがいない。

この夢告讃は，国宝本では第36番に出てくる和讃であることからして，親鸞は草稿中の康元二年（あるいは正嘉元年）の二月九日の明け方に夢を見て，この和讃をその翌々月の閏三月一日に書きとめたのであろう。この国宝本は和讃の数も41首とかなり少なく，翌年の正嘉二歳九月二十四日に完成したと記されている。しかし，国宝本はその後加筆などの内容整備がなされた。そして32年後の正応三年（1290）に顕智によって書写された顕智本では，1首目の夢告讃を含め，全部で92首となっている。とくに注目すべきは，夢告讃が冒頭に移動されている点である。冒頭にあるということは親鸞がとくに重要な和讃だと考えたからであろう。このことは，蓮如が「正像末浄土和讃 愚禿善信集」として全116首を編纂したときも同様であった。このことからも解るように，この夢告讃は，真実信心の人はいかなる困難や苦悩の中にあっても，如来の大悲に照護されて生きて，かならず真実のさとりに至ることができる，という

---

[27]『浄土真宗聖典全書（2）』p.468.

限りない信心のよろこびを示したものである。

したがって「マボロシ」とは，その人を教化し救済するために尊い姿・形をして「化現」したもうことであると理解できるのである。親鸞は『正信偈』の最後で[28]，「弘経の大士・宗師等，無辺の極濁悪を拯済したまふ」(浄土教の七人の祖師がたは数限りない五濁の世の人びとを教化し救済してくださった)といい，そして「道俗時衆（出家も在家も）ともに同じ心で，ただこの高僧がたの説を信ずべし」と結んでいる。これは親鸞自身の中に，七高僧がたは弥陀の化身（マボロシ）であるとの不動の確信があったから，最後にこの七高僧がたの教説を仰ぎ信じていくべきであると教示したのである。

このように，護持養育の世界においては，生身の親や教師が子どもを育てるのではなく，諸仏・諸菩薩や天地の神々もわれわれの前に現れて，「真の人間」（真の仏弟子）となるように教化善導するのである。これはすべて阿弥陀如来の善巧方便とも考えられるから，親鸞は『一念多念証文』のなかで，「方便と申すは，かたちをあらはし，御な（名）をしめして，衆生にしらしめたまふを申すなり[29]」と示しているのである。

親鸞は，83歳のときの『御消息』(6)のなかで，真実信心をうることは，「釈迦・弥陀・十方諸仏の御方便よりたまはりたるとしるべし[30]」と示している。この「方便」という語に，親鸞はあえて「御」という敬語を付けて使っている点にも着目しておかなければならない。さらに，親鸞は，故法然が諸仏の教え（自力聖道門）やそれを行じる人（自力の善を行う者）を毀るようなことをしてはならないと教え，しかも毀る人を憐れみ哀しまれたとも記している。悲しいことに，念仏弾圧事件にもみられるように，仏法者が念仏の人を攻撃し，みずから仏法を破壊した場合もあるが，そのさいにも親鸞は，「念仏そしらんひとをたすかれとおぼして，念仏しあはせたまふべく候ふ[31]」(念仏を毀る人をにくみ毀ることなく，かえってそういう人が助かるようにと考えて念仏しなさい)と教えたのである。

おわりに

親鸞は『御消息』(1)の中で，「臨終まつことなし，来迎たのむことなし。信心の定まるとき往生また定まるなり[32]」と言い切っている。親鸞は従来の臨終来迎説を否定

---

(28) 『浄土真宗聖典（第二版）』p.207.
(29) 同書，p.691.
(30) 同書，p.748.
(31) 同書，p.808. 細川行信他　2002　『現代の聖典　親鸞書簡集　全四十三通』法藏館，pp.76-77.

し，阿弥陀如来はつねに来迎したもうという「常来迎」の考え方を教示している。また，『唯信鈔文意』に，「来迎」ということについて，「来」には「きたる」（来たらしむ）と「かへる」（浄土に帰らしむ）という二つの意味があり，また「迎」には「むかふる」（迎える）と「まつ」（待つ）という二つの意味があることを示している[34]。すなわち，阿弥陀如来はわれわれをかならず浄土へつれて帰ってくださるのであり，しかもわれわれをつねに待っていてくださるという「仏智の不思議」（大悲のはたらき）を教示したのである。したがって真実信心の人は，つねに阿弥陀如来の大悲に摂取され護られているから，臨終を待つことはなく，また臨終の時に仏・菩薩の来迎をお願いすることもない。浄土往生はひとえに阿弥陀如来の大悲回向によるものなのである，と示している。

　それは日渓法霖（1693-1741）が死に臨んで詠んだ「臨末偈」にも明らかなのである。すなわち，「往生一路決平生　今日何論死与生　非好蓮華界裡楽　還来娑界化群萌[35]」（往生の一路平生に決す　今日なんぞ論ぜん死と生と　蓮華界裡〔浄土〕の楽しみを好むにあらず　娑界〔この世〕に還来して群萌〔衆生〕を化せん）と。真実信心の人は将来かならず浄土に往生する身となるのである。しかも親鸞は『浄土和讃』「讃弥陀偈讃」に，「安楽浄土にいたるひと　五濁悪世にかへりては　釈迦牟尼仏のごとくにて　利益衆生はきはもなし[35]」と書いているように，浄土往生を遂げたものは自在に仏となって縁ある人びとを教化することができると説示しているのである。

　以上のように，親鸞の護持養育論は現在および将来にわたって熟考されたものであり，これは単なるスピリチュアルな考え方にとどまるものではなく，「人間生成」をめざす宗教教育の重要な方法原理と考えられるのである。

(32) 同書，p.735.
(33) 同書，p.705.
(34) 佐々木昭霖　1991　『日渓法霖――その逸伝と法話』探究社，p.133.
(35) 『浄土真宗聖典（第二版）』p.560.

第2章

真宗法座とエンカウンター・グループ：
仏教カウンセリングを手掛かりとして

吾勝常行

はじめに

　真宗法座[1]は日本の伝統的な仏教行事であって，エンカウンター・グループ（以下EGと略記）ではない。また，EGはアメリカでカール・ロジャーズ（C. R. Rogers：1902-1987）が開発した集中的グループ経験であり，真宗法座ではない。しかしながら，両者には洋の東西，目的・方法の相違はあるものの，ある親和性がみられる。それは現代人の不安や悩みの特徴である孤独感や疎外感に対し，各々の仕方で世紀の病を克服しようとしている点である。世紀の病について，安藤治はエーリッヒ・フロムの言葉を引用し，「自分自身からの疎外，自分の仲間からの疎外，自然からの疎外」が現代人の特徴であると位置づけている（安藤・湯浅，2007）。そこで，本論で取り扱う両者の概要について述べることとする。

　まず真宗法座とは聞法の場をいい，宗教的配慮に基づき以下に示すような宗教的資源を用いた宗教意識涵養（かんよう）の器ということができる。また聞法とは，仏法を聞く仏教的な経験であり，自ずと宗教的な気づきが促進される。その形態は，寺院法座と家庭法座に大別される。真宗寺院の伝統的行事としては報恩講など各種法要があり，真宗門徒の家庭では年忌法事などの仏事が行われてきた。両者は開催する場の相違はあっても，聞法（仏法聴聞）を主目的とすることについて違いは全くない。その具体的な実践方法として，勤行や説教法話，「御文章」拝読や領解出言（りょうげしゅっこん）—中にはご示談と呼ばれる伝統的な相談がある—，合掌礼拝や称名念仏の仏事を行い，僧俗ともに聞法する。

---

(1) 仏教において法座とは，もと説法の席（高座）を意味し，後に，仏事や信仰を語り合う会合を指すようになる。『仏教大辞彙』第6巻，p.4113.『禅学大辞典』下巻，p.1537.

浄土真宗では日本近世ことに幕末以来，市井に生きた妙好人と呼ばれる念仏の篤信者を数多く輩出した歴史を持つ。世界的な仏教学者鈴木大拙は著書『日本的霊性』（大東出版社　1944年刊）をはじめとして石見の浅原才市等を紹介し，わが国のみならず欧米にもその存在を知らしめた。では，なぜそのような人々を輩出することができたのか。その理由として日本民藝運動の創始者柳宗悦が指摘するように，当時の社会的背景に真宗法座，いわゆるオザ[2]が宗教的な気づきを促進する文化的基盤として十分に機能していたと考えることができる。その形態には，手次の住職や布教使から説教を聞くといった，いわゆるタテ形の聴聞にとどまらず，篤信の同行に信仰の悩み等を相談するといったヨコ形の聴聞が有機的に機能していたことが指摘されている（寺川, 2005）。しかしながら，真宗法座における先行研究はほとんど見当たらない。

一方，EGとは，来談者中心療法を提唱したカール・ロジャーズが，その人生の後半になし得た大きな仕事といえる。また，ノーベル平和賞にノミネートされた理由でもある。具体的実践方法としてはラホイヤ・プログラムがあり，参加者の中には，牧会カウンセリングを実践する牧師などもいる。

畠瀬稔・畠瀬直子の翻訳によれば，現代社会におけるEGの意義についてロジャーズは次のように述べている。

> 孤立と疎外の感じは，高度に工業化された文化圏の最大な特徴と思われます。そして，まさにこの孤独感こそ，部分的にせよエンカウンター・グループの経験が，救ってくれるのです。感情や思考の表明をほとんどさえぎることのない純粋な会合は，私たちの非人間化が進んでいる現代世界の中ではまれな貴重な経験となっています。エンカウンター・グループでは，この種のグループ体験が可能なのです[3]。

この孤立感や疎外感という現代人における世紀の病は，人間・制度・都市および文化的疎外・人種間の緊張・国際間の衝突・哲学・価値観・人間そのものについてのイメージの諸側面にみられるが，これらの深くて重要な問題に対して「エンカウンター・グループは深い意味をもつ運動」だとロジャーズは指摘している。

―――――――――――――――――――――――

(2) 森岡清美　1962　真宗教団と「家」制度　創文社　p.113.；柳　宗悦・衣笠　一省（共編）　1960　妙好人因幡の源左　百華苑　新版序　p.17.
(3) Rogers, C.　1970　*Carl Rogers on Encounter Groups*. Harper & Row.（畠瀬　稔・畠瀬直子（訳）2007　新版エンカウンター・グループ―人間信頼の原点を求めて―　創元社　「日本語版への序」）

筆者は長年，仏教（浄土真宗）に基づく集中的グループ経験を重ねてきた。そこで拙論では，仏教カウンセリングを手掛かりとして，共同体意識や同朋意識を涵養し，各人の豊かな気づきを促進する場として，真宗法座とEGの統合について考察する。今世紀の病といわれる，現代人の孤独感や疎外感を克服する有効な一つの手立てとなり得ると考えるからである。さらに仏教を基調としたEGを考察するにあたり，EGにおいて重要な役割を担うファシリテーター（集会の促進者）の課題について述べる。

1　藤田清の仏教カウンセリング

　「仏教カウンセリング」という固有名詞は，四天王寺学園女子短期大学（現四天王寺大学）教授をしていた藤田清（1907-1988）の著書『佛教カウンセリング』（誠信書房1964年刊）の書名にはじまる。当時，藤田は主に四天王寺人生相談所に勤務していた[4]。当書の後半には，人生相談所に勤務した2年間の記録を報告している。この人生相談所は聖徳太子の仏教精神に基づく。四天王寺には日本最初の社会福祉施設として四院（敬田院の他に施薬院，療病院，悲田院）が設けられたが，この仏教と社会福祉施設の併設の精神がこの人生相談所の設立根拠となっている。換言すれば，仏教における慈悲の実践活動の近代化がこの人生相談所の意義であった。したがって宗教問題にとどまらず，ひろく社会全般の問題に対応できるよう，僧侶以外に，弁護士，医師，心理学者，教師等がその構成員として組織されている。構成員は相談員6名（初代所長は勧学院長奥田慈応），事務職員3名による。
　また最初の1ヵ年間の運営実績であるが，来談者数は1,323名，件数にして1,098件であり，1日平均3，4名の相談があったことになる。相談内容であるが，心の問題，その悩みの背後には宗教的な問題に限らず，健康や法律，教育や生活問題等が深く関係していることが多くある。当初最も多いのが法律相談であり，次いで家庭相談，教育相談，宗教相談の順で，その他職業相談，医療相談等あったことが報告されている。相談内容の分類に関わる課題として，主訴が法律相談と思われるものが，相談が進むにつれ宗教問題に変わったり，家庭問題と思われるものが相談過程の中で医療問題になったりする場合が報告されている。しかし藤田は，どのような問題も来談者にとって問題でなくなることが第一であると捉えている。そのような視点が，自他対立（分別）の根本にある妄執の解消にあるとするが，そこに相談仏教（仏教カウンセリング）の立場，すなわち仏教の縁起的人間観があるとみる。

---

(4) 藤田　清　1964　佛教カウンセリング　誠信書房　p.176.

1959年、藤田は論文「共談（カウンセリング）仏教を提唱する―仏教革新論―」（『全人』6-2）を発表し、「共談」をカウンセリングの訳語だけでなく、そこに仏教実践の視点があることを主張したのであった。この「共談仏教」という表現は、三つのキョウダン、すなわち「教団仏教」「教壇仏教」「共談仏教」の一つであり、同じ発音として工夫したものである。「教団仏教」とは寺院組織を中心とした既成教団の仏教であり、「教壇仏教」とは原典研究を中心とした仏教研究を意味する。これらの重要性は言うまでもないが、仏教は本来、生老病死の苦悩を克服する実践道である。その方法は釈尊の対機説法にみる一対一の対話形式による教化を特色とする。したがって、死者儀礼や科学的方法による学問研究のみにとどまらず、人々の悩みの解決に直接寄与すべき仏教として「共談仏教」を主張した。著書『佛教カウンセリング』には現代における仏教復興への悲願として、「仏教は本来カウンセリング体系である」（自序）としている。名称の問題として、仏教カウンセリングでは落ち着かず、後に「相談（カウンセリング）仏教」としたようである。

　藤田はその実践技法を仮に否定的啓発法と名づけた[5]。命名は仏教学、とりわけ龍樹の中論研究者山口益の示唆によるものであった。これは、聴き手（仏教カウンセラー）が話し手（クライエント）の立場に立って相談を進めながら、話し手に対し聴き手が不自然に感じられたところを問いかけ、話し手が気づかぬかのように抑えていたその点を考えるように仕向けることで自然に話し手自身が自分の矛盾に気づくことになり、話し手を新しい視野に立たせ、問題を解消させていく方法である。著書『佛教カウンセリング』には二つの事例が報告されている。一つは「息子を殺してわたくしも死んでしまいたい」という婦人の事例、もう一つは「子供に対する不信感」を持つ中年男性の事例である。両者ともに、最初に固執して気づかなかった矛盾が内から崩れ、新たな展望が拓けるというものである。前者の事例でいえば、社会人になった長男の問題で来談した母親が、はじめは息子が悪い憎いと罵っていたが、相談が進むにつれ、その責任の一端は母親自身にもあると感じ、息子が可哀そうだ、何とかしてやりたいとその気持ちに変化が現れてきた。そこで藤田が長男の幼い頃の様子を聞いてみると、幼い頃を思い出してか、主訴とは全く反対の言葉が聞かれたとして相談を終結している。息子のことで悩んでいる母親が、相談が進むにつれ、息子のことを問題にしている自分自身こそが問題だと感じて、その本心に気づいたという事例である。藤田は、来談者の悩みは来談者自身の中の光明（仏性）が無明の壁を破ろうと働

---

(5) 前掲書（4）　p.75.
(6) 前掲書（4）　p.167, p.173.

きかけているところに起るものと考えている[6]。したがって、その悩みの根源である葛藤を自らの抱えている葛藤として明瞭にしていくところに否定的啓発の意味を見出すものである。

2 西光義敞の真宗カウンセリングへの展開

さて、1940年代半ばから1960年代前半までの間、アメリカではカール・ロジャーズが主唱した非指示的（Non-Directive）クライエント中心療法（Client-Centered Therapy）といわれるカウンセリングが大変広い影響力を持っていた。日本では友田不二男や伊東博により研究、翻訳出版された。シカゴ大学においてロジャーズの下で学んだローガン・フォックスが、茨城キリスト教大学に宣教師として着任し、日本の研究者と共同研究したこともあって、ロジャーズのカウンセリングが非常な勢いで発展しはじめたようである。その中、1961年夏、日本政府の法務省、産業訓練協会と茨城キリスト教大学の共催でロジャーズを日本に招聘し、東京、京都、神戸等で6週間にわたるワークショップが開催された。このような動向の中で、アメリカへ留学し牧会カウンセリングを学んだ日本人牧師である三永恭平や気仙三一らは日本牧会カウンセリング研究会を立ち上げ、1963年2月1日、東京銀座教会で日本牧会カウンセリング協会設立を決議している。またその月刊誌『病む人と共に』（日本基督教団病床伝道委員会発行、1966年10月刊）の副題に「病床牧会カウンセリング」とあり、病床伝道との深い関わりにおいて考えられている[7]。

牧会カウンセリングに採用されたカール・ロジャーズのカウンセリングは、一方では藤田の仏教カウンセリングにも影響を与えたが、ロジャーズの来日を期し、そのワークショップに参加した一人に西光義敞（1925-2004）がいる。1961年夏、京都大学で行われたアメリカン・セミナーでロジャーズの講義を傍聴している。その時、西光

---

[7] 西垣二一 2010 日本に於ける臨床牧会教育の初期の記録—第一回より第五回まで スピリチュアルケアを語る—第三集臨床的教育法の試み— 関西学院大学出版会 pp.26-29.；友田不二男・伊藤博他（編） 1968 ロージャズ全集18 わが国のクライエント中心療法の研究 岩崎学術出版社 pp.11-15.

[8] 西光義敞 1989 トランスパーソナル心理学と仏教カウンセリング—藤田清の「相談仏教」を中心に— 龍谷大学論集434・435合併号（龍谷大学350周年記念論文集） p.761. また諸富祥彦は、西光ら仏教カウンセリングの主な提唱者を挙げ、その独自性について「彼らがもともと身につけていた仏教的な人間理解の枠組みへとロジャーズを同化・吸収し、それによって独自の東洋的なカウンセリング観を形成していった」と評価した。諸富祥彦 1997 トランスパーソナル学、Vol.2、雲母書房 p.98

は平安学園の生徒課のカウンセリング係であった。西光はのちに藤田の業績を「日本において，仏教から心理学へ，東洋から西洋へ，実践的な架橋を実現しようとした早期の試み」と評価し，十分検討に値すると述べている[8]。

　西光は仏教復興への悲願を継承し，藤田の提唱した仏教カウンセリングの基本的態度を踏襲して「真宗カウンセリング」を提唱した（西光，1988）。1961年12月には真宗カウンセリング研究会を龍谷大学内に設立し，研究・研修・実践を三本柱に活動を展開した。しかし，「真宗カウンセリング」の命名は暫定的であるとしている。晩年にはDharma-based, Person-centered Approach（DPCA：西光はDPAと称した）と英訳した（西光，2003）。この場合，Dharma-basedとは「ブッダの目覚めを基調とした」「ブッダの悟れる法（真理，真実）に基づく」という意味であるから，「仏法に基づく人間尊重のアプローチ」と定義することができる。

　この英訳は，真宗（仏教）とカウンセリングの二者の接点をあらわす"と"に焦点を当てた，主観性をもつ心理臨床的解釈といえる。なぜなら，真宗カウンセリングという名称では不明瞭な，真宗とカウンセリングの二重の構造を明らかにするからである。構造的にも，実践的にも重層性をもつことを意味した。この点に対立的（and）ではなく，統合的（based）な意義を見出そうとする営みであるといえよう。したがって，この関係性において真宗カウンセリングは仏教カウンセリングである。また，Person-centered Approachとは人間性心理学に属するロジャーズのスキルである。

　ところで，「仏教カウンセリング」の定義について，『カウンセリング辞典』には次のように解説されている。

　　　仏教もカウンセリングもともに，生きている人間の心の問題に応えようとする。人間存在の核心に迫り，真の自己実現をさぐろうとしている実践道である。そういう意味で共通の基盤に立つ両者が，積極的に協力し合い交流し合って，新しい仏教，もしくは新しいカウンセリングの流れを創ろうとする勢力を，仮に名づけて「仏教カウンセリング」という（國分，1990）。

　ここには，その命名が暫定的であることが示されている。ただ，歴史も思想も全く異なる仏教とカウンセリングが，「生きている人間の心の問題に応えようとする」ところに共通基盤をもつことは注目されてよい。

　さらに，その共通基盤に立つ両者の担うべき課題として，次の二点を指摘している。

　　　基本的には「悟り」という自己超越に導くカウンセリングであると同時に，仏

教的人間観に立って，自己実現や自己治癒を援助するという二重構造をもったカウンセリングと性格づけることができる。

　その課題であるが，「二重構造をもつ」点に独自性があることは特筆すべきであろう。この二重構造は藤田のいう相談仏教の立場，すなわち自他対立の根本にある妄執の解消をあらわす仏教の縁起的人間観に基づくところである。
　ところで，西光は仏教カウンセリングの根本課題が，仏教カウンセラーの立場や自覚にあるとした。仏教カウンセリングというとき，その仏教をカウンセラーがどのように具体的・自覚的に体得するのか。つまり，仏教精神に基づく自己一致の問題である。この課題に言及したが，藤田の論文からはそれは得られなかったようである。この課題を明確にした西光の立場が浄土真宗―この場合，浄土真宗は一宗派名というより，親鸞の明らかにした仏教精神に基づく人間的自覚と位置づけられる―であり，この浄土真宗に基づくカウンセリングを「真宗カウンセリング」として提唱した。以下はその理論的・実践的規定である（浄土真宗本願寺派ビハーラ実践活動研究会，1993）。

　①真宗とカウンセリングとの出会いによって生まれるカウンセリングである。
　②「名号法」を基盤にしたカウンセリングである（名号法とは南無阿弥陀仏）。
　③構造的に二重の関係からなり立っている。
　　　ア．人と人との人格的関係
　　　イ．人と法（もしくは仏）との関係
　④実践的には二重の配慮のうえに行われる。
　　　ア．心理的配慮（カウンセリング）
　　　イ．霊性的配慮（生死を超える仏教的配慮）

この規定によれば，仏教とカウンセリングの関係は，「法」（Dharma）を基調とした関係でありながらも，両者は決して同格のものではないことが示されている。そこが構造的・実践的二重性として，仏教における縁起的人間観の特質をもつことが知られる。
　それでは，その二重性の特質はどのような仏教カウンセラーの援助的態度としてあらわれてくるのであろうか。以下の三点として示している[9]。

---

(9) 西光義敞(編著)　1988　援助的人間関係　永田文昌堂　p.47, p.50.；浄土真宗本願寺派ビハーラ実践活動研究会（編）　1993　ビハーラ活動―仏教と医療と福祉のチームワーク―　本願寺出版社　p.299.

①「真宗カウンセリング」は，「法」(Dharma) を根底においた，あるいは，「法」中心のカウンセリングである。(自己一致)

　②カウンセリング関係を成立せしめているカウンセラーの態度，すなわち自己と他己とを見る目が仏の目を通しているか否か (無条件の肯定的な配慮)

　③絶対に身代りすることのできない，面々の宿業を負うて生きる別々の存在であるという厳しい認識を持ちながら，等しく如来の大悲招喚のなかにあるという同朋感覚にうらづけられた受容的態度 (感情移入的な理解)

　仏教とカウンセリングの二重構造について，両者の統合において仏教カウンセラーは人格的関係を超えた法に自己一致を求めることにより，仏の目を通してみるところに無条件の肯定的な配慮 (無条件の積極的関心) の可能性が生じ，あるいは等しく如来の大悲招喚のなかにあるという同朋感覚に裏づけられた感情移入的な理解が生じるところにその仏教カウンセリングの特質をみることができる。

　ところで，寺川幽芳は「宗教的カウンセリングの意義」という課題を取り上げ，宗教的対話の原理と特徴について五項目に整理している。その中，四番目の項目において[10]，世俗的対話と宗教的対話がともに「きく」ことが対話成立の必須条件となることを指摘しつつも，両者の対話レベルが違うだけでなく，相手との対話の過程で両者が同時に成立することを述べている。ここに「二重の」というところが興味深い。ともに「きく」ことが対話成立の必須条件となることは言うまでもないが，世俗的対話と宗教的対話のレベルが違うだけでなく，両者が相手との対話の過程で「同時に」成立する，ここに二重の意味で「きく」ことがなければならないという。換言すれば，仏教の「きく」(聴聞) とカウンセリングの「きく」(傾聴) が同時に成立することを示唆している。対人援助の場面では，必ずしも宗教的言語 (発言) が求められているわけではない。クライエントのニーズによる。しかし，宗教的配慮は仏教カウンセラーの必須条件であると考える。その配慮は，あるいはクライエントの言葉を待つ仏教カウンセラーの沈黙のうちに漂う。

3　仏教を基調としたEGにおけるファシリテーターの課題

　最後に，仏教を基調としたEGを考えるにあたり，EGにおけるファシリテーターの自己一致の重要性について述べておきたい。ロジャーズはEGについて，現在の人間疎外の勢力を人間尊重へと向けて行く方法と位置付け，個人の充実と成長への道を拓

---

[10] 寺川幽芳　2005　親鸞の思想―宗教心理学の視点から―　法藏館　p.330.

く，意味ある行動変化を起こす研究として尽力した。その強調点は「操作的であるより受容的，理解的」であり，またどちらかと言うと「リーダーの非凡な力を頼むよりも，グループやそのプロセスを信頼する」ことを繰り返し述べている[11]。その意味で職業的に使用される訓練という言葉を避け，トレーナーに対して，ファシリテーターという言葉を用いる。その理由を次のように述べている。

> 私の判断では，その人たちが訓練者という言葉に即して行動すればするほど，集中的グループには適さないと思う。そこで，ラホイヤ・プログラムでは，ファシリテーターと目される人の人間らしさ，および他人との相互作用の中で真実であるほど効果的であるという事実を強調している[12]。

ファシリテーターはグループのスタッフであるが，まず何よりもひとりの人間であるという指摘である。ここに来談者中心療法におけるセラピストの三条件中，自己一致の重要性が強調されていることが注目される。

このように，ロジャーズはEGの効果的運営を促進するファシリテーターを重視している。なぜなら，ファシリテーターの行動が，グループ運営を効果的にするか否かに大きく関与するからである。そこで，ファシリテーターの非促進的行動として8点ほど指摘している[13]（以下は要旨）。

①グループの隆盛を私的利用する（売名目的など）
②特定の目的を持ってグループを操作し規則を課す
③グループの成功・失敗を故意に判断する
④ある一面的方法を唯一の基本要素と信じることでメンバーを縛る
⑤自分自身を省みず，メンバーへの配慮に欠ける
⑥メンバーの行動の動機や原因の解釈を与える
⑦ある特殊な操作形式や言葉をもって導入しようとする
⑧自己防衛し，グループに個人的情緒の参加をしない

グループの参加者がいずれも上記のような操作的，解釈的，攻撃的，非情緒的な人であってもグループ自身によって適切に扱われるが，ファシリテーターがこのような行動を示す時，グループ全体が非促進的になるとロジャーズは指摘する。なぜなら，当初よりグループにひとつの規範を与えてしまいがちになるからである。ロジャーズ

---

[11] 前掲書（3）　p.69（p.85.）
[12] 前掲書（3）　pp.150-151.（p.185.）
[13] 前掲書（3）　pp.66-68.（p.80.）

のこの指摘は，仏教を基調としたEGにおいても仏教カウンセラーの自己一致に重なる，重要な課題である。

キリスト教会でも同様の課題を抱えているようである。そのため，教会ではプログラムの一環として早くからEGを採用してきた。その目的として，次のようなことが明らかにされている[14]。

　　①現在の教会があまりに失っている共同体意識をつくりあげること
　　②自分自身の宗教的思考と開発に真に参加していくよう引き込むこと
　　③教会内において牧師と教会員，役員と教会員，若年層と老年層間のコミュニケーションを改善すること

この三点は，キリスト教会だけのことではなく，教団をもつ仏教においても考えるべき課題を提供している。以下，上記の①～③に対応させて考察する。

　　①共同体意識とは，仏教（真宗）においては「同朋意識」に相当し，教団組織を構成する，人間同士の深いつながりに相当する。仏教（真宗）者が無意識のうちに身につけてきた非本来的姿勢への気づきと，同朋意識への回帰の促進となる。
　　②引き込むとは，自己研鑽のこと。仏教（真宗）では「聞法（仏教聴聞）」に相当し，自ら聞法の自覚と味わいを深める機縁になる。
　　③コミュニケーションを改善し円滑に進めることは，教団組織内の役割や世代間にあるわだかまりや問題を改善し，予防する。

おわりに

真宗法座は真宗法座であって，EGではない。また，その逆も然りである。しかしながら，「今，ここで」の対人援助関係において，カウンセラーの自己一致が深いほど，クライエントに意識変容が生じやすくなるというカール・ロジャーズの仮説に基づき，仏教（真宗）カウンセリングを手掛かりに両者の統合について検討し，さらに仏教を基調としたEGについて考察した。仏教精神に基づくカウンセラーやファシリテーターの自己一致は，共同体意識（同朋意識）や自己研鑽（仏法聴聞）の形成と関連することを確認した。換言すれば，仏教カウンセリングにおけるカウンセラーの自己一致という課題は，クライエントやグループを理解するための対人援助の基底をなす臨床的課題といえる。

---

(14) 前掲書(3)　p.138(p.170).

(拙論は，龍谷大学仏教文化研究叢書26　友久久雄（編）　2010　仏教とカウンセリング　法蔵館　所収の「真宗法座とエンカウンター・グループ―『気づき』の器としての場―」に加筆修正を施したものである）

文　献

安藤　治・湯浅泰雄（編）　2007　スピリチュアリティの心理学―心の時代の学問を求めて―　せせらぎ出版　p.24.
浄土真宗本願寺派ビハーラ実践活動研究会（編）　1993　ビハーラ活動―仏教と医療と福祉のチームワーク―　本願寺出版社　p.290.
國分康孝（編）　1990　カウンセリング辞典　誠信書房　p.491.
西光義敞（編著）　1988　援助的人間関係　永田文昌堂　p.29.
西光義敞　2003　仏法に基づく人間尊重のアプローチ　人間性心理学研究，**21**(1)，pp.1-5.
寺川幽芳　2005　親鸞の思想―宗教心理学の視点から―　法蔵館　p.123.

第3章

いじめをなくすために：

仏教国・ブータンの教育にならって

藤　能成

はじめに

　学校におけるいじめが社会問題となったのは1980年代のことであり，すでに30年以上が経過している。2012年夏，大津市で起こったいじめを原因とする中学生の自殺がきっかけとなって，再び社会の注目を集め，様々な対応策が検討されている[1]。

　いじめ事件が起こった場合には，必ず学校側の対応が問われる。しかし管理者としての学校側には十分な対応は難しい。何故ならいじめは，子ども達の人間関係の中で起こるものであり，学校側は当事者ではないからである。いじめの根本的な解決のためには，子ども達自身の主体的な意識の変革が必要ではないだろうか[2]。

　本論考では，学校でいじめが起こる背景として，①科学主義に基づく教育，②適応主義，競争主義，成果主義の教育，③宗教教育の禁止の3点について考察し，仏教の視点から，仏教国家・ブータンでの教育実践に倣った「いじめの解決策」を提案する。

---

[1] 政府・教育実行再生会議では，いじめ対策として「道徳」の教科化を提案した（2013年4月）。また『教育と医学』は「特集　いじめ問題をとらえ直す」を組んだ（2013年2月号）。そこにおいて今津孝次郎は「（いじめの根絶ではなく）次々と生起するいじめを早期に発見して早期に解決する『いじめの克服』という基本的な構え方と，種々の基礎知識を踏まえた冷静な認識，そして着実な実践こそが学校教育関係者には重要である」と指摘している（いじめ問題の基礎知識，pp.2-3.)。また藤川大祐は，学級・学校において「同質原理ではなく異質原理を尊重すること」の重要性を主張している（いじめ問題で学校はどう変わるべきか　pp.4-11.)。

[2] テレビでの報道によれば，大津市の中学生のいじめによる自殺事件の後，ある中学校では全校生徒にいじめに関するアンケート調査を行い，その結果（いじめの件数，内容等）を公開して共有したところ，生徒達の意識がいじめをなくす方向に改善していったという。いじめの問題を公開し，共有することの重要性を示唆する事例として注目される。

1 いじめの背景にあるもの

(1) 科学主義に基づく教育

　第二次大戦後,日本の教育は西洋の近代科学にもとづく理念を柱としてきた[3]。このことは,敗戦後,焦土と化した日本を復興し,経済を発展させる上で大きな役割を果たした。しかし,一方で人々は無自覚のうちに近代科学的な思考・認識方法を身に付け,「科学こそ真理であり絶対的な基準である」と信じるようになった。しかし近代科学は,けっして万能な尺度ではなく,さまざまな制約を内包している。デカルトによってその基盤が構築された近代科学は,自然現象を人間の精神とは異なる次元の物質界とみなし,抽象化された論理によって機械論的に捉え,人間と自然の繋がりを断ち切ることになった。それによって近代科学は客観性を獲得したが,世界をありのままではなく抽象化して捉えるために,人々の意識・認識も観念化されたのである[4]。

　人間は,自由意志と思考力を持つが故に,意味付けを求める存在である。しかし,近代科学は,自然を要素としての物質に還元する物質主義であるため,そこに意味や目的を見出すことができない。何故なら物質自体は意味を持たないからである。意味や目的は,他や全体との関係性の上にはじめて見出されるものである[5]。だから近代科学の認識方法を身に付けた人々は「目に見える世界が全てであり,目に見えない世界などない。いのちは死んだら終わり。人生の意味や目的は,自分なりに考えて見つけよう」と考えるようになった。しかし,人生の意味と目的は,いくら頭で考えても満足できる答えは見出し難い。また,死後のいのちの存続を信じないために,死を恐怖し,現代の日本では「死」を語ることはタブー視されるようにもなった。このようにして現代の人々は,虚無感と死への恐怖に苛まれることになったのである。

　認識方法の観念化により,人と世界（他者,社会,自然,宇宙）の繋がりの感覚が

---

[3] 筆者が,現代の教育を「近代科学的認識方法,適応主義,競争主義,成果主義」のそれぞれに基盤を置くものと見るのは,伊藤隆二の以下の論考に触発されてのことである（伊藤隆二　1999 人間の本質とスピリチュアリティの覚醒　人間主義心理学会(編)　人間の本質と自己実現　川島書店　pp.214-235.；同　1995　ホリスティック・パラダイムの研究―新しい青少年育成のために　伊藤隆二著作集　福村出版　pp.139-191.；同　1999　トランスパーソナル教育とスピリチュアリティの覚醒―「真理」に生きる人間になる―　東洋大学大学院紀要, 35, 601-624.)。
[4] 中村雄二郎　1977　哲学の現在　岩波書店　pp.133-147.
[5] 中村雄二郎は「科学の知が対象となる物事から感覚的なイメージ性を徹底的に奪い去ることによってそれと私たちとの有機的なつながりをまったく断ちきるため,科学の知において,物事の認識が私たちの一人一人と直接には無関係の,独立したものになるからである」と指摘している（中村前掲書　p.141.)。

弱まり，それに伴い生きることの実感が薄くなった。他者や社会との繋がりが感じられなくなると，孤独感，孤立感が生まれると同時に，他者との共感，共鳴，連帯感も弱くなり，自己中心性が増し，いじめが起こりやすい学級・学校の基盤を形成することとなったと見ることができよう。

(2) 適応主義・競争主義・成果主義による教育の問題

戦後，日本の教育は，適応主義・競争主義・成果主義に根差して行われてきた。すなわち，学校生活に適応し，よい成績を取って，競争に勝ってよい学校に進学することを目指すものである。このような学校社会では，これらの三つの基準に合致する者，すなわち学校生活に適応し，よい成績を上げ，よい学校に進学した者が価値ある人間として評価されるのである。

学校では，子ども達に「目標を設定して，その達成に向かって努力しなさい」と教える。その目標とは「できるだけレベルの高い高校・大学に進学すること」であるから，そこには競争が生まれる。目標を達成して「成果」(すなわちレベルの高い高校や大学への進学)を出すためには，よい成績を取って仲間との競争に勝たねばならない。だから仲間はライバルとなる。このような目標の設定の仕方は，暗によい高校・大学に進学することが「幸せの条件である」とする考え方を刷り込むことになる。子ども達は「幸せを掴むための競争」をしているようでもある。自身の幸せを掴むためには，自ら努力し，競争に勝って，よい高校・大学に進学しなければならない。

またそこから「自己責任論」の捉え方が生まれる。「よい結果を出せない，またはうまくいかない原因は個人の努力が足りないからだ」とする考え方である。「自分のことは自分で責任を持つ」という原則は，「他人のことに構う必要はない」，あるいは「他人のことに構っている余裕はない」というような観念を生み出してしまい，利己主義的な思考を推し進めてしまう。学校教育における競争主義と自己責任論は，子ども達同士のつながりを断ち切り，孤立させてしまう。事実，現在30歳代の人々の多くは「他人に助けてと言えない」という意識を強く持っており，30歳代の人の孤独死さえ生み出してしまった現実がある[6]。

では，このような適応主義・成果主義・競争主義の教育は，どのようにして生まれたのだろうか。まず適応主義は，児童・生徒を管理する学校側の立場に立つ論理であ

---

[6] 自己責任論と30歳代の孤独死については，以下を参照されたい(NHKクローズアップ現代取材班 2010 助けてといえない―今30代に何が― 文芸春秋社；奥田知志(牧師) 2011 もう一人にさせない―わが父の家にはすみか多し いのちとことば社)。

る。集団で教育を行うためには，個々の児童・生徒を学校社会，そして学校生活，学校の規律に従わせ適応させる必要がある。そこに適応できない場合は，切り捨てられることになる。また成果主義・競争主義は，個人の人格の陶冶よりも，日本の産業社会の発展・経済成長のために必要な人材を確保することに目的があった。学校は個人の人格の成長よりは，日本の産業社会・経済成長のための人材を養成する機関としての役割を果たすことを第一の目的としてきたと言える。新富康央（教育学）は，競争主義の教育の問題点について，次のように指摘している。

> 戦後続けられてきた欧米風の教育は，日本の学校教育にある種の弊害をもたらした。個人主義的かつ競争主義の教育の中で，子どもたちは，いつしか自信を喪失し，自らを閉ざすようになってしまったのだ。本来あるべき「心の教育」も形だけの存在になりつつある。競争に敗れた子どもは，自分を「その他」「ふろく」「おまけ」としか認識せず，誰からも必要とされない人間だと思い始める（週刊ダイヤモンド　2012年9月22日号　p.68．國學院大學PRの頁より）。

　新富は，学校教育での競争に敗れた子ども達に一般的にみられる意識を「損在」感と呼ぶ。戦後続けられた「個人主義的かつ競争主義の教育」において，子ども達に示される目標は「よい成績を上げ，競争に勝って，よい学校に進学するために，前向きに努力を続けること」である。そのような学校現場では，おのずと「よい成績の者が価値ある人間だ」と看做されるようになる。そこでは人間の価値が「成績が良いか悪いか」，「競争に勝ったか負けたか」，「よい学校に進学できたか否か」といった結果に基づく尺度で計られるようになる。したがって成績が悪く，競争に敗れ，（レベルの高い）よい学校に進学できなかった子ども，落ちこぼれた子どもは「価値が低い」，または「価値がない」人間と看做されざるを得ない状況がある。新富は，1996年7月の中央教育審議会第一次答申におけるキーワードの一つである「生きる力」を考察する中で，「自尊感情」の喪失がいじめを引き起こしていることを指摘している[7]。

> 各方面の識者によって，いくつもの「生きる力」が語られている。だが，先に述べた日本の子どもの置かれている現状を見るとき，第一に取り上げられなければならない「生きる力」は，「自分は大切な人間なのだという思い」ではなか

---

[7] 新富康央　1996　学校で磨く個性とは―「損在」感から「尊在」感へ　児童心理，3月号，pp.87-89．金子書房

ろうか。一般に「自尊感情」と言われているものである。今日，日本の子どもに一番欠けている，と思われる心情である。いじめをはじめとする，子どもの問題の多くが，自尊感情の喪失に始まっている，と言える。「自分は大切な人間なのだ」という思いがあるからこそ，子どもたちは，①他人を思いやること（相互理解），②何ごとにも耐えること（耐性），③意欲的であること（意欲），④きまりを守ること（規範意識）などができるのである（傍点は筆者）。

　新富は，続けて「自尊感情」すなわち「尊在」感は，自分の「よさ」とは何かを求めて，力いっぱい主体的に生きる中で，自分自身が作るものだと語る。しかし仏教の視点から見る時，子ども達が自分の「よさ」に向かって努力しようとするためには，さらなる内的な動機付けが必要ではないかと思われるのである。

(3) 公教育における宗教教育の禁止

　第二次大戦後に制定された日本国憲法第20条において，公教育における「宗教教育」が禁止された。ここでの「宗教教育」の語は，元来「宗派教育」の意味で使用されたものであり，人間の宗教的価値を育成する教育を禁止したものではなかった。その点は約半年後に制定された教育基本法第9条において「特定の宗教のための教育」と書き改められたことからも分かる。しかしその後これらの条文は，公立学校における「宗教全般に関する教育の禁止」を定めたものと解釈されるようになった。そのために「宗教に関する一般的知識を教授すること」さえも忌避され「宗教に対する寛容の態度」も殆ど無視されるようになったのである[8]。

　このようにして公立学校では，宗教にはできるだけ触れないようにする教育姿勢が取られ，「宗教は人間が生きる上で必要であり大切なものだ」とする「宗教を尊重する態度」は省みられなくなった。かえって「宗教は非科学的で時代遅れのものであり，理性的・知性的に生きれば，宗教は必要ない」といった，宗教の価値に否定的な認識を人々に植え付けることになった。

---

[8] この点は小山一乗が指摘するところである（1991　日本の宗教と教育　駒澤大学教育学研究論集, 7, pp.31-34.)。日本国憲法第20条3項には「国及びその機関は，宗教教育その他いかなる宗教的活動もしてはならない」と定められ，教育基本法第9条には「（宗教教育）宗教に関する寛容の態度及び宗教の社会生活における地位は，教育上これを尊重しなければならない。2　国及び地方公共団体が設置する学校は，特定の宗教のための宗教教育その他宗教的活動をしてはならない」とある。

2 仏教の視点からの考察

ここまで、学校において「いじめ」が起こる背景として3点を指摘した。これより仏教の視点から、これらの問題への対応策を検討する。

(1) 科学主義への対応

科学主義に基づく教育によって、人々は科学的認識方法を身に付けてきた。「科学的認識方法」とは、「知性・理性により、頭で、抽象化された言葉を使って、ものごとを理解・認識する方法」である。このことの問題性は、ものごとや世界を現実のありのままではなく、抽象化・概念化して理解・認識するところにある。科学的認識方法によって捉えられる世界は、互いの繋がりのない「バラバラの物質世界」となる。人と人・社会・自然・宇宙との繋がりの感覚が断絶され、意識の上での相互交流が断たれるため、人は精神的に孤立し、他との関係性が断たれ、生きることの意味や目的について答えを見出すことができなくなる。

この問題を解決するためには、新しい認識方法への転換、または導入が必要である。仏教が示すところの「智慧の認識方法」である。「智慧の認識方法」とは、「感性により、身と心で、意識を集中し、言葉を介さず（または言葉を手掛かりとして）、世界を直接受け止めていく方法」である。ここで「意識の集中」とは、宗教一般では「祈り」と呼ばれ、仏教において「定（瞑想）、念仏、止観、坐禅、唱題目」等の方法によって実践されてきたものである。「岡田式静坐法」[9]、「マインドフルネス」等も同様の方法である。私たちは「意識の集中」によって、観念の世界を脱し、ありのままの現実に触れ、自身と他者・社会・自然・宇宙との繋がりを回復することができる。

(2) 適応主義・競争主義・成果主義への対応

私たちはまず、「学校社会に適応し、よい成績を上げて、競争に勝って、よい学校に進学することによって、幸せになれる」という、暗黙の教育目標・理念を問いなおす必要があろう。これらは個人の幸せよりも、社会の発展を優先させた教育観である。学校では、よい成績が取れず競争に負けた人も、また落ちこぼれたり脱落したりした

---

[9] 岡田式静坐法は、農業研究者・岡田虎次郎（1872-1920）によって発案され広められた岡田式呼吸法であり、明治の終わりから大正にかけて知識人や学生の間で大流行した。知識人の実践者としては、木下尚江、田中正造、坪内逍遥、高田早苗、倉田百三、金子大栄、足利浄圓、山辺習学等がいる。現在も全国各地で静坐会が行われている。

人も，誰もが幸せになれる生き方を示さなければならない。
　本当の幸せとは，一人ひとりが「自身の人生の意味と目的についての答え」を見つけることにより実現されるのではないか。科学的認識方法によっては観念の世界を脱することができず，他との繋がりも感じられないため，「人生の意味と目的についての答え」を見出すことはできない。
　この問題への対応としては，(1) において提案した「意識の集中」の時間を継続的に持つことにより繋がりの感覚を回復する中で，他者や全体の幸福の実現を助けるために「自分にできること，自分にしかできないこと」を考え，探し，具体的に実行していく。その時に，他と連携し，他を生かし，全体の完成に奉仕すべき個としての役割と存在意義が感じられるようになるだろう。これが，誰もが幸せになることができる方法である。子ども達が「皆の幸せのために自分にできること，自分にしかできないこと」に取り組む時，個としての存在意義を見出し，「自尊感情」を回復することができる。一人ひとりの個には，そのものにしか果たすことのできない役割があると言う点において，まさに宇宙にただ一つしかない掛け替えのない存在だと言える。
　このことはジグソーパズルにたとえることができる。例えば1,000ピースからなるジグソーパズルがあったとしよう。すべてのピースは，他のどのピースとも異なる形と図柄を有しており，そのピースが嵌ることのできる場所は，ただ1ヵ所である。その1ヵ所を埋めることができるのは，まさにそのピースだけであり，そのピースがなければ全体は完成しない。それぞれのピースは，他に取って代わることができない役割と存在価値を有している。それは他と連携し，繋がり合いながら，全体を完成するために，そのものにしか果たすことのできない役割を担い，果たすところに成立するのである。個が存在する意味や目的，そして価値とは，他と繋がり合い，全体の一部分として存在しているという感覚や視点がなければ生まれて来ないのである。

(3)　宗教的知識教育の実施
　今日，わが国においては教育を通して「宗教に関する寛容な態度」が育まれているとは言い難い。人々の宗教に対する認識や意識の低さは，国際化された世界において他国の人々の思考方式，価値観，人生観を理解し受容する上でも支障となっていると言える[10]。しかし，宗教的知識教育を学校教育の科目として新たに設置するには困難が予想される。そこで第一段階として，社会（小・中学校）あるいは倫理・社会（高等学校）の授業に「宗教の機能と役割，主な宗教の教義，人々の信仰生活の実態」等

---

[10] 小山一乗　1991　の宗教と教育　駒澤大学教育学研究論集，7，pp.33-34．およびp.36参照。

の内容を盛り込み，できるだけ公平な立場から各宗教を取り上げていくことを提案したい。そのことによって，子ども達は「宗教や信仰が人間にとって必要であり，大切なものである」という認識を持つようになるだろう。

3 ブータンにおける教育

筆者は2012年5月，王立ブータン研究所とブータン王国内務文化省が共同で主催する仏教国際会議に出席するためブータンを訪問した。ブータンは，チベット仏教を国教とする国である。その際，王立ブータン大学言語文化学院のロポン院長（Lopon Lungten Gyatsho, the Director of the Institute of Language and Cultural Studies under the Royal University of Bhutan）から，ブータン人の信仰生活と教育について個人的にお話を聞く機会があった。ブータンの学校では「いじめ」がないと言われる[11]が，その理由はどこにあるのだろうか。ロポン院長からお聞きしたお話から，ブータンの学校教育に見られる幾つかの特徴について考えてみたい。

①**ブータン人の信仰生活**：「一般の人は，一日に15分から1時間程の祈りの時間を持っている。子ども達は家で祈らなくても，学校で祈りの時間がある」とのことであった。ブータンでは，どの家庭にも立派な仏間と仏壇があり，人々は毎日，お参り（祈り・瞑想）の時を持っている。このような祈り・瞑想の生活習慣が，ブータン人の深い精神性を支えているのではないだろうか。

②**学校教育**：学校教育の理念は仏教を基盤としており，政府には教育理念（パラダイム）を審議する機関がある。学校では「他の人々を助け，皆のために働きなさい」，「皆の幸せが自分の幸せであること」を教えている。子ども達が「なぜ，皆の幸せが自分の幸せになるのか」を考える時，一人ひとりのいのちの繋がりが見えてくるだろう。私たちがなすべきことは，自分だけの幸せを願うことではない。他の人々を助け，皆のために働くことである。すべてのいのちは繋がっており，全体が幸せになること

---

[11] ツェリン・タシ氏（ブータン王立自然保護協会理事），および今枝由郎氏にお聞きしたところでは，ブータンの学校には「いじめ」の問題がないという（2012年10月18日，京都大学第2回ブータン講座）。今枝氏はその背景として，ブータンという国が，地縁・血縁の結びつきの強い農村的社会である点を指摘された。後日，ツェリン・タシ氏に直接伺ったところでは「ブータンには年長者を敬う文化があり，子どものころからそれを身に付ける。学校でも，年長者に対して兄さん，姉さんと呼ぶ。年長者は，自分の弟や妹をお世話する義務を負うことになり，そのことがいじめを減らしていると言える」とのこと。これは，今津孝次郎の，異年齢タテ型集団においては，いじめが生じても，エスカレートしにくいとの指摘とも符合する（今津孝次郎 2013 いじめ問題の基礎知識 教育と医学，2月号，3.）。

が，私の幸せに繋がる。「他の人を助け，全体が幸せになるために，自分に何ができるだろうか」を考え，自分が果たすべき役割や仕事を見つけ，実行に移す時，人は本当の喜びに出会い，虚無感を克服することができるだろう。

また，生きる目的として「成功することや競争に勝つことの前に，よい人間であることが重要である」とGNH（国民総幸福量）に示されているという。これはブータン国王が，国民に「よい人間であれ，そうすれば世界に通用する」と教えてきたことに由来する。ここで子ども達は「よい人間とは，どのような人間なのか？」を考える。競争や勝ち負けでなく，他を愛する思いやりの心を養い，自分が果たすべき役割を果たしていくことが大切であり，そこにこそ生きる目的があると教えるのである。

③仏教的生き方：ロポン院長は「自己中心性（selfishness）を離れることが大切である。自己中心性よりも，自己中心性を離れること（selflessness）の方が，人間に力を与えるものだ」ともおっしゃった。これは，仏教の教えにかなっている。仏教では，自己中心性に基づく欲望の満足は五感が満たされる快感をもたらすが，同時に苦しみの根本原因になると見る。その生き方によっては，人生の目的や意味を見出すことはできない。自己中心性を離れて，共に暮らす人々や全体の幸せのために働く時，人間は力を発揮でき，本当の喜びを感じることができる。これは，大乗仏教における利他の精神に基づく生き方である。

4　ブータンの実践に倣う：「いじめ」をなくすために

日本の子ども達は，「科学主義・物質主義」，「適応主義・成果主義・競争主義の教育」を通して，他に勝ってよい成績を上げ，よい学校に進むことが幸せへの道であり，それらはすべて自分の責任にかかっているという，誤った意識を持たされてしまっている。このような教育理念は「自我への執着と自己中心の欲望追求の生き方」を基盤とするものであり，仏教の視点から見る時，明らかに苦しみを生み出す生き方である。

これに対し，仏教が示す人間のあるべき生き方とは，「自我への執着を離れ，欲望を抑制し，他を助け，全体の幸福のために奉仕する生き方」である。すなわち，仏教が説くもっとも崇高な精神性である「慈悲と利他の心」に他ならない。

子ども達自身が「自我への執着と，自己中心の欲望を追求する生き方」を離れ，「自我への執着と，欲望を抑制し，他を助け，全体の幸福のために奉仕する生き方」を理想として求めようとする時，信頼し助け合える学校社会が実現し，「いじめ」もなくなっていくのではないだろうか。

ここで筆者は，子ども達自身の意識を転換し「いじめ」のない学校社会を創るため

に，ブータンで行われている教育実践を，日本の学校教育に取り入れることを提案したい。以下の五項目である。

①静坐の時間を持つこと：科学的認識方法を智慧の認識方法へ転換するためには，いわゆる，いのり，瞑想，念仏等の「意識の集中」が必要である。これらの行為は主に各宗教における信仰実践として行われてきた。信仰は個人の信念を伴うため，これらを公教育に取り入れることは困難である。そこで，宗教性の薄い「意識の集中」の実践法である「岡田式静坐法」を学校教育に取り入れることを提案したい。岡田式静坐法は，丹田式呼吸法であり，意識の集中による瞑想法の一種とも見ることができ，人々を観念的思考・認識方法から解放し，他者，社会，自然，宇宙との繋がりの感覚を回復し，心身の健康を増進することが期待される[12]。

②「**皆の幸せが自分の幸せとなるのは何故か**」を考えること：自分だけが幸せになることはできない，なぜなら皆が繋がり合って生きているからである。人も，生き物も，自然も，宇宙も，それぞれを切り離すことはできない。全体が一体となって生きて存在している。子ども達自身が「皆の幸せが自分の幸せとなるのは何故か」を考えること，これが競争主義を超える一つの方法となる。

③「**皆の幸せのために，自分に何ができるか**」を考えること：人間は，自己中心の欲望を追求する生き方によって五感は満たされても，心が満たされることはない。日本社会に蔓延する虚無感は，そのような生き方が招いた結果である。自身と他の人々との繋がりを感じる中で，他の人々のために自分に何ができるか，自分が置かれた立場で自分に期待される役割を見つけ，自分にできること，自分にしかできないことを探して実行する。その時に人は虚無感を克服し，喜びを感じ，心が満たされることになる。学校生活の中で，子ども達一人ひとりが，みんなの幸せのために自分にできることを考え，一日に一つだけでも，実行するようにするだけで，クラスの雰囲気は大きく変わるのではないだろうか。

④「**『成果を上げることや，競争に勝つことの前に，よい人間であること』が大切なのは何故か，よい人間とはどのような人間か**」を考えること：ブータン国王は「よい人間であれば世界に通用する」とおっしゃった。ブータンは中国とインドという大国に挟まれた弱小国家である。その国を維持し，国民が幸せになっていくためには，国民一人ひとりが，智慧を出して持てる力を発揮し，有効な施策を一つ一つ実現してい

---

[12] 有田秀穂（脳神経科学）は，丹田式呼吸法としての坐禅・瞑想が，脳のセロトニン神経を活性化させることにより，ポジティブな気分を生み出し，集中・直観・共感・自己意識を高める効果があることを実証している（「仏教と脳神経科学」『親鸞とは何か』 講談社MOOK，2011年）。

く必要がある。実際にブータンの指導者層は，そのような使命感を持って行動しているように見える。「よい人間」とは例えば，「一人ひとりを大切に思い，勤勉に働き，誠実に生きる人」と言うこともできよう。よい人間であれば，皆を幸せにすることができるよい仕事・よい働きができるだろう。

⑤**自己中心的な生き方を離れることを目指し，皆の幸せを願い，他のためにできることを探すこと**：ロポン院長は「自己中心的な生き方を離れる努力をすること。自己中心性（selfishness）よりも，自己中心性を離れた，皆の幸せを願う生き方（selflessness）の方が，人間に力を与えるものだ」と指摘する。これは仏教の教えの具現である。人間は自己中心性によって欲望を満たすことができるが，同時に精神的な苦悩を抱える。周りとの繋がりを感じる中で，皆の幸せを願って生きる時，人は大きな力を発揮し，本当の喜びに出会うことができるだろう。

おわりに

　最後に，教育における「自己肯定感」に関する三浦修平（子どもの権利条約総合研究所研究員）の論考を紹介したい[13]。三浦は，教育において「自尊感情」と「被受容感」との二つの要素を含む「自己肯定感」という概念の有効性を示し，特に被受容感を核に自己肯定感を高めていく総合的・継続的な指導の必要性を指摘している。被受容感を高める上では，子ども達同士だけでなく，「子ども―おとな」の人間関係を通して，子どもの意思や感性を大事にし，社会の中で子どもが受け入れられ，力を発揮できる環境を作ることが肝要だとする。その中で，子ども達自身が「自分のことを自分で決定する主体性の感覚」としての自己決定感を持てるような支援が求められるが，その前提として子どもの意思が周りに認められるという被受容感がより重要だと示す。そしてこれらの実現のために，自己決定感を重視した子どもの参加・参画型の教育実践を提案している。

　筆者が前節において提案した教育における五項目の実践は，ある面で三浦の問題提起に対する具体的な解答となっているとは言えないだろうか。子ども達が，教員の支援のもと「なぜ，皆の幸せが自分の幸せなのか」を考えていくことにより，子ども達同士がお互いを受容し合える環境・風土が作られ，子ども達自身の意思や感性により「他を助け，また皆を助けるために自分にできること」を探して具体的に実行すること

---

[13] 三浦修平　2012　自己肯定感とは何か―総合的実践的研究を目指して―　子どもの権利条約総合研究所（編）　子どもの権利研究　日本評論社　pp.118-126.

を通して，子ども達の自己決定に基づく主体的な参加・参画型の活動，学校環境が実現できるのではないだろうか。今，日本の教育はパラダイム自体を問いなおし転換すべき時を迎えている。子ども達の幸せな生活と人生，そして一人ひとりが大切にされる平等な社会を実現するために。

文　献

藤　能成　2012　現代社会の無明を超える―繋がりの回復―　岐阜聖徳学園大学　仏教文化研究所紀要，12号（5月），31-49.

　藤　能成　2012　ブータンで考えたこと―「いじめ」をなくすために　龍谷大学宗教部報りゅうこく，91号（10月），4-25.

藤　能成　2013　心軽やかに生きる―仏教が示す生き方　友久久雄（編）　仏教とカウンセリングの理論と実践　自照社出版　pp.64-74.

藤　能成　2013　現代社会の無明を超える―親鸞浄土教の可能性―　法藏館

第4章

妙好人・浅原才市の「獲信」に至る心的過程に関する一考察

中尾将大・藤　能成

はじめに

(1) 妙好人とは

　浄土真宗における在家の篤信者のことを妙好人とよぶ。妙好とはもと蓮華の美しさを歓賞しての言葉であるが，それを人間に移行してその信仰の美しさにたとえた言葉であるとされる（鈴木，1976）。また，「妙好人」の語は唐の善導（613-681）の「散善義」に『観経』流通分の「分陀利華」をして念仏者を讃嘆する五つの嘉号の一つとして述べられるとされる。「分陀利華」とは"pundarika"の音訳であり，漢訳は「白蓮華」で，泥中にあって清浄な花を咲かせるという意味である。従って「妙好人」は世俗の中にあって世俗に染まらず，本願の念仏に導かれて（生活によって）人生を生き抜く人だと言えよう（林，1981）。

　浄土真宗の開祖，親鸞（1173-1263）は，『教行信証』「行巻」末の「正信念仏偈」の中で，「一切善悪の凡夫人，如来の弘誓願（本願）を聞信すれば，仏は広大勝解者とのたまへり。この人を分陀利華と名づく」と述べている。すなわち，善悪にかかわらず，阿弥陀如来の本願を聞いて信ずるすべての人を，釈尊は「広大勝解者」（すぐれた智慧を得た人）と讃えられ，その人を「分陀利華」（けがれのない白い蓮の花）のような人とおほめになると詠んだ。さらに，親鸞は『一念多念文意』の中で「分陀利華を念仏の人にたとえたまへるなり」と記し，『唯信鈔文意』にも「信心をえたるひとをば分陀利華とのたまへり」と記している。

　仰誓（1721-1794）が『妙好人伝』を著して以来，日本各地の多くの篤信者が妙好人として知られるようになった。赤尾の道宗（生没年不明　室町時代），大和の清九郎（1678-1750），三河のおその（1777-1853），讃岐の庄松（1798?-1871），六連島のおかる

(1801-1856), 物種吉兵衛(ものだねきちべえ)(1803-1880), 因幡の源左(げんざ)(1842-1930), 浅原才市(あさはらさいち)(1850-1933)などが, その代表的な人々である。

(2) 妙好人の特徴

妙好人の特徴として, 比較的十分な教科教育を受けていないことがある。学問とか智慧才覚があると, それがかえって信仰に進むものの障壁となることがあるが, 妙好人にはそれがないというので, 獲信の好条件を具えているのである。

また, 妙好人には社会的地位が低い人が多いのも特徴である。したがって市井寒村の人々の中に最高級の妙好人を見出すことができる。そのためか, 彼らの信仰は自らのおかれている地位に安んじて, その職業に励むという方向に傾いている。(鈴木, 1976；中尾, 2011)

さらに, 彼らは一般的に「苦しい生活状態」とされる状況に置かれていても何の不平も訴えないで, むしろそのような生活に感謝する傾向さえうかがえる。彼らの生活は「ありがたい」「もったいない」「かたじけない」という言葉で表現される感情で貫かれている。積極的に苦しい生活を楽しむとさえ感じられるとされる。それは自身が苦難に遭うことに意味を見出し, 苦難の中から何かを学び取ろうとする姿勢の表れであり, 彼らが仏智・本願力の働きに通じ, 導かれているからこそできることだと考えられる。

それぞれの妙好人は様々な個性を持っていたが, 「真宗のご法義をありがたがり, 仏智との出会いを果たし, この世の価値観を超越して真に幸福な人生を歩んだ」という点においては共通している(中尾, 2011)。

(3) 妙好人浅原才市

本論考では妙好人の一人 浅原才市(あさはらさいち)を取り上げる。藤能成(2006)によると, 「浅原才市(1850-1932)は, 島根県邇摩郡温泉津町に暮らした下駄職人であり, 寺院での熱心な聴聞, 日々の念仏の生活を送った。下駄作りの仕事をしながら胸の奥から自然に溢れて出る思いを, 鉋屑や下駄のはぎれに筆で書き留めていった。これを「口あい」と呼ぶ。安楽寺の住職の願いによって, それらの言葉をノートに書き写すようになり, そのノートを通して, 才市の篤い信仰心, 深い精神性が世に知られていったのである。そこには, 自己中心性を超えて, 見えない働きとしての阿弥陀如来の本願力に導かれて生きる才市の心境が, 余すところなく表現されている」と記している。藤(2011a)は浅原才市のことを「仏と対話する静寂の詩人」と評し, また, 妙好人としての才市を見出した鈴木大拙は「実に妙好人中の妙好人である」と絶賛している。

中尾（2011）は，浅原才市が信心を獲た後の，老境期における生活を心理・行動学的に分析を試みている。そこには，質素で素朴な生活を営みながら，信仰とともに歩んだ彼の人生を垣間見ることができる。そして，阿弥陀如来の救いの働きである「本願力」に対する一切の疑いやはからいがなく，素直に足ることを知って，生き生きと生活する才市の姿が浮かび上がる。また，才市の出身地である島根県温泉津町での調査の情報も記載されており，その中に生前の才市の様子を伝える記述がいくつかあるので紹介しておく。

・才市翁は一言で言うと「純粋」で「素直」な性格の人であったそうである。それゆえに真宗の教えが自然と吸収されていったようだ。
・途中の温泉街には才市翁が建てた二軒目の自宅が保存されており，立ち寄った。—（中略）—お店には細君のセツがいて商売を担当し，才市翁はもっぱら奥の部屋でせっせと下駄を作成していたそうである。
・五十を過ぎて，下駄屋を始めた頃から商売が繁盛し，生活が安定したのである。そのような生い立ちであったので，きちんとした教科教育を受けておらず，漢字は七文字くらいしか知らなかったと言われる。才市翁がうたを書く際に「当て字」を交えていたのもこういった理由によるものである。
・ある文化人は才市翁の字を見て，汚い字ではあったが，「一生懸命さ」が伝わるよい字であると評していた。文字に彼の生き方が投影されているのかもしれない。

(4) 本研究の目的

これまで妙好人，浅原才市に関する研究が多くなされてきた（例えば　鈴木，1967，1976；菊藤，2010；藤，2006）。しかし，多くの研究は才市が下駄作りに勤しむ時に紡ぎ出される「口あい」（即興の詩ともいうべきもの）を中心にしたものや，彼がしっかりとした獲信を果たした60歳以降に焦点を当てたものであった。吾勝（2011）は，「妙好人伝」の群像が獲信前（獲信過程）よりも獲信後の生活に重点を置いて語られていることを指摘している。本研究はその視点に立ち，才市の獲信に至るまでの心理的過程について考察を加えることを主たる目的とする。才市の辿った精神的階梯を明らかにすることによって，「人間としてあるべき生き方の実例」を，多くの方に示すことができればと願うものである。

1　獲信までの経緯（いきさつ）

　浅原才市の獲信までの経緯に関する情報は数少ない。しかし，楠 恭（くすのきょう）による手記『寺本慧達氏を訪う』には詳しい記述が見受けられる。この手記は楠が，才市翁と親交が深かった寺本慧達（てらもとえたつ）に，直接インタビューをして伝え聞いた内容である。

　以下，獲信に至るまでの才市の心理的変化・行動の変化をまとめる（楠恭『寺本慧達氏を訪う』の記述による）。才市の行動や心境の変化を時系列的に並べる。

・若い頃，江津（ごうつ）という所で船大工の弟子に入っていた
・20歳前後の才市は博打もやり，遊びに行ったものだろう
（転機）：博打をやっていて巡査に捕まった
　　　　　→巡査から色々説諭された
（気付き）「これではいかぬ，人間にならねばならぬ」と痛切に思う（才市は自分でそう言っていた）
　　↓
お寺で説教を聞くのが一番よかろう（近所の安楽寺）
・才市，23，4歳頃，寺に出入りするようになる
・説教を聞く＋法座のお世話　→　・お賽銭を集める
　　　　　　　　　　　　　　　　・御飯や料理作り等の棚元の仕事やお手伝い
　　　　　　　　　　　　　　　　・法座がすむと御院主を始め，皆と一緒に御仏飯をいただく

　　　⇩

（苦悶）
・自分の胸の中をよくよく調べてみたが，何だかしこりがあってすっきりしない
・自分の身の倦怠と心境の進みのはかどらぬことを思う
　　↓
なお，一層精を出して，寺詣りを続け，聴聞に聴聞を重ねた
　⇔　しかし「なんぼ聞いてもわかりませなんだ」
・とても自分のような鈍根には仏法はわからぬと思って捨てたこともあった
　⇔　しかし，捨て切ることのできるものではなかった
・何だか物足りなくて不安でならなかった　（虚無感？）

→ また，お寺詣りと説教聴聞を始めた
⇔ が，いくら聞いても考えても，この罪深い者が無条件で救われるということには素直に納得できなかった
　　　　　　↓
また，諦めた
⇔ しかし，どうしても何か物足りなくて，落ち着かなくて仕様がない
→ それでまた，熱心にはじめた
☆こういう状態が約34，5年も続いた
　　　　　　↓
少しずつ進歩していった

(1) 獲信の過程

　前節の記述から，若い頃の生活態度の乱れと巡査からの説教がきっかけとなり，自らを改めるべく，真宗の教えに触れていったことがわかる。しかしながら，なかなか信心を獲ることはできず，悶々とした日々を過ごしたことが示されている。そんな才市であったが，大体，50歳，60歳を過ぎたころに，信心を獲たようである。その様子を示す記述があり，以下にまとめる。

・大体　50歳過ぎになっていつとはなしに仏智と大悲の不思議が知れてきたらしい
・60歳頃から自ずと物事を宗教的に眺め，味わうようになってきた
　→　こけらに「うた」を書き始めたのは大体，60歳頃からである
・以前は仕事にも十分精が出せなかったが，この頃から下駄職人としての仕事にも精が出てきた。

　鈴木（1976）によると，「才市の衆生済度というのは日々の行事，即ち彼の場合では下駄業にいそしむことを意味するもののようである」。また，「人間社会にはいずれもそれぞれの営みがある。これを真面目に成し遂げることは，やがて社会に奉仕することである，下化衆生とも衆生済度ともいうべきである。才市は実にこの点において健全なる考え方をしていたようである」と記している。つまり，才市は単に金儲けのために仕事にいそしんでいたのではない。「衆生済度」という言葉に表されているように，自らの身の程を知り，与えられた下駄職人としての仕事を精一杯果たし，仕事を通じて世に奉仕していくという感覚であったことがうかがい知れる。寺本氏による

と，才市の下駄は評判がよく，周辺地域ではよく売れていたようである。そして，自分で特に出来の良かった下駄をたびたび近所の者にただで配り，喜んでいたそうである。他者の喜びを自分の喜びとするところに才市の衆生済度（しゅじょうさいど）が成立するのであろう。

(2) 才市の内面の変化について

　前節で紹介した才市の獲信までの心境の変化を元に，才市の内面の変化について考察を試みる。まず，最初に，①追い込まれ，自己の「愚かさ」と向き合うことを余儀なくされる（巡査による説教），②己を見つめる（自分の内面に注意を向ける），③「愚かさ」に流されることなく，真人間になることを望む（これではいかぬ，人間にならねばならぬ），④その方法として仏法にたよる，⑤仏智に対する疑い「なんぼ聞いてもわかりませなんだ」，⑥50歳を過ぎになっていつとはなしに仏智と大悲の不思議が知れてきたらしい（獲信）という①から⑥の心理的な過程が浮かび上がる。

　真宗寺院での聴聞を始めたきっかけは賭博や遊びをしていた当時，巡査に説教をされたことに始まる。ここで才市は，①自分自身の「愚かさ」と向き合わざるを得ない状況に追い込まれた。そして，②自分自身の内面に注意を向け，③「人間にならねばならぬ」と自分自身を変えるべく決意をする。その方法として，④「仏法を聴聞すること」になる。しかし，⑤「なんぼ聞いてもわかりませなんだ」という本人の述懐に象徴されるように，いくら熱心に寺参りを続けても，なかなか精神の安寧を得ることができなかった。⑤の段階では，「いくら聞いても考えても，この罪深い者が無条件で救われるということには素直に納得できなかった」とあるように，この時期の才市は，仏法について観念的理解（言葉と概念による理解）を超えることができなかったことがうかがえる（「仏智不思議を疑う」段階にあった）。したがって，才市の内面において煩悩にまみれた「愚かな自己」と「仏の救いを求める自己」が激しくぶつかり合う葛藤（conflict）状態が続くことになる。この状態は心理学的に述べると動機の葛藤（conflict of motives）と考えることができる（今田・宮田・賀集，1996）。動機の葛藤とは両立しにくい動機（A，B）が同時に喚起された状態といえる。才市の場合，動機A「煩悩に流されると楽である」と動機B「仏に救われて真人間になりたい」という動機の間に立たされて苦しむという状態である。

　そのような状態が34，5年も続いた後，⑥50を過ぎたあたりからいつとはなしに仏智と大悲の不思議が知れてきたらしい。すなわち，「仏の救いを求める自己」が先の動機の葛藤を制したと考えられる。「この罪深い者が無条件で救われるということ」はいくら頭で考えても理解することができないことに気が付いたのである。「この罪深い者が無条件で救われるということ」を疑いなく，素直に受け入るためには，何らか

第4章　妙好人・浅原才市の「獲信」に至る心的過程に関する一考察　43

の飛躍がなければならない。その飛躍をもたらしたのが、「仏智不思議の働き」に触れるという体験である。人間の理性・知性による思考を以てしては捉えることのできない、「仏智不思議の働き」の世界に触れたのである。形ある世界がすべてであると思っていた者が、形ある世界を支える形なき働きの世界があることに気づいたのである。この心的過程は、仏法の体得であり、感覚的・直観的理解と呼ぶべきものである。数十年にわたる念仏と聴聞の積み重ねによって、目に見えない仏智の働きを受け止める感覚が開かれたということではないだろうか。

　また、才市が獲信前のことを回顧してうたったうたがある（以下は原文に筆者が正式な漢字をあてたものである）。

　　　仏智不思議を疑うことの　あさまし三十四年。つみのせんさくするからよ。つみのせんさく無益なり。つみのせんさくせぬ人は、のれんすがりかほた（すぐに倒れる立木）すがり、閻魔の前でいんま（今）後悔。つみのせんさくする人はここで金剛心をいただく
　　　　　　　　　　　　　　　　　　　　　　　　　（鈴木、1976より引用）

　このうたに信心を得た才市の仏智不思議への疑いが晴れた、すがすがしい心境が反映されているのではないだろうか。罪深いわが身がなぜ、無条件で救われるのか、疑いの思いを打ち消すことができず、頭で考えて知的に理解しようとした（観念的理解）、34年であった。その行為はあたかも阿弥陀如来の救いの働きに対して、自らその手を振りほどいているようなものであった。そのような詮索や疑いをし尽くし、何もなす術がないところまで追い込まれた時、初めて仏智不思議を感得する機会が訪れたのである。

2　結びにかえて：親鸞の思想と元暁の仰信

(1)　親鸞の思想からみた才市の行動と心境の変化

　本研究では、妙好人、浅原才市の獲信までの心的過程について考察を試みた。獲信のきっかけとして、最初に自らの「愚かさ」に直面せざるを得なかったことが挙げられる。次に自分自身の内面を自ら眺めるようになる。その結果、「煩悩に流される自己」と「仏の救いを求める自己」を発見したのである。

　そして、上記、2つの自己が才市の内面で激しく衝突しあう動機の葛藤（conflict of motives）状態に陥った。この段階では阿弥陀如来の救いの誓願を（体験としてではなく、）言葉と概念によって知的に理解しようとしていた（観念的理解）と考えられ

る。これは単なる知識であり，現実の救いとはならない。何故なら，救いとは人間存在そのものが，人生のすべてが丸ごと救われ，喜びと安心に転換しなければならないからである。このような葛藤状態が34，5年間続き，50歳を過ぎたあたりからいつはなしに仏智の働きの不思議が知られてきた。念仏と聴聞の実践を続ける中で，仏智の不思議を捉える才市の感性が育まれ，それを感得するに至ったのである。真実信心の獲得である。この段階に至り才市は，阿弥陀如来の救いの働き，仏智の不思議を体得した。仏智不思議の実態に触れることにより，感覚的・直観的に理解できたのである。このことは「仏の救いを求める自己」が葛藤を制したものと解釈できる。

　親鸞は，衆生が信心を得て現生正定聚（げんしょうしょうじょうじゅ）（現生において，仏となる身に定まること，往生を約束された身）となることは「如来の促し」である（如来の回向による）としていた（藤，2004）。罪悪深重の凡夫が如来の光（智慧・本願の働き）に照らされて，自身の罪業の深さ（機の深信）を知ることは，同時に阿弥陀如来の救いの働きの確かさ（法の深信）が知られることである（機・法二種の深信）。才市が「これではいかぬ，人間にならねばならぬ」という告白をしたり，何度も仏法を捨てたが，捨て切れなかったという行動を繰り返したりしたことは「如来の促し」であったと捉えることができる。そして，それらの行為を通して，自らの罪業の深さを知り，翻って，阿弥陀如来の救いの働きを知るに至った（体得した）のである。自らの罪業を知ったこと，客観視できたことそれ自体が，如来の光（智慧）に照らされたことを意味している。光に照らされなければ実相は見えないからである。才市はその後，如来の光に照らされて，その促しのままに人生を歩み，信を深めて行くことになった。

(2) 新羅の元暁（しらぎ　がんぎょう）の思想からみた才市の行動と心境の変化

　この節では，浅原才市の獲信にまつわる心的過程について新羅の元暁の思想から考察を行う。なぜなら，才市の獲信にまつわる心的過程を説明するには，元暁の説いた「仰信（ごうしん）」の概念が最も適切であり，才市の獲信体験を如実に示すものと考えるからである。

　そして，本節での考察を通して，獲信した才市の至った心境は「如来の促しのままに（眼にはみえない働き）に自己の全てを丸ごと任せて歩んでゆく」という親鸞の思想から見出されたことと共通であることが示されるであろう。それは，才市，親鸞，元暁と時代，地域，立場を異にした三名が信の仏道を歩むことで等しく体験した「普遍的なもの」と捉えることができると考える。

　①**新羅の元暁とは**：元暁大師（617-686）は，朝鮮半島において三国時代（高句麗，

百済，新羅）に生まれ，その後，半島を統一した新羅において念仏を広めたと考えられている。その生涯と思想は我が国における浄土真宗の開祖，親鸞との共通点が多くみられる（藤, 2007, 2011b）。両者とも念仏を重視し，仏の救いの働きに対する疑いの罪を離れる方法を求めたことなどを，その具体例として挙げることができる。

　元暁の思想の中で，もっとも特徴的であるのが，「仰信」である。文字通り，仰いで信じることである。そして，元暁は「信の成就」ということを重要視している。「信の成就」とは，大乗仏教で説かれる「仏智の働きの世界・目に見えないもうひとつの次元」に出会い，疑いが晴れることを意味する。元暁はまず，仏智不思議を仰いで信じることを勧め，やがて「信の成就」へ至ると説いている。「仰信」は，「信の成就」に至るための心の姿勢である。

　元暁も仏智不思議への疑いを超える方法について心を砕いた。なぜなら救いを求める（仏道を志す）多くの大衆は，煩悩に流されているため，目に見えないもうひとつの次元である仏智不思議の世界に容易に触れることができないからである。だからこそ元暁は「ただ如来を仰いで一向に伏して信ぜよ」（大正蔵 37-131b）と「仰信」の仏道を説いた（藤, 1997）。仏の智慧の働き，救いの働きの深さというものはとても我々に思量できるものではないが（不可思議・不可思量），ただそれを仰信することによって自己の「疑」による妨害を止めることができるからである。私を超えた慧，すなわち仏の智慧の働きに全てを任せていく。仏の智慧その働きによって我々のいのちが支えられ，導かれていることを仰いで信じようとするのである。

　②才市の心的過程と仰信：元暁の「仰信」に基づき，才市の心理的変化について考察する。才市が獲信を果たした構造として，仏の救いを求める才市の切実な思いが，彼をして聴聞の生活へと駆り立て，その中で自己の罪業性が明らかになり，自己中心性を離れる方向へと導かれていった。そして，自らを超えた仏智の働きに全てを任せるしかない，という仰信の思いを深めていったと考えることができよう。

　その時を境にすべてを仏に任せて生きようとする仰信の仏道を歩み始め（聴聞，念仏，信心の歩み・生活），その過程で信心を獲て（直接的に仏の智慧の働きと出会ったことを意味する），疑いなくその働きを受け入れることになった。そして，仏にすべてを任せ，身と心を通して仏智をそのままに表す生き方へと導かれたのである。

　才市は獲信の後，本願力により自らの中に与えられた「信心」を深めてゆく生活を送った。「こけら」に書き付けた彼の「うた」がその信の深まりを示している。人間はよりよく生きることを欲する。そして，その願いを実現すべく自己を変容させていく。

　人生においては思いもしない悩みや苦難に遭遇することがあるが，我々も才市が歩

んだ道を辿ることにより，物質的欲望に流されない精神的充実へと到達できるのではないか。その時，人間はあたかも泥田に咲く，白い蓮の花のように，世俗の苦しみから解放され，安心と喜び「極まりのない楽（極楽）」を得ることができることを才市の「うた」が我々に教えてくれている。

文　献

吾勝常行　2011　真宗法座の一考察―近世妙好人輩出の要因をめぐって―　龍谷大学論集，**476**，1-21.
林　智康　1981　妙好人の研究　印度学仏教学研究，**29**(2)，830-833.
今田　寛・宮田　洋・賀集　寛　1996　心理学の基礎　培風館
藤　能成　2004　信の仏道―元暁と親鸞―　本願寺配布本
藤　能成　2006　資料紹介・浅原才市の二冊のノートについて　仏教文化，**13**，105-123.
藤　能成　2007　大衆教化の思想の底に流れるもの―元暁，親鸞，蓮如，そしてパウロ―　龍谷大学仏教文化研究所紀要，**46**，302-320.
藤　能成　2011a　現代社会に巣食う虚無感を克服するために―妙好人の言行と仏智―（Ⅱ）仏教文化，**20**，41-69.
藤　能成　2011b　仏智疑惑を超える道―元暁と親鸞の場合―　印度学仏教学研究，**59**，104-111.
中尾将大　2011　妙好人浅原才市の信仰生活と「口あい」に関する心理・行動学的考察　仏教文化，**20**，71-95.
鈴木大拙　1967　妙好人　浅原才市集　春秋社
鈴木大拙　1976　妙好人　法蔵館

第5章
「蓮位添状」と『歎異抄』第五条の表現上の意義について

原田哲了

はじめに

　歴史の上において，ある時代の人間の生きたすがたということを描き出すということは，容易なことではない。資料的限界ということがあるのは当然のことであるが，心・実感といった部分を描くことの難しさがあるからである。
　こういったことは，宗教をとりあげる場合になおさら問題になるであろう。それは元来宗教というものが人間の心と切り離せないものだからである。また宗教研究には多面的な要素が存するが，教義・教学思想についてが中心になりがちである。しかし研究者が常にこのことにも留意することは重要であり，それによってある時代の宗教の生きた意義を問い続けなければならないのである。今回はこのような観点から，「蓮位添状」と『歎異抄』第五条をとりあげ，親鸞浄土教のこころについて考えてみたい。

　親鸞（1173-1262）の消息（書簡）に少々変わった残り方をしているものがある。門弟慶信の質問の手紙に対して，親鸞が直接加筆訂正し，簡単な返事を加えて送り返したものである（『末灯鈔』第十四通[1]）。さらにそれには親鸞の弟子蓮位の文も添えられている。これが「蓮位添状」と呼ばれているものである。
　蓮位（-1278）は源頼政の孫で常陸下妻の人とされ「親鸞聖人門侶交名帳」には「洛中居住弟子」と記され，京都の親鸞の側近く仕えていたことがわかる。また後の本願

---

[1]『浄土真宗聖典全書』二（本願寺出版社，2011）p.797，親鸞書簡については便宜上『末灯鈔』収録のものはその通番をあげる。

寺の防官下間氏の祖ともされている。

「蓮位添状」には十月二十九日の日付が付されているが，年号については不明である。ただこの添状に，やはり親鸞の弟子である覚信坊の往生のことについて触れられている部分があるが，その覚信坊に宛てた閏十月二十九日の日付を持つ手紙[2]も残っており，それは1259年のものではないかと考えられることから，それ以降のものであることがわかる。

この「蓮位添状」の内容は，大まかに言って以下のようなものである。

- 慶信の手紙の内容は親鸞に伝え，手紙の慶信の考えは大方正しいが一部訂正点があり，親鸞はそれを蓮位に命じたが，病気をおして親鸞に筆を入れてもらったこと。
- 慶信の質問に関わる「便同弥勒」・「等同如来」の教えについての言及。
- 同じく慶信の念仏についての疑問について答える内容。
- 覚信坊の往生について言及する内容。

このようにみると，この添状は病気の親鸞に代わって質問の内容について少しくわしく説明する部分と，後半の覚信坊の往生について触れる部分から成っていることがわかる。

ここで本論に必要な後半部分をあげておく。

（前略）―そもそも，覚信坊のこと，ことにあはれにおぼえ，またたふとくもおぼえ候ふ。そのゆゑは，信心たがはずしてをはられて候ふ。また，たびたび信心存知のやう，いかやうにかとたびたび申し候ひしかば，当時まではたがふべくも候はず。いよいよ信心のやうはつよく存ずるよし候ひき。のぼり候ひしに，くにをたちて，ひといちと申ししとき，病みいだして候ひしかども，同行たちは帰れなんど申し候ひしかども，「死するほどのことなば，帰るとも死し，とどまるとも死し候はんず。また病はやみ候はば，帰るともやみ，とどまるともやみ候はんず。おなじくは，みもとにてこそをはり候はば，をはり候はめと存じてまゐりて候ふなり」と，御ものがたり候ひしなり。この御信心まことにめでたくおぼえ候ふ。善導和尚の釈の二河の譬喩におもひあはせられて，よに

---

[2] 同上，p755，高田専修寺蔵の真筆とされるものが伝わっており，親鸞晩年に閏十月があるのは正元元年（1259年）である。

めでたく存じ，うらやましく候ふなり。をはりのとき，南無阿弥陀仏，南無無礙光如来，南無不可思議光如来ととなへられて，手をくみてしづかにをはられて候ひしなり。またおくれさきだつためしは，あはれになげかしくおぼしめされ候ふとも，さきだちて滅度にいたり候ひぬれば，かならず最初引接のちかひをおこして，結縁・眷属・朋友をみちびくことにて候ふなれば，しかるべくおなじ法文の門に入りて候へば，蓮位もたのもしくおぼえ候ふ。また，親となり，子となるも，先世のちぎりと申し候へば，たのもしくおぼしめさるべく候ふなり。このあはれさたふとさ，申しつくしがたく候へば，とどめ候ひぬ。いかにしてか，みづからこのことを申し候ふべきや。くはしくはなほなほ申し候ふべく候ふ。この文のやうを，御まへにてあしくもや候ふとて，よみあげて候へば，「これにすぐべくも候はず，めでたく候ふ」と仰せをかぶりて候ふなり。ことに覚信坊のところに，御涙をながさせたまひて候ふなり。よにあはれにおもはせたまひて候ふなり[3]。

　ここでは覚信坊の往生のことについて触れている。覚信坊とは「親鸞聖人門侶交名帳」によれば下野高田住である。詳細は不明であるが，覚如『口伝鈔』第十六条でもその往生のおりのことが見え，そこでは太郎入道と号したとされている。
　「蓮位添状」の記述によれば，非常に信心の篤い人物であり，京都に上ろうとするが途中で病がひどくなり，周りの者は帰ることをすすめるが，強い心によって上京を果たしたようである。その時の決意の言葉を蓮位は有名な善導の「二河白道の譬」の浄土への白道を歩もうとする者の心になぞらえ讃えている。
　その往生については，念仏を称えながら亡くなる様を描写し，看取る者の悲しさ・無常観，そして往生を遂げたことのすばらしさを讃える言葉が見られるのである。
　さらに最後の方では，蓮位が自分で書いた添状の内容が間違っていてはならないので，おそらく病床にあった親鸞に読み聞かせて確認してもらったことを示す記述があるが，悪いところはないと確認した上で覚信坊に関する部分で親鸞が涙を流したことが記されている。つまりこの添状はあくまで蓮位の筆になるものではあるが，親鸞の心情とも近いものであったことが十分うかがえるのである。
　「蓮位添状」のこの部分は，親鸞浄土教あるいは浄土真宗において「死者の看取り・死別」といったようなことを考察する際の材料になるものとして採り上げられることも多い。確かに浄土往生ということがあるからこそ生まれてくるのであろう看取る者

---

(3) 同上，p.751，もとは『御消息集（善性本）』に所収。

の心情，単なる悲歎に終わらない心，といったことが見事に表現されているように思われるのである。しかしその中で本論において特に注目したいのは上記引用の下線部の内容についてである。

下線部の内容は，死別の悲しみについて述べた後，先だった者がさとりをえたならば，最初に必ず迷える者を導くという誓いをたて縁ある人々を導く，ということを述べるのである。だから同じ教えにある者としては頼もしく思えるといい，また縁ある者となるのも過去世からの因縁であるから，必ず縁ある私たちは導かれる，といったことも述べられる。そしてこのことのすばらしさは言い尽くせないことだからこうして書き留めた，とも言っている。

これにより思い浮かべられるのは，以下の『歎異抄』第五条の内容である。

　　一　親鸞は父母の孝養のためとて，一返にても念仏申したること，いまだ候はず。そのゆゑは，一切の有情はみなもつて世々生々の父母・兄弟なり。いづれもいづれも，この順次生に仏に成りてたすけ候ふべきなり。わがちからにてはげむ善にても候はばこそ，念仏を回向して父母をもたすけ候はめ。ただ自力をすてて，いそぎ浄土のさとりをひらきなば，六道四生のあひだ，いづれの業苦にしづめりとも，神通方便をもつて，まづ有縁を度すべきなりと［云々］[(4)]。

『歎異抄』は親鸞没後およそ20-25年ごろに，弟子唯円によって書かれたとされる書である。この第五条は前半の師訓篇のものであり，親鸞の言葉として伝えられたものである。その内容は他力の念仏の意義を述べたものとして有名である。すなわち，念仏とは供養の念仏ではないのであって，念仏を善根功徳の自力的念仏として考える事の誤りについて述べているのである。

しかしその中に見られるもので，明らかに上記の「蓮位添状」下線部の内容と一致しているところがある。あらゆる衆生は過去世の縁からのつながりがある存在である。そしてそのような縁ある人々を救うのは，浄土に往生して仏になって後にすることであるという部分である。本条は，だから自力的念仏によって父母を供養するといった考え方は誤りで，阿弥陀仏の本願他力のはたらきにより往生成仏して縁ある人々を救うのである，という論法である。これらのことは，親鸞自身もこういったことを語っていた可能性が高いことを示していると言えるだろう。

この『歎異抄』第五条の内容は，以下の源信『往生要集』大文第二「欣求浄土」の

---

(4) 同上，p.1056

第5章 「蓮位添状」と『歎異抄』第五条の表現上の意義について

浄土十楽を述べる部分の第六「引接結縁楽」の内容が背景にあることは明らかである。

> 第六に引接結縁の楽といふは，人の世にあるに，求むるところ，意のごとくならず。樹，静かならんと欲へども，風停まず。子，養せんと欲へども，親待たず。志，肝胆を尽くといへども，力水菽に堪へず。君臣・師弟・妻子・朋友，一切の恩所，一切の知識，みなまたかくのごとし。空しく痴愛の心を労らかして，いよいよ輪廻の業を増す。いはんやまた業果推し遷りて，生処あひ隔たぬれば，六趣・四生いづれの処といふことを知らず。野の獣，山の禽，たれか旧親を弁へん。『心地観経』の偈にのたまふがごとし。「世人，子のためにもろもろの罪を造りて，三途に堕在して長く苦を受くれども，男女聖にあらずして神通なければ，輪廻を見ずして報ずべきこと難し。有情，輪廻して六道に生ずること，なほ車輪のごとくして始終なし。あるいは父母となり男女となり，世々生々にたがひに恩あり」と。もし人，極楽に生じぬれば，智慧高明にして神通洞達し，世々生々の恩所・知識をば心に随ひて引接す。(中略) また『華厳経』の普賢の願にのたまはく，「願はくは，われ，命終せんと欲する時に臨みて，ことごとく一切のもろもろの障礙を除きて，まのあたり，かの仏，阿弥陀を見たてまつりて，すなはち安楽刹に往生することを得ん。われすでにかの国に往生しをはれば，現前にこの大願を成就し，一切円満してことごとく余すことなく，一切衆生界を利楽せん」と。無縁すらなほしかり。いはんや結縁をや。龍樹の偈にいはく，「無垢荘厳の光，一念および一時に，あまねく諸仏の会を照らして，もろもろの群生を利益す」と[5]。

その要点を整理すると，
- 人の思うようにはいかない，親しい人に対してどうにかしたいと思っても，思うようにはいかないので，煩悩を増すばかりである。
- 『心地観経』の偈頌にあるがごとく，輪廻する衆生は世々生々縁ある存在である。
- 極楽に生まれたならば，そのような縁ある人をさとりをえた者の神通力によって導くようになる。
- それは『華厳経』の普賢菩薩の願に，「命終われば，安楽国に往生し，阿弥陀

---

(5)『浄土真宗聖典全書』一（本願寺出版社，2013）p.1056，原漢文，書き下しは『浄土真宗聖典註釈版七祖篇』によった。

仏にまみえることにより，さとりをえた者としてあらゆる衆生を救う」ということである。仏と同様に無縁の大悲によってあらゆる衆生を救うのだから，縁ある存在であればそのようにしてまちがいなく救うのである。
といったことである。

このようにみると，この『往生要集』の内容の最初の部分は，『歎異抄』第四条[6]の内容である「浄土の慈悲と聖道の慈悲の問題」とも明らかに通じる内容であることがわかる。そして第四条でも第五条と同様に成仏に関する記述が見られるのである。また下線部の部分などは「蓮位添状」，『歎異抄』第五条と明らかに通底するものがある。

つまり「蓮位添状」，『歎異抄』第五条（第四条も），『往生要集』「引接結縁楽」は表現上の共通する土壌を持つということである。それは何かと言えば，「浄土往生と成仏そして利他行」ということであろう。

利他行とは「大乗仏教的利他行」ということができるであろう。つまりそれは「自分ひとりが救われる，さとりをえるということではなく，あらゆる衆生と共にそうなる」ということなのである。

『往生要集』と親鸞の『教行信証』を比較してみた場合，引文などの直接的影響関係以外に注目すべき点がある。それは終結部分に表現内容が非常によく似た部分があるということである。その内容とは，

『往生要集』
問ふ。引くところの正文はまことに信を生ずべし。ただしばしばわたくしの詞を加す。いかんぞ人の謗りを招かざらんや。答ふ。正文にあらずといへども，理をば失せず。もしなほ謬ることあらば，いやしくもこれを執せず。見るもの，取捨して正理に順ぜしめよ。もしひとへに謗りをなさば，またあへて辞せず。『華厳経』の偈にのたまふがごとし。「もし菩薩の，種々の行を修行するを見て，善・不善の心を起すことあるを，菩薩みな摂取す」と。
まさに知るべし，謗りをなすもまたこれ結縁なり。われもし道を得ば，願はくはかれを引摂せん。かれもし道を得ば，願はくはわれを引摂せよ。すなはち菩提に至るまで，たがひに師弟とならん[7]。

『教行信証』
慶ばしいかな，心を弘誓の仏地に樹て，念を難思の法海に流す。深く如来の矜哀を

(6)『浄土真宗聖典全書』二，p1056
(7)『浄土真宗聖典全書』一，p.1243. 原漢文，書き下しは『浄土真宗聖典註釈版　七祖篇』によった。

知りて，まことに師教の恩厚を仰ぐ．慶喜いよいよ至り，至孝いよいよ重し．これによりて，真宗の詮を鈔し，浄土の要を摭ふ．ただ仏恩の深きことを念うて，人倫の嘲りを恥ぢず．もしこの書を見聞せんもの，信順を因とし，疑謗を縁として，信楽を願力に彰し，妙果を安養に顕さんと．
『安楽集』にいはく，「真言を採り集めて，往益を助修せしむ．いかんとなれば，前に生れんものは後を導き，後に生れんひとは前を訪へ，連続無窮にして，願はくは休止せざらしめんと欲す．無辺の生死海を尽さんがためのゆゑなり」と．{以上}
しかれば，末代の道俗，仰いで信敬すべきなり，知るべし．
『華厳経』の偈にのたまふがごとし．「もし菩薩，種々の行を修行するを見て，善・不善の心を起すことありとも，菩薩みな摂取せん」と．{以上}[8]

 もちろん仏教書の終わり方の定型文的性格，親鸞が源信を手本としたこと，といったことも考慮すべきことであろうが，導き合う菩薩といったイメージが見え，やはり共通する「大乗仏教的利他行」という性格を見出すことができるのではないだろうか．ただ親鸞の場合は阿弥陀仏の本願他力の往相・還相の二回向のはたらきの世界の中で，そのようにあらしめられるということが重要なのである．

 以上によって明らかになったのは，他力による救済教としてのあり方が強調される親鸞浄土教であるが，「あらゆる衆生と共にさとりへ」という大乗仏教的精神が根底に流れていて，それが表現上現れる場合があるということである．そしてそれはあくまで阿弥陀仏の本願他力の回向によって成立しているということが根底にあるのであり，このような点が親鸞浄土教の表現上のひとつの特徴になっているとも言えよう．
 『歎異抄』第五条の場合は，念仏を自力的供養のものと誤解してしまう者に対して他力の念仏の意義を説く中で，往生成仏による有縁の者を導くことが述べられ，親しい者とのつながりという人間的感情が，他力の浄土教の中で昇華された表現となっているのである．「蓮位添状」の場合も同様であって，死別の悲しみが「先立つものが後の者を導く」という利他行的精神によって見事に昇華されているのである．
 このように，親鸞浄土教には阿弥陀仏の本願他力のはたらきによって支えられた仏教的精神が，表現上垣間見えるということであり，それが人間同士のつながり，死別といった人間の実感の問題と強く関わっていたということを確認できるのである．こういったことは現代人と仏教といった問題を考える際にも有意義な視点になるのでは

---

(8) 『浄土真宗聖典全書』二，p.255，原漢文，書き下しは『浄土真宗聖典註釈版』によった．

ないだろうか。

第6章
浄土教における対話的表現

大田利生

はじめに

　先に発表した『「無量寿経」における対話的表現』と題する小論の中で〈無量寿経〉は対話を一つの基軸として展開しているということ、そして、それによって宗教的真実が導き出されていくものであるということを述べてきた（大田，1997）。
　そのことを思うとき、経典における対話のもつ意味は極めて重要であり、われわれは対話的表現についてそれを看過してはならないと思う。
　釈尊をはじめ仏教の祖師たちはこの対話による説法ということを大切にしてきたのである。原始経典のなかに問答形式の説法がしばしばみられ、われわれに親しみを与えてくれることは仏典を読むものが抱く共通の感情であろうか。また、釈尊の説法を対機説法とか応病与薬と言われることもある。大乗経典においても、例えば『維摩経』には「一音説法」[1]ということが言われるし、「問答分」まで置かれている。これらのことは、対話の重要性を示しているものとうかがうことができるのである。
　そもそも釈尊と弟子との対話がなかったら経典はおろか、仏教そのものが成り立たないとまで言われている。その意味では、経典とは、釈尊と弟子との対話集であると言ってもいいのかもしれない。
　重要経典には次のような対話がみられる。それは、煩悩を断ちきることを激流を渡ることにたとえる話であり、『相応部経典』に出ているものである（中村，1986）。

　　「どのようにしてあなたは激流を渡ったのですか」

---

(1) 『維摩経』に「仏は一音をもって法を演説したもうに、衆生は類に随って各解を得」とある。

「友よ，私は立ち止まることはなく，あがくことなしに，激流を渡りました」
「では，どのようにして，立ち止まることなくあがくことなしに激流を渡ったのですか」
「友よ，わたしは立ち止まるときには沈み，あがくときには溺れるのです。わたしは，このように立ち止まることなく，あがくことなしに激流を渡ったのです」

　この対話は激流を渡る方法を示すものである。また，釈尊と阿難との対話もよく知られている[2]。阿難が釈尊に次のように尋ねている。

　　善友をもち，善い仲間とともにいるということは，すでにこの聖なる道の半分を成就したに等しいと思われますが，このような考えはいかがでしょうか

と。すると釈尊は，

　　アーナンダよそれは違う。私たちが善い仲間をもち，善い仲間とともにいることは，それはこの聖なる道のなかばにあたるのではなく，そのすべてなのである。

という話である。それを聞いた阿難はびっくりしたという。心の中ではなかばといって言い過ぎではないかと，恐る恐る尋ねたからである。
　また，親鸞と唯円との対話もよく知られている。『歎異抄』第十三章（条）には次のように示されている。

「そなたは私の言うことを信ずるか」
「はい，師の仰せなら必ず信じてしたがいます」
「まちがいはないか」
「まちがいありません」
「それならば，人を千人殺してみなさい。必ず往生は間違いありません」
「仰せでありますが，千人はおろか，一人をも殺すことはできません」

と続いていく話はわれわれの心に残っていき，その対話を通して宗教的な世界に引き

---

[2]『南伝大蔵経』「相応部」巻45

第6章　浄土教における対話的表現　57

入れられていくのである。
　また、釈尊は論すようには説かなかった、ということにも注意すべきと言えよう。例えば、キサーゴータミーの話もそうである。無常だから人間は死ぬものだ、とは言っていない。どこまでも釈尊はキサーゴータミー自身に気づかせようとしているのである。親鸞が指導者的立場をとらず、ともに聞く立場で一貫していた態度と通じ合うところがあるのである。親鸞の生涯を考えるとき、当然説く立場にある人であった。ところが、彼はそういう態度をとらなかった。それは、指導者的立場を離れるということで、共に御同朋として如来の本願に聞いていったのである。

＊　＊　＊　＊　＊

　浄土経典が編纂されるということにともなって浄土教は興起するのである。それは、年代的に言えば紀元一〇〇年頃、地域は西北インド、クシャーン王朝の版図内ということがほぼ定説となっている（藤田, 2007）。ただ、『観無量寿経』はかなり遅れて中国に現れるので、成立的には他の二経（『無量寿経』と『阿弥陀経』）とは少し区別して考えなければならないが、阿弥陀仏、その浄土、そして往生を説く経典であるという点では一つである。いまは、その『観無量寿経』における対話という問題を考えようとするものである。これまで、経典における対話の問題はあまり取り上げられることはなかったように思われる。しかし、編纂者の中には、対話的表現をとることによって経典の内容に少しでも近づいて欲しいという思いがあったのではないかと想像する。だとするならば、経典にみられる対話的表現に焦点を絞りながら考えてみることも経典理解に意義あることだと言わねばなるまい。
　はじめに、『観無量寿経』を読んでいく時、『無量寿経』『阿弥陀経』とは大きく異なるところのあることに気づくのである。それは、序分にあたる部分の内容である。『無量寿経』『阿弥陀経』は、仏あるいはその世界から説きはじめられる。いきなり、釈尊の神々しい姿に驚いた阿難の問いから入っていくのである。けれども、『観無量寿経』は現実に起こったいわゆる「王舎城の悲劇」が経典のはじまりの部分に置かれ、その事件を機縁として、教説が展開していくという形式をとっている。
　一般的に言って経典のはじまりの部分は序分と称して重要な意味を担うものであることは言うまでもないが、ことに『観無量寿経』の序分は特別な位置づけがなされている。例えば、親鸞は三部経についての和讃を詠むにあたり、『観経』については、九首のうち八首までがこの王舎城の悲劇の内容であり、それだけ、序分に大きな比重をおいておられたということである。
　その王舎城の悲劇を説く序分のなかに、対話的な内容を読みとることができるので

ある。いま，該当する箇所の文を示しておくことにする。悲劇の全体は，「禁父縁」「禁母縁」「厭苦縁」「欣浄縁」という内容に分けられるのであるが，その中，「厭苦縁」の部分には[3]，

> 時に韋提希，幽閉せられをはりて愁憂憔悴す。はるかに耆闍崛山に向かひて，仏のために礼をなしてこの言をなさく，「如来世尊，在昔の時，つねに阿難を遣はし来らしめて，われを慰問したまひき。われいま愁憂す。世尊は威重にして，見たてまつることを得るに由なし。願はくは目連と尊者阿難を遣はして，われとあひ見えしめたまへ」と。この語をなしをはりて悲泣雨涙して，はるかに仏に向かひて礼したてまつる。いまだ頭を挙げざるあひだに，その時世尊，耆闍崛山にましまして，韋提希の心の所念を知ろしめして，すなはち大目犍連および阿難に勅して，空より来らしめ，仏，耆闍崛山より没して王宮に出でたまふ。……時に韋提希，仏世尊を見たてまつりて，みづから瓔珞を絶ち，身を挙げて地に投げ，号泣して仏に向かひてまうさく，「世尊，われ宿，なんの罪ありてか，この悪子を生ずる。世尊また，なんらの因縁ましましてか，提婆達多とともに眷属たる……われいま極楽世界の阿弥陀仏の所に生ぜんことを楽ふ。やや，願はくは世尊，われに思惟を教へたまへ，われに正受を教へたまへ」と。その時世尊，すなはち微笑したまふ……その時世尊，韋提希に告げたまはく，「なんぢいま，知れりやいなや。阿弥陀仏，此を去ること遠からず。

と説き示されていくのである。

『観無量寿経』は浄土教がわれわれの歴史のなかに展開した最初の経典である。機の真実をあらわす経典とも言われる。その動機になったのがいわゆる「王舎城の悲劇」である。それは，王舎大城の太子阿闍世が，釈尊を敵視し，つけねらっていた提婆達多によってそそのかされ，父の頻婆娑羅王を餓死せしめ，母の韋提希をも深宮に閉じ込めてしまったということから始まるものである。

いまこの文では，深い苦悩にあえいでいたその韋提希がはるか耆闍崛山で説法されていた釈尊に救いを求めるのであるが，直接釈尊の来現を仰ぐのではなく，弟子の阿難と目連に訪問を求めていくのである。なぜこのような言い方をしたのか，いろいろな見方もあるが，善導は自らを謙遜して言ったのだとするのである。すなわち『観経疏』「玄義分」に[4]，

---

[3] 『浄土真宗聖典全書』巻1, pp.78-80.
[4] 『浄土真宗聖典全書』巻1, p.702.

夫人内に自ら卑謙して仏弟子に帰尊す

と言われる文にそのことが表れている。

　いずれにしても，釈尊に来現を請うのは恐れ多いと言いながら，本当は釈尊に来て欲しいと望んでいたということである。いま，謙遜ということについて考えると，決して悪い意味を持った言葉ではないと言える。むしろ，仏を尊敬しているこころのあらわれだとみることもできよう。しかし，再度考えてみると，謙遜というなかにも，何か人間をして仏に近づくことを拒否しているものがないとはいえない。謙遜ということばの中にも，人間の思い上がりとか，自負心といったものが深く潜んでいないとは言い切れない。しかも，韋提希のこころは，仏の来現によってもなかなか開けないでいるという根底には，いよいよそういった心の問題があることを考えずにはいられないのである。

　釈尊は王宮に来現し，韋提希の前に立たれ，いよいよ対話がはじまるのである。
　そしてまず，韋提希が釈尊に向かって愚痴をいっぱいこぼしているのが印象的である。むしろ，釈尊を讃えることばがでてきてもいいように思われ，妙な恨みに似たことばがでてきたのは一体どういうことかと思いたくなる。けれども，韋提希の立場に立てば，愚痴がでてくるのも無理からぬことと言えよう。しかも，もともと来現を欲していた釈尊という大きな存在に出会ったということが，一気に韋提希の感情を外に出させることになったのである。

　さて，釈尊は韋提希が愚痴っぽく訴えているそれに対してどのように対応されているかというと，一言もことばを発しておられないのである。じっと聞いておられるだけである。先に掲げた文からもその時間はかなり長く経過しているように思われる。その間に光明の台をしつらえ，その中にさまざまな浄土を現出させ，韋提希に自分が願う浄土を選ばしめ，阿弥陀仏の浄土を選ぶという展開になっていく。そして，今や時機熟せりと微笑を表され，はじめて口を開かれ浄土の教えが説かれていくことになるのである。およそ対話と言えば，言葉を用い，それを媒体として話が進められるものであるが，ここでは釈尊の口からは言葉が発せられておらず，何ら応答するところがない。それを，韋提希の愚痴であるから答える必要がない，だから黙しているのだと解釈すべきでないことはもちろんである。

　私は，釈尊の沈黙の間に，韋提希のこころが大きく転換していることに関心をよせるものである。それは，愚痴から浄土を欣うという方向であった。このように変化があったということ自体，釈尊に対応があったということを示しているものである。そ

れは日常的な対応,対話とは違い,次元の異なるものと言える。それは,釈尊の沈黙が慈悲をあらわしているからである。単なる沈黙でなく,慈悲の沈黙である。そういう仏の慈悲にふれた時,それが愚痴であったことに気づき,韋提希の心が開かれていったのである。

　ただ,ここで考えておかねばならないことは,愚痴を言わせているのは,釈尊のその愚痴を受け入れていくこころだったということであろう。韋提希の立場からすれば,釈尊だから言えたということであろう。釈尊以外の者だったらあれだけ自分をあらわに出すことはできなかったであろうと思うのである。いずれにしても,慈悲の沈黙ということは,ことばを換えて言えば,存在全体で悩める韋提希のために説法されている姿といっていいように思える。存在全体ということは,また受け入れるということである。

＊　＊　＊　＊　＊

　経典にみられる対話的表現はそれだけを考えていくのではなく,対話を生ぜしめている基盤にある思想について注意を払わなければならない。われわれは,表面に出ていることにのみ眼を向ける傾向があるが,それを支えている根本にあるものについても忘れてはならないと思う。対話が成り立つ場合,まず対話する相手を受け入れるという姿勢がなければならない。そうでなければ,対話が説得になり,本当の意味の対話ははじまらないと思われる。

　この受け入れというのは,平等・対等という観念に伴っておこるものと言うことができる。このあたりのことについて,経典によって少しみると,『無量寿経』の願文中,二十六願には次のように誓われている（藤田,1975,p.65）。

　　　もしも,世尊よ,わたくしが覚りを得たときに,かの仏国土に生まれるであろう菩薩たちが,すべてナーラーヤナ〔神〕(那羅延)の金剛のごとく強固な身体と力を得た者とならないようであるならば,その間は,私は無上なる正等覚をさとりません。

と。

　ここにナーラーヤナ〔神〕とは,ヒンドゥー教のヴィシュヌ神の異名である。また,世自在王仏（ローケシェバラ・ラージャー）は,世間の自在者たちの中の王という意であるが,イーシュバラは自在神という神の異名である。教に批判的な態度はとっていないのである。また,釈尊の仏教自体もそうであるが,浄土経典は平等,あるいは

平和主義を標榜しているのである。この点にも注意しなければならないと思う。それは同じく願文に平等について誓われている。すなわち第三願に（藤田, 1975, p.58），

> もしも，世尊よ，かしこのわたくしの仏国土に生まれた生ける者たちが，すべて，一つの色，すなわち金色にならないようであるならば，その間は，わたくしは無上なる正等覚をさとりません。

と誓われ，平等を主張する。

このように，経典にみられる浄土教以外の教えに対する態度は浄土教の後の歴史においても継承されていくのである。例えば，曇鸞の『往生論註』には道教的表現がとり入れられていることが注目される（大田, 1997）。浄土教にとって異教である道教を何故受容したのか，これに関しては意見が分かれるところであるが，いずれにしても，浄土の教えを説くために，あるいは広めていくために受け入れていくことが必要であったということであろう。ただ，受け入れてそれに宗教的な意味を認めることとは別である。したがって，仏教思想に誘導するための手だてであったと考えるのが穏当であろう。しかし，やはり広い意味では受け入れているのである。

また，曇鸞の伝記をみていくと，高くとどまって民衆と遊離するのではなく，積極的に庶民とかかわっていこうとするところに彼の教化伝道の特徴がみられるというべきである。

例えば，迦才の『浄土論』には，曇鸞の臨終の様子を次のように述べている[5]。

> 夜半の内に使者を発遣し，遍く諸村の白夜の弟子及び寺内の出家の弟子に告ぐ。三百余人自に雲集すべし。法師沐浴し新しき浄衣を着，手に香炉を執り，正しく西に面して座し，門徒に教誡し，西方の業を索す，日初出の時，大衆声を斉しく阿弥陀仏を念じて便即ち寿終りぬ。

と。

この文によって彼の教化が道俗に及んでいたことが知られる。そして，本当に民衆のなかに入っての教化伝道であったことが想察されるところである。

次に，われわれは対話が成り立つには「聞く」という問題を考える必要があると考える。それは聞くということと離してはおよそ対話ということはできないからであ

---

(5) 『大正蔵』巻 47

る。経典では，特に『無量寿経』が聞くということを強調し，また浄土真宗は聞の宗教だと言われるほど，聞を強調するのである。聞という字はサンスクリット語では√sruであり，その中には信ずるという意味もある。私たちの日常生活における対話も聞き入れる姿勢，信頼するところがなければ成り立たないように思える。常に自己中心的に考えるところでは，対話というかけ声だけに終わってしまうということであろう。

　宗教的な次元の聞については，親鸞が聴聞という文字の左訓に「ユルサレテキクシンジテキク」と施されている。ユルサレテキクとは，受け入れられている，聞きとどけられている，という意味とうかがえる。言葉では受け入れる，受け入れると言いながら，凡夫にとっては非常に難しいことだということも知らされてくる。だからといって，受け入れようとする努力をしなくていいということではないと思う。聞くということは難しいことだと言われることもあるが，聞くという姿勢は大切にしなければならないといえる。

　なお，日常的な聞と宗教的な聞ということの関係が問題になるが，決して無関係ではないと思う。このことについては今後の課題にもしていきたいと思う。

　ただ，『無量寿経』に[6]，

為諸庶類作不請之友荷負群生為之重擔

とある。「不請之友」とは，要請されなくても仏の方から友となって私のところに来て下さるということである。韋提希の場合も要請なくして釈尊の方から来現されている。「聞」の意味を考える場合，あるいは対話ということを考える時，重要な視点を示しているといえる。

文　献

藤田宏達　2007　「浄土三部経」の研究　岩波書店
藤田宏達　1975　無量寿経・阿弥陀経―梵文和訳　法藏館　pp.58,65.
中村　元（訳）　1986　ブッダ神々との対話―サンユッタ・ニカーヤ1　岩波書店　p.14.
大田利生　1997　浄土教にみる対話的表現　渡辺隆生教授還暦記念論集刊行会（編）　仏教思想文化史論叢：渡辺隆生教授還暦記念論文集　永田文昌堂　pp.945-956.
大田利生　1997　曇鸞における道教的表現　親鸞教学論叢：村上速水先生喜寿記念号，**5**，469-490.

---

(6)『浄土真宗聖典全書』巻1, p.18.

第7章
浄土真宗における信心と救い

林　智康

はじめに

　現代社会において，死生観・死生学（thanatology サナトロジー，タナトロジー）という言葉が注目されている。死生観・死生学とは，死が根本にあって生を考える，死を見つめて生きる，死を覚悟して生きる，いかに生きるかを死のところまで深め，掘り下げて考える学問である。
　「特集　宗教が〈死〉を見つめ直す」（『中央公論』2013年1月号，中央公論社刊），「特集〈死〉から学ぶ，生きる力」（『大法輪』2013年1月号，大法輪閣刊），島薗進著『日本人の死生観を読む―明治武士道から〈おくりびと〉へ』（朝日選書885，2012年2月，朝日新聞出版刊）等の刊行からも，その注目が明らかである。
　この死生観が生命（いのち）の問題と密接に関わってくる。仏教では，この生と死を一緒にして生死（しょうじ）（saṃsāra；サンサーラ）といい，「輪廻（りんね）」（迷いの世界を生まれ変わり死に変わりする）という語も同じ意味である。浄土真宗の開祖　親鸞聖人の『高僧和讃』「龍樹讃」に，

　　　生死の苦海ほとりなし　　ひさしくしづめるわれらをば
　　　弥陀弘誓のふねのみぞ　　のせてかならずわたしける
　　　　　　　　　　　　　　　　　　　（『浄土真宗聖典（註釈版）』579頁）

とあり，迷いの生死の苦海に沈んでいる私たちを，阿弥陀仏の本願の船のみが，乗せて必ず浄土へ導くと述べられる。
　現代は少子高齢化社会，無縁社会といわれ，生命の尊厳，生命倫理が重視され，数

多くの諸問題が生じている。まず生の問題として、人工授精、代理懐胎、出生前の診断、生殖補助医療など、これらは遺伝子の問題と関わっており、さらにiPS細胞（人工多能性幹細胞）やES細胞（胚性幹細胞）がクローズアップされている。

次に死の問題としても数多くあり、末期医学の緩和ケア、ホスピスとビハーラ、従来の死の定義である「心臓停止、呼吸停止、瞳孔開き」の三兆候に対して、今日は脳死・臓器移植が問題になる。

また植物人間や認知症、安楽死と尊厳死、自殺（自死）と他殺（殺人）、いじめと虐待、体罰と指導、死刑制度、死の準備教育（デス・エデュケーション、デス・カウンセリング）、葬儀とグリーフ（悲歎）・ケア、被災と支援・ボランティア活動などが考えられる。

1 転迷開悟と浄土真宗

仏教には三法印（四法印）という旗印がある。諸行無常—あらゆるものは変化する、諸法無我—あらゆるものには実体がない、涅槃寂静—悟りの世界は安穏である。この三法印に、一切皆苦—あらゆるものは皆、苦である、を入れて四法印となる。

諸行無常、諸法無我、一切皆苦は、現実の迷いの世界、すなわち私たちが人生を生きる上に体験する内容である。それに対して、涅槃寂静は生死の苦しみを超えた悟りの世界である。

私たちの人生には楽しみや喜びも多いが、苦しみや悲しみの方がもっと多いと思われる。仏教では四苦八苦としてまとめられている。生老病死の四苦に、愛別離苦—愛する人と別れなければならない苦、怨憎会苦—嫌な人と会わなければならない苦、求不得苦—欲しいものが得られない苦、五蘊盛苦—身心から生じる苦、の四苦があり計八苦となる。

『大経』下巻に、

> 人、世間愛欲のなかにありて、独り生れ独り死し、独り去り独り来る。行に当りて苦楽の地に至り趣く。身みづからこれを当くるに、代るものあることなし。
>
> （『註釈版』56頁）

と、人間は世間の欲望の中で、独生・独死・独去・独来の存在で、自らの行いによって苦楽を生じ、他の人に代わってもらうことができない。また『往生要集』上巻にある「厭離穢土」に『涅槃経』を引いて、

第7章　浄土真宗における信心と救い　65

　　一切のもろもろの世間に，生ぜるものはみな死に帰す。寿命，無量なりといへ
　　ども，かならず終尽することあり。それ盛りなるはかならず衰することあり，
　　合会(ごうえ)するは別離あり。壮年は久しく停まらず，盛りなる色(しき)は病に侵さる。命は
　　死のために呑まれ，法として常なるものあることなし。

　　　　　　　　　　　　　　　　　　　（『浄土真宗聖典　七祖篇（註釈版）』835頁）

と，生命あるものは限りがあり，会うものは別れがあると述べている。
　仏教は転迷開悟（迷いを転じて悟りを開く）を説き，仏の教えであるとともに仏に成る教えである。迷いの此岸から悟りの彼岸へわたるには，六波羅蜜（六度）の行が必要である。すなわち，①布施—施す，②持戒—戒律を守る，③忍辱(にんにく)—耐(た)え忍ぶ，④精進—努力する，⑤禅定—精神統一する，⑥智慧—もののありのままの相を知る，の六つの行である。
　『歎異抄』第15章に，

　　即身成仏は真言秘教の本意，三密行業の証果なり。六根清浄はまた法華一乗の
　　所説，四安楽の行の感徳なり。これみな難行上根のつとめ，観念成就のさとり
　　なり。来生の開覚は他力浄土の宗旨，信心決定の通故なり。これまた易行下根
　　のつとめ，不簡善悪の法なり。　　　　　　　　　　　　　（『註釈版』847頁）

とあり，現世でこの身のまま仏に成る教えは真言密教（真言宗）で，仏の身口意の三業が衆生の三業に加わり，仏と行者が一体となる三密加持の実践によると説かれる。また眼・耳・鼻・舌・身・意の六根が清浄となるのは『法華経』に説く一乗の教え（天台宗）で，身・口・意・誓願の四つの安楽行によって得られる功徳を感じると説かれる。ともに能力のすぐれた人が修める難行の道であり，観念の行によって悟りをめざすのである。これに対して，浄土真宗は六波羅蜜行などの諸行によらず，次の世で悟りを開く他力浄土門の教えで，信心が定まった時に往生浄土が定まる。これは能力の劣った人に開かれた易行の道で，善人悪人の区別のない教えである。

2　阿弥陀仏の本願

　諸仏・菩薩の共通の願いを四弘誓願・総願という。
　①衆生無辺誓願度—生きとし生けるものすべてを悟りの岸に渡そうと誓う願

②煩悩無数誓願断―あらゆる煩悩を断とうと誓う願
③法門無尽誓願学―仏の教えをすべて学び知ろうと誓う願
④仏道無上誓願成―無上の悟りに至ろうと誓う願

　これに対し，阿弥陀仏の願いは四十八願，別願という。『大経』上巻の「讃仏偈」では，阿弥陀仏が法蔵菩薩の因位の時に世自在王仏のみもとにおいて，自らもまた師仏である世自在王仏のような仏となって，あらゆるものをすべて救いたいと誓い願われたのである。四十八願の中の第十八願を「念仏往生の願」「至心信楽の願」という。

　　　たとひわれ仏を得たらんに，十方の衆生，至心信楽してわが国に生ぜんと欲ひて，乃至十念せん。もし生ぜずは，正覚を取らじ。ただ五逆と誹謗正法とをば除く。
　　　　　　　　　　　　　　　　　　　　　　　　　　（『註釈版』18頁）

　私たち衆生は阿弥陀仏の願いを信じる信心と阿弥陀仏の名である「南無阿弥陀仏」を称える念仏によって，必ず浄土に生まれることができると誓われている。「南無阿弥陀仏」の六字名号は，仏の側では，この阿弥陀仏をすなおに信じ，まかせよという喚び声であり，私たちの側では，すなおに阿弥陀仏の願いを信じ，阿弥陀仏の名を称える念仏の意を示される。
　『歎異抄』の後序（後述）に，親鸞聖人は，

　　　煩悩具足の凡夫，火宅無常の世界は，よろづのこと，みなもつてそらごとたはごと，まことあることなきに，ただ念仏のみぞまことにておはします。
　　　　　　　　　　　　　　　　　　　　　　　　　（『註釈版』853-854頁）

と，身心を煩わし悩ます煩悩を持つ愚かな私たちは，また慌ただしく変化してやまないこの世の中は，すべて嘘や偽りであって，真実はなく，ただ念仏のみが真実であると述べられる。また親鸞聖人は『御消息』第25通（『御消息集』広本 第7通）の中で，「世のなか安穏なれ，仏法ひろまれ」（『註釈版』784頁）と述べられる。すなわち仏教を通して世の中の安穏を願われたのである。現代社会は全く反対で，不安不穏の世界である。今こそ仏教によって安穏の世界の実現が望まれるのである。
　阿弥陀仏の本願について，次の『歎異抄』の二文を味わってみたい。まず『歎異抄』第2章の後半に，

　　　弥陀の本願まことにおはしまさば，釈尊の説教虚言なるべからず。仏説まこと

第7章　浄土真宗における信心と救い

におはしまさば，善導の御釈虚言したまふべからず。善導の御釈まことならば，法然の仰せそらごとならんや。法然の仰せまことならば，親鸞が申すむね，またもつてむなしかるべからず候ふか。詮ずるところ，愚身の信心におきてはかくのごとし。このうへは，念仏をとりて信じたてまつらんとも，またすてんとも，面々の御はからひなりと［云々］。　　　　（『註釈版』833頁）

と述べられる。次に『歎異抄』の後序に，

聖人（親鸞）のつねの仰せには，「弥陀の五劫思惟の願をよくよく案ずれば，ひとへに親鸞一人がためなりけり。さればそれほどの業をもちける身にてありけるを，たすけんとおぼしめしたちける本願のかたじけなさよ」と御述懐候ひしことを，いままた案ずるに，善導の「自身はこれ現に罪悪生死の凡夫，曠劫よりこのかたつねにしづみつねに流転して，出離の縁あることなき身としれ」といふ金言に，すこしもたがはせおはしまさず。　　（『註釈版』853頁）

と述べられている。前の『歎異抄』第2章の文では，「弥陀の本願」→「釈尊の説教」→「善導の御釈」→「法然の仰せ」→「親鸞が申すむね」と，阿弥陀仏の願いの真実が，インドの釈尊，中国の善導大師，日本の法然聖人と，三国の時代・場所を通して，鎌倉時代の親鸞聖人に伝えられている。ところが，後の『歎異抄』後序の文は，阿弥陀仏の願いは時代・場所を超えて，直接親鸞聖人に届いているのである。

同様に，阿弥陀仏の願いは親鸞聖人を通して現在の私自身に伝わっているとともに，親鸞聖人をとび超えて，直接私自身に届いているとも考えられる。すなわち，阿弥陀仏の願いは，時間・空間（時空）を経て現在の私に伝わるとともに，時間・空間を超えて（超時空）私に届いているという二重の関係が見られる。

さらに『歎異抄』後序の文は，阿弥陀仏が願いを建てるために五劫という永い時間を要したのは，それほど親鸞聖人御自身の罪業が深重であるからであると述べられる。そして，これは善導大師が『観無量寿経』九品段の「上品上生」にある「至誠心・深心・回向発願心」の三心中，「深心釈」に説かれた「機の深信」にあたると述べる。すなわち，善導大師が「自身は現在，罪悪深重の凡夫であり，過去・現在・未来の三世にわたって迷いの世界を脱出できないと深く信じる」といわれる。

それに対し，ここでは文を省略されているが，「機の深信」には必ず「法の深信」が具わっている。「法の深信」とは「二つには，決定して深く，かの阿弥陀仏の四十八願は衆生を摂受して，疑心慮りなく，かの願力に乗じて，さだめて往生を得と信ず」

(『註釈版』218頁）という文であり，それは，阿弥陀仏の四十八願はあらゆるものを救いの対象とし，疑いやはからいがなく，阿弥陀仏の本願力にまかせるものは，必ず浄土に生まれることができると述べられる。この「機の深信」と「法の深信」は二種一具といわれ，本願を信じる真実信心の内容を表わしているのである。

3 光寿二無量と名号

阿弥陀仏の第十二願は「寿命無量の願」，第十三願は「光明無量の願」といわれる。「阿弥陀」は「Amitāyus」（アミターユス），「Amitābha」（アミターバ）という，インドの古語である梵語を音写したものである。これを意訳すると，「無量寿・寿命無量」と「無量光・光明無量」，はかりしれない「いのち」と「ひかり」という意味で，阿弥陀仏の二つの功徳を示されている。

親鸞聖人の主著『教行信証』「行巻」の後に「正信念仏偈」が述べられる。その最初の二句に「無量寿如来に帰命し，不可思議光に南無したてまつる」（『註釈版』203頁，ひかりといのちきわみなき，阿弥陀仏ほとけを仰がなん）と，聖人御自身が，自ら阿弥陀仏を信じ，よりどころとすると述べられている。阿弥陀仏の第三十三願は「触光柔軟の願」と呼ばれ，阿弥陀仏の光明に触れるものは，身心が柔軟になると述べられる。

『教行信証』真仏土巻に，

> つつしんで真仏土を案ずれば，仏はすなはちこれ不可思議光如来なり，土はまたこれ無量光明土なり。しかればすなはち，大悲の誓願に酬報するがゆゑに，真の報仏土といふなり。すでにして願います，すなはち光明・寿命の願（第十二・十三願）これなり。 　　　　　　　　　　　　　　　（『註釈版』337頁）

と，真実の仏を不可思議光如来，真実の土を無量光明土として，阿弥陀仏と浄土について，それぞれ光明の表現を用いておられる。『大経』上巻には，

> このゆゑに無量寿仏をば，無量光仏・無辺光仏・無礙光仏・無対光仏・焔王光仏・清浄光仏・歓喜光仏・智慧光仏・不断光仏・難思光仏・無称光仏・超日月光仏と号す。　　　　　　　　　　　　　　　　　　　　　　　（『註釈版』29頁）

と，無量寿仏を十二光仏で表現されており，さらに十二光が「正信念仏偈」や『浄土

第7章　浄土真宗における信心と救い　69

和讃」にも述べられている。

　阿弥陀仏は十二光仏以外にも、『大阿弥陀経』に「諸仏中の王なり、光明中の極尊なり」、『浄土論』に「帰命尽十方無礙光如来」(以上「真仏土巻」、『註釈版』372頁)、『讃阿弥陀仏偈』に「南無不可思議光」(『浄土和讃』、『註釈版』556頁)等があり、浄土については、『平等覚経』に「無量光明土」、『如来会』に「諸智土」、『浄土論』に「究 竟(くきょう)して虚空のごとく、広大にして辺際なし」(以上「真仏土巻」、『註釈版』372頁)、『阿弥陀経』に「俱会一処(くえいっしょ)」(『註釈版』124頁)、『唯信鈔文意』に「極楽無為涅槃界」(『註釈版』709頁)等がある。

　浄土の表現について、親鸞聖人は物質的・感覚的表現である「極楽」よりも、精神的・本質的表現である「真土」「無量光明土」「諸智土」「安楽国」「安養国」を用いられている。

　『高僧和讃』「曇鸞讃」に

　　安楽仏国に生ずるは　畢 竟(ひっきょう)成仏の道路にて
　　無上の方便なりければ　諸仏浄土をすすめけり　　　　(『註釈版』585頁)

と、浄土へ往生することは、すなわち成仏することであり、最上の手だてであるので、諸仏が勧められていると述べられる。また同じく「曇鸞讃」に、

　　安楽仏国にいたるには　無上宝珠の名号と
　　真実信心ひとつにて　無別道故とときたまふ　　　　(『註釈版』586頁)

と、浄土に往生することは、最上の如意宝珠である名号と真実信心によるのみで、他に別の道はないからであると述べられる。さらに、

　　無礙光如来の名号と　かの光明智相とは
　　無明長夜の闇を破し　衆生の志願をみてたまふ　　　　(『註釈版』586頁)

と、帰命尽十方無礙光如来の十字名号と智慧の光明は、衆生の無明の闇を破し、往生浄土の願いを満たしてくれるのである。親鸞聖人の名号本尊の中、「帰命尽十方無礙光如来」(十字名号)と「南無不可思議光仏」(八字名号)には、名号の中に「無礙光」や「不可思議光」という光明の表現が入っており、名号と光明は一体となって衆生にはたらきかけていると考えられる。

4 信心と往生浄土

『教行信証』「信巻」に，本願の三心である「至心・信楽・欲生」と『浄土論』の一心について三一問答を出される。初めに，字訓釈によって三心即一心を述べられる。次に，法義釈において，機無・円成・回施・成一の救済の論理構造が示されている。機無は衆生の上には本来，全く至心・信楽・欲生の三心はないという意である。円成はそのゆえに仏の側で三心は円満に成就されているという意である。回施は仏が成就された三心を名号として衆生に施与される意である。そして成一は，それによって衆生の上に無疑の信楽一心が成ずるという意である。三心即一心の三心結示の後に，大信海釈，菩提心釈では信心の徳を讃えている。

続いて，「信巻」の信一念釈に，

> あらゆる衆生，その名号を聞きて信心歓喜せんこと，乃至一念せん。至心に回向したまへり。かの国に生ぜんと願ずれば，すなはち往生を得，不退転に住せん。
> （『註釈版』250頁）

と，第十八願成就文を引いている。その後に，

> しかるに『経』（大経・下）に「聞」といふは，衆生，仏願の生起本末を聞きて疑心あることなし，これを聞といふなり。「信心」といふは，すなはち本願力回向の信心なり。（中略）金剛の真心を獲得すれば，横に五趣八難の道を超え，かならず現生に十種の益を獲。
> （『註釈版』251頁）

と，聞即信，現生十益を述べられる。一念転釈，三心総結の後に横超断四流釈，真仏弟子釈，便同弥勒釈では念仏者の徳を述べられる。「信巻」の後半には逆謗除取釈において，明所被機として『涅槃経』を引用され，五逆罪・謗法罪・一闡提（断善根・信不具足）という「難化の三機」「難治の三病」を挙げ，本願の救済の対象である罪悪衆生の機のすがたが述べられている。

特に「王舎城の悲劇」に登場する阿闍世は，父を殺し母まで殺そうとした五逆罪によって苦しむが，耆婆の導きと自らの慚愧によって釈尊の教えにふれることができたのである。そして阿闍世は生じるはずのない「無根の信」を得て，身心の苦悩から解放され，かえって自ら仏の教えを信じ伝える身となっていくのである。親鸞聖人は，

第7章　浄土真宗における信心と救い　71

この「無根の信」を本願力（他力）回向の信心として受けとめられたと思われる。五逆罪・謗法罪・一闡提という「難化の三機」「難治の三病」は、大悲の弘誓を信じることによって治療される。すなわち本願醍醐の妙薬によって、一切の病が療されるのである。
『御消息』第1通（『末灯鈔』第1通）に、

> 来迎は諸行往生にあり、自力の行者なるがゆゑに。臨終といふことは、諸行往生のひとにいふべし、いまだ真実の信心をえざるがゆゑなり。また十悪・五逆の罪人のはじめて善知識にあうて、すすめらるるときにいふことなり。真実信心の行人は、摂取不捨のゆゑに正定聚の位に住す。このゆゑに臨終まつことなし、来迎たのむことなし。信心の定まるとき往生また定まるなり。来迎の儀則をまたず。
> 　　　　　　　　　　　　　　　　　　　　　　　（『註釈版』735頁）

と、臨終来迎は諸行往生、自力の行者に対するもので、真実信心の行人は阿弥陀仏の光明に摂取不捨されているので、現生において正しく往生浄土が決定する仲間に入る現生正定聚の利益を受けると述べられる。また『一念多念文意』に、

> かかるあさましきわれら、願力の白道を一分二分やうやうづつあゆみゆけば、無碍光仏のひかりの御こころにをさめとりたまふがゆゑに、かならず安楽浄土へいたれば、弥陀如来とおなじく、かの正覚の華に化生して大般涅槃のさとりをひらかしむるをむねとせしむべしとなり。
> 　　　　　　　　　　　　　　　　　　　　　　　（『註釈版』693頁）

と、罪悪の衆生が本願力回向の信心と阿弥陀仏の光明によって浄土に往生すれば、阿弥陀仏と同じく正覚の華に化生してさとりを開くのであると述べられる。
『御消息』第16通（『末灯鈔』第6通）に、

> なによりも、去年・今年、老少男女おほくのひとびとの、死にあひて候ふらんことこそ、あはれに候へ。ただし生死無常のことわり、くはしく如来の説きおかせおはしまして候ふうへは、おどろきおぼしめすべからず候ふ。
> 　　　　　　　　　　　　　　　　　　　　　　　（『註釈版』771頁）

と、去年・今年に大飢饉と悪疫に襲われて、多くの人々が亡くなられたことは悲しいことであるが、生死無常の理は仏説に明らかであるので、驚くことではないと述べら

れている。また親鸞聖人を襲った山伏弁円，すなわち後の明法房が亡くなったことについて，『御消息』に述べている。『御消息』第2通（『末灯鈔』第20通）に，

> 明法御房の往生のこと，おどろきまうすべきにはあらねども，かへすがえすうれしく候ふ。
> （『註釈版』737頁）

とあり，また『御消息』第4通（『末灯鈔』第19通前半）にも，

> なにごとよりも明法御房の往生の本意とげておはしまし候ふこそ，常陸国うちの，これにこころざしおはしますひとびとの御ために，めでたきことにて候へ。
> （『註釈版』742-743頁）

と述べられている。前文には明法房の往生は驚くことでなく，とても嬉しいと述べる。また後文には，明法房が往生の本意をとげたことは，常陸国の同じ志を持つ人にとって，喜ぶべきことであると述べられる。そして往生は凡夫のはからうべきことではなく，ただ本願力にまかせるべきで，南無阿弥陀仏の名号に遇わせてもらうことが，有難い果報になるのであると述べられる。

『御消息』第15通（『拾遺真蹟御消息』第2通）に，

> かくねむばうの御こと，かたがたあはれに存じ候ふ。親鸞はさきだちまゐらせ候はんずらんと，まちまゐらせてこそ候ひつるに，さきだたせたまひ候ふこと，申すばかりなく候ふ。かくしんばう，ふるとしごろは，かならずかならずさきだちてまたせたまひ候ふらん。かならずかならずまゐりあふべく候へば，申すにおよばず候ふ。かくねんばうの仰せられて候ふやう，すこしも愚老にかはらずおはしまし候へば，かならずかならず一つところへまゐりあふべく候ふ。
> （『註釈版』769頁）

と述べられる。これは覚念房の往生を知らせた高田入道の書状に対する返信である。先立った覚念房について，あれこれ思われ悲しいことであると，親鸞聖人の気持ちが述べられる。そして，覚信房が先年，亡くなって必ず浄土に生まれていることはいうまでもなく，また覚然房が言っていたことは，親鸞聖人と思いは変わらず，必ず同じ浄土に往生できると述べられている。『阿弥陀経』の倶会一処の内容と重なるのである。

第8章
東日本大震災の死別悲嘆に学ぶ：
親鸞思想におけるグリーフサポート

鍋島直樹

はじめに

　人はそれぞれ，誰にも比べられない物語を持っている。最愛の人を亡くしてしまった悲しい物語，愛する人と深く傷つけあってしまった物語。心の絆を育んで障害を乗り越えた物語，努力しても失敗ばかりの物語，誰にも打ち明けることのできない物語……。それぞれが，誰にも代わることのできない物語である。河合隼雄（2002）は，こう論じている

> 世界中に同じ人間がいないように，もちろん「物語」も同じで，それが「唯一無二」で一回限りであることに誇りをもつべきだと思う。

　釈尊は，人間の本質について，『無量寿経』巻下において，次のように説いている。

> 人，世間愛欲のなかにありて，独り生まれ独り死し独り去り独り来る。行に当りて苦楽の地に至り趣く。身みづからこれを当くるに，代わるものあることなし[1]。

　人は本来独りぼっちであり，誰にも代わってもらえない人生である。しかし，誰もが孤独であることに気づいた時，そこから相手に対する優しさが生まれてくる。一人で抱えている物語を相互に共有しあうことが，真の優しさであるといえるだろう。

---

(1)『無量寿経』巻下；大正蔵12, p.274下。

"We are the stories we tell." 私たちは，自分が語る物語によって存在する。すなわち，一人ひとりのかけがえのない物語，それが私の存在する根拠である。語る話によって存在するとは，人が自分のことを単に言葉で話すばかりでなく，何も言えなくなったり，涙を流したり，微笑んだりして，生き抜いていくこと自体を意味する。同時に，たった一つの物語を静かにそばで聞いてくれる人がいる時に，深い安心が生まれ，一つの物語が花開く。自分の物語をまるごと受け止めてくれる人がいて，はじめて人は自分をふりかえり，また明日に向かって歩みだすことができるだろう。

仏教は，紀元前5世紀に，釈尊によって説かれた教えである。釈尊は，生老病死の苦しみの現実をありのまま知り，迷いを超えた真の安らぎ，すなわち，涅槃を開いた。釈尊は，泥の中から咲く花のように，悲しみを転じて真実の生き方を開くことを明かした。それは悲しみから逃避して生きることを教えたのではない。泥なくしては蓮が咲かないように，悲しみや煩悩があるからこそ，人は大切な愛情の深さや心の絆に気づき，悲しみの中にこそ，その人にしかないかけがえのない花が咲いていくことを教えている。

この論文では，第一に，日本浄土教の親鸞が，愛する者との別れの悲しみについて，どのように寄り添ったかについて明らかにしたい。親鸞は，死別の悲しみに届く仏の大悲を，心の灯としてかかげるように人々に教えたからである。第二に，2011年3月11日に発生した東日本大震災をふりかえり，死別の悲しみの現実を知り，悲しみの中で生きる意味について考えたい。そこで，愛する人を亡くした遺族から聞いた一つの真実の物語を紹介したい。人は，心に生きつづける真の物語を持つ時に，前に向って生きぬいていくことができるのではないかと思うからである。

1　親鸞における愛別離苦への姿勢

大切な人との別れは，身を切られるようにつらい。悲しみは時間が癒してくれるともいわれるが，なかなか容易なことではない。時を経ても悲しみはますます深まるばかりで，どうかあの時まで時間が戻ってほしいと心の中で叫ぶこともしばしばである。別れは悲しくつらいものである。それでは，死別による悲しみを私たちはどのように受けとめ，乗りこえていったらよいのだろうか。

仏教では，人間は苦しみを抱えた存在であると説いている。愛するものと別れたときに感じる苦しみは愛別離苦といわれ，四苦八苦[2]の一つである。『大般涅槃経』第十二には，

第8章 東日本大震災の死別悲嘆に学ぶ 75

愛別離苦は能く一切衆苦の根本を為す。……愛の因縁の故に即ち憂苦を生ず[3]

　愛別離苦はあらゆる苦しみの根本である。愛が深ければ深いほど，より一層憂いや苦しみも深くなる。そのように説かれている。
　それでは，日本浄土教における親鸞[4]は死別による悲しみをどのように受けとめていただろうか。
　覚如[5]の『口伝鈔』第十七章と第十八章には，愛別離苦にあって悲しむ人々をどのように支えてゆけばよいかについて，親鸞が語った内容が記されている。『口伝鈔』とは，親鸞が孫の如信に話した他力真宗の肝要を，親鸞の曾孫にあたる覚如がまとめた書物である。そこには，親鸞が人と接するときに交わされた言葉や態度が，生の感覚で記載されている。
　そこで，この親鸞における愛別離苦の姿勢をおよそA・B・Cの三つに整理しながら，紹介したい。

A．なげきかなしまんをもいさむべからず

　第一に，A.の特質とは，悲しいときには涙を抑えなくてもかまわない，泣きたいと

---

(2) 四苦八苦の四苦とは，「生老病死」という人間として逃れられない必然的な四つの苦しみをさす。八苦とは，「生老病死」の四苦に，「愛別離苦」「怨憎会苦」「求不得苦」「五蘊盛苦」の四苦を加えた八つの苦しみのことである。愛別離苦とは，愛するものと別れる苦しみ，怨憎会苦とは，怨み憎む人と出会う苦しみ，求不得苦は，求めるものが得られない苦しみ，五蘊盛苦は，存在を構成している物質的，精神的な五つの要素，色（身体）・受（感覚）・想（対象に対する観念）・行（衝動的欲求）・識（認識と判断）に執着することを意味する。この後半の四つの苦しみは精神的な苦しみである。
(3) 『大般涅槃経』第12；大正大蔵経12, p.438C。
(4) 親鸞（1173-1263）は，その生涯をかけて，真実とは何かを求めつづけた。その結果，人間の真実の姿とは，煩悩にふりまわされている愚かな姿でしかないと気づいた。仏の真実に向かい合った自分自身の姿は，自己中心的な執着から離れられない，愚鈍の凡夫であった。その愚かな凡夫を救うために，建てられた願いが阿弥陀仏の本願（第十八願）である。本願とは，「阿弥陀仏の本願を疑いなく信じて，ただ念仏するところ，みな浄土に往生する。もしあなたが生まれなかったなら，仏もまたさとらない」と誓われた願いである。浄土真宗の生活は，仏の智慧と慈悲の限りなき光に照らされ育まれ生きることである。すなわち，命あるものすべてを仏のさとりに至らせる本願他力に生かされることである。阿弥陀仏の諸善万行の功徳と願いが成就した「南無阿弥陀仏」は，その功徳全体を衆生に施与したいと願う阿弥陀仏の慈悲心の表現である。念仏は，苦しみに沈むすべてのものを救わずにはおかない，阿弥陀仏の本願の呼び声である。
(5) 覚如（1270-1351）は，本願寺第三代宗主であり，親鸞の末娘，覚信尼の孫で，親鸞の曾孫にあたる。陸奥国の大網で活躍した如信を通して，親鸞の奥義を学び，全国を行脚して，浄土真宗を一つにまとめることに尽くした。『口伝鈔』や『改邪鈔』を著して，親鸞の教学的意義を明らかにし，あわせて三代伝持の血脈を強調した。

きには涙すればいいという親鸞の態度である。『口伝鈔』第十七章の中には次のように記されている。

> たとひ未来の生処を弥陀の報土とおもひさだめ，ともに浄土の再会を疑なしと期すとも，おくれさきだつ一旦のかなしみ，まどへる凡夫としてなんぞこれなからん。……中略……ただありにかざるところなきすがたにてはんべらんこそ，浄土真宗の本願の正機たるべけれと，まさしく仰せありき。……中略……なげきもかなしみももつともふかかるべきについて，後枕にならびゐて悲歎鳴咽し左右に群集して恋慕涕泣すとも，さらにそれによるべからず。なげきかなしまんをもいさむべからずと云々(6)。

現代語で表現すると，次のような意味である。「たとい未来に生まれるところが，阿弥陀仏の浄土であると思い定め，ともに浄土での再会を疑いなく信じていても，死別のひとたびの悲しみが，惑いの多い凡夫にどうしてないでしょうか。『ただありのままに，何の飾りようもない私の姿を自覚されてくる人こそ，浄土真宗における本願の正機にかなった人であろう』と親鸞は仰せになられました。『愛する人との死別の悲しみはとてもつらいことであるから，亡き人の枕もとや足もとで，むせびなき，亡き人の左右に集まって恋慕し，声を上げて泣いたとしても，決してその涙によって，往生が左右されたりはしない。だからこそ，嘆き悲しんでいるのをいさめるべきではない。』と親鸞はおっしゃいました」。

このように親鸞は止めようのない悲嘆の感情をそのままに受けとめた。なぜなら，仏が救おうとした人間は，嘆き苦しむ凡夫であるから，平静を装い，無理に悲しみを押しとどめたりする必要はない。

B. かなしみにかなしみを添ふるやうには，ゆめゆめとぶらふべからず。

第二に，悲しむ心を少し休ませてください，という親鸞の態度である。すでに悲しんでいる人を，必要以上に悲しませないように配慮することである。『口伝鈔』第十八章には次のように説かれている。

---

(6)『口伝鈔』第17章　浄土真宗本願寺派出版部　2004　浄土真宗聖典註釈版第2版　pp.904-906. 以下，『註釈版聖典』と表記する。

かなしみにかなしみを添ふるやうには，ゆめゆめとぶらふべからず。もししからば，とぶらひたるにはあらで，いよいよわびしめたるにてあるべし。『酒はこれ忘憂の名あり，これをすすめて笑ふほどになぐさめて去るべし。さてこそとぶらひたるにてあれ』と仰せありき。しるべし[7]。

　現代語訳をするとこのような意味になる。「葬儀や法事の際，遺族に対して，悲しみにさらに悲しみが増すようには，決して弔ってはならない。もしそのようにしたならば，慰めたことにはならず，ますます心侘しくしくさせてしまうことになるでしょう。酒には，憂いを忘れるという『忘憂』という呼び名がある。だからこの酒を勧めて，相手にほほえみが生まれてくるほどに慰めて帰るのがよいだろう。と，親鸞は仰せになられました」。

　このように親鸞は，遺族を必要以上に悲しませてはならないと説いている。涙に涙をそそるような過剰な慰めは，かえって相手を悲しみの深淵に落とすことになるからである。

　ところで，「憂いを忘れる」ことを意味する「忘憂」というお酒の呼び方は，魅力的である。つらいときに，もし「忘憂」というラベルを貼ったお酒のボトルがあれば，思わずそのボトルをつかんで，ごくごくっと飲んでしまいそうである。しかし親鸞はどこまでも，ほほえみが生まれるほどに飲むと言われているだけである。「忘憂」という飲み物は，ジュースやお茶でもいい。家族や心を許せる人たちと飲み物を酌み交わし，食事をすると，心が落ち着き，自然に笑顔が生まれてくる。

　この弔いの伝統は今も日本を含めた東アジアで生きている。仏教では，人が亡くなった後，お通夜，葬儀，中陰法要，年回忌，命日，お彼岸，お盆などの法事がある。季節のめぐる中で，僧侶の読経を聞いて，遺族は亡き人を偲び，お酒や料理を家族縁者にふるまう。遺族は法事を縁として，亡き人から受けた愛情を確かめ合い，慰めあってきたのである。

　この忘憂という酒をすすめたという親鸞の姿勢には，人々の言うにいえない悲しみに深く共感して，抜け出すことのできない悲しみをなんとか和らげようとしていたことがうかがわれる。つまり悲しみに浸りすぎないよう，時には，悲しむ心を少し休めてみることも大切である。

---

[7]『口伝鈔』第18章,『註釈版聖典』p.907.

C. たもつところの他力の仏法なくは,なにをもつてか生死を出離せん

　第三番目に,悲しみは死を超えた依りどころが心の中に確立されると,乗りこえてゆけるようになるという,親鸞の姿勢である。
　この死を超えた依りどころとは,死別によっても消えてしまうことのない真実である。別れによっても消えることのない心のつながりである。愛する人が死しても,今もその真心が心に生きているというような確かな死を超えたつながりが心に育ってくることである。親鸞は人間の臨終とその救いについて記した手紙を,多くの弟子たちに送っている。次の手紙は,親鸞が門弟の有阿弥陀仏のために書いた手紙である。

　　この身は,いまは,としきはまりて候へば,さだめてさきだちて往生し候はんずれば,浄土にてかならずかならずまちまゐらせ候べし[8]。

　「私は今はもうすっかり年を取ってしまいました。定めしあなたに先だって浄土に往生するでしょうから,あなたを浄土で必ずお待ちいたしましょう」という意である。親鸞は,死は終わりでなく,浄土に誕生することであり,死別してもまた会える世界がある(「倶会一処」(『阿弥陀経』))と明かした。仏教において浄土とは,涅槃の世界であり,迷いの煩悩や人間の汚濁すべてを浄化した世界である。それは特に阿弥陀仏の世界を示している。親鸞の著述には,「極楽」という語は,経論釈を引用する場合を除いて,あまり見当たらない。むしろ親鸞は,『無量寿経』に基づき,浄土を「安楽」「安養」「無量光明土」と表現している。浄土は,形あるものを示しながらそれを通して形なき真実を表している。人間の思いの及ばぬ死の彼方は,仏の光に満ちていると説いて,人々に死を超えた解決を示したのである。浄土とは,亡き人と愛する人々との心と心をつなぐ,真実のいのちの故郷であるといってもいいだろう。
　親鸞においては,死別してもまた会えるという浄土の世界,迷える自己をおさめとって捨てないという仏の他力が,真の依りどころだったのである。
　『口伝鈔』第十七章には,こう記されている。

　　たもつところの他力の仏法なくは,なにをもつてか生死を出離せん[9]。

---

(8)『末灯鈔』第12通,有阿弥陀仏への手紙,『註釈版聖典』p.785.
(9)『口伝鈔』第17章,『註釈版聖典』p.906.

つまり，仏の本願他力によってこそ，生死の悲しみや迷いが超えられていく。また『口伝鈔』第十八章には，こう書かれている。

　　みだの浄土にまうでんにはと，こしらへおもむけば，闇冥の悲歎やうやくに晴れて，摂取の光益になどか帰せざらん[10]。

　意訳すると，次のような内容である。「愁嘆の世界から離れて，憂いのない浄土で再会できることを心静かに導いていくならば，暗い闇に閉ざされた悲嘆は少しずつ晴れて，阿弥陀仏の摂取の光に包まれてゆくようになるでしょう」。

　このように親鸞は，いかなる悲しみにも壊されない他力の道があることを力強く示している。深い憂いに覆われたこの世界の向こうに，安らぎの彼岸があることを見出し，私自身が確かに生きていくならば，悲しみはやがて，思い出を糧に，新しい成長をうみだすというのである。自分の思いのコントロールによってではなく，本願他力によってこそ，悲しみや苦しさを離れていくことができる。仏と成った亡き人から今も愛され，これからも支えられていることを見出すことが，悲しみを超えていく道となる。こうして亡き人と浄土でまた会えることに気づく時，悲しみそれ自体が，あらゆるものへの慈しみに徐々に転換されていくことを，親鸞は人々に教えている。

2　東日本大震災の悲しみに学ぶ：町職員　遠藤未希さんの物語

　人は思いもかけない大災害や死別に突然遭遇し，悲しみに暮れる時もないほど，その日を生きていくことに困窮することがある。しかし，人生の危機に直面して，はじめて本当に大切なものを求める。絶望の闇の中でこそ希望の光を探す。

　2011年3月11日午後2時46分，観測史上初のマグニチュード9の東日本大震災が発生した。地球の自転がわずかに速くなり，1日が百万分の1.8秒短くなるほどの大地震だった。三陸海岸の津波の高さは10メートル以上，岩手県宮古市では陸をかけあがった津波の遡上高さが40.1メートルに達した。警察庁によれば，2013年3月8日の時点において，死亡者15,881人，行方不明者2,668人である。

　そこで，この論では，東日本大震災の津波に巻きこまれて亡くなった故遠藤未希さん（24歳）とその家族から学んだ真実の話を，家族の了解を得てここに紹介したい。

　遠藤未希さんは，2010年4月から宮城県南三陸町の危機管理課に勤める町職員で

---

[10]『口伝鈔』第18章，『註釈版聖典』p.907.

あった。遠藤未希さんは，大地震後，防災対策庁舎の放送室で，「6メートルの津波が来ます。避難してください」と町民にマイクで呼びかけつづけた。そのアナウンスは，ひとすじに町の人々の安全を願って放送しつづけたものであった。しかし，大地震から約40分後に大津波が襲ってきて彼女は亡くなった。実際の津波の高さは，気象庁の第一報とは全く異なり，16メートルにも及ぶ高さであった。町職員は屋上に避難したが，防災庁舎の屋上四階まで水没したため，もはや逃げることもできなかったという。去る2011年5月8日に，遠藤未希さんらの追悼法要を，町民有志から依頼を受けて，私と龍谷大学大学院生が執り行った（鍋島，2012）。それがご縁となり，2011年10月10日に，南三陸町職員の及川係長の仲介で，故遠藤未希さんのご自宅に訪問することができた。彼女の住んでいた自宅は，海岸近くにあって，家屋の二階まで津波にさらわれたため，修復の工事中だった。はじめに仏壇にむかいお勤めをした。その後，宮澤和樹氏とともに，宮沢賢治直筆の『雨ニモマケズ』の額を，未希さんのご家族に寄贈した。宮澤和樹氏は，宮沢賢治の弟清六の孫にあたり，宮沢賢治の作品や肖像の価値を伝え守っている。『雨ニモマケズ』の真意について，宮澤和樹氏が遠藤未希さんの両親や親戚に説明すると，未希さんの両親は喜んでくださった。なぜなら，未希さん自身が，叔父の清吾さんたちから『雨ニモマケズ』を習い，覚えていたからであった。未希さんは「イツモシヅカニワラッテキル」という詩の一節が大好きで，そういう姿勢でピースサインを出し，いつも笑顔で頑張っていたと，彼女の家族にうかがった。宮沢賢治の『雨ニモマケズ』が好きだった未希さんと，その詩の額を届けたかった私たちとの気持ちが，思いがけず一致してうれしかった。また，何よりも心に感じた話がある。未希さんの両親によると，4月23日に未希さんのご遺体がご自宅の沖合で発見され，5月2日に，そのご遺体がDNA鑑定により未希さんご本人であると確認され，5月3日にご遺体をご自宅に連れて帰った。その時，不思議にも，横一直線の虹が空にかかったという。その虹の写真を母親が見せてくださった。見たことのない，まっすぐの虹だった。その一直線の虹は，遠藤未希さんの死が特別なものであり，極楽浄土に生まれて仏になった証であると感じると，彼女の両親と話し合った。母親はこうも話してくださった。「この子はそういう人を助ける役割をもってうまれてきたと，思うしかない……。私のお腹をかりて生まれてきたわが子ながら，未希はもっと大きな，多くの人々の命を救うという役割をもって，自らの命を全うしたのでしょう。そう思うようになりました」と。時を経ても，悲しみは深くたやすく消えることはない。折に触れて涙があふれる。しかし，涙は愛情の証しである。先だったわが子を思う親の涙である。悲しむこと自体に意味がある。仏壇の前で涙を流し，何も言えなくても，ただ手を合わせることが，亡き人に与えた愛情と，自分たちが亡き人から

受けた愛情をおのずと知ることになるだろう。そうした悲しみの意味を確かめ合った。さらに，未希さんの両親から，仏像の手が示す印の意味，中国よりいただいた「無畏」の書などについて話をうかがった。その「無畏」の真意が涅槃であることを話し合ううちにあることに気づいた。「施無畏」，畏れることなきことを施すことを表す仏の左手をかかげた姿は，いつも笑顔で心配しなくても大丈夫と勇気づける，未希さん自身の姿と思い重なった。

　こうして遠藤未希さんの両親との交流を重ね，2012年3月3日にうかがった。その際，遠藤未希さんの両親はこう語ってくださった。「多くの方々が未希の死を哀悼してくださったことを心から感謝している。それと共に，娘の未希のとった行動を，美談にしてほしくないという気持ちもある。未希は津波の恐ろしさを知っていたら逃げたにちがいない。未希が逃げていてほしかった。そんなに頑張らなくても生きていてほしかった。そう未希の夫も話してくれた。どうか津波の脅威を伝えてほしい。人間の驕りを捨て，自然への畏敬を忘れず，大地震や大津波の際には，誰もがすぐに避難することを教訓として伝えていってほしい」。そして，未希の父親，遠藤清喜さんはこう話してくださった。「悲しみは決して消えることはない。季節ごとに娘のことを思い出す。毎日，その日をなすべきことを果たしてなんとか生活しているだけである。それから，少しずつこう思うようになった。生き残っている者には，それぞれ必ずその役割がある。そう思うようになってきた」と。母親はそのそばでその言葉を深くうなづいて聞いていた。この父親の言葉に心動かされた。未希への愛情を胸に刻み，皆様から受けた支援に感謝して精一杯生きていきたい。そういう気持であると察する。未希さんの両親の言葉は，お二人がこれから進もうとする道を指し示しているとともに，聞いている私自身にもこれから生きる道として指し示してくださっているように強く感じた。それから未希さんの両親は，お二人で「感謝」「未来に希望を」と書いた木製の置物を見せてくださった。それは心にぬくもりを与えてくれた。

　人は亡くなると，その姿形は見えなくなり，何もなくなってしまう。それは確かにそうかもしれない。しかし，その人から受けた愛情，その人にささげた愛情を忘れないでいることができるのは，今ここに生きている自分自身だけである。愛する人を失くして流した涙を，幸せの種に撒くことができれば，いつかきっと新しい幸せの花を咲かせることができるだろう。こうした死別の悲しみを通して知る人生の意味を，この遠藤未希さんとそのご家族に学んだ。長い時間をかけて，東日本大震災の悲しみと無念さからあふれてくる大切なものを，被災地の方々に聞き，未来の世代に伝えていきたい。どのようなつらい別れを経験しても，自分の人生に生まれてきた意味があったと思えることが大切であるだろう。

文　献

鍋島直樹　1999　親鸞における愛別離苦への姿勢―死別悲嘆のケアとその超克　龍谷大学真宗学会　永田文昌堂　pp.325-379.

鍋島直樹・海野マーク・岡田康伸・倉光　修（編）　2008　心の病と宗教性―深い傾聴（龍谷大学人間・科学・宗教オープン・リサーチ・センター研究叢書）　法藏館　pp.264-271.

河合隼雄　2002　心理療法入門　岩波書店　p.103.

鍋島直樹　2012　東日本大震災の東北を訪ねて―悲しみに寄り添う　鍋島直樹・玉木興慈・黒川雅代子（編）　生死を超える絆―親鸞思想とビハーラ活動（龍谷大学人間・科学・宗教オープン・リサーチ・センター研究叢書）　方丈堂出版　pp.157-182.

第9章

新たな心理的援助サービスの可能性：
ある精神科医の臨床スタンスとチーム対応

吉川　悟

はじめに

　日本における医師への社会的な期待と信頼感は，医療制度や法的規定などに準じた現状から，他の専門職とは異なる普遍的なものとして認識されている。しかし，精神科医に対しては，他科の医師とは異なり，社会的には比較的厳しい視線が向けられがちである。精神科医は，身体医学の専門性以上に，脳科学や精神症状に対する高度な観察能力を有し，心身相関を重視した精神疾患の機序や，心理的な治療技能だけでなく，薬物に関する知見や人の社会性に関する幅広い知識の活用を要請される。そうした精神科医の中でも一部の精神科医は，サリバン学派の述べているように精神疾患を対人関係の問題として把握し，高度な心理的援助サービスのため，一定の心理療法を習得し，高度な専門性を保持していることもある（黒丸，1998）。

　しかし，心理的援助の一部に関与する臨床心理士は，人の心理的特性に対する独自の専門性を保持し，人の心理的特性についての多彩な理論から，心理的に困窮している人に対する支援を行う存在である。個々の臨床心理士は，それぞれに特殊な心理療法の技能を持ち，社会的にその専門性による相談を行っている。こうした臨床心理士としての独自の専門性は，医学的知見とは異なるという立場の主張も見られるが，実質的に心理相談という文脈においては，精神科医と類似する対応が行われている。

　このような中でクライエントや家族は，提供される「心理的援助サービス」を考えた場合，どのような援助的サービスを受けられるかについては，社会的に知られていないことが多い。「心理的援助サービス」として必要な事項については，医師と心理士との間では「患者を診る視点の違い」が大きいとされているが，クライエントや家族からすれば，援助者が医師であれ臨床心理士であれ，提供されるサービスの有効性こ

そが重要である。いわば，援助者側の社会的な立場や，援助方法のオリエンテーションの差異以上に，「援助者が自分にどのように接してくれているのか」という事実そのものが大いなる関心事となると考えられる。

本論では，ある精神科医の臨床実践に見られた一連の対応の中から，「心理的援助サービス」の専門性として必要な新たな「チーム対応」について検討することとする。そして，本事例に見られた精神科医の臨床的対応場面をいくつか取り上げながら，援助的サービスを提供する際の可能性について考察する。

1　心理的援助の前提となる「専門性」

医学領域の中の「心理的援助サービス」の現場を考えた場合，精神医学や心身医学を中心として高度な心理的援助サービスのためには，それぞれの専門性を駆使した「チーム医療」の必要性が語られている。「チーム医療」とは，「複数の医療スタッフがチームを組んで治療に当たること。通常は異なる専門職種の者で構成される」（日本心身医学会，1999）とされている。この定義に従えば，類似するものとしてリエゾン・コンサルテーションが挙げられるが，その基本となるのは，「チーム内の相互の専門性を重視すること」となる（黒澤他，1996）。しかし，「心理的援助サービス」を提供することを必要とする医学的支援の現場におけるそれぞれの専門性の中では，精神科医と臨床心理士の提供する「心理的援助サービス」に関して重複する部分があると考えられる。

臨床心理士の独自性については様々な議論が見られるが，例えば，「心理的サービスは独立した方法論である」と乾は述べている（乾，2001）。この乾の述べる臨床心理士の独自性とは，①「疾病性」より「事例性」に重きを置くこと，②「客観性」より「相互性」を基本とすること，③「社会的役割」より「場の要請」に依拠した専門性を持つこととしている。いわば，臨床心理士は，医師とは異なる専門性を持つものであるという立場に基づくものであるが，これらはそれほど大きな差違として考えるべきものではない。むしろ，精神科医との連携する場合に考慮すべき立場の違いは，以下の三点であると考えられる。

(1)　「患者への理解」に関する立場の違い

まず，精神科医は，患者の心理的な問題に対する援助を視野に入れながらも，医師としての医学的判断を優先させる必要が生じる。精神医学では，精神症状の存在の有無を判断することとともに，近接医学領域の疾病を必然的に留意することが求められ

る。医師として社会的に求められている「医学的専門性」に則りつつ，それを補完する形で精神症状に対する留意，そしてその改善のための「心理的援助サービス」の提供のそれぞれが求められている。

　これは，精神科医が医師である以上，常に「疾病論」を放棄できず，純粋な意味での心理的問題だけに焦点を絞ることはできないからである。医学的専門性を駆使した判断から患者を理解することは，患者個人の心理的側面よりも，精神的「疾患」や身体的「疾病」を見据え，その上で患者の心理的・現実的問題を理解することを求められることになる。

　一方，臨床心理士は，患者の心理的困窮に焦点を当て，自らの持つ「心理的援助サービス」に対応するため，「人」が「疾患」をどのように扱おうとしているのか，いわば，「疾患」によって生じたその患者の「病（ヤマイ）の経験」を理解しようとする（Kleinman, 1988／邦訳, 1996）。人の心理的な側面を理解するためには，その人の体に起こっている客観的事実（疾患に基づく変化）ではなく，疾患によって身体に起こった変化をどのように認識するか（変化に伴う主観的な心情面の変化）という側面を前提として援助を構成している。臨床心理士には，社会的に「疾患」に対する専門性も要請されるが，むしろ医学とは異なる心理的側面に対する専門性を持っているため，より主観的事実を重視する傾向にある。

　この違いは，たとえば，腹痛や発熱などの心身症状を伴う不登校などの場合，医師が優先すべきことは，身体的変化を疾病論から考慮し，その改善を優先させることとなる。しかし，臨床心理士にとっては，身体的疾患に基づく患者にとって痛みや発熱が日常にどのように波及しているかに着目する。それがパニック症状などであれば，医師は身体の生理学的側面の変化を重視し，二次的にパニック発作によって生じた不安に着目する。しかし，臨床心理士は，患者の身体的変化の事実を把握することよりも，パニック発作によって生じた不安そのものに着目し，それによって生じた対処行動（発作が起こらないようにするための対応）を心理学的に理解しようとする。

　このような医師と臨床心理士の「患者への理解」の違いは，それぞれの専門性として社会的に要請されている職業的な認識の前提が異なるためである（高橋・吉川, 2001）。しかし，チーム医療に取り組む場合，そのいずれが専門性としてより高度なものであるかではなく，それぞれの専門性を理解した上で，チームとしての取り組みを構築することが不可欠であると思われる。

(2)　「患者への対応」に関する責任の違い

　精神科医は，医学という客観性を重視する専門性から，病理の同定・対応について

の責任を負っている。いわば，それぞれの疾患の「病因の同定」と「病因の改善」を求められているのである。この立場は，精神医学の基本である医学モデルである「生物科学的アナロジー」が用いられていることに由来する（White & Epston, 1990；邦訳，1992）。このアナロジーでは，問題が「根本的な病因から波及するものである」と認識されており，「病理の同定，正しい診断，病理の操作・切断」という対応が求められることになる。したがって，患者から見た医師の対応に求められる前提は，「病理に対する改善」という文脈を常に持つものでなくてはならない。いわば，「病因をなくすための対応」が求められていることになる。

　一方，心理士は，患者の「生き辛さ」を改善することにおいて責任を負っている。これは，それぞれの心理療法によって方法論的には異なるものであるが，患者の「病因への対応」ではなく，むしろ「病因によって生じた様々な非日常的と見なされるような心身状態から受けた心理的影響」を改善することがより優先する（吉川，2012）。心理的問題が生物科学的アナロジーではなく，社会科学的アナロジーによって説明されるものである以上，そこには必然的に「対応」として求められるものに大きな違いが生じる。

　この違いは，過敏性腸症候群などの場合に顕著である。医師として着目するのは，大腸の検査所見における陰窩膿瘍と偽ポリポーシスの存在や直腸病変や連続的非特異的炎症の所見である。病因としてストレス・性格要因・結腸粘膜の過敏などが検討されるため，薬物療法や重篤な場合には外科的処置が利用される傾向が高い。しかし，心理士は，過敏性腸症候群によって生じる痛み，苦痛，不安，過敏性格，環境的ストレス，心理的負荷などを改善するために薬物療法を併用しつつ，様々な心理療法的手段を用いる。軽度の症例では，環境的ストレス因子への対応を重視した心理的改善を対応の中心として考える場合が多く見られる。

　このような医師と臨床心理士の患者への「対応」の違いは，「解決・改善」や，それを導き出すための認識が異なるために，それぞれの責任の前提となる認識の違いによって生じる（吉川・東，2001）。しかし，チーム医療に取り組む場合，この認識の違いを相互が十分に理解しておくべきである。それは，前提となっている生物科学的アナロジーは，社会科学的アナロジーを理解するための前提となっているからである。また，医師と臨床心理士の現時点での社会的な責任性からするならば，医師が医学の前提である生物科学の立場を外れて物事を理解することは許容されておらず，その立場に固執せざるを得ないという縛りが存在する。一方，心理士が社会的な責任として社会科学の立場を保持しなければならない必然性は現時点ではないため，それぞれの前提の違いを流動的に移行することが望ましいと考えられる。したがって，多くの

チーム医療においては，医師がそのリーダーとしての立場を担うことが多く，現実的な対応として臨床心理士が生物科学的アナロジーを積極的に活用することが望まれる。

(3) 「患者の改善」への取り組みの違い

　精神科医は，医師としての科学的実証主義的自然科学の立場から，「患者の改善」を「客観的データに反映した変化」として理解する傾向が強い。初期段階での検査やアセスメントは，標準的な数値との対比によって病理の存在を同定するために活用される。また，初期検査の結果は，標準との対比とともに，変化の有無を判断する対比のためのコントロールデータとして参照される。同様に，ある手段による対応の有効性を証明するためには，対比データによる照合が不可欠となる。これらの変化に対する認識のあり方は，医学が客観的データに依拠する実証主義の立場にあるため，何らかの手法によって変化をデータとして示すという認識に基づくものである。

　一方，臨床心理士が用いる「患者の改善」の指標は，言語的相互作用（広義のコミュニケーション）に依拠しており，患者の主観的判断に基づく変化を重視する傾向が強い。これは，実証主義的立場の訓練を十分に受けていないためだけではなく，心理療法の目標設定に実証主義的な視点が含まれていないためである。自然科学的な視点の共通性はあるが，目標とする変化が実証不可能な「心理的変化」であり，それぞれの患者とのコミュニケーションによって治療が構成され，解決に関する定義も言語的相互作用によって構成されるため，実証主義的な証明が困難だからである。

　このような医師と臨床心理士の「患者の改善」に対する視点の違いは，それぞれの治療において観察対象が大きく異なる。医師は言語的な相互作用を駆使しながらも，「実証的データ」により重きを置き，身体的変化をその指標として用いる。これは「患者」という存在の中から変化を示すものとしての身体に着目するためである。一方臨床心理士は，言語的相互作用の中から「心理的変化」を見出し，治療者―患者間のコミュニケーションによって解決の目標に達しているかどうかを主観的に判断する。これは，援助の場でそれぞれの専門性が異なることによるもので，それぞれの基礎となっている認識論の影響性が大きいためである（吉川・村上，2001）。

2　事　　例

　精神科医が医師としての立場を常に社会的に期待されているという前提がありつつ，一方で心理療法的対応を重視した対応を行うという姿勢は，一見矛盾する対応が

見られるかのように考えられがちである。しかし，心理療法的対応にも，医学的前提である実証主義的な「行動科学」という前提に基づく行動療法や認知行動療法が存在する。これらの心理療法は，医療の現場で肯定的評価のある心理療法であるが，それは，医師としての社会的責任としての治癒に関する視点を共有できることとともに，行動主義的認識の共有が可能だからである。

しかし，心理療法の中でもクライエント・センタード・アプローチ（以下，PCAとする），いわゆるロジャーズ（C. Rogers）の方法論は，人間性心理学という医師には受け入れがたい特殊な認識に基づく方法論である。用語が示すとおり，クライエントの自己意識を重視し，クライエントの自己実現を促進することが心理療法の主要な目的となるため，実証主義的視点との相同が困難とされている。

以下の事例の治療者は，精神科医でありながらも，その対人援助の実践の基本となっているアプローチがPCAという，一見矛盾する臨床的スタンスを維持しながらも，治療的な効果を達成しているという事実が存在する。こうした矛盾がどのような応対によって成立しているか，面接の逐語概要から明らかにする。

(1) 治療者と治療構造の概要

治療者は，60歳代中頃の精神科医師。心理療法の基本的考え方としてPCAの立場を主張しており，臨床的場面における言動のほとんども，PCAの認識論的前提に基づいた対応が基礎となっている。本事例は，当該の心理相談室の責任者としてのインテーク面接を行い，陪審する治療者Y（研究者）への引き継ぎを前提とした面接である。

(2) 相談事例の概要

クライエントは，統合失調症と診断されていた40歳代前半の男性で，クライエントだけで来談している。クライエントの来談の主訴は，「うつ，神経症で苦しんでいる。いろいろな医療者から診断をされ，自分を見失っている状態。冷静に客観的に話を聞いてもらいたい」などとインテーク用紙に記載されてあった。

(3) 面接までの経過概要

クライエントは，青年期から困難な国家試験に挑戦していたが，自律神経失調症となる。当時，友人の悪性腫瘍と同様の違和感が生じたことから，妄想を中心とした精神症状を発症し，家人に対する暴力なども見られたため，二度の入院を経験している。現在まで，薬物療法を中心とした継続的な治療を受けていたり，カウンセリングを受

けたり，東洋医学や鍼灸などで対応してきたが，クライエントの訴えを受け止めてもらえる機会に乏しかったと考えられる。そのため，知人の紹介で精神科医師を頼って来談した。

(4) 面接経過（一部逐語）

　治療者は，丁寧に挨拶した後，陪席者（研究者）の同席理由を「次回以降，相談に乗ってもらえる担当者であること」を告げた後，クライエントに来談の経緯を尋ねた。クライエントは，知人からここを紹介してもらったことを告げると，治療者はその知人とクライエントがどのような関係かについての説明を求めた。クライエントは素直に知人との関係について説明し，治療者は「わかりました」と述べた。

　　　治療者（以下，Tとする）：あなたがご相談したいというのはどういうことか，教えてもらえませんか？
　　　クライエント（以下，Cとする）：そこにも書きましたように，うつと強迫神経症に悩んでいます。今も薬を飲んでいるんですが，良くなりません。
　　　T：そのお薬は，どこでもらっておられるのかなあ？
　　　C：今は，○○クリニックです。隔週で通院していて，薬をもらっています。
　　　T：そうですか。わかりました。で，先ほどのうつと強迫神経症で困っているというのは，どういうことでしょう。どこからでもいいので，話をしてもらえませんか。

　一般的な心理療法の導入と同様に，丁寧な挨拶や来談経緯，現在の主訴などを確認した上で，クライエントに相談したい内容を話してくれるように促した。

　ここからクライエントは，20年前からの話として，自分がある国家資格のために勉強していたことを語り始めた。治療者は，合いの手として「はい」を基本として，「はいはい，なるほど」「うんうん」「そうですか」などと呟きつつ，クライエントの話の重要な部分で視線を合わせながら，共感的態度を示していることを非言語的なメッセージを中心に伝え続けていた。また，ごく希にクライエントの話の合間に，内容確認のための質問を挟みながら，「はいはい，よくわかりました」などの言葉で切り上げ，クライエントの話の腰を折った部分を，まとめるかのような台詞を挟むことで，クライエントの話す20年間の経過概要を傾聴し続けていた。

　この間の治療者の記録には，クライエントが話をした順で，過去からの経緯が綴られている。ここから見られるのは，面接での要点としてクライエントの話を追いながら，クライエントの生活史の概要を把握しようとする，最も基本的な姿勢である。

　加えて，治療者は徐々にクライエントの情緒的な側面に対する反応を促進してい

る。それは，クライエントが過去にカウンセリングを受けた経験について述べている部分に最も顕著に表れている。

C：……当時は母親から「生活費を稼いでこい」と恫喝されていて……。それまではお金のことなんか言わなかったのに……（数秒の沈黙）。だから，だんだん母親が自分のことを心配してくれているのかどうか，わからなくなったんです……（より長い沈黙）。

T：それまであなたのお母さんは，言わなかった……

C：そうです。○○（過去の居住地）にいたときも，勉強するなら，と生活費と小遣いを出してくれていた……。だから，全く変わってしまった母親に，どう接すればいいのかわからなくて，それでカウンセリングを受けようと思ったんです，自分の気持ちの整理がしたかったから。

T：そうですか。

C：はい，だから，○○先生（当時の主治医Aの名前）にお願いして，母親の気持ちがわかる女性のカウンセラーを紹介してもらったんです。

T：その先生は，何という先生でした？

C：女性の50代の○○（カウンセラーの名前）という先生で，話は聞いてくれたんですが……（少し沈黙）。あるとき，その先生が「あなたは家族っていうものをどんな風に思っているのですか」と聞かれて，自分では答えられなくなって……（数秒の沈黙）。それで，止めたんです（より長い沈黙）。

T：そうですか。そこには，どれくらい通ったんですか？

C：3ヵ月半くらいです。

T：そうですか。

C：はい，でもそのうち余計にしんどくなって，母親の顔が見られなくなっていったんです。

T：（うなずいて，じっと着目している）

C：その頃から母親がいろいろ言ってくるのがうっとうしくなって……（数秒の沈黙）。あまりにうるさく言うから，「うるさい」って，つい暴力の対象になっていったんです。

T：（視線を合わさず，微動だにせず）

C：（数秒の沈黙）でも，自分でもこんなのはおかしいと思って，○○先生（当時の主治医A）のところから，○○先生（当時の主治医B）のところに代わろうと思ったんです。でも，その先生に「元の先生にところに戻って，相談する方がいい」って言われたので，戻ったんです。

T：（視線を合わさず，頷きながら）うんうん。
C：でも，その先生が，自分が気にしている○○（病名）のことについて，自分の体験のようなお話をされて，怖くなってしまったんです。それで余計にどうしていいかわからなくなって，また別の先生のところに行ったんです。
T：なるほど
C：でも，そこの先生のおっしゃるには，私の病気は99.99パーセント統合失調症だとおっしゃって，本当はその日のうちに入院させたいところだけれども，あなたは自分のことをある程度わかっているようだから，「神経を太らせるようにしなさい」って言われたんです（数秒の沈黙）。
T：へーえ，それで？
C：それで，薬をもらったんですが，やっぱり母親とうまくできなくって，2回入院したんです。
T：それは，その先生の病院ですか？
C：はい，そうです（数秒の沈黙）。
T：はい，それで？
C：入院して，主治医の先生といろいろ話をしているうちに落ち着いてきて，予定では半年くらいということだったんですが，3ヵ月ほどで退院したんです。
T：入院されていたのは，3ヵ月だった。
C：そうです。それで，自宅に戻って母親と生活をしていたのですが，とにかく全く話をせずで，お互い相手のことを意識して顔を合わせないようにしていたんです（数秒の沈黙）。でも，だんだんしんどくなってきて，昼間話ができるのも，病院に通院している時に知っている人と話すくらいで，ほとんど誰とも話をしない日が続いて，またしんどくなっていったんです（数秒の沈黙）。
T：そうですか。それで？

こうした面接での対応が続きながら，クライエントは経過の詳細を知らぬうちに話しきっていた。クライエントは，徐々に沈黙の時間が少なくなり，自分で話すべきことを探索するかのような間合いだけで，少しずつ自分から積極的に話をするようになっていった。しかし，治療者は，そうした話題の中で，選択的にクライエントにとって否定的な行動を説明する場面では，全く微動だにせず，話を継ぐような対応もせず，ただひたすらクライエントの発言を待つ沈黙を守り続けているようであった。

治療者は，正確に予定していた時間設定の終わりまで，クライエントの話を追認するかのように聞き続けた。そして，クライエントに今日の面接についての治療者の考えを述べ始めた。

 T：はいはい，だいたいのお話をいただいた範囲で，たいへんな思いをされてきたように思います。いろいろ話をしていただいてありがとうございます。

 C：（間髪を入れずに）いえ，先生，こんなにちゃんと話を聞いていただいたことはこれまでにありませんでした。ありがとうございます。今日は，先生に私の話をじっくり聞いていただいたおかげで，自分はここに来るまで「ちゃんと話せるだろうか」と心配していましたが，自分でもびっくりするくらいしっかり話ができたと思います。こちらこそ，ありがとうございます。

 T：そうですか。それは良かったです。

 C：いえ，本当にありがとうございました。

 T：それで，今後のことですが……。

こうしてこの治療者のインテーク面接は終了し，治療者から次回以降の面接については，担当者への変更があることが告げられた。クライエントは少し残念そうな顔をしつつも，「先生がご多忙なことはお聞きしています。先生がご紹介いただいた方であれば，今後どうすべきか，ぜひ相談させて下さい」と告げ，継続面接の契約が成立した。

(5) 事例の予後

治療者からの引き継ぎによって，その後クライエントは7回の面接に来談している。社会的行動を促進するためのデイケアへの通所がはじまり，母親との断絶状態が解消されるとともに，就労活動への意欲が向上するなど，活動性の向上が見られた。しかし，デイケアから紹介された就労訓練の場面で，数名の他患の間でのトラブルの解消役を押しつけられ，関係する人間関係に巻き込まれる過程で，精神的動揺が激しくなった。本人の意向により母親を同席した面接を2回行った末，いったん主治医から「休息のための入院」を勧められており，クライエントだけでなく母親もそれを望んだため，面接は中断となった。

その後，研究協力を依頼した際の話では，短期の退院後，再度デイケアに通所しつつ，母親の勧めるアルバイトに短時間勤務しているとのことであった。

3 考　察

(1) 心理的サービスにおけるチーム医療の可能性

　精神医療に対する批判には多様な視点が存在する。しかし，心理的援助という面に焦点を絞れば，医療全般で近年問題となっている「クライエントの主体性」をどのように医学や近接科学領域の専門性と織り合いをつけるのか，それが大きなテーマとして存在する（広井，1999）。本事例で見られた治療者の対応は，狭義の精神科医療における社会的偏見との差異を埋める可能性がある対応であると考える。

　精神科医がその専門性を駆使するためには，デカルト的二元論に基づく医療の認識論が必要であるが，クライエントからすれば「病の体験」を受容されることには繋がらない（Berger & Luckmann, 1967；邦訳，1977）。たとえば，疼痛性障害の治療において，医師がもっとも着目し改善対象とするのは，「痛み」を引き起こしている病因である。しかし，クライエントにとって除去したいと切望するのは，「痛み」だけではなく，「痛み」の経験や「痛み」による日常の不都合で，痛みの経験を共有してもらえるかどうかであり，ここには微妙な意識のずれがある（町田他，2000）。

　心理的サービスといえども，人同士の関わりである限り，人はその経験に基づいて自らの「苦痛」の除去を目的としながら，同時に「苦痛」に対する共感も要求する。これは，医学がその専門性から「疾患」を扱いながらも，クライエントの「病（ヤマイ）」の経験に関してどのように対処すべきについての専門家ではないからである（Kleinman, 1988；邦訳，1996）。一方，心理士の多くは，有効か否かにかかわらず，患者の心理という側面から「病（ヤマイ）」の経験と接点を持ちうる存在である。より高度な心理療法的視点からこの立場を説明するならば，心理士の認識論として「ナラティヴ・モデル」の利用が可能であることを示している（Green & Hurwitz, 1998；邦訳，2001）。医療といえども人の関わりによって生じる特殊な対人関係であるならば，「病（ヤマイ）」の経験を受け取るためにナラティヴ・モデルを積極的に利用することが不可欠とさえ考えられる（吉川，1998）。

　また，心理的支援に対するサービスの提供という視点で考えた場合，医師には絶対的な患者数をサポートする必要が生じており，慢性的サービス不足という問題を常に孕んでいる（西田，1994）。これは，精神科で問題視されてきた「三分診療」が改善されつつあるものの，心療内科においても類似する状況になりつつある。ここには，絶対的な意味での「医療者の側が必要とする時間感覚」と「患者側が必要としている時間感覚」に大きな開きがあることが要因の一つである（田村，1999）。ただ，この意識

の違いだけではなく，今後よりいっそうの患者数の増大に対応するためには，個々の患者に対する前述のような要求のすべてを医師が対応するのではなく，チームという体制で心理士が補足することも可能である。

本事例で見られた治療者は，医師でありながらも心理療法的対応を優先することによって，患者からの大いなる信頼を生み出している。これは，心理療法の方法論的特性もあるが，それ以上に必要なことは，「治療者-クライエント」という二者関係をどのように構築するかという視点である。実質的に本事例の面接場面は，インテーク面接という三者関係が存在する場であった。しかし，この治療者がクライエントとの間に構築した二者関係は，それを引き継ぐ治療者との関係構築に多大なる影響を与えていることは明らかである（Hider, 1958）。

また，こうした心理的援助サービスの導入段階では，クライエントの多くは心理的援助がどのように行われるかについて，詳細に予測をしているわけではない。したがって，面接の初期段階で受けた対応は，その後の心理的援助サービスのあり方について，ある程度の予後予測の材料となる。こうしたクライエントの側の期待は，それを引き継ぐ治療者が前者に劣っていたとしても，それが同様の心理的安定を促進するものであるならば，許容されることになる。いわば，クライエント側が初期段階でどのような心理的サービスを受けたとか思えるかによって，以後の心理的援助や心理療法における可能性を高める効果があると考えられる。

(2) 心理的援助についての今後の可能性

チームとして心理士が機能的であるためには，現状の心理士の実態では不十分であることは間違いない（吉川，1998）。本事例の精神科医の面接を引き継げるためには，「心理士としての専門性」を獲得している必要があるが，それに対応できる心理士は，一部に留まっている。それは，心理士の専門性が社会的に認識されていないことを含め，その専門性が社会的に保障されておらず，かつ医師のような教育体制が社会的に整っていなかったからである。心理士の能力向上や社会的認識の改善に関しては，現在の臨床心理士の資格認定の枠組みでさえ不十分であり，多様な現場の心理士の活動をバックアップできるような社会的体制が整っているとは言い難い（松野他，2001）。

また，このような心理士の独自性を多くの医師が深く理解できていないことも一部に見られる。これまで心理士が心理学的視点ばかりを強調し，臨床の専門性をあまりにも心理学的視点でのみを主張するあまり，多くの医師は「心理士とは白らの専門性ばかりを主張する」という誤解や「医療現場でのチーム体制に適応できない存在」として認識されてきた経緯を持っているからである。しかし，一部の心理士が「不必要

なまでの心理学的な立場に固執した専門性」のみを主張していることが誤解を助長しており，その意味では，医師と心理士の双方の理解を得るため，本事例に見られたような相互の意識改革が必要であると考えられる．

4 結 論

心理的援助サービスにおけるチーム対応に対する可能性について，精神科医が行った面接過程を取り上げ，心理的援助サービスにおける心理士の職能に関する可能性と，臨床場面での患者に対するこれまでに示されることが少なかった「チーム対応」という視点を用いることの可能性について述べた．医学が堅い医学モデルの中で発展した経緯をふまえた場合，そこで心理士が専門性を発揮するためには，異なる認識論が必要となる．それは，クライエント側が援助場面で期待している視点を再考し，共働的な心理的援助サービスが提供できるという可能性について，事例を通じて述べた．また，チーム対応を行う場合の心理士としての必要条件について，心理士の高度な専門性を獲得するために必要と考えられる社会制度の改善の必要性についても付記した．

文 献

American Psychiatric Association (Ed.) 1994 Diagnostic criteria from DSM-IV. (高橋三郎・大野 裕・染谷俊幸 (訳) 1995 DSM-IV精神疾患の分類と診断の手引 医学書院)

Berger, P. L. & Luckmann, T. 1967 *The social construction of reality: A treatise in the sociology of knowledge.* Doubleday & Company. (山口節郎 (訳) 1977 日常世界の構成 新曜社)

Green, T., & Hurwitz, B. 1998 *Narrative based medicine: Dialogue and discourse in clinical practice.* BMJ Books. (斉藤清二・山本和利・岸本寛史 (訳) 2001 ナラティヴ・ベイスト・メディスン 金剛出版)

広井良典 1999 医療改革とマネージドケア―選択と競争原理の導入― 東洋経済新報社

乾 吉佑 2001 臨床心理士の機能と役割―臨床心理士の立場から― 心身医学, **41**(2), 148.

町田英世・工藤 卓・吉川 悟・中井吉英 2000 外在化技法を用いた慢性疼痛の治療：Gate control theory を応用した心理療法 心身医学, **40**(2), 135-141.

松野俊夫・村上正人・金 外淑他 2001 心身医療における心理士の機能―心理士の医行為について― 心身医学, **41**(2), 145.

Kleinman, A. 1988 *The illness narratives: Suffering, healing and the human condition.* Basic Books. (江口重幸・五木田紳・上野豪志 (訳) 1996 病いの語り 誠信書房)

黒丸尊治 1998 人は自分を「癒す力」を持っている―ある心療内科医のカルテから― ダイヤモンド社

黒澤　尚・市橋秀夫・皆川邦直（編）　1996　コンサルテーション・リエゾン精神医学　精神科プラクティス第4巻　星和書店
西田在賢　1999　マネージドケア医療革命―民活重視の医療保険改革―　日本経済新聞社
高橋規子・吉川　悟　2001　ナラティヴ・セラピー入門　金剛出版
田村　誠　1999　マネジドケアで医療はどう変わるのか―問題点と潜在力―　医学書院
White, M., & Epston, D.　1990　*Narrative means to therapeutic ends.* W.W. Norton.（小森康永（訳）　1992　物語としての家族　金剛出版）
吉川　悟　1998　家族療法における「ことば」　日常的な「ことば」を用いて対話すること　家族療法研究, **15**(3), 185-191.
吉川　悟　1998　心理臨床家にとって激動はチャンスか　心理臨床, **10**(1), 11-15.
吉川　悟　2012　介在療法論考　衣斐哲臣（編）　介在療法　金剛出版
吉川　悟・東　豊　2001　システムズアプローチによる家族療法のすすめ方　ミネルヴァ書房
吉川　悟・村上雅彦（編）　2001　システム論から見た思春期・青年期の困難事例　金剛出版

第10章
臨床心理学的実践の現象学的理解

森田喜治

はじめに

　臨床心理学は文字どおり，精神疾患，身体症状，問題行動をはじめとして，適応障害や，医療の対象となる可能性のある人々への心理学的援助を目的とした学問分野である。また，現在，不適応などがなく，医療の対象となっていない人々に対しても，精神的健康の保持・増進・教育などの予防的なかかわりをもって，精神的健康の継続を図ることも目的のひとつとしており，精神疾患への援助とその予防に対する実践的心理学分野である。

　臨床心理学的実践とは，治療者とクライエントという特別な関係の間で，行き来する心のやり取りを通じて，悩みを抱えるクライエントとそれにかかわろうとする治療者との間で行われる相互理解と悩みの軽減を図る共同作業である。

　悩みの多くは，外部に何らかの原因を求めることができ，その原因-結果の中で，クライエントの悩みを理解しようとすることがほとんどで，原因となっているものを取り去ることによって悩みは解消される。しかし，臨床心理学で扱う悩みは，原因らしきものがみられるものの，それが真実の原因ではなく，単にきっかけにしか過ぎず，表現される悩みや症状は目に見える要因よりも，むしろ目に見えない心の葛藤や軋轢，ストレスに関係している場合が多い。そのため，臨床心理学的実践においては心の深い世界でのかかわりを持つことによって，治療を行うことが必要である。ところが，目に見えない内界は，観念的，主観的で理解しにくい世界でもある。そのため，治療者の理解も様々で，一定の統合された理解を得ることは難しい。心の世界を含め，実際，外部に見える世界についても，それぞれの治療者が，たとえ同じものを見ていたとしても，その理解には違いが生じる。それは「外部知覚の作用（アクト）自

身をとらえるのは外部知覚においてではなく,内部知覚,内官,内的経験,自己観察,内省などといわれるものにおいて」(Binswanger, 1947；邦訳, 1967, p.24) であり,我々の感覚は,現に見えている世界のみでそれと判断しているのではないからである。そのためクライエントの理解には,治療者自身の外部知覚が自身の内的世界と深いつながりをもち,その影響を強く受けて理解しているということに注意する必要がある。さらにそれがクライエントとの関係の中で複雑に変化しながら判断していることを自覚し,治療者自身の内部知覚にまで目を向けることが必要である。また,理解はクライエントとの関係の中で複雑に絡み,クライエントと治療者の特有のものとなり,一定ではないことを知っておくことは,臨床実践を行う者として不可欠なことであろう。

　臨床実践は,実際の人間と人間の間で交わされる有機的なかかわりであって,理論や,技術,量的な結果のように対象化され客観化され,さらに凍結されてしまった動きのない世界を扱うのではない。「自己意識を獲得してしまった私達人間にとって,身体は客観的に認知可能な対象界の側に組み入れられ,心だけが私的主観性の座とみなされるようにな」った。しかし「客観的な対象認識を旨とする自然科学は,こうして客体化された身体だけを視野のうちに入れ,心は身体の単なる付随現象として扱われるか,さもなくばいわゆる「心理的機能」という形で擬似的に客観化され,計量や計測の対象とされて,私的な意味をすっかり奪われてしまう」傾向が増加し,そのように『非主観化』され『没意味化』された心理機能は,もはや心ではありえない（木村, 1994, p.156)。心の領域を扱う心理臨床では,客観的に何かがそこに起こるのではなく実際のかかわりの中で成立する現象を扱っているといえる。クライエントの表現する症状や,カウンセリングの中で語られる表現は「ただ何かを陳述するだけでなく,何かについて語っている。つまり,表現はただ意味を有するだけでなく,また,なんらかの対象に関係している」(浜渦, 1995, p.33) のであって,クライエントの表現はそれそのものが個別的に,意味を持つのではなく,その症状においても表現においても関係の中で構築され,表現されているものなのであり,治療者との間で成立する特有の意味を担っているのである。また,表現されている意味の理解は顕在化している内容だけではなく,治療者自身の「経験背景を持っている」のであり,クライエントの表現内容をそのまま理解することはできない。浜渦によるとフッサールは,この「背景」を「非顕在的体験の庭」「潜在的な知覚の野」,あるいは「地平」とも読み,対象としてあるクライエントは,この「地」の上に浮かび上がる「図」のことに他ならない,としている（浜渦, 1995, p.85)。そして,同じようにクライエントもまた対象である治療者を「地平」に浮かぶ「図」として知覚し,お互いの言動はそれぞれの

「非顕在的体験の庭」の影響を受けつつ理解するため，相互の間で交わされる内容はお互いに届いた時点で理解の変貌を遂げることにもなる。人は周囲の顕在現象をそれぞれの「地平」とのかかわりの中で解釈し，理解し個々特有の現象を生み出すことになり，意味づけし，行動する。そのため単に治療者とクライエントの間でのやり取りの中で浮かび上がる客観的現象だけではなく，潜在化した，クライエント自身の内界の「地平」の影響を受け，また，治療者自身の持つ「地平」との関係の中で，それぞれ特有の解釈がなされることになり，クライエント自身の現象と，治療者自身の現象と，さらにその上に，それぞれの人間間の関わりによって発生する現象の上で，複雑な構造をもって表現，認知されることになる。我々一人一人は，それぞれが固有の現象をもって存在し，かかわりの中で変容を遂げ，その変容さえも主観的で固有の現象の中で行われることになる。治療者はクライエントを，クライエントは治療者を，個々人の極めてナルシスティックな理解，判断の中で，意味づけし関係するのである。

　このように心理治療は，目に見えない心のかかわりの中で進行する現象であり，主観的で個別的な意味のやり取りがその治療的かかわりの中心となるため，それにかかわる者（治療者）が客観的他者によって理解されることも少なく，外部の者の目からでは，理解のできないやり取りが含まれることもある。そしてそれぞれの人間の心の世界は，言語という記号で表現され，外部の他者と関係を結ぶのであるが，その記号には多くの意味内容が比喩されており，治療者はクライエントの示す比喩を判断し理解することが必要になる。しかし，また治療者はクライエントの表現する比喩を，自己の「地」にある潜在的な内容に従って理解するため，クライエントが表現しようとした意味内容をそのものとして理解することが難しく，「経験背景」の中で治療者なりの理解スタイルを用いて解釈しようとすることになる。

　現代の心理治療は，目に見える形でその効果を証明されることが要求される。その効果は何らかの数量的，あるいは唯物的な視点から観察され，その証明を要求され，提示されなければ治療的かかわりの効果は認められない。となると，先の木村の指摘でもあったように，臨床心理学がもはや，主観的で，私的な「心」を扱うものではなくなってきている傾向にあるように思えてならない。

　臨床実践の中では，クライエントと治療者の間で何が起こっているのかは他者の目を通しては定かにはならない。しかし，確実に，クライエントの症状は改善されているのであるが，その改善への道筋は明らかではない。多くの心理臨床的アプローチやその他の医療的アプローチにおいても，広い意味での臨床の世界では，必ず治療者の心と，クライエントの心との間におこっている複雑な関係のプロセスが潜在しているのである。臨床心理学のそれぞれの理論，技法，認識，方向性の前に，治療者とクラ

イエントとの間にある心の交流を無視した関係はありえない。そして，その関係の中で執り行われるそれは，関係の中での相互の理解と，信頼の中で，その効力を発揮するのであって，前提の関係性の構築のできないところでは，たとえどのようなデータ上での効力を持っている技法であっても，その効果の幾分をもその治療の中で発揮することはできないであろう。すなわち，治療者とクライエントとの人間関係は，その治療者の発揮する技法にまで影響するのであって，初期のラポールの形成は，先の臨床心理学的実践の効果を含め，最も重要な基礎になるものである。そして，その関係は客観的事実ではなく，治療者とクライエントの中での主観的関係性の中に成立するのであって，治療者の権威や，名声や，技法にあるのではない。そして，クライエントは新たな本質的な人間的出会いの中で今までにない出会いを治療者共々に繰り返し体験することになり，その結果クライエントの意識内変化をもたらし，いわゆる症状の軽減に至るのである。

　また，症状の軽減は，器質的な問題を中心としない純粋な心理療法においては，クライエントの発する非言語的メッセージのさらなる理解につながり，理解されず孤独の世界にあり続け，構築してきたパターン化された他者との関係にも変化をもたらし「世界内存在の変化とともに単に世界の体験が変化するのみではなく同時に自己もまた変化する」(Binswanger, 1947；邦訳，1967, p.133) ことになる。しかし，この変容は時間のかかる作業である。すなわち，人間がその生涯を通じて構築してきた世界は，その人の現在の在り方を決定し，この世界に自己を存在せしめた最も初期のそして最も中心となったスタイルなのであって，それを手放すことは容易ではない。はずみ車が何の力を与えなくともまわり続けるように，一旦圧力をかけて静止したかのように見えても，圧力をなくすとそれは勝手に動きだすのである。臨床心理学的実践はこの複雑で難解な作業であり，短時間で達成されるものではない。

　治療者はクライエント自身の歴史に立ち入り，その過去の体験がクライエントの現在の現象を構築していることを理解する必要がある。たとえそれが主観的な理解であったとしても治療者，クライエント相互に「わかる」関係性をもたねば，治療的な効果をもたらすことは難しい。そして，社会との多くの摩擦とストレスを作り上げ，悩みをもたらすことになったクライエントの特性を作り出したものに，クライエントの過去の歴史がすべて含まれているのである。「むしろクライエントと治療者との相互関係には，常に独自の新しい交通形態が表現されており，それは，新しい運命の絆であり，しかも単にクライエント・治療者関係という点からだけではなく，とりわけ心の協働という意味での純粋に共人間的関係という点から見て，運命のきずなといえる」。(Binswanger, 1947；邦訳，1967, p.194) そして「我々は，考えるよりも，さ

らには我々が「語る」よりは，はるかに単純にまず生きており，したがって我々が思想上の問題を，それぞれ相応した生活の問題に還元するとき，少なからざる問題は解消」（Binswanger, 1947；邦訳, 1967, p.202) するのである。

　治療者は，クライエントと相対して，何か具体的なことを行うにしろ，ただそこにあってクライエントの物語に聴き入るにしろ，まず，その存在としてクライエントと相対し，クライエントという現象に向かう治療者という現象が相互にあることによって，成立する臨床心理学的空間構築が最も重要な治療的トポスとなるのである。そして，それらの空間に包み込まれ，治療者というクライエントとの協働のなかで複雑なお互いの心の作業が進行していくのである。

　しかし，治療者も一人の人間として，過去の歴史からだけではなく，周囲の様々な環境，天候，あるいはあらゆる自然物や，周囲の雰囲気などからも大きな影響を受け，そのことがまた臨床実践にも影響してくるのである。治療者とクライエントは関係を持ち，それぞれがそれぞれの心の動きを観察しつつ心の関わりを継続する中で，心理臨床の実践は進む。その過程を通じて，クライエントの問題が軽減していくのである。そして，臨床心理学的実践を行う者は常に自己の内界に目を向け，そのかかわりの中で実践を進めていくことが，とりわけ治療者に要求される専門的行為であるといえよう。

1　臨床心理学の治療スタイルと現象学

　治療のスタイルは様々で，治療の方法や方向性は定かではない。それぞれの在り方によって，何が正しいか，何が間違っているかを論議するのははなはだむなしい。それぞれのスタイルに，治療的な統合はあり得ず，それらの間にある葛藤が，まさに，各治療スタイルの目指すところの先にみられる目的を明らかにすることとなる。つまり我々心理臨床家の対象はクライエントの心なのである。

　筆者の標榜する来談者中心のアプローチは，ロジャーズの人格理解の哲学を中心として実践されている。治療者自身の自己理解と，仮面をとりさった真実の姿でかかわることの重要性が述べられ，その自己をオープンにした状況で，ただ「聴く」こと，ただ「ある」ことが必要なのであって何かをすることではない。何かをなそうとすることは，治療者の主観的な感覚でクライエントの状況を勝手に操作することであり，それは，社会での在り方も，治療者側の偏見で，何かをさせようとすることに似ている。これらのことは，あくまでも，治療者の生きてきた体験の中で培われてきた偏見の中の判断であり，その中で，クライエントを治療者の思いどおりのスタイルにして

いこうとする姿である。しかし，クライエントはそれぞれがそれぞれの歴史を抱え特徴的なパーソナリティを作り出しており，クライエントの抱える症状は現象として表現されている関係の中での反応特性であり，その摩擦が，クライエントの不適応状態を作り出すことになる。それはパターン化されたコミュニケーションスタイルでありそのパターン化されたクライエントの身近な人々とのかかわりのスタイルが症状形成の原因となる。しかし，これらの軋轢や葛藤，ストレスに対する耐性にはそれぞれ違いがあり，それらの軋轢に対する耐性の弱い者がクライエントとなることになる。クライエントの持つこれらのパターンは治療者の持つスタイルとは違う。治療者の過去の体験の中で形成されてきた対人関係のスタイルや，パターンは必ずしもクライエントのそれと一致しないばかりか，時には，治療者の信じる対人理解や関係の在り方が，クライエントのそれと相反することもありうる。したがって，治療者による強制的な方向性は，クライエントの生きてきた歴史そのものを否定することになる危険性を孕んでおり，そうすることで，クライエントに更なるストレスをかけることになる可能性を持つ。

　精神療法的積極的処置は，治療者が「信頼という実存的交通関係において，病める人間と共にあり，この関係において，クライエントが治療者に信頼を『捧げ』，治療者も，「自身の存在と行為の中で，クライエントの信頼に『担われて』いると感じる時にのみ，およそ効果を発揮しうるものであり，したがってまた治療者も，こうした処置を敢行することが許される」のである。この信頼は，「患者から治療者への贈り物であり，この贈り物こそ，いかなる精神療法にも欠くべからざる条件」なのである（Binswanger, 1947；邦訳, 1967, p.188）。つまり，治療者が自分の信ずる正しいと判断している方向へとクライエントを強制的に導こうとするなら，治療者は，「威嚇的野蛮行為をすることによって，クライエントの中に，屈服の身構えを持った多くの被虐的本能，つまり暴行を受けたいというひそかな願いを呼び覚まし，そのために症状は消えるどころか，かえってますます固定化し，さらに治療者という人物にむすびついてしまう。そうなると処置は，絶えず新たな繰り返しを求める被虐的快楽の源泉となり，次々に新しい症状が出てくる契機になる」（Binswanger, 1947；邦訳, 1967, p.189）恣意的なかかわりはクライエントの在り方を認めていくのではなく，クライエントの過去の歴史を否定し，そのクライエント自身の否定につながることになる。クライエントの生きてきた世界は，確かに，肯定的であるとは言い難い。しかし，その過去の歴史の否定は現在のクライエントの在り方の否定，存在そのものの否定につながることになる。治療者が，クライエントとの信頼関係を構築することが第一の目的であるとするなら，まず，クライエントの存在そのものを肯定する視点を持たねばな

らないであろう。

　このようにクライエントの心の世界に関わる方法，治療のスタイルには様々な方法があり，またクライエントの理解においても，その方向性は様々であり，治療者は，自己のスタイルを持ってクライエントと接することになる。そしてその方法は，治療者のパーソナリティにマッチしたものである必要がある。

　治療の技法は，クライエントを含め，治療者の人間理解のためのツールである。治療者の現象が，クライエントの現象に深く入り込むためには，その治療者自身が信ずる，あるいは，治療者自身が抱いている人間理解の方法を持ってかかわる必要があり，それは，治療者自身の歴史に根差した，また治療者の思考形態に沿ったものである必要がある。治療者が選び出すツールは，その治療者の人格と深く関連していることが多く，そのツールを自由に扱えるとき，その治療法がその治療者にとってふさわしいものとなるのである。さらにその技法，理論が行使する者にふさわしいものであるとき，それはクライエントに対しても，効果的に作用するものとなる。クライエントのもつ病理という現象は，クライエントの一つのコミュニケーション手段であり，また，治療者の治療技法は治療者のクライエントとの間で交わされるコミュニケーション手段なのであって，それは，その治療者によって十分に用いられることができ，さらに，クライエントの現象に応じて，変幻自在に応用することのできるものでなければならない。何が正しい技法であるかではなく，それはあくまでも，クライエントとの関係の中で成立する技法の用い方なのであり，それぞれの技法は治療者にとって使いこなせる自由さを持ちうるものでなければ，凝り固まった，頑固なナルシシズムに陥る結果となる。そして，治療者はその特性の中で自己の見方のみに従うのではなく他者の目を通すことで（たとえばスーパーヴィジョンを受ける），自己のナルシスティックな見方を避けるように努力し，個人的，主観的，固定的理解から，少々距離を置いた別の切り口，別の理解の仕方を知ることによって，治療者の志向的意識の強制から，クライエントを解き離すことが必要である。

　臨床心理学的実践は目に見えない心の作業であり，また，治療者とクライエントとの現象のあらわれであるとみることができ，クライエントの示す言動はそれぞれにクライエント自身の意味を持っており，その理解が要求される。そしてこれらの意味は，それぞれのクライエントに応じて独特のものであるから，治療者はクライエントの持つそれぞれの現象に，意味を見出し，その意味に従って，クライエントを理解していくことが必要なのであって，治療者，クライエント両者の現象に応じた，技法の広がりを考慮しながら実施していくことが要求され，治療者特有の技法を自分なりに構築していくことが必要であろう。

2 事例を通しての現象学的解釈

　本事例は，ある病院の心理室からの紹介でかかわることになった事例である。当初，境界例ということで，前治療者がかなり苦労していることをきかされていた。クライエントから言語的な攻撃を受け，治療者は人格までも傷つけられ，もう持つことができなくなったということで紹介された。この紹介の際，前治療者からの説明で，かなり攻撃的であること，暴力はないものの人格を傷つけるほどの言語的攻撃を受けること，時間の操作や，支配的行動の目立つことが述べられ，すでに，筆者の中にこのクライエントに対するあるイメージができ上がってしまった。かつて筆者のかかわった境界例のクライエントから筆者はかなりひどい攻撃をうけ，苦労した経験がよみがえってきたのである。本事例のクライエントとはまだ出会っていないのにもかかわらず，筆者はかつての経験から一つの像を作り上げ，白紙（タブラ・ラサ）の状況で，クライエントと接することがすでにできなくさせられてしまった。いわゆる過去の経験に根差したBinswangerのいう「非顕在的体験の庭」で，クライエントと出会おうとしているのである。お引き受けしたものの，やはり恐怖の感情が頭をもたげ，何らかの事情で，訪問できなくなったかあるいは，何らかの事情でやはり前治療者のもとで継続することになったということが起こらないものかとも漠然と思っていた。しかし，反面十数年も前に関わったクライエントによってもたらされてしまった恐怖心をこのまま抱え続けることにも少々嫌気がさしていたこともあって，恐怖と挑戦欲求の間をふらふらと揺れ動いている状態にあった。

《事例および治療者の内的動きの解説》

クライエントは30代後半の女性

（筆者がかつて苦労したクライエントより少し年齢は上だが，同じように女性であった）

治療構造

民間の開業カウンセリングルーム

有料

週1回　1時間（母親がクライエントを送り迎えする都合に合わせて曜日を決定する）

　面接スタイルは基本的に1対1ではあるが，クライエントの状況，希望に応じて家族（母親）とも面接を行う。

　来談者中心のアプローチで，クライエントの状況に応じてその他夢分析，箱庭療法，芸術療法も考慮した。しかし，前治療者の説明による境界例的であるということを考

慮するなら，急激に心の世界を解放する方法や，心の世界に深く切り込んでいく方法は，境界例患者の自我レベルから考えると適当でないと考え，緩やかに進行する，来談者中心の言語面接が適当であろうと判断した。しかし，クライエントの希望に応じて実施することも考慮しながら最も良い方法を，クライエントと相談の上で実施することにした。

　面接中に起こる治療者の心の世界について，面接当時の記録より取り出すことのできるものについては当時のまま再現することが可能だが，記録にはないものの，読み返したときに起こる治療者の精神状態については想起して記述することにする。そのため，想起された情緒は当時のものではなく，現在の自分の状況あるいはあり方に根差したものであるため，そのまま当時の感覚とは言えない。西田が「記憶においても，過去の意識がじかに起こってくるのでもなく，したがって過去を直覚するのでもない。過去と感ずるのも現在の感情である。抽象的概念といっても決して超経験的のものではなく，やはり一種の現在意識である」(1947，p.10) と述べるのに従うなら，筆者は，忠実にこの面接の際に起こる様々な内容の想起がなされていることにはならない。しかし，現在の自分の在り方をつくる「非顕在的体験の庭」は簡単に変わることはない，という観点から見るなら，感じ方にそれほど大きな相違はないであろうとも考えられる。

面接にいたる経緯

　医師の診断は鬱を主体にした薬物による治療が実施されている。
《前治療者からの説明》
　クライエントは女性で非常に攻撃的で，毎回のカウンセリングにおいて，クライエントの苛立ちと，治療者に対する言語的攻撃性を見せ，関係が悪化した。前治療者はとらえようのないクライエントの言動に疲弊し，とても面接を継続することができないとのことで，当カウンセリングルームに紹介される。
《面接まで》
　母から予約の電話をいただくが，母親の声にはやさしさが感じられず，無機質で冷たさを感じる。娘の病状については知識としてはっきりしてはいるが，情緒の流れを感じることができない，娘であるクライエントに対しても，母親の言葉からはケア的というより，批判的な印象を受ける。
　前治療者からの説明によりつくり上げられた像と，さらに治療者の体験に根差した理解とから，母親に何らかの問題があり，それがクライエントの状況をつくり上げてきた可能性をクライエントに出会う前から意識している。そのため母親の本質的なス

タイルではなく,治療者の身勝手なイメージで,母親像をつくり上げているのかもしれない。治療者は母親の説明を機械的,批判的にとらえてしまっており,母親の表現を中庸に聞けているとは思えない。つまり,筆者の体験によって固定されてしまっている境界事例のクライエント像,そして知識として得てきた,境界例のクライエントを生みだす原因となっている家族のかかわりの問題が前提に立ち「心象を離れた独立の意識ではない,これに伴う一現象」(西田,1947,p.22)として母親の話を聞いてしまった。

治療者は過去の体験から自由になることが難しく,真実としての母親ではなく,治療者の内的な体験との間で,非本質的な母親像をつくり上げることになってしまっている。

とりあえず,面接の曜日と,時間と場所の説明をする。午後に面接の予約を取る。事務所の場所が少々わかりにくいため,周囲の状況や特徴を説明する。しかし,最後の路地,事務所の入り口がわかりにくいため近くまできたら電話をいただくことにする。

当日,朝からしとしとと雨が降り,道端の木々はすでに葉が落ち,枝をむき出しにした木々の格子戸から灰色の空がのぞき,さらにうっとうしさが増す。初冬にはいり,雨が降るとぬれた道路が黒くひかり灰色の街とあいまって風景に一層寒さを加える。

面接の当日,すでに治療者の心には鬱々とした雰囲気が流れており,周囲の状況さえも,鬱々としたものとして見えている。治療者の認知は主観的な感覚で外界と関係を持ち,影響を受けることで,本質とは違った認識をつくり上げていく。そして,この認知のゆがみは,これからのカウンセリングに対する困難さ,葛藤の激しいクライエントと対する治療者の不安,否定的感情をつくり出していく。今,ここで起こっているクライエントの状況と,それによる現象に関わっていくことが最も中庸で治療者に要求されるかかわりであるが,対象との関係はすでに事前の情報から自己の過去の体験とかかわりを持ち,そこに目の前の現実とは違った,あるいは未知の物に対する経験的背景を前提とした現象をつくり上げることになる。結果的に最初の面接においても,自己のつくり上げた像とかかわり,目の前のクライエントそのものを見ることが難しくさせられてしまっている。また,このような治療者の変化に治療者自身が気づくことも難しくさせられてしまう。治療者は自分の認識を信ずることはもちろん大切ではあるが,その認識は様々の過去の体験,知識からつくり上げられた個人的なものに根付いてしまっていること,それだけではなく,外界の多くの現象の影響をうけ,クライエントを非本質的に理解してしまっていることを意識しておく必要がある。そ

の結果，臨床実践は独りよがりなものになり，目の前のクライエントとともに進められる臨床の道筋も，状況によっては，実際のクライエントではなく，とりわけナルシスティックな対象理解につながり，かなりゆがんだ理解を行うことになってしまう危険性がある。治療者として，過去の体験や，理論的な知識に頼るしか方法はないが，それらの心の現象が，目の前の対象から離れてしまうと，それは，臨床実践から遠く離れた個人的な問題の表出のみに陥ってしまう。

　案の定場所がわからず電話が入る。クライエントが朝から調子が悪く，電車では行けそうもないので，タクシーで来ているとのこと。母親は仕事の関係上カウンセリングの事務所の所在地については昔の記憶をたどれば少しの説明でわかるということなので，近くまで来ていただいて，治療者が迎えにいく。「通り」の名前を告げると，少しあわてて，早口で運転手に説明をしている。しかし，要領を得ないのか，治療者が直接運転手に説明をすることになる。

　面倒くさそうな運転手の低い声が聞こえ，治療者がすべてを説明するまでもなく，理解していただく。治療者は道路に出て待つことを伝える。しかし，前治療者から特徴は聞いているものの，クライエントと会うのがこの日が始めてであることや，クライエントも治療者をそれとわかるかどうかが気になる。なにか，目印になるものを聞いておくべきであったが，忘れていた。

　治療者は前治療者の「攻撃的，境界性人格障害の可能性がある」という言葉に緊張し，まったく関係のないタクシーの運転手に対する否定的な感覚や，存在としてクライエントを確定するための重要な情報を得ることを忘れるといった，非言語的にクライエントを拒否する態度をつくり出してしまう。これらの緊張は，まだ見ぬクライエントに対する妄想的スタイルをつくり上げ，その緊張が，クライエントに対して言葉にならない拒否的なメッセージを送ることになる可能性がある。さらに，クライエントは，もとからある懐疑的，否定的人間関係の在り方に輪をかけ，さらに否定的な感覚を持たせることになる危険性をもたらしてしまう。

　治療者は自分が落ち着いて話しをしているつもりでいながら，意外にそうではないことがわかり，緊張していることを気にとめておくこととする。前治療者はかなり優秀な治療者なのに，その治療者がうまくいかなかったこと，リファーされるときの説明で

　「ともかく，こちらの弱いところを攻めてきて，自分自身の存在すら否定され，精神的にまいってしまう」

　ということを聞き，自分がクライエントを恐れていることがわかる。

　しかし，その治療者のところを5年にもわたって通い続けるところに，クライエン

トの攻撃は，治療者そのものに向けられたのではなく，治療者に投影されている何かの像に対する攻撃であることが予想され，その分析，解釈の中で，クライエントの持つ攻撃性と，症状との関連を模索することが必要であること，さらに，治療者との面接関係の中で，クライエントの攻撃性が刺激される何かがあったのであろうとも考えられる。治療者は，その攻撃的イメージに中心化し，中庸になれていない自分を感ずる。さらに，かつて苦労してかかわってきた境界性人格障害のクライエントの面接過程が思い出され，そのときの精神的な疲労，恐怖，不安がよみがえる。そのせいで緊張しているのかもしれない。また，今朝からの天候は，鬱のクライエントを迎えるのにはふさわしいといえるかも知れないが，この天候も治療者の気分をめいらせているようである。

　大通りの信号のところまで来ると，反対車線に一台の黒いタクシーが停まっている。治療者はそれがクライエントの乗るタクシーであることを直感する。母親らしい人が外に出てくる。こちらに向き挨拶をされるので，それに反応するかのように治療者も挨拶をする。特徴は聞かされていなかったが，お互いにそれが，クライエントの母であり，信号のところに立つ私が治療者であることを直感したのであろう。母親と思われる人はタクシーに戻り，ユーターンして治療者の前にタクシーが停まる。母親が大きな袋を抱えながらおりてくる。続いて，面倒くさそうにクライエントがおりてくる。母は治療者にお辞儀をし，治療者はそれに応じる。しかし，クライエントは不機嫌に顔を横に向け，治療者と顔を合わさないようにしている。挨拶とともに，遅れたこと，道がわかりにくかったこと，少々治療者の説明が不確かであったことを訴えるかのように語る（母親のにこやかな批判とクライエントのあからさまな批判とを感じ，難しさを感じる。クライエントは果たして自ら進んでカウンセリングを希望したのかどうかが疑わしい）。娘であるクライエントの紹介はなく，母親は自分のここまで来る間の苦労話，クライエントが朝起きなくて起こすのに苦労したことを話す。子どもの身体のことを気遣うというより，遅れたことを正当化するかのように話し，娘を批判しているような感じもする。

　母親に対する治療者の否定的な感情は，母親の遅れて来たことに対する説明と，初めて訪れ，初めて出会う治療者への配慮と取ることができず，むしろ最初に描いた，母親像から抜け出すことができないでいる。そのため，治療者はクライエントの持つ症状形成がこの母親の在り方に対するクライエントの反応とみることで，理解しようとしているようであるが，それも，最初の引き継ぎの際の情報や，理論的知識に基づいて母親の状況を眺め，"今，ここ"にある現象を中庸にとらえることができていず，明らかに，"今，ここ"ではない，過去の体験，にとらわれることによって，母親やク

ライエントとの間で，極めて個人的，ナルシスティックな現象をつくり上げてしまっていることになる。つまり様々な情報を「われわれはすでにそれを「何かをあらわす記号」として知覚しているのであり，すでに，それ自身を超えてしまっているのである。われわれの関心は，それ自身からそらされ，「意味」へと向けられ，そのように「意味志向」によって「志向されている対象」へと向けられているのである」（浜渦，1995, p.31参照）。そのため，今，ここにある対象ではなく，その言動や治療者自身の体験，知識からくる内容，つまり，記号にとらわれ，そこから醸成されてくる意味へと向けられることになり，ここでいう「志向された対象」へと向かうことになってしまっているのである。

　クライエントは，何も聴いていないかのように，母の後ろに続き2，3歩遅れて足を引きずりながら，落ち込んでいるというより，重さとけだるさを抱えて歩く。ピンク色のブラウスに灰色のひざ下までのスカート，さらに黒いコートを羽織る。靴も通常若者のはく皮の靴をはいている。

　アクセサリーは一切ない。髪の毛は首の辺りまでで，濃い茶色に染め，髪飾りはなく，エンジ色の枠の近眼鏡をかけている。太り気味でその身体を動かすことも大儀そうで，歩くのがやっとという感じでついてくる。表情に変化はない。また一言も語らない。それとは対照的に，母親はよく話し，足取りもしっかりしている。母親の様子と，クライエントの様子の違いに違和感を覚える。事務所の入り口でスリッパを進めると，母親はすぐにはいて進もうとするが，クライエントはスリッパを眺めはこうとせず，相変わらず動きは緩慢である。母親は娘に促すこともせず，待ってはいるが明らかに否定的な様相を顔に浮かべている。やっと，だらだらとエレベーターに乗る。治療者はこの親子と個室に閉じ込められることになることを想像して，気が重くなる。エレベーターの中では母親は何も語らず，クライエントは母親の斜め後ろに表情を変えず，うつむき加減に立っている。扉が開き，部屋まで母親とクライエントを招く。母親が，クライエントに前を歩くことを無言で示す。治療者はクライエントの横を歩いたり，話しかけたりすることをためらう。カウンセリングルームに入っていないこともあって，クライエントに話しかけることで，気分をそこねてはならないと思い，クライエントの後ろにいる母親と並び，クライエントは先頭を歩く。母親はその後ろから治療者と肩を並べて歩き，相談室のことを慇懃にほめる。廊下の途中に置かれているマリア像を手に取り（普通手にもたれた方は今までにはなかった）全体を眺め回し。

　「カトリックなんですね」
　〈はい〉

さらに壁の飾りのミッキーマウスのモチーフを眺め，それをほめる。
〈部屋はこちらです〉
　廊下のかどで，クライエントは立ち止まり，治療者と母親が追いつくのを待つ。治療者が先に立ち，扉をあけ，ソファをすすめる。すでにこの時点で15分をすぎている。治療者の座るソファの左側にクライエント，と母親が並んで座る。クライエントを治療者の近くに座らせ，その向こうに母親が座る。相談の申込書に必要事項を記入してもらうため，テーブルの上に申し込み用紙とペンを置く。
　母親はクライエントの状況についてさらさらと書き，クライエントに見せることもなく，治療者にわたす。クライエントはその間，まったく興味なく，斜め下方を見つめ，肩を落とし，巨体をソファに任せ，だらっとした，拒否的な感じがただよっている。
　しかしこの拒否的な感じはクライエントのものではないのかもしれない。治療者自身がつくり出したクライエントに対する拒否的な感覚がクライエンに投影され，それがあたかも，クライエントが治療者を拒否しているかのような感覚を持ってしまったのかもしれない。
（後略）

　数年後クライエントはかなり改善し，季節ごとに訪れる鬱の状況は見られず，また病院での薬物投与は終了することになった。仕事に復帰するまでには至っていないが，仕事を再開する方向で準備を始めている。
　事例として示した内容は，初回の面接に入るまでの治療者の心象風景である。すべてを述べることはできないが，このように，治療者が，無意識的に周囲や，自己の体験からの影響を受けることになり，そこに，治療者自身の主観的な意味をクライエントや，またクライエントを取り巻く環境に当てることでクライエントを判断し，理解することになることがある。「表象は，判断に先立って，その基礎となる働きなのである」（浜渦，1995，p.81）と述べられているが，クライエントの見せる表象の判断はその多くが治療者の主観的判断でなされており，本事例のように，前情報によって治療者の中でつくられたイメージと治療者の過去の体験とが結びつくと，特に経験に根差したイメージを拭い去ることは難しくさせられる。「表現は，意味を持つことにおいてすでに成立しており―治療者のイメージはすでに，クライエントから発する雰囲気とかつての治療者の経験とが結びつくことで，その意味が成立してしまっていたことになる。「表現の本質はもっぱら意味にある」のであるから，「表現の意味志向を充実する，顕在的に与えられた対象性への関係は，表現にとって非本質的である」とされ

(浜渦，1995，p.34），ここでの治療者の判断は非本質的である可能性を十分に配慮すべきであろう。

　治療者はその最初の面接において，クライエントの背景，面接内容から，治療の方向性，目的，構造をつくることが必要である。しかし，クライエントの本質的な理解は，数度のインテーク面接を繰り返したところでもやはり見極めることができない。しかも，クライエントの理解は，治療者との関係の中で動くことによって，つくり上げられ，目の前の本質ではなく，治療者との関係の本質が表現されることになるのであって，その理解は大きく膨れ上がってしまう。そのため，臨床実践を行う者は，自己の歴史や，自己の体験などからつくり上げられてきた自分自身に目を向け，自分との対話が欠かせない。

　そして，事例を通して得られる自己のかかわりのパターンを見直してみることは，臨床実践の中で自己に気づく作業であり，また，その気づきが，実践において，クライエントをよりよく理解するためには必要なことである。

　原則として，「観察する側は常に，観察される者の一部であり，これまた原則として，客観的事実というものは存在しない」（丸田，2006，p.38）。それぞれの主観的解釈が，相互に交錯するところで相互主観が成立し，そこに共感的な理解が成立する。しかし，これらの理解も，相互のかかわりの中で生じる現象として，様々に変化するもので，その意味もその都度変化することになる。

　臨床心理学的実践とは人間と人間の深い心のかかわりの中で行われる，極めて主観的，個別的な治療者とクライエントの真の人間関係の現象であって，その交錯する中で複雑な構造を持つ共同作業である。それらの過程を通じ「自ら真にある通りのものとなる」（Hegel，1947；邦訳，1997，p.34）ことを，その目的とするのである。

文　献

Binswanger, L.　1947　*Ausgewählte Aufsätze und Vorträge, Bd. 1: Zur phänomenologischen Anthropologie.* Francke（荻野恒一・宮本忠雄・木村　敏（訳）　1967　現象学的人間学　みすず書房）

浜渦辰二　1995　フッサール間主観性の現象学　創文社

Hegel, G. W. F.　1947　*Phänomenologie des Geistes.* Akademie.（樫山欽四郎（訳）　1997　精神の現象学　平凡社）

木村　敏　1994　心の病理を考える　岩波書店

丸田俊彦・森さち子　2006　間主観性の軌跡　岩崎学術出版社

西田幾多郎　1945　西田幾多郎全集第1巻　岩波書店

Stolorow, R. D., Atwood, G., & Brandchaft, B.　1994　*The intersubjective perspective.* Jason Aronson.（丸田俊彦（訳）　1995　間主観的アプローチ　岩崎学術出版社）

Ogden, T. H. 1994 *Subject of analysis.* Jason Aronson.（和田秀樹（訳） 1996 「あいだ」の空間　新評論）

第11章
私にとってのスピリチュアリティとカウンセリング

東　豊

はじめに

　私の近年の関心はいわゆる「宗教的なこと」なので，幾度も友久久雄先生から直接お話を伺える機会があったことを嬉しく思っています。それは主として浄土真宗の教義に基づくものでしたが，浅学なくせに生意気な私には多少の意見の異なりもあり，それを先生にぶつけることもしばしばでした。しかしその度に先生は笑顔で「違い」を明確にしつつも，その「違い」を受け入れてくださっているように感じられました。そして，なおしつこく問う私に対して要所要所で「あなたは頭で考えすぎだ」とご指摘くださいました。
　このご指摘は私にとっては大変耳の痛いものでした。まさに図星だったわけですが，そもそもそれは私の持って生まれた性向なのか，あるいは私の人生において今がまだそのような時節なのか，今のところはっきりしません。そして本論もまた，「頭で考えすぎた」ことが羅列されただけの，おそらく後年自分自身でも読むに耐えない文章になるのではないかと心のどこかで危惧しています。しかしそれでもなお，そのような今の私の関心や居場所を記すことが友久先生の退官記念である本書には最もふさわしいのではないかと一人合点して，拙い筆を進めたいと思っているのです。これを読まれた友久先生に，「あいかわらずだな」と心の中で笑っていただけることを期待して。

1 私のカウンセラーとしての基本的な立ち位置

(1) システムズアプローチとは

　私が日常行っているカウンセリングは一般にシステムズアプローチと称されています。システムとは「部分と部分の相互作用のあり方＝全体性」ということです。全体は部分に影響し部分は全体に影響する。さらに階層を超えたシステム間も相互に影響し合う。つまり全体性の中に部分があり，部分の中に全体性がある（コンテクスト次第で部分は全体でもあり全体は部分でもあるということ）。このように，縦方向にも横方向にも円環的視点を導入するのがシステム論の大きな特徴と言えます。そして，そのような考え方を心理療法に取り入れたのが「システムズアプローチに基づく個人面接」や「システムズアプローチに基づく家族療法」といった方法なのです。

　たとえば家族療法において，家族システムと表現されるものは「家族構成員のコミュニケーションの相互作用のあり方」をさします。また治療システムと表現すれば「セラピストと家族構成員のコミュニケーションの相互作用のあり方」ということになります。

　「症状」や「問題」もコミュニケーションのひとつであるので（つまり全体の中の一部分であるので），現状のコミュニケーションの相互作用が変われば（つまり全体が変われば），「症状・問題」も変わる（つまり部分も変わる）と仮説するわけです。

　コミュニケーションが変わるだけで「症状・問題」が消えるわけがない。「症状」はあくまで個人の病理の反映である。このような反論もあるかもしれません。しかし上記したようにシステム論では縦軸の相互作用，すなわち違う階層のシステムの相互作用も重視します。家族のあり方が変われば個人が変わり，個人の心理状態が変わればその身体も変わるということです。前段を強調しているのが家族療法なら，後段を強調しているのが心身医学ということになります。広く一般にも「親が変われば子どもが変わる」「病は気から」などといった表現で，すでに多くの人が経験的に知っているところのものです。

(2) システムズアプローチの技法と上達

　システムズアプローチを簡単に言うと，「対象者の現状のコミュニケーションの相互作用のあり方に変化を与えることで，構成される現実に変化を与える」ということだろうと思います。伝統的なカウンセリングは主として個人の精神力動・精神病理に注目しますが，システムズアプローチでは主として関係性（すなわちコミュニケー

ションの相互作用，あるいはコミュニケーションの連鎖）に注目し，それを変えることで「家族の変化，個人の変化，結果として症状・問題の変化」を起こしうると信じているのです。身体の一部に病巣があったとして，それを直接扱わずに全身のバランスを整えるような治療を行うことで結果的にその病巣に好影響を与えようとするタイプの身体治療と似ていると言えます。

　システムズアプローチを行うセラピストにとって技術上必要なことは次の2点につきます。1つはジョイニング（joining）といって，対象者の現状のコミュニケーションの相互作用に波長を合わせることで，「いったん仲間入り」することです。そしてもう1つは新しい相互作用の産出です。そのための具体的な方法は，家族療法における構造派やコミュニケーション派等の様々な技法，あるいは外在化，リフレーミング，解決志向の質問等，実に多くのものが開発されています。

　また，システムズアプローチが上達するための一番のポイントは，いわば社会構築主義的な視点がセラピストにあるかどうかといったことだろうと思います。つまり，現実，現象，事実，意味，などといったものはすべて作られたもの，社会的に構成されたものであるといった視点のことです。システムズアプローチ流に言うと，それらはすべてコミュニケーションの相互作用の産物であるということです。これは本質主義に対立するものです。この社会の中に本質的な実在は存在しないと考えるわけです。

　私はこの30年間，システムズアプローチに没頭するにつれてこのようなものの見方に深く傾倒し，「セラピー上達のコツ」として，ひとつのものの見方にこだわらないことを最大限強調して来ました。「ものは言いよう」。ある事物を様々な角度から，様々な立場から，柔軟に見解を述べることができるようになること。そのような自由闊達さを獲得することが何より重要であると，繰り返し強調してきたのです。

　たとえばセラピストが「○○は△△である」という固定した価値観を所有すると，あるクライエントと同調しすぎるか，あるいは大きな反発を受けることになりがちです。これを「巻き込まれ（involvement）」といい，システムズアプローチではジョイニングの対極にある現象と理解します。しかし事物を自由に見ることができれば，面接中，時と場合に応じて「とりあえず今はこのように言っておこう」といった対応がとれるようになります。それがクライエントの従前のコミュニケーションの相互作用のありように合わせる意識を持って行われたのであればジョイニングであるし，それを変える意識を持って行われたのであれば変化の技法となるわけです。

2 堕　　落

　本質的なものなど何もない。すべては社会的に構成されたもの，コミュニケーションの相互作用の産物である。このような考え方に染まった私は，セラピストとして良く言えば自由闊達に，悪く言えばいささか奇矯に，心理治療を各所で行ってきました。「あなたは何でもありですね」と半ばあきれたように私を評した人もいます。そして今思えば，徐々に私は堕ちて行ったのです。そもそも私のような考え方は虚無主義（ニヒリズム）ですが，それでも当初は「すべては無価値であり仮象であること」を前向きに考えて生きていたと言っていいでしょう。セラピーにおいても私生活においても積極的にコミュニケーションの相互作用を通して「肯定的な仮象」を生み出し，その時その時を一生懸命生きてきたと思います。いわゆる能動的ニヒリズムです。しかし，やがて私はいわゆる受動的ニヒリズムに転じてしまいました。つまり，（おそらく）何も信じることができないことからきた，投げやりで絶望的な生き方，刹那的な生き方，利己的な（自分勝手な）生き方に転げ落ちたのです。セラピーに喜びはなくなり，私生活もすさんだものとなりました。そして挙げ句の果て，私はある病気になってしまったのです（診断としては慢性疲労症候群）。

3　スピリチュアルな問いかけ

　全身の痛みからほとんど起床できない日々，右半分が麻痺した顔面をさすりながら私はふと思いました。ああ，これは今までの生き方がまちがっていたのだ。それを「何か」が私に教えようとしているのだ。どうしてこのように思ったのかはわかりませんが，その頃の私は毎日ベッドの中で「なぜ私は生まれて来たのか。人生とは何か。死んだらどうなるのか。神はいるのか」などと，このようなことばかりを盛んに考えていたようなのです。それはこれまでの人生では真剣に考えたことのなかったタイプの問いかけでした。何しろそれまでの私の考え方では，本質的なものや真理などといったものはどこにも存在しないのですから。すべては社会的に構成されたものに過ぎないので，本質だとか真理だとか，そのようなことは考えるだけ時間の無駄。これが私の病前の考え方でした。そして「人間はただの物質であり，たまたま偶然この世に生まれて来たものであり，死んだらそれでオシマイ」と，心のどこかで深く信じていたようなのです。ニヒリズムのなれの果てかもしれません。そして病気になった今，私は自分の投げやりな生き方がそのような信念から生じて来たものであり，この

度の病気はその心の反映ではないかと思えて仕方なくなったのです。私はその答えを得たくて手当り次第に（宗派を問わず）宗教書を読み漁りました。多くの知人は私の変わりように大変驚いたようです。

4 私にとってのスピリチュアルな答えとシステムズアプローチ

(1) 縦の相互作用の重視

　その後いろいろな体験を経て，（薬物に頼ることもやめ）私の病気は急速に改善しました。現在はおそらく今までの人生で一番健康体ではないかと思えるほどの状態です。また身体だけでなくセラピーにおいても私生活においても，おかげさまで極めて充実した毎日が展開できていると実感しています。もちろん安直な関連づけを行うことは迷信的行動の元ではありますが，私の場合，あるスピリチュアルな答えを獲得したことが現在の良い状態と関係しているように思えてなりません。

　そのスピリチュアルな答えは，おもしろいことに，私をニヒリズムの極へと追い込んでいったシステムズアプローチの考え方の中にヒントがあったのです。それは「階層の違うシステム間にも相互作用がある（縦の相互作用）」という考え方でした。既述したようにシステム論では，小は素粒子レベルから大は宇宙まで，異なる階層のシステムがそれぞれに横の（同質のもの同士の）相互作用を形成しながら，一方では縦に（異質のものが階層を超えて）相互に影響し合っていると考えます。もちろん当時の私は宇宙などどうでもよくて，講義等でシステム論を説明するとき，私がくしゃみをすると宇宙でどこかの星が爆発すると冗談話をする程度の扱いでした。私はシステム論をどこか茶化していたようです。

　しかし今では，私という一個人のシステムのはるか上位に宇宙システムがあり，私はその一員であることが，実感としてわかります。それは私が一個人でありながら家族の一員であるのと同じことです。私は宇宙の中にいて（包括され）宇宙そのものであり，私は家族の中にいて（包括され）家族そのものなのです。

　そのような感覚が数多く読んだ宗教書と一体となり，今の私は「宇宙」を「神」や「仏」の名前で呼ぶことも躊躇なくできるようになりました。ご神仏をまったく信じていなかった私が，です。私たちを包含しつつ私たちと相互影響している大なるものの存在を信じるようになったということです。繰り返しますが，それは自分の所属している「家族」の存在（そしてその相互作用的なつながり）を信じるのと私にとってはまったく同列なのです。「日本国」や「職場」を例にあげても同じことです。ただ，「家族」や「日本国」「職場」などと違って，「宇宙（ご神仏）」には大調和という完全

性があります。それが私にとっての最大の信仰，すなわち一番の大前提なのです。それゆえに，宇宙（ご神仏）の一部分である私には大調和という完全性が本来的に備わっているのであると確信するに至ったのです。不思議なことに（いや，今思えば不思議でも何でもないのですが）私の心身が急激にバランスを回復したのは，まさにこのような考えに至った時期と見事に重なっています。またこの頃から「南無阿弥陀仏」を抵抗なく自然と口にすることができるようにもなりました。阿弥陀仏と合一している自分。このようなイメージが「南無阿弥陀仏」のお念仏をとなえることで豊かに広がるのです。

　そしてこれは極めて大事なことだと思うのですが，そのような大調和の完全性は決して私だけに備わったものではなく，すべての人にとって同じであるのだという感覚を得られたことも強調して述べておかねばならないでしょう。つまり誰もが「宇宙（ご神仏）」の一部分である，言い換えれば仏性がある，神性があるという感覚です。仏教教典で言う「一切衆生悉有仏性」「山川草木国土悉皆成仏」，あるいは聖書で言う「我が内なるキリスト」などはそのような事情を意味しているのではないだろうかと思います。人は全員，ご神仏の子ども。根源が同じものの別の現れ。「その本質においては自他一体である」といった感覚。自己とすべての他者は「宇宙（ご神仏）」という全体を形成している一要素として同格であるといった感覚です。「一即多多即一」はこのような事を意味しているのではないだろうかと思っています。

(2)　セラピーへの影響

　このような「気づき」は私のセラピーにも私生活にも大きな影響を与えました。

　たとえば，システムズアプローチではジョイニングが重要だと先述しました。そのためには固定した価値観を所有せず，事物を自由に見ることが大事だと述べました。講演や講義等では今もそのような説明をします。しかし本心では，最近はそのようなことにさほど拘泥しなくなりました。むしろ「すべての人は全体（ご神仏）の一部分としてその本質がつながっている，自他一体である」というこの一念があれば，ある意味小賢しいテクニックを弄さなくとも自然とジョイニングに至れることがわかったのです。すべてのクライエントは私と同じご神仏の一部分であり「本来は完全な存在」であるので，現象的に観察できるクライエントの否定的な側面は実は偽の存在であると思えるのです。すると，それにひっかからない。それは現象として見えてはいても本来はないもの。コミュニケーションの相互作用によって意味や現実が生成され，あたかもそこにあるかのように見えるようになっただけのもの。「症状や問題，欠点・短所」などはただの仮象であり本質は「完全大調和」であると観察できるように

なってきたということです（もちろんまだまだ不十分ではありますが）。

そのような観察がおぼろげながらでも可能になると，次の段階としては，クライエントの「症状」「問題」「悪いところ」はすべて非存在であるからそのようなものをつかまず（存在感を与えず），本来のご神仏の子としての完全性を少しでも引き出すことが私のカウンセリングの目標であるといった意識が明確になりました。そして，そのような目標を達成するためクライエントとコミュニケーションさせていただくことが私の手段・道具であると意識するようになったわけです。ただ外見上は従来私が行って来たカウンセリングとそれほど変わったようには見えないかもしれません。しかし「私の意識」はまったくちがうものであるように思うのです。それは，以前なら「方向性はともかく，とにかくシステムが変わればいい」と内心思っていたところのものが，繰り返しますが，今では「クライエントに内在しているところのご神仏を引き出さしていただく」といった意識を持つようになったということです。

もちろん実際の技法としては，クライエントに「宇宙云々ご神仏云々」などと話すことはありませんし，クライエントに信仰心を持つことや何らかの「悟り」を要求するようなこともありません。またスピリチュアルな問いかけをクライエントに強要することもありません。ただ「普通の会話」「言葉の力」を通して「クライエントは本来良きもの」であるという現実を構成するようなコミュニケーションの相互作用を展開しようとするまでです。コミュニケーションによって社会的に構成された「悪」「病気」「問題」などを釈迦愛的に構成し直す（つまらぬ駄洒落で失礼しましたが），それが私の現世での仕事であり，何よりご神仏の意図であろうと思っているのです。

(3) 生かされていること

ご神仏の意図などとわかったようなことを記しましたが，言い換えれば，自分のなす業は一人間としての自分の力を超えたところの全体から降りてきたものによって成されたのだといった感覚があるということです。

かつての私は，自分は大変なテクニシャンで有能なセラピストであると思い上がっていました。しかし現在では，「良い仕事」「成功」などは上（ご神仏）から降りてきたひらめき・インスピレーションに支えられたものであり，「私」の力ではないと心底思えるようになりました。かつては，私をはるかに超えた大なるもの（ご神仏）を信じていなかったので，私は「自分」だけを頼りに生きていたのです。だからでしょうか，うまくいけば天狗になり，うまくいかないと他者を責めるといった傾向が大変強かったように思われます。ご神仏は常に私（たち）に良きものを与えてくださっているのに，そのことにまったく気がつかず，我力（自力）信仰の末，増上慢に陥ってい

た私だったのです。

　今私が誇れることがあるとするなら，それはご神仏との間のパイプをしっかり掃除して，上からの供給を遠慮なく持ってくることができる厚かましさとでも言いましょうか。パイプさえつまらさないでおけばご神仏が何とかしてくださるという，いわば他力本願から来る自信，あるいは平常心とでも言いましょうか。今の私は「衆生仏を億念すれば仏衆生を億念す」を信じて疑いません。（能動的であれ受動的であれ）ニヒリズムの頃の私はこのようにご神仏とつながっているなどといった実感はまったくなかったわけですが（そもそもご神仏を信じていなかったわけですが），今はシステムズアプローチでいうところの階層の違うシステム間の相互循環作用を単に理屈ではなく心から信じているので，ご神仏にしっかりと意識を向けることができるようになったというわけです。システムズアプローチに傾倒するプロセスでいったんはご神仏から一番遠い所へ行ってしまった私でしたが，今またこうしてシステムズアプローチのおかげでご神仏の懐に戻って来られた。ただただ感謝であります。日々我が身がご神仏に包含され活かされていることを喜ばずにはおれません。

おわりに

　カウンセリングを生業として何十年も経過すると，セラピストとしての自分のありようもそれなりに変化するものです。その変化が他者から見て「成長」と見えるか「退化」と見えるかはわかりませんが，少なくとも私の場合，それは「セラピーも生きることも楽になった」という感覚を伴う変化であるので，きっと「成長」であるのだと信じたいと思っています。無論，まだまだ未熟でいっそうの成長の余地は大でありますが，もっと若いときから「今の状態」が自分にあったらなあと，いささか口惜しい気持ちさえあります。そうすればもっともっと公私ともに幸福であったろうと思うからです。あれほど他者を不幸にすることなどなかったのにと思うからです。だれかがもっと早く「今の状態」が存在することを教えてくれていたら良かったのになどとずいぶん勝手気ままなことを思うほどです。実際はそのようなチャンスは周囲にいっぱいあったのに自分が近づかなかっただけなのかもしれませんが，若い頃にそのような出会いがあれば本当に良かったのにと痛切に思うのです。

　それは一言で言うと「スピリチュアリティとの出会い」ということになるでしょう。

　私は，その点においても少なからぬ影響を受けた友久久雄先生の退官を記念する本書の出版を機会に，大学院生を中心とした若い（これからキャリアをスタートする）人たちのために本論を記そうと思いました。本論のベースにあるのは私の専門である

システムズアプローチですが，主旨はただ単にそれを紹介することではありませんでした。いわゆるスピリチュアリティに関わる個人的な思想・信条・体験などを多々含んでいます。悔しいかな言葉足らずゆえ，それが今の若い人にどのように受け止められるかはわかりませんが，たとえ些細なことであってもこの拙論が若い人の役に立つことができたなら，筆者としてこれ以上の喜びはありません。最後に，友久先生とまたゆっくりお話しできる時間が持てることを楽しみにして，本稿を終えたいと思います。

参 考 書
吉川　悟　1993　家族療法　システムズアプローチの「ものの見方」　ミネルヴァ書房
吉川　悟・東　豊　2001　システムズアプローチによる家族療法の進め方　ミネルヴァ書房
林　貴啓　2011　問いとしてのスピリチュアリティー「宗教なき時代」に生死を語る　京都大学学術出版会

第12章
不登校キャンプの意義：
学生ワーカーに着目して

小正浩徳

はじめに

　本論では，不登校キャンプに参加した大学生に行ったPAC分析をもとに，不登校キャンプの意義を明らかにしようとした。
　PAC分析の結果「非日常性への視点」「参加者を見守る視点」「特定の参加者や学生ワーカーへの視点」「内省的視点」という4つの視点から大学生は不登校キャンプを捉えていたことが明らかにされた。また，大学生は，学生ワーカーという役割をもった自分と，素の自分の両面から，不登校キャンプを捉え，内省し，気付きを得ていたことが示唆された。これらの結果から，不登校キャンプの意義とは，キャンプ参加者の自己成長だけではなく学生ワーカーの自己成長も見込まれることが考えられた。

1　問題と目的

　小学校，中学校に通う子どもたちにとって，学校とは日常生活を送る場である。しかし，この日常生活を送る場に行かない，行きたくても行けない子どもたちも多く存在する。こうした子どもたちを「不登校児童・生徒」と呼ぶようになって久しい。
　わが国では，1947年に施行された教育基本法に伴い，義務教育が始まった。しかし，ほどなくして学校に行かない子どもたちの存在がクローズアップされるようになった。この背景には，戦後の経済的貧困の中，子どもたちによる非行という問題があった。しかし，学校に行かない子どもたちはすべて非行のためかというとそうではなかった。1959年に佐藤が「神経症的登校拒否」として学校にいけない子どもたちを報告しているように，非行とは別の理由で学校に行かないもしくは行きたくても行け

ない子どもたちがいることが明らかになってきた。
　そして，1980年代には社会問題化し大きく取り上げられるようになったのである。
　こうした状況において，国は，1992年に「登校拒否はどの子どもにも起こりうるものである」と報告したうえで，「登校拒否」への対応をこの前後から本格化させた。1995年にはスクールカウンセラーを中学校へ導入した。また，1990年には「適応指導教室事業」をスタートさせた。この結果，市町村の教育委員会において「適応指導教室」が開室され，学校外で学校に行けない児童生徒を指導していくという対応を行うようになった。
　不登校の子どもへの支援は，スクールカウンセラーや適応指導教室だけではない。その一つに不登校児童生徒対象のキャンプ（不登校キャンプ）による支援がある。
　不登校キャンプの実践とその研究について，登校拒否児への治療訓練キャンプとして黒田が1973年に研究報告をまず行っている。また，朝日新聞厚生文化事業団によって始められたアサヒキャンプでは，1978年，登校拒否児を対象としたキャンプを行ったという報告がされている。このように不登校キャンプによる支援の歴史は40年を超えている。
　以降，中島（1981）がキャンプによる治療効果を登校拒否児に着目し報告するなど，不登校キャンプによる支援の研究は1980年から90年代にかけ増加してくる。不登校キャンプの効果研究では，たとえば，飯田ら（1990）などによりその効果を認められている。
　不登校キャンプでは，野外教育や臨床心理学を専門とする大学教員が指導者となり，大学生や大学院生がキャンプワーカー（学生ワーカー）として，不登校キャンプに参加している子ども達への対応にあたることが多いのも特徴と言える。ところが，この学生ワーカーに着目した研究の数はまだまだ少ない。このような中，笠井（2006）は，不登校キャンプに参加した学生スタッフの事後レポートをもとに内容を分析し，学生スタッフと参加者の子ども達や，学生スタッフとしての関わり方に関する感情や葛藤についての気づきを見いだしている。同時に笠井（2006）は，不登校キャンプを「多様で整理されていない豊かな体験」であるとし，学生スタッフがこの体験から学んだものを適切にとらえるためには別の方法が必要であると述べている。この指摘を踏まえ，小正（2008）は，対人援助の資質という視点から，情動知能に着目し，内山・島井・宇津木・大竹（2001）が開発した情動知能を測定する質問紙「EQS（Emotional Intelligence Scale）」を用いて，初めて不登校キャンプに参加した学生ワーカーに調査を行った。その結果，EQSの下位項目である「悩みの共感」「人付き合い」「楽天主義」「危機管理」「適応性」において，不登校キャンプ初日よりも最終日の方が有意に高い

ことが明らかになった。つまり，学生ワーカーは不登校キャンプに参加することで，この5項目の情動知能が高まったのである。

　こうした不登校キャンプの学生ワーカーへ与える影響は，事後レポートや質問紙を用いて調査する方法では一面的なとらえ方であるともいえる。これを解消する方法として，内藤（1993）が開発した個人的態度構造（Personal Attitude Construct）分析（PAC分析）がある。これはある刺激語に対して，連想される言葉や文章を抽出する。その後，クラスター分析により分類を行い，分類されたものからさらに連想される事柄を被験者に語らせ，被験者の感じている内容を分類し明確化させるものである。

　不登校キャンプは，大きく二つに分類できる。それは，キャンプのプログラムを主催者側が決め，そのプログラムに参加者である子どもたちが取り組むものである。これをここでは主催者主体型キャンプと呼ぶ。そしてもう一つは，プログラムはあるがそれに参加するかしないか，場合によってはプログラム自体を子どもたちがすべて決めていくというものである。これをここでは参加者主体型キャンプと呼ぶ。

　そこで本研究では，不登校キャンプのうち，参加者主体型キャンプに学生ワーカーとして参加した1名の大学生に行ったPAC分析を通して，不登校キャンプの意義を学生ワーカーへの影響という視点から検討を行う。

　なお，今回対象となった学生ワーカーが参加した不登校キャンプは，キャンプ期間は8泊9日で，1日目と8日目は施設に泊まり，2日目から7日目までが山中に参加者である児童生徒がグラウンドシートとロープを用いてテントを設営し，そこで寝泊りをするというものである。山中でのキャンプでは，ガス水道等はなく，食事を作るにあたり参加者が自ら薪となる木々をキャンプ地周辺の林から拾い集め，マッチを用いて火をおこすというものである。学生ワーカーは，そうした参加者の様子を見守り基本的には手を貸すことはない。また学生ワーカーは，参加者が作ったテントに一緒に寝泊りをする。

2　方　　法

　対象者：初めて学生ワーカーとして不登校キャンプに参加した，大学4年生の女性1名。

　手続き：内藤（2004）によるPAC分析の手続きに従い実施した。まず連想刺激として，「あなたにとって不登校キャンプとはどのようなものでしたか。頭に浮かんできたイメージや言葉を思い浮かんだ順に番号をつけてカードに記入してください」と教示し，縦3cm，横9cmのカードに自由に記入させた。続いて，カードを記入順に並べ，

カードに記載された内容について対象者自身が重要と思う順にカードを並べ替えさせた（1回目）。続いて全てのカードを対にし，ランダムに配置した質問紙を作成し，その対が直感的イメージの上でどの程度似ているか判断させ，その近さを「非常に近い；1点」から「非常に遠い；7点」までの7件法により採点させた（2回目）。採点した結果をウォード法によるクラスター分析をSPSSにて行った。この際，同じ項目の組み合わせは0とし，その他は7件法での数字を用いて分析した。クラスター分析によって作成されたデンドログラムから，対象者と共に群を抽出し，それぞれの群についての内容を対象者に吟味，報告させた（3回目）。

3　結　　果

自由連想により記入されたカードは全部で14枚であった。図1は手続きにより作成したデンドログラムである。想起された順は○にくくられた数字で，重要順は数字のみでグラフのY軸に沿って記載してある。また，X軸は併合距離を表している。

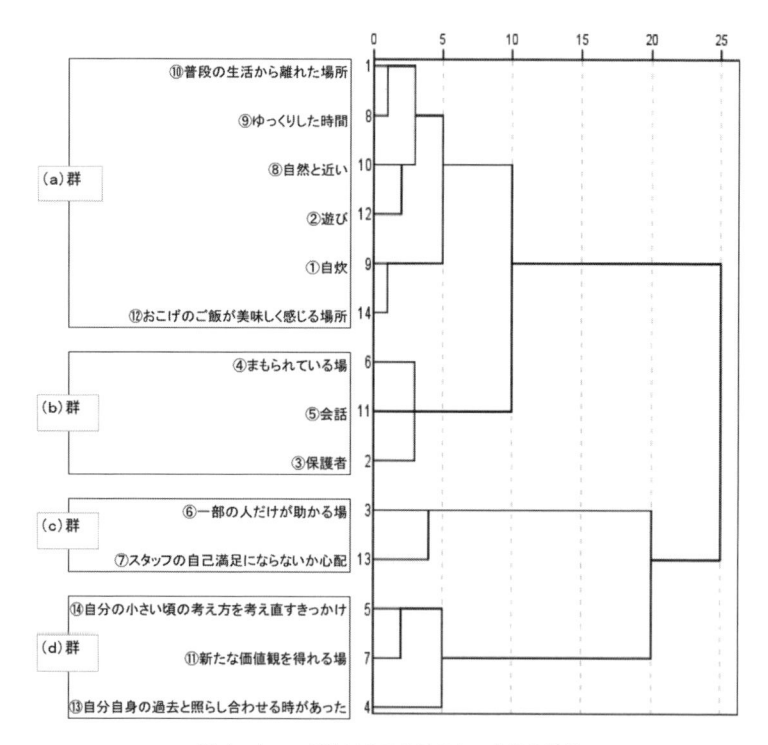

図1　ウォード法によるクラスター分析の結果

デンドログラムについて対象者と検討した結果，併合距離7.5でクラスターを切断する形がもっとも解釈できそうであるということになった。この結果，クラスターは4つに分類された。一つ目は「普段の生活から離れた場所」「ゆっくりした時間」「自然と近い」「遊び」「自炊」「おこげのご飯が美味しく感じる場所」の6項目でまとまった。これを（a）群とする。二つ目は「まもられている場」「会話」「保護者」の3項目でまとまった。これを（b）群とする。三つ目は「一部の人だけが助かる場」と「スタッフの自己満足にならないか心配」の2項目でまとまった。これを（c）群とする。四つ目は「自分の小さい頃の考え方を考え直すきっかけ」「新たな価値観を得れる場」「自分自身の過去と照らし合わせる時があった」の3項目でまとまった。これを（d）群とする。

以下，各群について対象者が解釈した内容を「　」内は対象者の発言，〈　〉内は報告者の発言とし，まとめたものを記す。地の文ならびに対象者の発言内にある（　）でくくられた言葉は，筆者の補足である。

（a）群について：不登校キャンプの「よい部分」であると語る。〈どういうこと？〉と尋ねると，「ん…。キャンプ的に長かった…。キャンプのメインですねぇ」と語った。

（b）群について：「子ども達のことを考えている存在みたいな。会話が入るのはよくわからない。する側，される側が…。する側は主催者，ワーカー。される側は参加者。保護者は…どっちもある側。受ける側」であると語った。

（c）群について：不登校キャンプに対して「批判的な感じ。完璧なものではないな…。全てがすごいなという視点でみたらダメかな。『ここはちょっと』っていうところもあって。スタッフの自己満足になってるなって。不登校の子たちも一部で，キャンプに来れる子はいいけど。全員が助かる場ではないな…」と語った。全部が良いという視点ではないこともイメージしていたとも語っていた。

（d）群について：「主観の中の主観かなあ。小さい時学校を休むことは罪と思っていた。休むことをする人との関わることは初めてだったけど，根本的には変わらないなって思った。キャンプでは，過去に自分が避けてしまっていた（タイプの）子としゃべれる。…幼さというか…そのときはしゃべりにくさがあったけど…。だけど，今，過去に戻ってそれが出来ているかってなると…。このキャンプだからなのかな…」と語った。

（a）群と（b）群の比較について：「違いは…（a）はプログラムとしてある。それを使って感じる時間。（b）は人が出てくる。共通点は安心。遊べるし，ゆっくりしてるし，守られている場でもある」と語った。

(a) と (c) の比較について：「全然違うものと（思う）」〈どう違うかな？〉「…ちょっと待って下さい…。(a) は楽しんだり，安心。リピーターが多いという面でも，初参加の子でも楽しめる。(c) は排他的な雰囲気とリンクするかな…」〈排他的とは〉「ん～（ピアスをいじりながら）スタッフの中でとか…」と語った。このあたりから，対象者は考え込む際に耳のピアスを指でいじる場面がみられるようになった。

(a) と (d) の比較について：「（ピアスをいじりながら）場所を知ると安心」と語った。

(b) と (c) の比較について：「（ピアスをいじりながら）違いとすれば，子どもに本当に求めているものを与えていない。参加者，スタッフが求められている居場所というか…。(b) はいい点を集めている。(c) は斜に構えてみてる」ところがあるとし，不登校の子どもたち全てに不登校キャンプがあてはまるものではないことを繰返し語った。

(b) と (d) の比較について：「守られている場所が自分にあったのかなって…。(b) は成人した自分が見えます」と語り，不登校キャンプに参加する中で自分を振りかえり考えるようなことがあったことを語った。

(c) と (d) の比較について：「このキャンプを否定してみてみようって。いい部分ばかりではないかなって」と語った。全てが良いということは無いのではないかという思いもあったということを語った。

その後，クラスター全体をみなおし，「主観と客観かなあ。客観は (a) と (b)。主観は (c) (d)」と語る。ここでいう主観とは，学生ワーカーとしての視点に加えて対象者の自分自身の経験と重ね合わせて感じているものであり，客観とは，不登校キャンプに参加している参加者と学生ワーカーの全体を見た時に感じているということを語った。

全体を通して気がついたことについて：「保護者の項目は，保護者を助けるイメージかな」と語る。〈どういうこと？〉と尋ねると，「外むきになれば…。変化のきっかけになれば」と保護者も参加者にとっても変化がおこり，その結果保護者が助かればいいなということをふと思ったと語った。そしてそのうえで，今回連想された項目は「全部キャンプの大切な部分かな」と語った。〈どういうこと？〉と尋ねると，不登校キャンプにおいて「自然にふれあって，子ども達にとって，保護者にとっていいものを得ることができるかな」と語った。そこで，〈自分自身を振りかえることもですか？〉と尋ねると，対象者は肯定した。

4 考　察

　各群の内容について，筆者の解釈を踏まえて考察していく。

　まず (a) 群についてであるが，対象者はこの群を「良い部分」であると表現し，「キャンプのメイン」であるという。構成されている項目をみると，「普段の生活から離れた場所」であり，その場所は「ゆっくりした時間」が流れ，「自然と近い」場所である。参加者はその場所で「遊び」，「自炊」し，できあがった「おこげのご飯が美味しく感じる場所」であるという。これらは「普段の生活から離れた場所」という連想語に代表されるように，『非日常性への視点』という群であると考えられる。しかし，この『非日常性』はまったくの枠組みのないものではない。対象者は，他の3群との比較において，(a) 群を「プログラムとしてある」ものであり，そこには「楽しんだり」「安心」を与えてくれるものとしている。すなわちこの『非日常性』とは，不登校キャンプという日常生活にはない枠組みがあり，「安心」を感じさせるものであると言える。

　(b) 群について，対象者はこの群を「子ども達のことを考えている存在みたいな」と評している。また，「会話」がこの群に入っていることについて，対象者はよくわからないと述べている。「保護者」については，全体を通して再度確認をしている際に，「保護者を助けるイメージ」と述べた。この不登校キャンプでは，最終日に学生ワーカーより参加者の保護者へ，個々に参加者のキャンプでの様子が報告される。この報告を聞き，保護者は家庭での参加者の様子との違いに驚き，喜ぶことが多い。そこには，参加者と学生ワーカーとの関わりや「会話」といった不登校キャンプ中の様子を，「会話」によって学生ワーカーから「保護者」へ報告されている。このことを考えると，「会話」がこの群に入ることは一応納得できるものと思われる。

　他の3群との比較において，(b) 群は，「人」がいて，参加者にとって「いい点を集めている」ものであり，「成人した自分」を対象者が感じられると，対象者は述べた。以上の点を踏まえてこの群は，『参加者を見守る視点』であると考えられる。

　(c) 群について，対象者は「批判的な感じ」と述べ，「スタッフの自己満足」と「不登校キャンプに来れる子はいい」と不登校キャンプにたいして「ここはちょっと」と思うところであると述べている。他の3群との比較をするにあたり，この (c) 群が関わるところにおいては，対象者が自分の身につけているピアスをいじりだすなど，複雑な思いを感じていることが想像された。このような中，対象者は (c) 群について，従来から参加している学生ワーカーからの「排他的な雰囲気」を感じ，不登校キャン

プを「斜に構えて」みることによって，不登校キャンプの抱える難しさを考えていたと思われる。これは，対象者がこの不登校キャンプに初参加であったからこそ感じられたものであるともいえるだろう。構成されている項目が「一部の人だけが助かる場」と「スタッフの自己満足」であるということと，以上の点を踏まえてこの群は，『特定の参加者や学生ワーカーへの視点』であると考えられる。

　(d) 群について，対象者は「小さい時学校を休むことは罪だと思っていた」と述べ，そして，学校を休んでしまっているような子とは，「しゃべりにくさがあった」という。しかし，不登校キャンプでは「過去に自分が避けてしまっていた子としゃべれる」と語った。他の3群との比較をみてみると，明確にその違いや共通性を語るのではなく，(a) 群との比較では「安心」と述べ，(b) 群との比較では「守られている場所が自分にあったのかなって……」と思い，(c) 群との比較では「このキャンプを否定してみよう」と考えるなど，(d) 群の独自性を語るよりも，他の群の独自性を語っている。これは対象者自身が不登校キャンプを通して自分自身に当てはめなおして考え，これまでの自分に有ったもの無かったもの，経験したこと，経験しなかったことを思い返していると考えられる。構成されている項目が「自分の小さいころの考え方を考え直すきっかけ」「新たな価値観を得れる場」「自分自身の過去と照らし合わせる時があった」であることも踏まえて，この群は『内省的視点』と考えられる。

　クラスター分析の結果4群に分かれた事柄について，対象者の語りをもとに検討した結果，(a) 群を『非日常性への視点』，(b) 群を『参加者を見守る視点』，(c) 群を『特定の参加者や学生ワーカーへの視点』，(d) 群を『内省的視点』とまとめられた。さらに，この (a) 群と (b) 群を対象者は「客観」と述べ，(c) 群と (d) 群を「主観」と述べたことから考えると，(a) 群と (b) 群は，学生ワーカーとして参加した立場からみた不登校キャンプであり，(c) 群と (d) 群は，一個人として参加した立場からみた不登校キャンプと言える。すなわち，学生ワーカーという役割を担っている自分と，素の自分という両面から，この不登校キャンプに関わっていたと言える。このように，不登校キャンプにおいて，学生ワーカーは，その期間中に様々な視点を自分の中で絶えず切り替えながら，参加者のことだけではなく，自分についても考え，気付きを得ていたと推測される。

　笠井 (2006) は，不登校キャンプに参加した学生スタッフの学びについて，学生スタッフたちの事後レポートの内容から12のカテゴリに分類した。本調査でのPAC分析を通じて構造化され明らかとなった4つの視点と比較すると，『非日常性への視点』『参加者を見守る視点』『特定の参加者や学生ワーカーへの視点』は，笠井 (2006) と同様であったと考えらえる。しかし，『内省的視点』特に自分の過去を考え直している

ことが明らかにされた点は,笠井 (2006) の結果と異なるものである。これは一つには対象者自身が内省的な性格を持っていたからであるといえること,二つには笠井 (2006) では,不登校キャンプに参加した子ども達との関係からレポートさせていることに対して,本調査では,不登校キャンプそのものから連想されることを尋ねていることの違いからこのような結果になったと推察される。とはいえ,不登校キャンプは,学生ワーカーに自分を省みさせる可能性があるといえる。キャンプの心理療法的可能性について,Rogers (1939) は貴重な方法であることを述べているが,問題を抱えた参加者だけではなく,そこに関わった学生ワーカーの自己成長を促す可能性も本調査から考えられる。ゆえに,不登校キャンプは参加者の成長だけではなく,一緒に関わる学生ワーカーの成長も見込まれるということが,不登校キャンプの意義と言えるだろう。もちろんこのことは,本調査が一個人の結果であることから,即座に一般化することは難しい。今後,聴取数やキャンプ形態等のバリエーションを増やし,さらに検討する必要がある。

文 献

飯田 稔・坂本昭裕・石川国広 1990 登校拒否中学生に対する冒険キャンプの試み 筑波大学体育科学系紀要,**13**, 81-90.

笠井孝久 2006 不登校児を対象としたキャンプに参加した学生スタッフの学び 千葉大学教育学部研究紀要,**54**, 99-103.

小正浩徳 2008 不登校キャンプに参加した学生ワーカーのEQS(情動知能尺度)からみた変化 龍谷大学大学院臨床心理相談室紀要,第 4 号, 1-11.

黒田健次 1973 登校拒否児の治療訓練キャンプ 児童精神医学とその近接領域,**14**(4), 254-273.

無藤 隆 1994 体験が生きる教室―個性を伸ばす学習・表現・評価 金子書房

内藤哲雄 1993 個人別態度構造の分析について 人文科学論集(信州大学人文学部),**27**, 43-69.

内藤哲雄 2004 PAC分析実施法入門[改訂版] ナカニシヤ出版

中島一郎 1981 キャンプの治療的効果について―特に登校拒否児を中心として― 筑波大学大学院体育研究科研究集録,**3**, 65-68.

Rogers, C. R. 1939 *The clinical treatment of the problem child.* Houghton Mifflin. (堀 淑昭(編) 小野 修(訳) 1966 ロージァズ全集〈1〉 問題児の治療 岩崎学術出版社)

佐藤修策 1959 神経症的登校拒否行動の研究 岡山県中央児童相談所紀要 第 4 集, 1-15.

第13章
市営保育所における巡回相談による発達援助：
精神遅滞であるA君に対する理解を深めるための保育士への働きかけについて

赤田太郎・友久久雄

はじめに

　文部科学省は，2007年度から「特別支援教育の推進について（通知）」においてさまざまな障がいのある幼児児童生徒に対して個別の発達援助計画を立てることや，専門家チームによる巡回相談を実施し，関係機関との連携を強めるように指示している。保育の分野においても，これまでに健常児と障がい児がともに保育を受ける統合保育が進められ，その中で巡回相談が行われてきた。統合保育が進められている現状を，岡本（2002）は行政の支援などの制度的裏付けがないため，それぞれの保育所が独自の事業として理学療法士の訪問指導や作業療法士の訪問指導，精神科医の訪問指導などの事業を実施していると報告している。また，通知後の近年の状況について鶴（2012）は，巡回相談の実態に関する研究をまとめた結果の中で，巡回相談は各自治体によってばらつきがあることを指摘している。

1　目的と問題

　この援助方法のばらつきに対する問題については，これまでに一定の手続きを示そうとするモデル開発や援助方法の開発などに言及した研究（野澤ら，2005；浜谷，2006など）が見られる。たとえば浜谷（2006）は，巡回相談による教育支援モデルを提示しており，その中において巡回相談の支援機能は，第1次支援として「障害の理解」「教育実践の評価」「教育実践方針の作成」，第2次支援として「教職員の協力関係の形成」「保護者との関係形成」「専門機関との連携」，第3次支援として，「心理的安定」「教育実践意欲」の3段階を示している。こうしたモデルは巡回相談の大きな準拠

枠を提示しており，実践において一定の機能や手順を示すものとなっている。

　一方で松村・黒田（2010）は，学校等への巡回相談において，巡回相談側が実務的な手順とコンサルテーション過程を明確に示していないという問題点を指摘している。これは，これまでの研究が，事例（コンサルテーション過程）を通して示されていないことを意味している。

　そこで本論文の目的は，これまで京都市が35年間行ってきた保育所の巡回指導事業における発達援助の実際とその有効性を，事例を通して論じることである。つまり本論文では，巡回相談の具体的な手続きやコンサルテーションでのやりとりと，その後の担当保育士の保育実践を含めた全体像について提示する。そして，考察においては巡回相談の結果，発達遅滞であるA君を保育士はどのように理解し，保育指導案を計画し，保育実践を行ったのかについて示すことで，巡回相談の有効性について検討を行う。

2　方　　法

(1)　京都市における京都市営保育所巡回指導について

　京都市は，人口約147万人で11の区を持つ政令指定都市である。実施主体は京都市保育課であり，この事業は，昭和53（1978）年12月より市営保育所に対し，巡回指導を開始し，本年で35年になる歴史的に長い事業である。その実施目的は「障害児保育の向上のため，障害のある児童に対し専門的な観察を行い，その児童の障害のとらえ方や，保育を行う上での配慮，保護者対応などの助言指導をする」である。

　巡回相談は，平日の午前中，おおよそ午前10時から12時の2時間で実施している。相談の対象となる子どもは，1日あたり6人程度となっている。コンサルテーションの参加者の構成は，児童精神科医1名，保健師3名，担当職員1～2名，園長1名，副園長1名，臨床心理士1名（筆者）の8～9名である。子どもの観察がおおよそ40分程度行われて，その後のコンサルテーションは全体で1時間程度であり，子ども1名あたりでは10～15分程度で実施されている。巡回相談の流れは以下の①から④で構成されている。

　①巡回相談までに津守稲毛式発達検査を実施し，その他相談事項を記入した「巡回相談票」を事前に作成しておく。

　②保育所に巡回相談員が入所し，作成された「巡回相談票」に基づいて今日の様子など事前の聞き取りを行う。本日出席していない子どもがいれば相談から除外することになるが，状況に応じてカンファレンスのみを実施することもある。

③該当する幼児の保育場面を観察する。子どもの観察では，子どもの活動に合わせて様々な場面を観察することになる。観察された時間によって子どもの活動が異なっている。保育所の現場の状況に応じて観察する順番を変更したりしている。

④カンファレンスを開催する。カンファレンスの参加内訳は上記の通りである。担当保育士が始めに担当児の保育所での様子と相談事項を説明し，そのままカンファレンスが進行する。相談事項の内容がすべてクリアになった場合，もしくは時間になった場合，カンファレンスは終了する。これらのやりとりが子どもの対象人数だけ繰り返される。

(2) 調査の手続き

①調査対象：事例については，ある京都市営の乳児保育所および保育所に通うA君を対象とした。A君は，2011年4月にB乳児保育所に入園する。その後，広汎性発達障がい（発達遅滞）と診断されている。3歳児となりC保育所に入園する。その時にそれぞれ行われた2011年11月（B乳児保育所）と2012年7月（C保育所）の巡回相談を対象とする。コンサルタントは同一人物だが，保育士はそれぞれの保育所でA君を担当している保育士である。また，その後のC保育所で行われた実践については，C保育所で本児を担当している保育士が作成した「保育実践報告書」を資料として用いた。

②事例の概要：父・母との3人家族である。言葉に関しては気になると言っておられ，本児のために出来ることはしてあげたいと，育児に前向きである（2011年11月）。父は仕事で1ヶ月の半分くらい出張で家にいないことが多い。育児には協力的ではあるが，本児の関わりかたに戸惑っておられる様子がうかがえる。母は本児にゆったりと関わっておられる（2012年7月）。

3 事 例

(1) B乳児保育所でのコンサルテーション（2歳10ヶ月時，2011年11月）（巡回相談票より）

①本児の保育所での様子：興味が長続きせず，じっとしていることは難しいが，入所当時に比べると興味の広がりや周囲への関心が出てきた。以前は車のおもちゃにしか興味がなかったが，車に関する絵本を読んだり，他児が楽しそうにしている様子を見て入っていく姿が見られるようになった。排泄，手洗い，食事の生活場面において，一つ一つの行為はだいたいできるが，介助は必要である。場面の切り替え時には常に

声かけが必要であり，自分から次の行動に移ったり終わることは難しい。言葉は保育士の言った単語を繰り返すことはあるが，自発的に出てくることはない。何か要求があるときは，保育士のところへ来て指さしで訴える。

②相談内容：
1) 言葉があまりでないので，現在は本人にわかりやすいように単語で伝えたり，指さしを交えて伝えているが，それ以外にどのような関わりができるか。
2) 他児に対して，欲しいおもちゃがあれば取ってしまったり，遊びの感覚で砂をかけることがある。その都度注意すると泣くこともあるが，笑ってごまかすこともあり，保育士の怒った顔や声に反応しているだけのように感じることがある。注意されている意味をどこまで理解できている状態か分からないまま，このような対応をしているが，今後も続けてよいか。
3) 保護者にはまず言葉の遅れに関することから話をしている状態である。言葉については「気になる」と言っておられ，児童相談所に相談に行くことになったが，興味が長続きしないことに関しては，まだ話ができておらず，母の認識は「やんちゃ」止まりである。今後どのように話をしていけばよいか。

③保育方針：自分の思いが伝わりにくいことがあるので，保育所での様々な経験を通して，いろいろな場面で本児の思いを代弁し，言葉の発達を促していく。毎日同じことを繰り返すことで集団生活のルールが少しずつ分かっていくので，後半も集団生活の中で社会性を身につけていく。保育所で様々な体験をして楽しく過ごす。

④関係機関の情報：2010年度，一時保育を利用していた際，1歳半健診の再検査の連絡が来たが「保育所では何も言われていないから」と受けていなかった。今回担任と言葉の遅れに関して話をしたことで，再検査を受けることになった。保健センターでは言葉の遅れと興味の偏りについて言われたとのこと。児童相談所を紹介され11月に行った。その結果，新版K式でDQ61であった。

⑤発達検査のスコアについて：津守稲毛式発達検査によると，本児34ヶ月（34M）時において，運動21M，探索・操作21M，大人との相互交渉21M，子どもとの相互交渉21M，食事18M，排泄18M，生活習慣21M，理解15M，言語21Mである。

⑥コンサルテーションの記録（T：保育士　C：コンサルタント）

第13章　市営保育所における巡回相談による発達援助　　*137*

　T1：言葉が出ない。「ぶーぶー」など，彼なりの言葉で話し，「まんま」が出ない。先日，私はお母さんと同行して発達相談センターに行って，新型Ｋ式で発達指数DQ61という数字が出たんです。

　C1：他の一般的な子どもはDQが100になるんだけれど，彼が61ということで，「軽い遅れがありますね」という数値だと思います。発達輪郭表（津守稲毛発達検査の結果グラフ）を見てください。このグラフの「言葉の理解」のところが前回（30M時）と比較してとも低い状態ですね。言葉の理解と比較しても，理解の方が悪いですね。「社会性」と言ってＡ君の人との関係は成長してきたけれども，それでも21ヶ月ですね。○○ちゃん（コンサルテーション当日に挙げられた他児）に比べたら，子どもとの関係が持てるようになってきたとは言えるんじゃないでしょうか。

　T2：一般的な発達の6割ぐらいと言えば，確かにそれぐらいかなと思います。

　C2：理解という部分をのぞけば，21Mで2歳未満の発達で安定していると思いますが，先生としては，言葉でしゃべっていることを正しく理解しているか確認して欲しいと思います。言葉が出ているのにその内容を分かっていないと思うので，そのことを確認して欲しい。言葉で話しているのに，「あれー？」っていうことがあると思います。Ａ君は，自分で考えても難しい。ですので「Ａ君どうしているの？」と，ゆっくり説明して欲しい。それで理解を伸ばしていくことになる。

　T3：どういう関わりで言葉が出てくるのですか？

　C3：うーん，人との関係が出てきたときに，Ａ君が何かを伝えたいと思う気持ちが第一に重要です。伝えたいという気持ちが言葉を発する動機になります。Ａ君は人との関係は問題がないので，それを伸ばしていくのがよいと思います。言葉の理解がもう一歩なんですが，お母さんの方は言葉についてどう思っているのですか？

　T4：お母さんは言葉のことが気になっていて，お誕生日に近づいても出ないな，と思っていて，お父さんは個性ちゃうか？と言っていたのだが，お母さんが児童相談所に行くことには反対していない。お母さんは正直ショックだったけど，行けてよかったと言っていた。

　C4：お母さんにも，子どもの行動と理解の差について説明してあげて欲しい。行動から分かっているように見えても，分かっていないことが多いということを説明して，Ａ君には具体的に丁寧に説明してあげるようにして欲しい。

　T5：Ａ君は表情が良いから。笑っているのが。

　C5：それによって騙されるんですね。

　T6：大人の声は，Ａ君からすれば抑揚で怒っているのが「感覚的に」分かるんですが，何で怒られているのか分かっていない感じです。おそらく「感覚的に理解してい

るけれど意味を分からない」という状態ですね。私もその意味を一生懸命伝えようとはしているのですが。

C6：だからこそ，その意味を彼が分かる内容や働きかけで説明することに，意味が出てくるということになりますね。

(2) C保育所でのコンサルテーション（3歳5ヶ月時，2012年7月）（巡回相談票および保育実践報告書より）

①本児の保育所での様子：入所当初は友だちの遊びに関心を持つ姿はほとんどなく，自分の興味のあることで遊び込んでいた。水・どろんこ遊びに興味があり，集中して遊び喜ぶ。室内では汽車を走らせる遊びを好む。保育士は遊びを広げるためにいろいろな玩具などを見せたり介入したりしたが，自分のペースを乱されることに抵抗した。自分のしたいことがあると，他児が使っていた玩具も突然取ってしまい，トラブルが頻繁に起こった。遊びが途切れたり，目に見えたものに注意が移ってしまうと，落ちつかず走り回ったり棚の上に登るなど，不適切な行動が見られた。行動を制止されると怒って物を投げるなどパニックになる。一度興奮してしまうと，自分では感情をコントロールできず，走り回ったり，他児の遊んでいた玩具を壊したり，棚の上などの高いところに上ったり，さらには保育者や他児が行動を制止しようとすると，行為がエスカレートし，笑って相手の反応を楽しんでいるように見えた。それらの結果，他児に「A君いやや」「A君に取られた」「A君がこわした」など，拒否的な態度を取る子どもも出てきた。

②相談事項：

1）友だちの遊んでいるところへ行き，所有物をめぐってトラブルになる。友だちとうまく関わっていけるようにどう援助すればよいか。

2）次の活動を写真などを示したりして伝えているが，注意が移ってしまうことがある。注意が移りやすいところがあるので，行動に移すためにはどうすればよいか。

3）年長児との遊びではトラブルもなく本児も関わりを求めているが，どう捉えればよいか。環境の中で工夫できることがあれば，助言をいただきたい。

③保育方針：保育士と一緒に身の回りのことをしていき，できたことを褒めて意欲につなげる。全身を使ったいろいろな運動遊びを経験し，身体の使い方が分かるようにしていく。本児の興味のあることで友だちと一緒に遊んだり関わったりする経験をしていく。不適切な行動をしたときには過剰に反応しないようにし，適切な行動を伝

第13章　市営保育所における巡回相談による発達援助　　*139*

える。言葉と合わせてゼスチャーや写真，絵カードなどで視覚的に伝え，理解を促していく。

　④関係機関の情報：児童福祉センターに2週間に1回通園している（集団療育）。

　⑤発達検査のスコアについて：津守稲毛式発達検査によると，本児41ヶ月（41M）時において，運動24M，探索・操作21M，大人との相互交渉21M，子どもとの相互交渉21M，食事21M，排泄—M（記録無し），生活習慣24M，理解15M，言語21Mである。

　⑥コンサルテーションの記録（T：保育士　C：コンサルタント）
　T1：子どもの様子として，好きな遊び，例えばどろんこ遊びに集中するのですが，次に集中する遊びがなかなか見つからず，こちらから提案しても行わない。結果的には人の反応を見て喜ぶ遊びになる。砂場から水を流す遊びから，長いスコップを放り投げて，その他の先生が拾うとまた投げるということを繰り返して，大人の反応を楽しもうとする。どんどん興奮しだして同じような遊びを繰り返す。遊びが終わって次に部屋に入るとか，活動場所の移動の時に，ほかの子どもの移動もざわざわするのか，スムーズに移動をすることができない。スッと部屋に入ることもあるんですが，見えたものに注目してしまって，視線に入るとそれで反応をしてしまう。
　C1：写真はどのような写真？　児福センターのものから？　名詞のものか，動作か？
　T2：児福センターでいわれた物です。動作ではないです。お母さんもわかりやすいとおっしゃっています。使ってみてどうかというと，着替えの時とか，服の絵を見せるとその場所に行くけど，結局目に映ったものに注目してしまう感じです。
　C2：写真を見せるのと，言葉で言うのはどちらが伝わりやすい？
　T3：写真の方が伝わりやすいですね。
　C3：写真の方が伝わりやすいと思うけれど，それを言葉に代えていくようにしなければならない。写真を見せて，その後「服だね」と言葉で伝えて欲しい。次にするのは，動作，俗に言う「動詞」を示してもらってもよい。けれど，くれぐれも写真の提示は補助であって，メインではない。写真の提示は本人にとって分かりやすいが，結局言葉が伸びないということになってしまう。発達輪郭表では，24年の6月右上のところが41M，41ヶ月時点の発達段階が示されている。言語の方は21ヶ月ですね。その次の理解は15ヶ月。一番理解が低い。他の子どもと比べて分かっていない部分は

多いですか?

T4:保育所での流れは分かっているかなと思うけど,注意が移りやすいところがあるから,不適応な行動になっているように思えます。

C4:落ち着きのなさもあると思うけど,それと共に「理解」ができていないから,あのような行動になる。他の子どもであれば,人がたくさん来ると「どう対応したらいいかな」となってその状況に合わせて振る舞おうと見通しを立てます。この理解のレベルでは,その見通しを立てることは難しい。つまり援助がいる。他の子どもと同じようにしていると,本人の援助にならない。1歳半とまったく同じではないですが,子どもは子どもの中で育っていくので,普通の子どもは極論を言えば放っていてもよい。一方で(A君のような)このような子どもは先生の配慮が必要。

T5:具体的にはどうすればいいのですか?

C5:これまででできているところはそのままでよい。落ち着きのない時には口を出す必要も出てくると思うが,新しいことをする時には,他の子どもは理解しているという状態で,A君には他の子どもの行動を見てしなさい,自分勝手にするのではなくて,周りの子どもを見るように伝えて下さい。ゆっくりと彼に合わしていくということが重要で,他の子どもは,自分から周りの子どもに合わしていくという感じだが,彼の場合は,彼に合わしていくということを考えて下さい。

T6:言葉に対してどうアプローチしていけばいいのでしょうか?

C6:そうですね,言葉が2語文になっているのですが,言葉として伝えていくことが重要です。他の子どもは先生に言われた後に,その言葉を頭の中で組み替えて考えることができるのですが,彼の場合は難しいと思う。大人の反応を楽しむというのは,自分に注目を集めたいということだと思う。自分に合わせてもらうという年齢段階だから,どうしてもそういう行動が出ていると思う。

T7:なるほど。そうなんですね。本当にほっておけないぐらいで大変なんです。

C7:「理解」の問題を頭に入れて置いて下さい。彼の遊びに他の子どもも遊ばせるという関わりを持たせるようにして下さい。彼がひとりで遊ぶよりは,みんなと遊ぶことが楽しいのだと思うようにして下さい。

T8:上のお兄ちゃんとなら遊んでもらっています。同年代の友だちとは遊ぶことは少ないですね。

C8:同年齢では合わせるのは精一杯だからそうなるのだと思う。決して悪いことではないと思うので,そのまま続けてもよいけれど,同学年とのやりとりが重要です。

T9:そうですね。分かりました。ありがとうございました。

（3）コンサルテーション後の保育士と子どもの関わりの様子（保育実践報告集より）

①保育コンサルテーションを受けて行った保育士の実践について：

・本児の興味のある遊びで，本児と一緒に遊んだり関わったりする経験が多く持てるように，他児を本児の遊びに誘いかけるようにした。他児との関わりの中でトラブルになった時は，保育士が仲立ちとなりお互いの思いを伝え，保育士が思いを伝えモデルを示した。

・本児の理解に合わせて，言葉と共にゼスチャーや写真などで視覚的に伝えるようにし，理解を促した。また本児のペースを大切にし，大人が合わせたり本児のタイミングを待つようにしたり，安心して過ごせるように心がけた。

・新しい活動をするときには，まずは，他児のしていることに注目できるように保育士と一緒に見たり，仲の良い子どもと一緒に活動したり，個別に関わるなど，次にすることが他児の行動を見ることで分かり，行動に結びつくよう丁寧に対応するようにした。

②保育士が本児の成長を感じられたいくつかのエピソードについて：夏前頃から，A君が他児の遊びに関心を持つようになり，他児の遊びや行動をまねる姿が増えてきた。担任に対しては「せんせいがいいの」といって担任と手を引いて食事や午睡の生活場面や自分の遊びに誘うようになる。保育士は信頼関係が築けてきだしたという手応えを感じるようになる。クラスの他児も当初は否定的な態度を示していたが，A君が他児の遊びを乱すたびに丁寧に保育士からA君の思いを伝えるようにした。担任の姿を日々目にすることで，次第に「せんせい，Aちゃんが出ていった」「Aちゃん○○している」といって担任に知らせに来るようになる。また，積み木で遊んでいたものをA君に壊されても「あーあ」と言うだけで責めたりする子どもはいなくなっていた。もはやクラスの一員として受け止め，気にかけている様子が感じられた。

10月初旬，泥んこでままごとをしていたDちゃんとA君がどろどろの泥をぺたぺたと積み重ねていたところに，担当の保育士が加わろうと鍋に砂を入れて遊びだした。A君は私の鍋から次々と砂を取ってはとろとろの山に重ねていった。私は「ほしかったんやな，ちょうだいやな」とA君に相手への伝え方を教えていたところ，Dちゃんから「A君の好きなようにさせてあげたらいいやん」といってA君と遊びを続けていた。その時，保育士は衝撃を受ける。保育士は将来，人に関わるためのスキルを身に付けさそうという考えが先行してしまっていた。A君の思いを受けて止めた上で，関

わっているつもりになっていた自分を反省する。理屈抜きにあるがままのA君を受け止める大切さをDちゃんに教えられた。

　③保護者とコミュニケーション，療育機関との連携について：両親はA君に深い愛情を注いでおられ，家ではA君のペースに合わせておりさほど大変と思っていなかった。保育所という集団の中では刺激が多く，A君の思い通りにはいかず，送迎時には片時も目を離すことができず次々と玩具をまき散らしたり，走り回って母の見えないところに行ったり，ホースで水をまき散らしたりしていた。母は「何でこんなことをするのかな。ここに来るまでは落ちついていたのに」と相談されるようになる。ここで保育士は「A君の困り感からくる行為なんです」と伝えていくと，母親はありのままのA君を受け入れている様子が感じられるようになる。

　A君の療育の様子や関わり方などは母から伝えてもらい，家庭と療育機関と保育所と共通理解のもと，A君に関わることができるようになる。療育機関の見学会に参加したときのA君の様子は，人が増えたことによって落ち着かなく不安からうろうろしたり，人の反応を楽しむ様子が見られた。また，療育の先生からは母はまじめでA君に合わせてあげようと一生懸命のところがあり，頑張りすぎてしんどくならないように支えてあげたいとの話を聞く。保育所でも，A君と他児のトラブルに対して他の保護者に気を遣って謝っている姿を見ると計り知れない母の気持ちに保育士は心が痛んだという。

4　考　　察

(1)　巡回相談による保育援助の有効性について

　①児童相談所の診断結果を解釈する役割について：乳児保育所の巡回相談では，児童相談所に相談した結果の報告から始まっている。コンサルタントは，その結果と津守稲毛式発達輪郭表を比較しながら，今後の必要となる支援を具体的に説明している。この働きかけは，浜谷（2005）が指摘している「専門機関との連携」を促進する役割を果たしていると思われる。また，真鍋（2010）は，巡回相談が維持・継続運営するための考慮として，ニーズ児の支援においては園内資源よりも園外の支援である専門家を重視すること重要であることを指摘しており，この働きかけは，児童相談所による結果の解釈を保育に還元する役割として機能し，かつ35年にわたって事業が継続している理由となっていることが示唆される。

②子どもの理解が保育士の心理的支援につながることについて：子どもの発達は一般的に，3歳を過ぎると周りの子どもたちと一緒に遊ぶことや，同じことをすることに楽しみを感じるようになる。これは，自分を相手に合わすことを楽しみになるということである。友だちと遊ぶことが楽しくなるのはそのためである。A君は，その発達の手前におり，保育所の入所当初は，大人がA君に合わせていく関わりが必要だった。コンサルテーションでは，これらのことを丁寧に説明している。ここでのコンサルテーションによる働きかけは，「子どものアセスメント」である。それを受けて，保育士が丁寧に，A君が意図した思いを予想して言葉として返し，その適応的な行動をモデルとして示すように努めてきた。この関わりは，A君だけに影響を及ぼしたのではなく，そのやりとりを見ていた他の子どもたちにとってもモデルとなった。他の子どもたちもA君がおもちゃを壊しても怒らなくなり受容的になっているのは，その時のA君の気持ちを保育士が言語化して代弁し，それを受け入れるという保育士の働きかけの結果である。こうした怒らないという安定的な保育は，保育士と子どもの安定感を生み出す。コンサルテーションによるA君への理解が保育士の「心理的安定（浜谷，2006）」に繋がっていると考えられる。

③コンサルテーションによる指示が盲目的な対応を修正する可能性：一方で，「指導すること」にこだわり「ありのまま受け入れる」が抜け落ちる側面について述べられている。Dちゃんからの「A君の好きなようにさせてあげたらいいやん」という発言は，保育士の「純粋にありのままを受け入れること」を忘れていた，働きかけすぎていた自分に気づかされた瞬間であった考えられる。保育者が社会性を身に付けさせようとするあまり，あるがままで構わないということを子どもから教えられる。コンサルテーションでは，「子どもに合わせる」「モデルを示す」という二つの関わりを指示しているが，その指示が保育を進めていく中で手落ちになり，「モデルを示そうとする」あまり「何かをしなければいけない」という思いが強くなる。そこで子どもの指摘である。これは子どもへの盲目的対応が，他児の指摘が呼び水となって巡回相談の内容を再度振り返る機会となった。コンサルテーションの指示が盲目的な対応を修正する役割を果たしていると思われる。

④本児の見通しを提示することによって保育実践目標が明確になる役割について：保育士はA君の理解について写真カードが伝わりやすいと報告しているが，コンサルテーションでは，その使用を全面的に推奨するような働きかけを行っていない。本児が将来的に写真カードを使用せずにコミュニケーションを行うことができるようにな

るための働きかけを行っている。それは，写真カードとともに対応する言葉をかけることである。これによって将来的にはカードを用いることなくコミュニケーションがとれるようになる。また，コンサルテーションでは，「理解」という切り口から「本児の見通しの立たなさ」を指摘して，津守稲毛式発達輪郭表から1歳半程度であることを示している。そこで特別な支援が本来的に必要であることを説明している。そして友だちとの関係や，周りに目を向けさせることを指示している。周りに目を向けさせることによって集団とのつながりや，観察学習を促しているといえる。これは浜谷（2006）のいう「教育実践方針の作成」に当たるものと考えられる。A君のできることと限界，さらにその支援方法を示すことによって，保育実践の見通しがつき，次の目標も明確になると考えられる。

(2) 保育士の職能を明確にする働きかけの重要性について

A君が保育所で暴れたエピソードから，巡回相談における発達援助の有効性について述べたい。コンサルテーションの時点では，彼の大人を試す行動は何が原因になっているのかについて保育士は理解できておらず，ただ目を離すことができない困った子どもだった。巡回相談の中で，本児の行動は「大人の注目を得ようとする行動」であり，かつ本児は周りの子どもに合わす段階ではなく，保育士が合わせていかなければならない発達段階であることを理解する。母親にA君の保育所での困り感を伝えていく中で関係ができてくると，A君は家庭では彼の発達に合わせた丁寧な子育てが行われていたことが見えてくる。これは，浜谷（2006）のいう「保護者支援」につながっていると思われる。保育士は保護者と関わる中で，家庭では問題を起こさないA君と保育所での荒れた行動をするA君のギャップの意味が，ここで明確になったと思われる。C保育所の環境は子どもが複数おり，かつ異年齢保育が行われている。この環境はA君にとっては突然に刺激の強い環境だったに違いない。その中で保育士の注目を自分に向けるためには，大人がびっくりするような気のひき方しかなかったと思われる。巡回相談の中でコンサルタントは，子どもは子どもの中で育つものであり，同世代の中で育ち合うことが必要であることを指摘している。この保育所の環境がA君にとって良くない環境であるとするのではなく，保育士は子どもを集団の中で育てている専門職であるという認識を持つように意図したものである。保育所での育ちは，まさに集団の中の育ちである。集団でしか学べないことを保育所では学ぶことができる。大村（2010）は，巡回相談においてコンサルタントは保育士の立場を理解し，認めながら一緒に考えていけるジェネラリストの役割が求められると述べており，このように，コンサルタントは保育所が療育機関ではできない保育所特有の支援

を専門的に行わなければならないことを明確にすることで，保育士としての専門的保育を行うことができる．保育所は療育機関ではない．保育士の職能を活かす発達支援を示すことが巡回相談で必要とされる働きかけであるといえる．

文　献
浜谷直人　2006　小学校通常学級における巡回相談による軽度発達障害児等の教育実践への支援モデル　教育心理学研究，**54**，395-407．
松村　齋・黒田吉孝　2010　保育所や学校への巡回相談による高機能自閉症スペクトラム児に対する教師支援モデル　滋賀大学教育学部紀要教育科学，No.60，123-141．
真鍋　健　2010　障害のある幼児に関する保育所巡回相談の評価―X市における保育者と保育コーディネーターへの質問紙調査より―　幼年教育年報，**32**，43-52．
文部科学省　2007　特別支援教育の推進について（通知）
野澤純子・德田克己　2005　巡回相談を活用した「特別ニーズ」保育への支援ツールの開発　障害理解研究，第10号，31-44．
岡本　実　2002　実践保育所地方都市における障害児保育の取り組み（特集　幼児期の保育から学校教育へ―新しい試みと地域での連携）　全日本特別支援教育研究連盟（編）　発達の遅れと教育，534号，11-13．日本文化科学社
大村禮子　2010　保育の場における発達支援―協働体制の確立に向けて―　淑徳短期大学研究紀要，第49号，141-159．
鶴　宏史　2012　保育所・幼稚園における巡回相談に関する研究動向　帝塚山大学現代生活学部紀要，第8号，113-126．

第14章
三願転入とロジャーズ晩年の考え方

児玉龍治

はじめに

　仏教とカウンセリングとの関係については，これまで様々な形で論じられてきている[1]。なかでも，友久（2008）は，「宗教と心理療法―三願転入とカウンセリング・プロセス―」において，仏教とカウンセリングの関係について検討している[2]。その際，友久は，仏教としては浄土真宗をとりあげ，カウンセリングとしてはカール・ロジャーズ（C. Rogers）が創始した非指示的療法をとりあげている。そして，その過程について，浄土真宗については三願転入をとりあげ，非指示的療法についてはそのカウンセリング・プロセスをとりあげている。

　この三願転入とは，浄土真宗の宗祖である親鸞が辿った心の変化を示したものといわれており，教行信証に記されている。教行信証は，1224年，親鸞が52歳のとき執筆されたといわれている。ただし，その後も，生涯にわたり改訂が行われたとされている。一方，非指示的療法のカウンセリング・プロセスは，ロジャーズの初期である1942年に，40歳で刊行された『カウンセリングと心理療法』のなかで明らかにされている。しかし，ロジャーズはその後も自らのカウンセリング理論を発展させ，なかでも晩年にそれを大きく変化させることとなった。

　こうしたことからすれば，仏教とカウンセリングとの関係について浄土真宗とロ

---

(1) 藤田　清　1964　佛教カウンセリング　誠信書房；西光義敞　1995　仏教とカウンセリング　恩田　彰（編）　東洋の知恵と心理学　大日本図書；譲　西賢　2008　自分の「心」に気づくとき―カウンセリングの対話から　法蔵館
(2) 友久久雄　2008　宗教と心理療法―三願転入とカウンセリング・プロセス―　龍谷大学論集, **472**, pp.2-18.

ジャーズのカウンセリング理論をとりあげて比較検討するとき，友久が行ったように，三願転入とロジャーズの初期の考えである非指示的療法のカウンセリング・プロセスを比較することに加えて，三願転入とロジャーズの晩年の考え方を比較することが一つの方法ではないかと考えられる。そこで，本稿においては，仏教とカウンセリングとの関係を考える上で，そのプロセスを中心に，三願転入とロジャーズの晩年の著作における考え方をとりあげて，両者を比較検討していきたい。

1 仏教とカウンセリング

　仏教は，紀元前5世紀頃，インドに生まれた釈尊により説かれた教えである。この仏教がわが国に伝えられたのは，6世紀とされている。その後奈良時代には仏教は国家の保護を受け，国家仏教となった。平安時代には最澄が天台宗を，空海が真言宗をそれぞれ開き，密教が盛んになった。この密教は貴族中心のものであったが，鎌倉時代に入ると，民衆に仏教を伝える鎌倉新仏教が生まれることとなった。法然は浄土宗を開き，親鸞は浄土真宗を開いた。これら浄土宗，浄土真宗はわが国の民衆に受け入れられ，仏教の主流となり，その流れは現在まで続いているところである。

　一方，カウンセリングは，20世紀のアメリカにおける職業指導運動，教育測定運動，精神衛生運動の三つの運動にその起源が求められる。職業指導運動は，パーソンズ（F. Parsons）により1908年にボストン職業案内所が開設されたことに始まる。また，教育測定運動は，フランスのビネー（A. Binet.）らが作成した知能検査を，1916年にターマン（L. M. Terman）がアメリカの子どもに用いることができるようにし，急速に広がった。また，精神衛生運動は，1908年にビアーズ（C. W. Beers）が著書で自らの患者体験を語り，病院改善を世に訴えたことに始まる。このようにほぼ同時期に始まったこれらの運動とともに，ウィリアムソン（E. G. Williamson）により技術方法が体系化され，学校におけるガイダンス活動が促進されることとなった。

　一方，第一次世界大戦や大恐慌といった出来事を通して，もともとガイダンス活動には希薄であった「心に対する治癒的なかかわり」が求められるようになった。同時に，ヨーロッパにおけるナチズムの台頭とそれにともなう精神分析や心理療法のアメリカへの流入という，大規模な社会的変化が起った。そうしたことにより，カウンセリングはガイダンスの問題だけではなく，パーソナリティや情動の問題，そして適応への過程を援助することに用いられるようになった。こうした展開のなかで生まれてきたのが，ロジャーズが創始した非指示的療法である。

2 三願転入

　親鸞は，1173年京都の日野に生まれ，9歳の春に出家し，比叡山延暦寺で修行を行った。しかし，悟りをえることができず，20年を過ごした比叡山を下りることにした。そして，聖徳太子の霊告にあずかろうと，京都の六角堂に百カ日の参籠を始めた。その95日目の暁，聖徳太子が夢のなかに現れ，法然のところに行くようにと告げられる。そして，法然の門に入り，専修念仏により，29歳のときに悟りを開くに至った。

　親鸞は，この間の自らのこころの変化を「三願転入」という形で述べており，教行信証には次のように記されている。

　現代語訳は次のようになる。

> このようなわけで，愚禿釈の親鸞は，龍樹菩薩や天親菩薩の解釈を仰ぎ，曇鸞大師や善導大師などの祖師方の導きにより，久しく，さまざまな行や善を修める方便の要門を出て，永く，双樹林下往生から離れ去り，自力念仏を修める方便の真門に入って，ひとすじに離思往生を願う心をおこした。しかしいまや，その方便の真門からも出て，選択本願の大海に入ることができた。速やかに難思往生を願う自力の心を離れ，難思議往生を遂げようとするのである。必ず本願他力の真実に入らせようと第二十願をおたてになったのは，まことに意味深いことである。ここに久しく，本願海に入ることができ，深く仏の恩を知ることができた。この尊い恩徳に報いるために，真実の教えのかなめとなる文を集め，常に不可思議な功徳に満ちた名号を称え，いよいよこれを喜び，つつしんでいただくのである[3]。

　三願転入の三願とは，浄土三部経の一つである『仏説無量寿経』に説かれている阿弥陀仏の四十八願のなかの，第十八願，第十九願，第二十願の三つの本願のことである。また，転入とは，自力の行と信を捨てて，本願他力の世界に入ることを意味している。この三願とは次のようなものである。

〈第十九願〉
　現代語訳は次のようになる。「わたしが仏になるとき，すべての人々がさとりを求める心を起して，さまざまな功徳を積み，心からわたしの国に生まれたいと願うなら，

---

(3) 浄土真宗聖典・顕浄土真宗教行証文類 (現代語版)　2000　本願寺出版社　pp.528-529.

命を終えようとするとき,わたしが多くの聖者たちとともにその人の前に現れましょう。そうでなければ,わたしは決してさとりを開きません[4]」。

〈第二十願〉
現代語訳は次のようになる。「わたしが仏になるとき,すべての人々がわたしの名前を聞いて,この国に思いをめぐらし,さまざまな功徳を積んで,心からその功徳をもってわたしの国に生まれたいと願うなら,その願いをきっと果たしとげさせましょう。そうでなければ,わたしは決してさとりを開きません[5]」。

〈第十八願〉
現代語訳は次のようになる。「わたしが仏になるとき,すべての人々が心から信じて,わたしの国に生まれたいと願い,わずか十回でも念仏して,もし生まれることができないようなら,わたしは決してさとりを開きません。ただし,五逆の罪を犯したり,仏の教えを謗るものだけは除かれます[6]」。

第十九願は,自力の修行により仏になるということを示している。そして,二十願は,念仏を唱えるものの,手段としての自力念仏により仏になることを示している。最後に第十八願は,阿弥陀仏により救われて仏になることを示している。このように,三願転入とは,自力の願である第十九願から,第二十願に入り,さらに他力の願である第十八願に転入したという,親鸞自身が救われたプロセスを述べた信仰告白であるとされている。

3 ロジャーズ晩年の考え方

ロジャーズはカウンセリングの領域で先駆的な役割を果たした。このロジャーズのカウンセリング理論には幾つかの変遷がみられる。ロジャーズは,初期である1940年代には,自らの方法は指示をしないところに特徴があるとし,「非指示的療法」という用語を使った。その後,1950年代には態度の重要性を強調する意味をこめて,「クライエント中心療法」にその呼び名を変えることとなった。さらに晩年である1970年代

---

[4] 浄土真宗聖典・浄土三部経(現代語版) 1996 本願寺出版社 pp.29-30.
[5] 前掲書(4) p.30
[6] 前掲書(4) p.29

の終わり頃からは，応用領域が広がり，中心とするものがクライエントからperson（人間）に変化したことから，「パーソンセンタード・アプローチ」という呼び名を使うようになった。またこの時期ロジャーズは「トランスパーソナル心理学」へと足を踏み入れることとなった。

このようにロジャーズがトランスパーソナルな現象に関心を持ち始めることになったのは，妻ヘレンの病気とある霊媒師との関わりが重要な意味を持っている。ロジャーズは，『ある在り方（A Way of Being）』（1980）のなかで次のように述べている[7]。妻のヘレンが亡くなるまでの1年半のあいだロジャーズ夫妻は死にゆくことや人間の魂が存在しつづけることについて，大きく考えを変える体験を重ねていた。ロジャーズ夫婦はある霊媒師を訪ね，そこでヘレンは亡くなった姉とコンタクトをとった。その霊媒師は，知らないはずの事実を再現し，そのメッセージは非常に納得のいくものであった。

その後，いよいよヘレンに死が迫ってきたある日，ロジャーズは全く理解できない混乱状態に陥った。いつものように病院を訪れたとき，ロジャーズは溢れ出すようにヘレンに強く語りかけた。彼女を深く愛していたこと，自分の人生に大きな意味を与えてくれたこと，長くパートナーとしてポジティブな独創性を何度も発揮し力になってくれたことを語りかけた。生きなければという義務感は感じなくてもいい，家族はうまくいっており，ただ彼女の願うままに生も死も自由に感じてほしいと語った。ロジャーズが帰ったあと，ヘレンは看護師たちに感謝と自分は死んでいくことを告げた。ヘレンは朝までに昏睡状態になり，明くる日の朝，娘に手を握られ，何人かの友人たちとロジャーズが見守るなかで穏やかに眠りについた。

その日の夜，ロジャーズの友人たちは，その霊媒師と会っていた。彼らはヘレンとコンタクトをとることができ，ヘレンは多くの質問に答えた。彼女は，昏睡状態のとき語られていたことの全てを聞いていたこと，白い光と魂が来るのを体験したこと，すでに亡くなっていた家族とも出会えたこと，彼女は若い女性の姿をしており，死にゆくことはたいへん穏やかで，苦しむことはなかったと語った。

こうした経験から，ロジャーズは人間の魂が存在しつづける可能性を以前よりも信じるようになり，超自然現象に対する関心を深めるようになった。死にゆくプロセスに対する理解も全く変化し，私たちはそれぞれ永遠に生きる魂として存在し，それがときおり人間のからだに宿る可能性があると思うようになった。

---

[7] Rogers, C. 1980 *A Way of Being*. Houghton Mifflin.（畠瀬直子（監訳）1984 人間尊重の心理学　わが人生と思想を語る　創元社　pp.67-93.

こうした変化は，ロジャーズの実践にも影響を及ぼすこととなった。ロジャーズはそれまで援助関係について研究してきたが，まだ研究されていない新しい領域に関心が広がってきたという。ロジャーズは，同じく『ある在り方』のなかで次のように述べている。

> グループ・ファシリテーターとしてあるいはセラピストとして私がベストの状態のとき，私はこれまで論じてきたものとは違う，もう一つの特質があることを見いだした。私が自らの内なる直観的な自己に最も近づいているとき，自らの未知なるものに触れているとき，そして幾分か変性意識状態にあるとき，私の行うことが癒しに満ちているように思われる。そのときは，私がただ「そこにいること（presence）」が解放や援助となる。こうした経験をするためにどうすればよいのか分からないが，ただリラックスし，自分の超越的な核心に近づくことができるとき，私は奇妙で衝動的な関わり方，つまり合理的に説明できない，自分の思考過程とは全く関係のない関わり方をするかもしれない。けれどもこの奇妙な行動は，後になって正しかったことが分かる。まるで私の内なる魂が相手の内なる魂に届き，触れているように思える。私たちの関係はそれ自体を超越し，何かより大きなものの一部となる。そこには，深い成長と癒しとエネルギーが存在するのである[8]。

ロジャーズは，死の前年1986年に発表した論文に，この部分をそのまま再録している。そこには，成長を促進する風土を構成する条件として，従来考えていたセラピストの純粋性，受容，共感的理解につづく「もう一つの特質」としてこの部分を載せている[9]。そうしたことからすれば，晩年のロジャーズが，「直観」やただ「そこにいること（presence）」「変性意識状態」などを新たに重視するようになり，超越的なものへの関心を深めていたことがうかがえる。

---

[8] 前掲書 (7) pp.108-127.
[9] Rogers, C. 1986 *A Client-centered/Person-centered approach to therapy.* Sited in I. Kutash & A. Wolf (Eds.), Psychotherapist's casebook. Jossey-Bass. In H. Kirschenbaum & V. L Henderson (Eds.) 1989 *Carl Rogers reader.* Mariner Books. （中田行重（訳） 2001 クライエント・センタード／パーソン・センタード・アプローチ ロジャーズ選集（上） 誠信書房 pp.162-185.）

4 三願転入とロジャーズ晩年の考え方の比較検討

　浄土真宗のプロセスは，三願転入に示されているように，自力のこころを振り捨てて，他力である如来の本願力を信じられるようになる。すなわち自力の願である第十九願から，第二十願に入り，さらに他力の願である第十八願に転入するというものである。このプロセスは，弥陀（如来）の人間を超えた智慧（他力）をたまわり，自力をひるがえして本願を信じる道をたどるというものであり，仏の力（本願力），すなわち，人間を超えたものの智慧により目覚めが起こるというものである。

　一方，ロジャーズの非指示的療法によるカウンセリング・プロセスは，クライエントは感情が解放されカタルシスを得て，自己洞察が深まり，新しい自信と独立心が芽生え，人生の目標が設定され，それが達成されていく。すなわち，クライエントが自己実現への過程を歩んでいくというものである。このプロセスは，カウンセラーの傾聴により，クライエントの洞察が深まり，自己実現へと導いていくというものであり，人（カウンセラー）により気づかされるというものである。

　友久は，この浄土真宗のプロセスとロジャーズの非指示的療法によるカウンセリング・プロセスとを比較し，この両者はそれぞれの関係に違いがあると述べている。つまり，浄土真宗のプロセスは，仏の力（本願力）という人間を超えた智慧（他力）により目覚めが起こるのに対して，非指示的療法のカウンセリング・プロセスは，あくまでもクライエントとカウンセラーという人と人との関係のなかで，クライエントが自分自身に気づき，自分自身を知るという点に，その相違があるとしている[10]。

　しかし，ロジャーズは晩年を迎え，カウンセリング・プロセスの記述において，「超越」という概念を用いるようになった。ロジャーズは，晩年の著作において次のように述べている。「…こうした経験をするためにどうすればよいのか分からないが，ただリラックスし，自分の超越的な核心に近づくことができるとき，私は奇妙で衝動的な関わり方，つまり合理的に説明ができない，自分の思考過程とは全く関係のない関わり方をするかもしれない[11]」。「…まるで私の内なる魂が相手の内なる魂に届き，触れているように思える。私たちの関係はそれ自体を超越し，何かより大きなものの一部となる。そこには，深い成長と癒しとエネルギーが存在するのである[12]」。

---

[10] 前掲書（2）pp.2-18.
[11] 前掲書（7）pp.122-123.
[12] 前掲書（7）p.123.

こうした超越という概念は，人と人との関係を超えたところに存在するものである。晩年においてこうした概念を用いたことからすれば，ロジャーズはカウンセリング・プロセスを，クライエントの自己洞察を超えて，自己を超越した段階を視野に入れていたことが考えられる。もちろんロジャーズがこうした自己の超越をカウンセリング・プロセスのなかに含めるようになったからといって，浄土真宗でいわれる転入とロジャーズのいう自己の超越が同じであるというわけではない。しかし，ロジャーズが自己の超越をカウンセリング・プロセスとして考えるようになったことは，ロジャーズのカウンセリングが人と人との関係を超えるものを想定するようになったことが考えられる。そして，このことは晩年のロジャーズのカウンセリングが，人と人との関係における心理的なカウンセリングから，人と人の関係を超えた超越的な存在との関係を含むカウンセリングに変化したことを意味していると考えられる。そして，その点において，ロジャーズの晩年の考え方は，人間を超えた智慧の存在を信じる浄土真宗における三願転入と接点を持つものであると考えられる。

おわりに

仏教とカウンセリングは，ともに人間のこころの悩みにかかわるものである。本稿では，仏教として三願転入を，カウンセリングとしてロジャーズの晩年の考え方を取り上げ，そのプロセスを中心に両者を比較検討しようと試みた。

第15章
日本における psychotherapy の展開

赤津玲子

はじめに

　psychotherapy の創始者は，18世紀末に精神分析を生み出したフロイト（S. Freud）であるとみなされている。日本では精神療法と訳されていたが，現在では心理療法と称されることが多く，精神医学領域で発展した。psychotherapy と区別なく認識されるようになってきたカウンセリング counseling という用語を用いたのは，1940年代に来談者中心療法を創始したロジャーズである。ロジャーズ（Rogers, 1942）は，counseling という用語は日常的で表層的な面接に使う傾向があり，psychotherapy という用語は強力で長期的な接触を意味する傾向があると指摘した上で，2つの用語が区別できないことを強調した。泉野（2000）は，精神療法から心理療法，そしてカウンセリングへの訳語が変遷した経緯を示し，戦後の新しい概念にふさわしい言葉を探していたことの現れであると指摘した。

　psychotherapy の訳語である精神療法と心理療法，カウンセリングなどの用語は，今では同じ用語だとみなされる傾向があるが，その発展の経緯は異なっている。そのため，本論では，精神医学が成立するまで，精神医学の成立と psychotherapy，臨床心理学の成立とカウンセリング，の3つの観点から psychotherapy の展開について概説し，考察する。

1　psychotherapy の経緯

(1) 精神医学が成立するまで

　外来医学が伝来する以前には，てんかんや精神病についての記載が見られ，久留比

也民（くるひやみ＝狂病）には，様々な薬方が書かれていた（昼田，2001）。

古代においては，悪意をもった神・鬼・物の怪・狐などが人に憑依し狂気させたが，とりわけ「怨霊」や「物の怪」が猛威をふるい，加持祈祷をする僧侶や陰陽師たちが活躍していた。最古の収容施設は，11世紀に京都の岩倉寺にできた（大熊，2008）。京都の岩倉寺では，冷泉天皇が物の怪に憑かれた際，その祈祷が行われ，さらに後三条天皇の皇女の狂気が治癒したとの記録がある（加藤，1996）。その後，多くの精神障害者や家族が集まるようになり，江戸末期からは，村全体の家庭が患者や家族を宿泊させて生活するようになったという（大熊，2008）。

psychotherapyのようなものは，神官僧侶によってなされた宗教的儀式，またはそれに類する方法である祭祀，祈祷，巫祝などであり，中世以前の精神障害の治療は灸法，薬物療法（漢方），按摩，水治療法などであった。精神障害者の治療所は全て寺院に属しており，psychotherapyと言えるような「内観の法」「輭酥の法」は，仰臥や腹式呼吸を用いた方法で，僧侶の白隠によって行われていた（小林，1963）。

江戸時代前期から中期にかけては，『医書大全』に，「健忘」「癲癇」「癲狂」などの病名がみられ，癲狂のための薬方の適応症，構成薬味，服薬法などが記されていた（昼田，2001）。小俣（2000）は，境界性を有する寺院が，社会的機能としても地理的位置からしても，市街地という現実生活からの隠遁の場として機能していたと述べた。

幕末になると，精神医療が興隆した。昼田（2001）は，城下町を中心とする都市化と商業経済の発展が，人の移動や職業身分の流動化を引き起こしたことから，人々が伝統的な鬼神論的宇宙観から脱却し，現実的，合理的な思考と行動原理を共有するようになったことを指摘した。

1774年には，杉田玄白らによって『解体新書』が訳出され，脳が意識の中枢であると記されていた。さらに，日本初の西洋医学書『和蘭翻訳内科撰要』が訳出され，精神が脳にあると示した（小林，1963；昼田，2001）。psychotherapyに類似のものとしては，1863年に不破の宮代の里（現在の岐阜県）鉄塔山天上寺において，僧である山本秀詮が，道理を説得する説得療法を行っていた（小林，1963）。

(2) 精神医学領域におけるpsychotherapy

日本で最初の精神医学の講義は，1879年に内科教師バールズ（E. Baelz）によって行われた。その後，ドイツに留学していた榊俶が，1886年に東京帝国大学で精神病学教室を設置した。しかし，学内に精神科の病室がないため，臨床講義は東京府顛狂院（後の都立松沢病院）で行われていた（昼田，2001）。1902年（明治35年）には，呉秀三がクレペリン（E. Kraepelin）の診断体系を紹介し，翌年，日本神経学会[1]を創設し

た。

　最初の精神科病院は，1875年に京都府の南禅寺内に京都府癲狂院として設立された。精神科病院が，その前身たる「癲狂院」の形で各地に設置される中，1891年，相馬事件[2]が起こった。これによって，精神障害者に関する法的不備が明らかになり，1900年に「精神病者監護法」が発布された。この法律では，精神障害者を私宅や病院などに監置する場合には，監護義務者は医師の診断書を添え，警察署を経て地方長官に許可をうけるべきことなどが定められていた。浅井（2001）は，精神障害者の看護義務を親族に課し，精神障害者に対する治安対策に家族制度を利用していることを指摘した。「精神病者監護法」は以後50年にわたって精神障害者に適用され，精神病院への入院と共に私宅監禁を公認する形となり，精神障害者に対する対処や治療法に大きな影響を与えた。呉ら（1918）は1910年より私宅監置の実態調査を行い，1919年には「精神病院法」が制定された。精神病院法では，内務大臣が都道府県に精神病院の設置を命じることができること，設置する精神病院の経費に対し国家補助をすることなどが定められた。精神障害者は精神病院に収容し，「保護医療」を施すべきであるとの趣旨が明示されたが，現実的には公立精神病院の建設は遅々として進まなかった（小林，1963）。

　精神疾患の治療には灸法が用いられたり，持続浴，作業療法，鎮静剤（阿片）の投与が主であった（小林，1963）。1924年より，次第に海外の身体療法が数年遅れで導入され，1936年には持続睡眠療法，1937年以降はインスリン療法，電撃によるショック療法，ロボトミーの追試研究は1942年まで続いた（昼田，1999）。

　精神障害者に対する法律が制定される中，『性欲研究と精神分析学』（榊，1919）が出版され，フロイト（S. Freud）の理論を紹介して子どもの発達における性欲の発達を示した。さらに，『ひすてりーノ療法』（三宅，1918），下田ら（1932）の『最新精神病学第5版』でも紹介された。

　精神分析が，精神医学の中の一理論として評価されるようになったのは，東北大学精神科の丸井清泰の留学による（小此木，1964；西園，2004）。丸井は，マイヤー（A. Meyer）のもとで神経学研究を学び，東北大学で組織的な精神分析の講座と教育を始めたが，その特徴は主として症状の意味の理解，精神分析の理論の理解にとどまっていた（西園，2004）。小此木（1964）は，丸井の精神分析への取り組みを，精神病理学

---

(1) 後に，日本精神神経学会に改称。
(2) 相馬事件とは，旧奥州中村藩主相馬誠胤が，精神病者として巣鴨癲狂院に入院させられたのを，下級藩士であった錦織等が癲狂院に侵入して背負い逃亡したことにより投獄され，出獄後に相馬家の後見等を不法監禁，財産横領と誠胤を毒殺したとして訴えたものである（小林，1963）。

の1つの基礎をなす深層心理学としての精神分析の研究を目標としていたと指摘した。

1933年，古沢平作がウィーン精神分析研究所に留学し，欧米の精神分析と同じ方法で，日本人の精神分析家として開業した（小此木，1964；西園，2004）。個人を対象として，寝椅子に患者を仰臥させ，自由連想法を用いるという治療構造であった。古沢の実践は，欧米の精神分析が週4～5回の頻度で行われるのに対して，週1～2回に修正され，日本の経済的・文化的な現実に適応されるようになった（岩崎，2001）。小此木（1964）は，治療の継続への患者側の動機づけに対して，患者に治療への理解を期待することが難しく，古沢個人の人格への信頼や尊敬が大きな役割を果たしたと述べている。第二次世界大戦後，大学精神科教室から，若い精神科医達がpsychotherapyとしての精神分析を学ぶために古沢のもとを訪れ，1954年に日本精神分析学会が設立された（岩崎，2001）。

1921年に精神科医である森田正馬による日本独自のpsychotherapyとして森田療法の論文が発表された（森田，1921）。現在の呼び方である「森田療法」と呼ばれるようになったのは戦後であり，当時は「自覚療法」「体験療法」「特殊療法」「説得療法」などと呼ばれていた（新福，1968）。1955年以降，数多くの抗精神病薬，抗うつ薬，抗不安薬，抗てんかん薬，睡眠薬などが次々と開発され，精神医学は本格的な薬物療法の時代に入った（昼田，2001）。

精神医学領域にpsychotherapyが学問的に認識されるようになったのは，精神科医の井村恒郎による『心理療法』（井村，1952）の刊行であった。井村（1952）は，臨床心理学者の行うpsychotherapyが精神医学領域で「精神療法」と訳されることに言及し，「精神療法」には多くの誤解と偏見がつきまとっていると指摘した。そして，"心理療法と言う耳新しい訳語を書名に選んだのは，別に奇をてらったわけではなく，わが国の臨床心理学によせたささやかな希望である"と説明した（井村，1952，p.2）。井村の指摘は，精神医学領域で，精神科医によってのみ行われる精神分析を中心とした展開への批判と解釈できる。

psychotherapyに共通して重視されていたのは，治療者と患者の関係であり，その目標は「自己洞察」であった。慶応大学の三浦は，小此木らと共に『精神療法の理論と実際』（小此木，1964）を編集し，精神医学領域における様々なpsychotherapyを紹介し，精神分析を「精神分析的精神療法」と位置づけた。小此木は，psychotherapyの目標は"精神療法は治療者の常態心理によって，患者の病態心理を常態化する方向に改善すると同時に，再び病態化しやすい傾向を極力軽減することである"（1964，p.45）と述べた。

1964年，ライシャワー事件[3]が起こった。同年，すでにアメリカではケネディ大統領が「精神病および精神遅滞[4]に関する教書」を提唱し，病院精神医療から地域精神医療への移行がなされていたが，この事件をきっかけに，日本ではそれに逆行する形で精神病床の増加が続いた（昼田，2001）。このような状況を背景に，西園（1965）は，精神分裂病（現在の統合失調症）の患者を対象として，精神病院でも精神療法を効果的に行えることを述べた。そのためには，精神病院全体が開放的で人間的な病院であるように集団の中の雰囲気づくりをすることや，医師や看護師も含めた治療者のチームワークが精神療法の効果を高めると述べた（西園，1965）。また，薬物とpsychotherapyに関するいくつかの研究を紹介し，向精神薬を使用することによって精神療法の対象にしにくかった患者たちに精神療法が行えることを示し，精神障害を単純に身体因とか心因とか，一側面からのみ理解することは不十分であり，本質は心身相関の障害であるということを主張した（西園，1966）。

のちに土居（1989）は，『異常心理学講座Ⅳ治療学』において，井村が用いた「心理療法」という訳語が，年月を経ることで一部の専門家だけが行うものであるという，何かトリックめいた治療法という印象を与えかねないことになったと言及した。そして，当著の編集にあたり，精神療法の学派[5]に共通する何かがあるのではないかという認識を打ち出すために，患者の症状別に治療学を提示した（土居，1989）。さらに，精神療法はまず患者がそこで息をつけるような場を提供できること，事態が改善する可能性があるという希望を患者にもたせることが主たる仕事であると提言した。

(3) 臨床心理学領域におけるカウンセリング

1900年，日本では「心理学」が大学の講座で取り上げられていた。特に第二次世界大戦前の日本は，ドイツの影響が大きかったことから，実験心理学や心理テストが紹介され始めていた。「psychology」の訳語が「心理学」とされたのは，1881年の井上哲次郎[6]によるものが最初であった（太田，1997）。

日本最初の本格的な心理学者ともいわれるのは，東京帝国大学教授であった元良勇次郎であった（大塚，2004b）。元良はアメリカ留学中にヴントの心理学実験室を訪問

---

(3) 米国のライシャワー大使が，統合失調症の少年に刺された事件が社会問題となり，統合失調症患者の保護という名のもとに，緊急措置入院の規定など，治安面の強化がなされた（昼田，2001）。
(4) 現在では，知的障害に含まれる。
(5) 土居（1989）は，当著における「行動療法」と「リハビリテーション」の2編が，特殊な世界の記述であるかのような印象を与えることに言及し，精神療法を行っている治療者間の交流がないことを専門家側の問題であると指摘している。
(6) 太田（1997）は，井上哲次郎が編集した『哲学字彙』という辞書においてであると述べている。

し，アメリカで最初の実験室を創設したホール（G. S. Hall）と共同研究[7]を行い，日本で最初の心理学実験室を創設し，1888年には，「精神物理学」の名称で心理学の最初の講義を行った（大塚，2004b）。鈴木（1997）は，客観性を確保でき，かつ自然科学的方法で説明可能であるテーマだけが心理学の対象として生き残るようなベクトルが形成されたと述べた。そのため，大学における学問としての心理学が客観性を重んじるようになり，それが臨床心理学の発展の妨げになったと指摘された（鈴木，1997；大塚，2004）。

1916年には，精神医学領域における精神病理現象（憑き物体験，異常思考，超常現象など）に関わる精神医学者たちと，千里眼，念写など超常現象に関心を持つ心理学者や文学者など医領域学以外の教養人を含めて，「変態心理学研究会」が成立し，翌年その機関誌である『変態心理学』が創刊された（大塚，2004b）。佐藤（1997）は，変態とは「abnormal」の意で常態に対する概念であるが，必ずしも異常であることを意味しないこと，普通の状態から逸脱している場合に対して広く適用する語であり，天才や偉人の心理なども含まれ，ストライキや公園に出没する売春婦の動態なども常態とは異なるものとされていたことに言及した。

心理検査の領域では，ビネー式知能検査の我が国への紹介なされた。その後，田中（1947）が『田中・ビネー式知能検査』を発表し，東京文理科大学教育相談室を創設し，教育診断と援助にあたった。早稲田大学の心理学担当教授であった内田（1930）は，「内田・クレペリン精神作業検査」を草案した。大伴（1929）は，知能検査や学務態度検査の他，情緒不安定検査，興味検査，気質検査，性格検査などの解説と，学校現場の教員の協力で実施した結果を提示した。

このように，心理学という学問の成立過程において『心理研究』『日本心理学雑誌』といった心理学関係の学術雑誌が発行され，1926年には様々な研究会における研究誌を統合する形で『心理学研究』が発行された。翌1927年には，東京帝国大学医学部講堂において，日本心理学大会が開催され，1931年には国内で2番目の全国的な心理学会として「日本応用心理学会」が設立された。

第二次世界大戦後のアメリカにおける心理テストの開発と発展は，日本の精神医学領域だけではなく，大学の心理学者や教育領域に影響を与え，日本における「臨床心理学」という学問領域を成立させることとなった。

---

[7] Hall, G. S. & Motora, Y. 1887 Dermal sensitiveness to gradual pressure change. *American Journal of Psychology*, **1**, 72-98.

①臨床心理学 clinical psychology：「臨床心理学」という呼称と学会が生まれたのは，GHQと大阪少年審判所の指導関係を通じて，児童問題研究会がもたれていたところに契機があった（大塚，2004b）。このグループがアメリカの雑誌Clinical Psychologyに「臨床心理」という訳語をあて，「臨床心理研究会」を発足した。1950年12月，東京で「臨床心理研究会」が発足され，雑誌『臨床心理と教育相談』（翌年『臨床心理』に改題）を刊行した（下山，2001）。1951年11月には関西に，「臨床心理学会」が結成された（鈴木，1962）。同年，国立精神衛生研究所（現在の国立精神・神経センター精神保健研究所）に，日本で初めての臨床心理学の専門的研究部門といえる心理学部が設けられた（下山，2001）。

1953年には日本応用心理学会に「臨床心理学部会」が設置された（鈴木，1962；下山，2001）。日本最初の『心理学講座』全12巻の第7巻『臨床心理』では，心理学専攻から医師となった宮城（1954）が，アメリカ心理学会の定義に基づき，臨床心理学を次のように定義している。「臨床心理学は，精神的障害と精神的健康を対象とし，人間の行動を診断し，人間を環境によりよく適応せしめようとする目的をもつ心理学の一部門で，診断・治療のほか，理論的研究をも，その任務とする」（宮城，1954，p.4）。臨床心理学の領域については，「主に，心因反応（身体症状を引き起こす場合をふくめて）精神病質，身体の病気による人格の変化（進行麻痺，脳炎などのほか，バセドウなど）などであるが，精神分裂病や躁鬱病の研究と精神療法（これは，とくに，医学的療法をおこなった後の，後療法としてなされることが多い）も，その仕事から除外されない」（宮城，1954，p.5）。さらに，臨床心理学者は，テスト技術者を精神測定者（psychometrician）と称して精神測定者と臨床心理学者を区別しようとしているが，臨床心理学は精神医学領域における仕事との関連で，テスト専門家となる傾向のあることは否定できないと述べている（宮城，1954）。

②カウンセリング counseling：個人的な活動という視点から見ると，1951年に友田不二男がロジャーズの『Counseling and Psychotherapy』（Rogers，1942）を翻訳し，『臨床心理学』[8]の書名で出版した。友田（1951）は，counselingという用語を「相談助言」と翻訳した。その後，自らのカウンセリング面接の経験を公表する『ガイダンスのための面接法の技術』（友田，1952）を出版し，精神病と神経症とを対象とする精神医学的方法が，心理学の不適応者に対する方法と密接な関連があること，精神療法

---

[8] 友田（1952）の出版した『臨床心理学』は，原著の全訳ではなく，ハーバート・ブライアンの事例が割愛されていた。

に関する限り，臨床心理学者と精神医学者との間には何らの区別も差異もないことを説いた（友田，1952）。そして，臨床心理学が心理測定学的方法の分野のみにとどまるのではなく，今後両者がさらに接近していかざるをえないと述べた。

友田は，その後『カウンセリングの技術』（友田，1956）の中で，自身が「counseling」に対して「相談助言」という訳語を使用した時期があったが，今はその訳語を避けていると述べ，「counseling」がさまざまな用語に訳されていることを指摘した。カウンセリングの定義については，"一般的にいうならば，カウンセリングとは，カウンセラーとクライエントとが一対一の関係において膝を交えて話し合うことにより，クライエントがクライエント自身によっても肯定されると同時に，周囲の人々によっても許容されるような行動を展開するようになることを，根本的に期待しているカウンセラーの活動である"（友田，1956, pp.4-5）としている。さらに，治療家（therapist）もしくは精神療法家（psychotherapist）という用語が，カウンセラーという用語と同義で使用されていることを問題とし，実際の臨床場面を見ると，これらの呼称の間に実質的な差を判別，区別することができないと述べた。その一方で，カウンセラーと治療家もしくは精神療法家の役割を区別し，それぞれの専門的な仕事を異にしている立場もあると説明した（友田，1956）。

社会的な活動という視点から見ると，第二次世界大戦後，GHQ内の教育情報局（CIE：Civil Information & Education）が設けられ，日本の民主化のための徹底的な教育改革が行われていた。1945年から1955年にかけて「少年法」「少年院法」の施行により，全国に新設された少年鑑別所や家庭裁判所の鑑別技官や調査官の任用，「児童福祉法」，「身体障害者福祉法」の施行により児童相談所，身体障害者更生相談所の心理判定員の任用にみる人的要員の要請が社会的に発生した。そのため，実践家の社会的要請は需要が先にあって学問体系が後を追う状況をもたらした（大塚，2004a；下山，2001）。

臨床心理学を学んだ人材の確保が必要となったことから，ミネソタ大学のウィリアムソン（E. G. Williamson）が委員長となって組織された米国の教育使節団が来日し，東京大学の教育学部などでカウンセリングの講義を行ったことが，カウンセリングが広く導入される契機となった（下山，2001）。さらに，米国の教育理念の導入の一環として，大学における大学生の助育活動（SPS：Student Personnel Service）が導入され，その機関として1953年東京大学に学生相談所が設置され，その後京都大学，東北大学などにも設置された（下山，2001）。1955年には，日米合同の厚生補導特別研究集会が3ヵ月にわたって東京大学で開かれた。伊東（1995）らは，アメリカ教育使節団の勧告に基づいた新教育が展開したことについて，これらの改革が日本の教育に

とってはよい刺激を与えることが多かったと述べた。一方で，小沢（2000）は，当時のアメリカで，カウンセリングが個人の内省を自発的にもたらす新しい教育技法として脚光をあびつつあったことを指摘し，カウンセリングには支配・管理的な側面があることに警鐘をならしている。

1966年には「日本カウンセリング協会」が組織された。伊東（1995）は，教育関係者が，民主主義教育に向けての具体策とその哲学をカウンセリングに求めていたと表現した。全国で行われた研究会の成果として，1960年には日本応用心理学会の一部会として「相談部会」が発足されたが，1967年に日本相談学会として独立した。

③心理療法：1951年，文学博士の南博，医学博士の井村恒郎らが，専門領域が異なるにもかかわらず，編著として『異常心理學』を刊行した。南（1951）は，フロイトのおかした大きな過りと批判して，下意識の働きを生物学的に固定したリビドーあるいは破壊本能の発現としてみる機械的な方法であると指摘し，生得的な衝動が何らかの形で処理されていく過程を個人心理の枠内で説明しようとしたと論じた。さらに，パーソナリティの中核は，フロイトの考えるように固定したものではなく，一生の間に生活の条件がかわるのにつれて変容しうるとした（南，1951）。井村（1951）は，無意識について，古典的精神分析学が想定しているような，ある能力，ある器官，といった実体的なものを指しているのではなく，行動の力動的な過程を指す言葉に過ぎないと主張した。フロイトの創始した精神分析を古典的精神分析学と位置づけ，あらゆる精神療法において大切なことは，患者自らその葛藤に対決して，病的状態発生の機制について自ら自覚し明らかにするように，支えとなり相手になることであるとした（加藤，1951）。

井村は，心理療法の定義について，"相手の欲求や感情や思考など，つまり相手の心に，何らかの変化を与える療法である"（井村，1951，p.15）とした。心理療法の目的は，"適応異常mal-adjustmentに悩む者を再びよく適応できるようにすることを目的としている。適応異常とは，生活上のさまざまな欲求を，たがいに調整しながら，個人の生活条件に応じて実現していくことが困難なために，ややもすれば破たんした状態におちいることをいう"と述べた（井村，1951，p.17）

1972年にスイスでユング派の教育分析を受けた河合隼雄が京都大学教育心理学科の臨床講座に着任した。1980年に文部省より，大学の臨床心理学科に併設された相談室でのクライエントの有料制度が認可された。1982年，「日本心理臨床学会」が設立された。さらに1988年，日本臨床心理士資格認定協会が作られ，1990年には文部省の認定する財団法人として公的に位置づけられた。さらに，1995年，文部省による『ス

クールカウンセラー活用調査研究委託事業』が始まり，臨床心理士の社会的な立場が認知されるようになった。下山（2001）は，1949年に東京大学に教育学部が創設され，教育心理学科が設立されたことで，心理学と教育学の関連が深まったと指摘した。

2 考　察

本論では，日本のpsychotherapyの展開について，精神医学が成立するまで，精神医学の成立とpsychotherapy，臨床心理学の成立とカウンセリング，の3つの観点から概説した。そこから，これまでのpsychotherapyと今後のpsychotherapyについて考察する。

(1) これまでのpsychotherapy

日本のpsychotherapyは，神や宗教など信仰に基づくものから始まっていた。人の身体あるいは心の中にある疾患や障害というものではなく，正常な人に一時的に物の怪のような何かが憑りついたと考えられていた。昼田（2001）が人の移動や職業身分の流動化に注目したように，宗教に代わる価値の共有や行動規範などが生まれたと考えられる。人の移動は，ローカルな知恵だった宗教や神への信仰に新しい情報をもたらす。それまで世襲性であった職業身分の流動化は，自分が何か違う人間になれるかもしれないという可能性を生み出す。一見すると，人の自由や可能性が広がったと考えられるが，個人の生き方を自分自身が引き受けなければならないという，どのように生きたらいいのかという問題を作り出したようにも見える。自由と可能性というのは，ポジティブで明るい未来を想像させるものであるが，一方で何者にもなれなかったらどうしようという，生き方そのものを問われるような不安を抱えることにもなると考える。このような不安を抱えると，問題は個人の中に存在するようになる。本論ではその内容まで詳細に検討できなかったが，小林（1963）の指摘した江戸時代末期に行われていた説得療法には，疾患や障害は，何かが一時的に憑りついているのではなく，個人が持っているものという前提が見え始めているようである。

その後，明治維新を経て，日本にはドイツの精神医学が確立される。それはクレペリンの診断体系に基づく精神障害者の収容問題となり，医療的な保護なのか拘束なのか，紙一重のような状態が続く。一方で，フロイトの精神分析が紹介され始めた。しかし，1930年代の軍事色の強い日本の情勢を振り返ってみても，精神分析だからというわけではなく，psychotherapyそのものが必要とされていなかったと考えることもできる。その要因の1つとして，明治維新以降，日本を他国と比較して捉えるための

強い思想があったと考えられる。第二次世界大戦を機に，精神医学領域ではpsychotherapyよりも，統合失調症など精神障害者を対象とした薬物療法をするようになり，psychotherapyの実践は臨床心理学領域へと移行したと考えられる。

「臨床心理学」「カウンセリング」「心理療法」という用語は，日本において独自に発展してきた。「臨床心理学」は，個人差を研究していた心理学の流れをくみ，教育領域における知的能力やパーソナリティの数量化による測定を基本として，標準的な数値からの逸脱を問題と捉えるところから出発していた。その背景には，自然科学という1つのものさしで数量化できる学問として，客観性の重視という大きな前提があった。「カウンセリング」は，非医師による対人援助の流れから成立した。そのため，問題は独自の存在である個々人の成長過程であると考えられていた。言いかえれば，症状などのように客観的な問題が顕在化していなくても，個人がそれを問題と考えた時に援助が求められるのである。したがって，医療領域ではなく，教育や産業，福祉領域など多様な対人援助場面までも含むことになる。「心理療法」は，psychotherapyの訳語であるが，「精神療法」という訳語で医療領域において発展していた。しかし，精神科医の中でも，「精神療法」とするか「心理療法」とするかで分かれていた。

疾患や障害などの問題は，人に何かが取り憑いたものだという考え方から，個人の中に存在するものであるという考え方に変わったと考えることができる。そのため，これまでのpsychotherapyの定義を見ると，個人を対象とした1対1のpsychotherapyが前提となっている。あくまで，問題を持っている個人がpsychotherapyを受けることを前提として成立している。社会に適応するために，薬物療法にしても，人の悩みを聞くにしても，個人の心を問題として，改善の責任も個人に委ねられる。しかし，現実的には個人の能力を生かせるような場がなかったり，適応しようと努力しても挫折したりなど，社会の側に問題がある場合も多い。

(2) 今後のpsychotherapy

現在，心理的な援助を求めている人へのpsychotherapyを行う専門家として，臨床心理士という職業が位置づけられつつある。臨床心理士の働く現場は，従来の個人を対象とする面接室だけに留まらず，さまざまな現場に広がっている。医療機関でも，教育機関でも福祉領域でも，援助を求めて来談する人に対して，臨床心理士が面接室の1対1の対応だけで何とかできるような現場はほとんどないと言えるかもしれない（吉川，2009）。臨床心理士の専門性と考えられているpsychotherapyを行うこと，それだけで社会の要望に応じることができるのだろうか。多くの対人援助職にある人々がそれぞれの専門領域で活躍しており，援助職の基本として受容・共感的に対応する

ことの必要性が理解されている。そのため，援助職にある人の多くが，これ以上何ができるのかと自問自答している。受容・共感的に話を聞く以上に，具体的にどのような対応をすることが援助となるのかの指標が見いだせない。それは，年々増えてきている不登校や引きこもりなどの問題に対応を迫られている家族など，援助の場に来談できないことが問題とみなされている個人を何とかしたいと思っている人への支援も同様である。

　psychotherapyは，個人を対象とした面接室という構造で行われる心理療法として展開してきた。しかし，そのような構造に固執することは，今後のpsychotherapyの可能性を広げることにはならない。そのために何が必要か，psychotherapyを専門とする臨床心理士に求められる専門性について検討する必要があると考える。

おわりに

　現在の臨床心理学領域で，既存のpsychotherapyとして位置づけられるかどうかわからないが，システムズアプローチという考え方がある（東，1993；吉川，1993）。psychotherapyとして捉えれば，クライエントや家族の人間関係におけるコミュニケーションを重視し，問題と定義されている現象の変化を目的とし，組織や地域を対象とした援助として考えれば，関係改善のために関係者間に生じた現象の変化を目的とする。本論ではその具体的な援助方法について言及しなかったが，援助を求めるクライエントや他の専門職との間で，彼らの要望に応じるためのアセスメントや働きかけの可能性として有益であると考える。個人を対象としたpsychotherapyを展開してきた経緯の中で，そのような新しい考え方がどのように位置づくのかについては，今後検討したい。

文　献

浅井邦彦　2001　病因精神医療の歩み　昼田源四郎(編)　日本の近代精神医療史　ライフサイエンス　pp.46-54.
土居健郎　1989　治療学序論　土居健郎・笠原　嘉・宮本忠雄・木村　敏(編)　異常心理学講座9　みすず書房　pp.3-14.
東　豊　1993　セラピスト入門　日本評論社
昼田源四郎　1999　病院精神医療から地域精神医療へ　こころの科学，**86**，81-86.
昼田源四郎　2001　日本の精神医療史　古代から現代まで　昼田源四郎(編)　日本の近代精神医療史　ライフサイエンス　pp.5-14.
井村恒郎　1951　防衛機制　南　博(著者代表)　異常心理学　世界社　pp.71-141.
井村恒郎　1952　心理療法　世界社

伊東　博　1995　カウンセリング［第4版］　誠信書房
岩崎徹也　2001　精神療法のわが国における展開　昼田源四郎（編）　日本の近代精神医療史　ライフサイエンス　pp.80-84.
泉野淳子　2000　心理療法／精神療法／サイコセラピーという訳語をめぐって　専修大学心理教育相談室年報，**6**，32-39.
加藤正明　1951　異常行動の諸形態　南　博（著者代表）　異常心理學　世界社　pp.146-224.
加藤伸勝　1996　地域精神医療の曙　金芳堂
小林靖彦　1963　日本精神医学小史　中外医学社
呉　秀三・樫田五郎　1918　精神病者私宅監置の実及び其統計的観察　内務省衛生局（復刻版1973）　創造出版
南　博　1951　異常行動の誘因　南　博（著者代表）　異常心理學　世界社　pp.13-46.
宮城音弥　1954　臨床心理学の領域と方法　日本応用心理学会（編）　心理学講座　中山書店　pp.1-11.
三宅鉱一　1918　ひすてりーノ療法　東京刀圭書院
森田正馬　1921　神経症の本態と療法　森田療法全集第2巻　白揚社　pp.281-442.
西園昌久　1965　精神病院における精神療法　九州神経精神医学，**11**(2)，110-119.
西園昌久　1966　薬物と精神療法―統合的接近　精神医学，**8**(6)，448-353.
西園昌久　1995　精神療法　精神医学事典　弘文堂　pp.469-470.
西園昌久　2004　わが国の精神医学・医療の歴史と今後の展望―力道精神医学の立場から　精神神経学雑誌，**106**(9)，1117-1123.
小此木啓吾　1964　精神分析的な精神療法とは　三浦岱栄（監修）　小此木啓吾（編）　精神療法の理論と実際　医学書院　pp.2-34.
小俣和一郎　2000　精神病院の起源―近代篇　太田出版
大熊輝雄　2008　現代精神医学　金原出版
小沢牧子　2000　カウンセリングの歴史と原理　日本社会臨床学会（編）　カウンセリング・幻想と現実上巻　現代書館
太田恵子　1997　「心理学」と'psychology'　佐藤達哉・溝口　元（編）　通史日本の心理学　北大路書房　pp.17-40.
大伴　茂　1929　教育診断学　培風館
大塚義孝　2004a　臨床心理学の成立と展開1―臨床心理学の定義　大塚義孝・岡堂哲雄・東山紘久・下山晴彦（監修）　大塚義孝（編）　臨床心理学原論　誠信書房　pp.1-106.
大塚義孝　2004b　臨床心理学の成立と展開2―臨床心理学の歴史　大塚義孝・岡堂哲雄・東山紘久・下山晴彦（監修）　大塚義孝（編）　臨床心理学原論　誠信書房　pp.107-147.
Rogers, C. R.　1942　*Counseling and psychotherapy: Newer concepts in practice.* New York: Houghton Mifflin.（友田不二男（訳）　1951　臨床心理学　創元社）
Rogers, C.　1942　*Counseling and Psychotherapy: Newr Concepts in Practice.* Houghton Mifflin.（末武康弘・保坂　亨・諸富祥彦（共訳）　2005　カウンセリングと心理療法―実践のための新しい概念　岩崎学術出版）
榊保三郎　1919　性欲研究と精神分析学　実業之日本社
佐藤達哉　1997　実際的研究の機運：現場と心理学　佐藤達哉・溝口　元（編）　通史日本の心理学　北大路書房　pp.173-203.

下田光造・杉田直樹　1932　最新精神病学5版　克誠堂
下山晴彦　2001　日本の臨床心理学の歴史の展開　下山晴彦・丹野義彦（編）　講座臨床心理学1　東京大学出版会　pp.51-72.
新福尚武　1968　森田療法　井村恒郎・懸田克躬・島崎敏樹・村上　仁（責任編集）　異常心理学講座第3巻心理療法　みすず書房　pp.197-244.
鈴木　清　1962　臨床心理学の動向　応用心理学研究，**1**，113-119.
鈴木祐子　1997　心理学規範の明確化　佐藤達哉・溝口　元（編）　通史日本の心理学　北大路書房　pp.137-155.
田中寛一　1947　田中ビネー式智能検査　世界社
友田不二男　1952　ガイダンスのための面接法の技術　金子書房
友田不二男　1956　カウンセリングの技術　来談者中心法による　誠信書房
内田勇三郎　1930　素質型と其の心理学的診断　三省堂
吉川　悟　1993　家族療法─システムズアプローチの〈ものの見方〉　ミネルヴァ書房
吉川　悟（編）　2009　システム論からみた援助組織の協働　組織のメタ・アセスメント　金剛出版

第16章
特別養護老人ホームにおけるビハーラ・カウンセリングの事例研究

伊東秀章

はじめに

　高齢者における悩みは，人間関係などの日常的な問題のみではなく，自身の死も問題の一つである。本論においては，高齢者とのカウンセリングにおける死の問題について検討する。具体的には，カウンセリングにおいて，仏教への親和性が低いクライエントは死後の自身の居場所を新しく位置づけ，仏教への親和性が高いクライエントは，仏教による対話を通じて死の問題を解決した事例を取り上げる。

1　ビハーラ・カウンセリングの意義

　浄土真宗本願寺派のビハーラ活動の開始当初である1987年3月，ビハーラ実践活動基本構想は「ビハーラ実践活動の概念については，入院・在宅を問わず，病床に伏す人々のもつ精神的な悩みに対し，それを和らげ，人間としての尊厳性を保ちつつ生きられるよう，家族など多くの人々とともに宗教者として精神的介護（ケア）にあたるものです」（浄土真宗本願寺派社会部，2010）とあり，本派のビハーラ活動は精神的ケアを重要視していた。その後，養成研修の改正を経て，本派のビハーラ活動はカウンセリングをより重視するようになっていった。
　浄土真宗では，そもそも実践者個人では小さな「善い行い」ができないとされ，念仏を申して人に勧めていくことこそ，人が阿弥陀仏の大悲に触れていくきっかけとなりえる重要な実践であると言われる（梯，1994a）。そして，阿弥陀仏の大悲によって命の根源に目覚めていくことにより，死を受容する心も生まれてくることが，ビハーラ活動の目指す一つの姿勢と言われる（梯，1994b）。

これらは浄土真宗における基本的な理念であるため，真宗者の社会活動においては重要な思想である。しかし，ビハーラ・カウンセリングは，阿弥陀仏や念仏を伝えるといった伝道ではなくカウンセリングであるため，人と人との関係に重点が置かれる。

ロジャーズ（Rogers, 1942）は，「カウンセリングが効果的に成立するために必要なのは，ある明確に形作られた許容的な関係であり，その関係のなかで，クライエントは，自分自身に気づくようになり，新たな方向をめざして，人生を前向きに進んでいけるようになる」と述べた。このように，クライエントとカウンセラーの関係が許容的であり，クライエントが自ら気づいていくことにカウンセラーがついていくのがカウンセリングである。このようにクライエントが中心であるという姿勢が，伝道などの宗教実践の姿勢とは異なる。

例えば，死への不安や恐怖を強く訴えている場合にビハーラ・カウンセリングが有効である。その過程で先ず必要なのは，自分も必ず死ぬという同じ不安や恐れがあるという共感性を話の聞き手は持ち，話し手の人生観や価値観を受容していくことであるとされる（友久，2008）。

現代におけるカウンセリングの理論と実践は，第一の心理学といわれるフロイトの精神分析療法から始まり，第二の心理学としてワトソンを中心とした行動療法，第三の心理学としてロジャーズによって提唱されたクライエント中心療法といわれる（友久，2004）。ビハーラ・カウンセリングは，ビハーラ活動におけるカウンセリング実践であり，第三の心理学のクライエント中心療法をベースとして，クライエントの苦悩に寄り添うカウンセリングである。

2　事例研究の対象と方法

特別養護老人ホームは，老人福祉施設の一つであり，認知症などの心身の障害のため常時介護を必要とし，在宅介護が困難な65歳以上の高齢者が入所するのが原則である。本ケースは，施設へ1週間に1回のペースで15ヵ月間訪問し，ビハーラ・カウンセリングの実践を模索した中のケースである。なお，本事例の使用許可について施設から承諾を得ているが，できるだけ個人が特定されないよう，本質を歪めない程度に一部を変更した。

カウンセラーは浄土真宗の僧侶であり臨床心理士であるが，そのことはクライエントの女性Aには伝えておらず，女性Bへは伝えた。これは，女性Bが浄土真宗寺院の関係者であり，Bの家族が，カウンセラーが僧侶であることを求めたからである。

第16章　特別養護老人ホームにおけるビハーラ・カウンセリングの事例研究　　*171*

　特別養護老人ホームにおける利用者それぞれの居室へカウンセラーが訪問し，カウンセリングを行った。本事例で特に対象となるのは，85歳女性Aと89歳女性Bである。この二人は，両者ともに面接開始当初は認知症の症状は弱く，言語面接が可能であった。また，Aは一般女性であるが，Bは浄土真宗寺院関係者であった。

　カウンセリングの面接記録から，特に生死の問題について述べている点を中心に抽出し，できる限り具体的な対話を記載した。そのことにより，ビハーラ活動において重要である生死の問題に，カウンセラーがいかに関わったのかを明らかにし，検討するためである。

　カウンセリングは，先述したビハーラ・カウンセリングの考え方を背景に持ちながら，クライエントに合わせて対話した。基本的な認識としては，クライエント中心療法であり，積極的な傾聴を基本とした。具体的には，相手の発言に対して評価せず，繰り返したり要約したりしながら，クライエントが話したい内容について聞くことを中心とした。

3　ビハーラ・カウンセリング事例1

　対象は，85歳女性Aである。本ケースは，X年1月からX+1年3月までの計18回である。場所は，特別養護老人ホーム内のAの居室である。面接の頻度は，第5回面接までは週1回1時間で，以降は月1回1時間である。

　介護職員に傾聴が必要な人がいるのか聞くと，「Aさんは認知症もなく，お元気なため，かえって話し相手がいない。そのため，色々と話をしてくれたらありがたい」として紹介された。

　ビハーラ・カウンセリングの実践を模索しながらの開始となった。面接構造が訪問カウンセリングであるため，積極的な傾聴を中心とし，クライエントが自由に話せるように配慮した。

　以下，クライエントの言葉を「　」，カウンセラーの言葉を〈　〉とした。

(1)　第1期　日常の問題と過去の回想

　第1回面接。初めての出会いの場面で，カウンセラーが〈週1回で来ております伊東と言います。いつもは医務室でお医者さんのお手伝いをしております〉と自己紹介をした。Aは「そうか，いつも医務室におるんか。お医者さんか？」〈いやお医者さんとは違うんですけど，皆さんのお話を聞かせてもらうのが僕の仕事です〉「傾聴してくれる人かな？」〈そうです〉と答え，色々と話を聞かせて欲しいことをカウンセラーが説

明すると，Aは同意した。
　Aの母親は14歳の時に亡くなり，以後父親に10年間育てられ，父親が「子どもは自分の指と同じ」と言ったのが印象的と述べた。カウンセラーは〈お父さんはAさん達子どもを大事にする方だったんですね〉と述べ，共感的に聞き，関係づくりに努めた。
　第2回面接。Aは，同じ施設入居者のCが「あの人は頭おかしくなって，しょんべんたれや」などと他の施設入居者を侮辱することを嫌がっていた。カウンセラーはAへ，〈『頭おかしくなって，しょんべんたれや』なんて言われたらいい思いしないですよね〉とAの言葉をできる限り繰り返しながら，〈そこで我慢するのも大変ですねぇ〉と，Aの思いを共感的に聞くようにした。
　第3回面接。「兄が戦死した」こと，「夫が亡くなってから，独り暮らしを5年した」ことなど，過去の回想を中心としながら，生死をテーマにした話を述べた。
　Aは「ぼけてしまって，それでしょんべんたれとCに言われたら嫌」と述べ，自身が認知症になることについて不安感を訴えたため，カウンセラーは〈本当にそれは嫌ですね，ただし，Cさんがそういうかもしれませんけど，私たちは思いませんよ。僕たちも結局，年取ったらいっしょに行く道ですしね〉と言い，老病死に関しては同じ立場であることを伝えた。Aは，「そう……」と述べた。
　第5回面接から，Aは回想を通して，現在と過去を語りつづけたが，ほとんど同じ内容が繰り返されるようになった。

(2) 第1期の検討

　初めての出会いの場面において，Aが高齢者であり"カウンセラー"という自己紹介が伝わりにくいと考えた。そこで"医務室でお手伝いをしているお話を聞かせてもらう者"という立場を伝えた。またAは，これまで傾聴ボランティアとの関わりもあった。そのため，「傾聴してくれる人かな？」と，カウンセラーの存在を認めやすかったと考える。
　一般的なカウンセリングの様に，クライエントが病院などへ相談に行く構造であれば，クライエントは積極的な主訴を持っていることが多い。しかしながら，特別養護老人ホームにおける心理臨床においては，クライエントがカウンセラーを訪問することはほとんどないのが現状である。本ケースも，カウンセラーがAを訪問する構造であるため，Aとの対話の中から，カウンセラーが関わる問題を検討し，Aに合わせる必要があった。
　Aは，施設内におけるCの悪口について嫌悪感を抱いていた。この話をカウンセラーが聞くことによって，Aが"自分をわかってもらっていないのではないか"とい

第16章 特別養護老人ホームにおけるビハーラ・カウンセリングの事例研究　　173

う想いをカウンセラーに伝えることができた。そのことによって，Aとカウンセラーの信頼関係も構築されていった。

　さらに，Aの母親が亡くなったことや，父親との関わり，兄や夫の死について話された。これらは家族の生死に関するテーマである。このテーマについてAは自ら話すようになったため，Aにとって重要なテーマであると考えた。この家族の生死に関するテーマを通して，自身の生死の問題を考える下地となると考える。

　その後に，「ぼけてしまって，それでしょんべんたれと言われたら嫌」とA自身の老いに関する悩みを話した。この悩みに対して，カウンセラーは〈それは嫌ですね〉と受けとめながら，〈僕たちも結局，年取ったらいっしょに行く道ですしね〉と自身も老いていく同じ立場であることを示した。このことはAにとって，認知症に対する不安を訴えている場面であるため，カウンセラーが"私も老いるし，認知症になる存在である"ことを伝えるのは，共感的な対応ではなく意見を述べている。むしろ，一般的な援助者の対応としては，不安感を受けとめ，認知症にならないための方法論を伝えることが必要とされる。しかし，ビハーラ・カウンセリングにおいては，老病死の問題が起こるのは必然であり，それを受けとめる姿勢が必要であると考えた。その結果，Aは「そう」と述べただけで，やや沈黙があった。このような対応は，Aとカウンセラーの関係性の深まりによって可能かどうかは判断されるべきであると考えるが，本ケースにおけるAの反応から，カウンセラーの対応が早急すぎた可能性があると考える。

　第5回面接から第9回面接は，回想の繰り返しと日常の問題が繰り返されるようになり，面接が停滞した。そこで，第1期において話されていたクライエントの生死の問題に対応するため，カウンセラーは生死の問題に関する質問を用いて，より積極的にAの生死の問題について関わることが必要であると考えた。

(3)　第2期　過去の回想と死後の語り

　第11回面接。Aが，家族を大事に思っていることを話したので，カウンセラーが，〈Aさんが自分について，家族に憶えておいてほしいことは何かありますか〉と聞くと，「死んだら，仏壇を買ってまつって欲しい。甥や姪が大勢いるが，『線香立てる』と言ってくれるのが嬉しい。そこに自分の居場所がある気がする。あと，自分の名前が残るのがありがたい」と話した。一方で，「あれが欲しい，これが欲しいはないですけどね」と，現状に対する満足をAは述べた。

　第12回面接。Aが，近くに入居されていた方が亡くなったことを寂しく感じていた。そして，Aの夫が病院に入院中に寝たきりとなった時に，医師に「薄情やけど，

延命は辞めて下さいや」とAが伝えたことを話された。Aはしばらく感極まり机に伏した。カウンセラーは黙って聞いていた。

(4) 第2期の検討

　第11回面接において，カウンセラーが積極的に人生に関する質問をした。これは第1期の後半において，面接が，回想の繰り返しと日常の問題のみになったため，より積極的に生死の問題について質問しようと考えたためである。また，第10回面接以降，Aが，生死の問題に強い関心があることと，面接の継続によってAとカウンセラーに信頼関係が築かれていること，を前提とした上で行った。そしてAが生死の問題に関する質問に答えにくい場合は話題を変更することを前提とした上で行った。

　また，死後を意識してAが「死んだら，仏壇を買ってまつって欲しい（中略）自分の居場所がある気がする。あと，自分の名前が残るのがありがたい」と話した。死後の問題について考え，死後の自身の居場所を位置づけたことは，自身の死の問題についての取り組みといえると考える。

　施設の入居者が亡くなったことによって，第12回面接では，Aが夫の病床や死後の世界観について積極的に話すようになったと考える。特別養護老人ホームにおいて日常的に入居者の死別の問題など，老病死に関するテーマがあり，生死の問題について自覚しやすい環境にある。

　さらに，第12回面接で生死の問題について話したことは，第11回において，死後の問題がテーマになったことも要因の一つと考える。生死の問題に積極的に関わる姿勢は，ビハーラ・カウンセリングにおける重要なものの一つである。その結果としてクライエントが生死の問題に興味・関心を示すならば，その問題に関わるべきと考える。

(5) 第3期　老いの不安と死後の位置づけ

　第13回面接。Aは，「長男が，仏壇を買ってくれたらなぁ」と述べ，カウンセラーが，〈どうして仏壇を買ってくれたらなぁと思われるんですか〉と聞くと，「仏壇があれば，そこにすっといる場所があるでしょ。お墓はあるけど，仏壇があればなぁ。この前，手紙を書いて長男に頼んでみたんですよ」と答えた。

　第18回面接。Aが，「仏壇をね，長男が買うって約束してくれたんよ。良かった」と述べ，カウンセラーが，〈どうしてそんなに良かったんですか？〉と聞くと，「これで，死んだ後も居場所があるし，そこにすっと入って，見守れるやろ」と述べ，喜んでいた。

第16章　特別養護老人ホームにおけるビハーラ・カウンセリングの事例研究　175

職員に支えられずに自力で立位が取れたことを，Aは喜んでいた。また，「周りの人が痴呆になっているのをみると，自分も不安になります」とAは述べた。
　第18回面接後，施設職員からAの様子を聞くと，「もういつ死んでもいい状態」と述べているとのことであった。

(6) 第3期の検討

　第13回面接にて，Aは自身の死後の居場所として仏壇を長男に買って欲しいと述べている。これは，第11回面接における希望を具体的に「手紙を出す」という行動に移した結果と考えられる。さらに第18回面接では，長男が仏壇を買うことを約束してくれたことを喜んでいた。そして，死後の自身の居場所を仏壇の中に位置づけることによって，Aは喜んでいた。このことはAにおける生死の問題の解決の一つと考える。
　また，第18回面接に，認知症に関する不安を述べた。Aは死後の自身の居場所を仏壇に位置づけ，「もういつ死んでもいい状態」と述べているが，それでも，認知症に対する不安は強くみられた。一方で，立位体勢の保持を喜んでいた。このように死後の問題の一つを解決したとしても，心身の問題はAにとって重要であると考えられる。

4　ビハーラ・カウンセリング事例2

　対象は，89歳女性Bである。本ケースはX年6月からX+1年2月までの計10回行った。場所は，特別養護老人ホーム内のBの居室である。面接の頻度は，第6回面接まで週1回1時間，それ以降は月1回1時間である。
　Bの体重が減少して体調が悪化したため，Bの子どもの長女（以下，「Bの長女」とする）は，Bが死ぬことに対する不安が強くなった。そのため，Bの認知症の進行を抑えるためにも，カウンセリングを行って欲しいとBの長女が施設職員へ依頼した。
　施設内の医師は，Bは寺院出身であるため，Bの感情に寄り沿うためには，仏教に関する言葉がわかるカウンセラーの方が望ましいと判断したため，筆者が関わることとなった。
　カウンセラーは，積極的な傾聴を中心としながら，仏教についても機会があれば対話することを念頭においた。

(1) 第1期　過去の回想と認知症症状

　第1回面接。カウンセラーがBの居室へ入り，自己紹介をした。カウンセラーがBと同じ宗旨の僧侶でもあることを伝えた。Bは，カウンセラーが僧侶であると知って

「家はお父さんがやってるの？」〈はい，今は父がしてくれています〉「お兄ちゃんは跡取りか？」〈そうなる可能性は高いと思います〉「そうかぁ，こんなお兄ちゃんがいてくれて（家族は）良かったなぁ」などの，寺院に関するやりとりがあり，Bはカウンセラーへ親近感を示した。

Bは，寺院の坊守をしていた。その寺院は，有名な僧侶の所縁の寺院であり，「Dさん（有名な僧侶の名）が残してくれたお寺です。あー，よかったよかった」と，自分の寺院について喜んでいることを話した。

最後に，カウンセラーが〈施設に週1回きておりますので，またお話ししに来ていいですか？〉と伝えると，Bは「うん，またね」と了解された。

第2回面接。寺院の周りは田舎であり，何もなかったとBは話した。ただ，その地域で取れるタケノコが有名で，Bはタケノコご飯が好きだったことや，趣味，お寺の所縁について何度も話をした。

第3回面接。第1回，第2回面接と同様の話しをBは繰り返した。カウンセラーのことは，「あぁお兄ちゃんか」と呼び，認識しているが，同じ話を繰り返す点など，認知症の症状が一部みられた。Bの長女とカウンセラーが直接面会する機会があり，話しを聞いた。Bの長女はBの状態を「この前もドクターから話しを聞きましたけど，私の母も認知症というのが信じられなくって。どうしたらいいのか……」と，Bが老衰していく過程を実感しており，Bの長女はショックを受けている状態であった。カウンセラーは，〈本当に自分の母がそのような状態かと思うと信じられない気持ちですよね。面接をさせてもらいながら，お母さんの気持ちをお聞きして，場合によっては認知症が進むことを遅らせることもありますが，そうじゃない場合もあります。ただ，今後のことを考えるためにもお母さんの考えをお聞きしたり，状態を把握するためにもお話を聞かせてもらおうと思いますが，構いませんか？〉と伝えると，Bの長女は，「……わかりました」と答えた。

(2) 第1期の検討

Bの長女からの依頼でカウンセリングが始まった。Bの長女は，親であるBが衰弱していく様子を目の当たりにしてショックを受けていた。Bの長女は，Bが死ぬことや，認知症になることに対して強い拒否感情を持っていたため，Bの認知症の進行を抑えるために，カウンセラーへの依頼となった。

カウンセリングによって，認知症の抑止効果がある事例もあれば，ない事例もあるため，認知症を抑止することを保障する支援ではないことを示す必要がある。本ケースにおいては，面接開始当初はBの長女とカウンセラーが直接話す機会がなかったた

め，第3回面接後にBの長女と会う機会を得たためその説明を行った。

しかし，直接，認知症が抑止されなかったとしても，カウンセラーとの話し合いを通して，Bの長女が，母親の問題を受け入れることは，目標の一つになると考える。なぜならば，本ケースにおいてBの長女の面接の主訴の一つに，自身のグリーフケアの依頼が暗に示されているからである。このことは長女が，Bの死への不安が顕著に高いことからいえる。つまり，本ケースでは，Bの長女がBの死の過程を通して，自らの生死の問題について考え，解決していくことも心理臨床的実践であるリ・メンバリング（Hedtke, 2004）やグリーフケアの一つとして視野にいれておく必要がある。

第1回面接における自己紹介において，カウンセラーが自分は僧侶であることを示した。このことによって，Bは親近感を示し，また，仏教に関する話題について話すことの共通認識ができたため，寺院に関する質問や，自分の寺院に関する話をした。クライエントが仏教関係者などの場合，カウンセラー自身が仏教の経験を示すことで，死の問題に対するクライエントの認識が仏教を含めて開示されやすくなり，カウンセリング関係が促進すると考える。

第2回面接，第3回面接において，回想に関する話題が多く見られた。このことは高齢者とのカウンセリングにおいて，回想が中心となりやすいことを示している。このことを通じて，カウンセラーとクライエントが信頼関係を構築する過程であり，場合によっては過去をBが受け入れるきっかけになると考える。

第3回面接後に，Bの長女と直接話をする機会があった。Bの長女はBの認知症が徐々に進んでいることや，老衰についてショックを受けていた。カウンセラーは話を聞きながら，元々の要望であった，認知症の抑止が直接的に期待できるかどうかは不確定であるが，カウンセリングを行うことを説明した。本ケースでは，「……わかりました」とBの長女は受け止めたが，そこには精神的苦痛がみられた。つまり，本ケースにおけるBの長女は，Bの老衰について強くショックを受けている様子であった。このカウンセリングの説明をすること自体が負荷になっていたため，Bの長女の精神的な状態へのさらなる配慮が必要であったと考える。

(3) 第2期　過去の回想と称名

第4回面接。Bの顔に張りがなく，ベッドに体重を預けており，衰弱がみられた。カウンセラーが訪問し顔を見せると，Bは「あ，お兄ちゃんか」と，カウンセラーを認識はできるようであった。

第3回面接までと同じように，自分の寺院の話を中心に回想していたが，Bが，「もうお浄土が一歩手前。Dさん[1]ともうちょっとで会える」と述べた。カウンセラーが，

〈浄土が一歩手前ですか。Dさんともうちょっとでお会いできるというのは、どんな気持ちですか？〉と聞くが、「うーん」と述べただけで答えなかった。

　第5回面接。Bは、「Eさん[2]が、私のお寺を訪ねてこられてな。それもこれもDさんのお陰で、そういうご縁」と、寺院の出来事を懐かしんでいた。カウンセラーが、〈Eさんが訪ねてこられたんですね。それはいいご縁でしたね〉と応えると、Bは、「本当にそうやなぁ」と応えた。またカウンセラーが、〈Bさんの人生で、そのことが一番いいご縁でしたか？〉と聞くと、Bは、「Eさんとご縁をいただいたことやなぁ。それで、色々やりとりもできたし、Eさんが南無阿弥陀仏のお名号を書いて下さっていただいた。ありがたい」と述べた。

　カウンセラーが、〈今日、言い残したことはありますか？〉と最後に聞くと、Bは「南無阿弥陀仏、南無阿弥陀仏。あんたもいい跡継ぎになりやぁ」と言った。

　第6回面接。「今日は、お兄ちゃんが話をしてくれるか？」とBに頼まれたため、〈どんな話がいいですか？〉とカウンセラーが聞くと、「なんでもいいで」とBは答えた。そこでカウンセラーは、自分の寺院の経験や、自分が仏教に出会うことになった出来事について話し、今の自身の信仰について伝えた。そうすると、「よかったよかった、南無阿弥陀仏、南無阿弥陀仏」とBは念仏した。カウンセラーは〈本当によかったです、南無阿弥陀仏〉と念仏し、お互いに念仏した。

(4) 第2期の検討

　第4回面接において、Bの体調の悪化は観察から明らかであった。そこで、「お浄土が一歩手前」と言ったことは、Bが自身の体調の悪化を感じているため、死後について言及したものと考えられる。また、これまでBは、寺院に深く関わってきたため、死生観が浄土真宗によって確立されていたと考えた。その結果、自身の死後を浄土に位置づけており、死への姿勢をカウンセラーに表明したと考える。

　このような語りは、カウンセリングによって死生観が新たに成立したのではなく、自身の死生観の明確化と言える。既に得てきた死生観を改めて話すことと、それを受容的に聞くことは、クライエントの死生観の確認であり、死生観の強化・受容であると考える。このようなクライエントの死生観を明確にすることは、ビハーラ・カウンセリングの一つであると考える。

　第5回面接では、人生において重要だと思うこととして、Bの人生は寺院が中心で

---

(1) 本ケースにおけるBが所属していた寺院と深く関係していた僧侶のこと。
(2) 本ケースにおけるBが所属していた寺院へ訪問した高僧のこと。

あったことが語られ，特に，DやEなどの高僧との関係性を重要視していることが話された。面接の最後には，「南無阿弥陀仏」と念仏をBが初めて称えた。このことは，第4回面接と同じく，自身の死生観の明確化であると考える。

　第6回面接においては，カウンセラーが積極的に話すようにBから要請があった。これは，一般的なカウンセリング関係においては稀である。悩みを持っている人が，相談をするためにカウンセリングに来談し，悩みの内容を話すのが通常だからである。しかし，高齢者福祉施設におけるカウンセリングは，カウンセラーが訪問する形式であり，明確な主訴なくケースがはじまるため，このようなクライエントの要請は起こりやすいと考える。

　そこで，Bにどのような内容が良いか聞いた上で，カウンセラーの死生観に関する仏教との出会いについて話した。これはBにとって，仏教が重要であることが明らかであり，またBはカウンセラーが僧侶であることを知っていたため，このテーマを選んだ。その結果，Bは「よかったよかった，南無阿弥陀仏，南無阿弥陀仏」と言い，カウンセラーも念仏し，お互いに念仏を確かめ合う機会となった。この様に，カウンセラーが自身の死生観を話すことは，クライエントの死生観に新たな語りを産み出す可能性がある。しかし，この様な実践はクライエントの死生観に影響を与えるため，より慎重になる必要があり，今後の検討課題である。

(5)　第3期　称名と老いの問題

　第8回面接。Bは，「お兄ちゃんはいいなぁ，お兄ちゃんは賢いからいいなぁ」と述べたので，カウンセラーが〈でも，浄土真宗は賢くなくてもいい教えなんで，なお良かったですね〉と応えると，「ほんまやなぁ，そうやそうや。南無阿弥陀仏，南無阿弥陀仏」と念仏をBは喜んだ。カウンセラーも「南無阿弥陀仏，南無阿弥陀仏」と答えた。

　その後，Bは体力の低下が進み，ベッドからほとんど起き上がれない生活となった。カウンセラーが訪問をするが，対応できない日が多くなった。

(6)　第3期の検討

　第8回面接において，Bが「お兄ちゃんは賢いからいいなぁ」と述べたことに対して，カウンセラーが〈でも，浄土真宗は賢くなくてもいい教えなんで，なお良かったですね〉と応えると，「ほんまやなぁ，そうやそうや。南無阿弥陀仏，南無阿弥陀仏」と念仏をBは喜んだ。このことは，カウンセラーがBの日常的な話を，浄土真宗の教学に結び付けて返答した場面である。浄土真宗の救いに関わるテーマを，日常的な会

話の中に織り込むことは，Bとカウンセラーの中では了解される関係性であったため，思いが通じ合った。クライエントが仏教関係者であった場合，仏教的思想によって，絶対的な救いについて共感しあう関係となることは，ビハーラ・カウンセリングの意義の一つだと考える。

5 ビハーラ・カウンセリングの考察

(1) 高齢者施設におけるカウンセリングの実践

ケース1においては，介護職員から，「ご本人は認知症もなく，お元気なため，かえって話し相手がいない。そのため，色々と話をしてくれたらありがたい」として紹介された。特別養護老人ホームという施設において，入居者の話し相手がいないというのは施設特有の問題の一つである。カウンセラーが，傾聴を行うボランティアのように"話し相手"として位置づけられるケースであった。ケースが進む中で，"単なる話し相手"が，"信頼できる話し相手"となり，Aにとっては"生死の問題を話す相手"となった。

ケース2においては，Bの体調の悪化による長女の不安がきっかけとなって始まった。Bの長女の希望は，Bの体調の維持や，認知症の進行の遅延化であった。カウンセラーは，要望に応えられる可能性が低いことを長女へ示しつつ，カウンセリングを実践した。

ケース1において，相手が高齢者であることから，「カウンセラー」という単語に親和性がないため，「話し相手」として紹介せざるを得なかった。また，初めて入居者とカウンセラーが出会う時，入居者が積極的にカウンセラーへ依頼していない状態から面接が始まろうとすることが多いため，入居者から「いい話し相手」と認識されるような配慮が必要であると考える。しかも，守秘義務は守るが，場合によっては施設職員へ報告・相談などをすることを伝える必要がある。

ケース1においては，カウンセラーは自己紹介をして自分の役割を説明した。Aは，「傾聴してくれる人かな？」と，これまでの体験から，施設内でボランティアの人と話しをする経験があった。そのため，外部者であるカウンセラーとの対話の受け入れが自然であった。このように，施設によっては傾聴を行うボランティアを受け入れていることもあり，「話し相手」と認識されやすいこともある。しかしながら，そのクライエントのイメージする「傾聴してくれる人」がどのようなものであるかは，カウンセラーの行おうとする実践と違う可能性があることは想定し，場合によっては修正が必要である。

第16章 特別養護老人ホームにおけるビハーラ・カウンセリングの事例研究　*181*

　また，ケース2においては，Bの長女や施設医師からの希望もあり，カウンセラーが僧侶であることを開示した。そのことを伝えることで，Bはカウンセラーへ親近感をもったため，僧侶であるカウンセラーとしての関わりが可能となった。

　特別養護老人ホームにおけるカウンセリングは，カウンセラーが施設入居者を訪問する構造であり，一般のカウンセリングと構造が異なる。これは，入居者は身体的に移動することが難しく，また悩み事の相談をカウンセラーにできるということを周知することが難しいためである。

　ケース1，2のように，クライエント本人の思いと同様に，施設職員や家族の思いは，「単なる話し相手」から，「認知症のケア」など様々である。それぞれのニーズへ対応しつつ，クライエントへのカウンセリングが開始されることが重要と考える。

(2)　ケース1　老死の問題と回想を中心としたビハーラ・カウンセリング

　Aが，第1回面接で母親の死と父親について話し，第3回面接で兄の戦死や夫の死について話をした。ビハーラ・カウンセリングは，クライエント自身の生死の問題を一つの大きなテーマにするため，クライエントの近親者の死に関するテーマは，生死の問題のきっかけや下地になると考える。

　またAは，第3回面接に自身が認知症になることへの不安を述べている。このテーマは，クライエント自身の老いに関するテーマであり，避けられない苦しみの一つである。これは死の過程の問題であり，徐々に，自身の死の問題について意識を深めていると考える。

　カウンセリングの重要なことについてロジャーズ（1942）は，クライエントは「これまで抑圧されてきた感情から情動的に解放され，自分の置かれている状況の基本的な要素に対する意識を高め，自分自身の感情を率直に，恐れなく認知する能力を増す」と述べた。本事例において，Aは，現在の状況や過去を回想しながら，自らの感情について述べていた。そのことによって，カウンセラーとクライエントの許容的な関係が構築されていき，カウンセリングが促進されたと考える。

　生死の問題への問題意識をふまえて，第11回面接において，カウンセラーは〈Aさんが自分について，家族に憶えておいて欲しいことは何かありますか〉と聞いた。するとAは「死んだら，仏壇を買ってまつって欲しい（中略）そこに自分の居場所がある気がする」と述べ，死後の問題について述べた。カウンセリングは，感情の解放の次の段階として，自己洞察の段階になるとされる。これは，感情が解放されることで必然的に起こるとされる。そして，「自己洞察に伴い，以前は認知していなかった新しい関連性，自己のあらゆる面の積極的な受容，目標の選択が初めて明確に認知され

る。」(Rogers, 1942) とされる。このように, Aはカウンセラーと関係を築くことを通して, 生死の問題に対する不安に対して, 自己洞察を深めていったと考える。

さらに, 第13回面接や第18回面接において再度Aは仏壇に関することを語った。つまり, 仏壇を設置することをAの長男にお願いし, その結果, 設置の約束ができたことを喜んだ。自己洞察によってできた, 新しい目標のために自己主導的な行動が起こることは, カウンセリングが進んでいることを意味していると考える。カウンセラーとクライエントの許容的な関係が構築されることによって, クライエントが生死の問題に対しても積極的に取り組むことができたと考える。

この仏壇を購入し自身の死後の位置づけを行うことは本来の真宗教義とは異なる。このAの解決方法は, 現世における解決であり, 根本的な解決であるとは浄土真宗からはいえない。しかしながら, 仏壇を購入し, 自分なりに死後の問題に取り組んだことはAの決断であり尊重すべきことである。

Aは面接後半には死後の自分の位置づけを明らかにしたが, 「認知症の人なんかをみたら, 仕方ないとは思うけど寂しくなる」と述べ, 認知症になることに対する不安や寂しさは残ることを述べた。死後の問題を取り組んだとしても, 感情としての悲しみや寂しさを人間は感じる。死後の問題を取り組むことは重要であるが, Aはその後の感情についての課題が残った。継続してカウンセリングを続けるならば, この問題に取り組んでいくことは重要である。さらに, Aが望むのであれば, 浄土真宗やその他の宗教によって生死の問題について積極的に取り組む宗教的解決を紹介することも一つの方法であると考える。

(3) ケース2 仏教関係者における老いとビハーラ・カウンセリング

Bは, 寺院関係者であったため, カウンセラーは自らが僧侶であることを示した。そのことによって, Bはカウンセラーに「お兄ちゃんは跡取りか？」といった寺院に関する質問をするなどして親近感を示した。また, 第4回面接において, Bが「お浄土が一歩手前。Dさんともうちょっとで会える」と述べたり, 第5回, 6回面接において, 「南無阿弥陀仏」と念仏を称えたことは, カウンセラーが僧侶であることを伝えたことによって, 仏教に関する会話が促進されたと考える。また, 第8回面接で, カウンセラーが〈でも, 浄土真宗は賢くなくてもいい教えなんで, なお良かったですね〉とBへ述べることが可能であったのは, 両者の関係性の深まりと, 両者が仏教関係者であるという前提があったためである。このように, クライエントが寺院関係者であり, 望まれるならば, カウンセラーが自身も仏教者であることを示すことによって, ビハーラ・カウンセリングにおける仏教的意義が促進されると考える。

第16章　特別養護老人ホームにおけるビハーラ・カウンセリングの事例研究　　*183*

　Bは第4回面接以降，より体調が悪化した。第4回面接にて「お浄土が一歩手前」と述べたのは，自身の体調の悪化を受けて，死が直面化されたことが原因の一つと考えられる。さらに，第5回面接において，自発的に「南無阿弥陀仏」と念仏をBが称えたり，第6回面接において，Bとカウンセラーが共に念仏し合うということがあった。これらの死後観や宗教観は，Bの人生における浄土真宗の存在の大きさによると考えられる。Bの浄土真宗の生き方が，僧侶であるカウンセラーを前にすることによって表出され，お互いに念仏し合うこととなった。クライエントの念仏に対して，カウンセラーが念仏で返し，ともに念仏し合うということが起こった。これは，クライエントの想いに対する共感的な関わりであり，カウンセリングの真髄の一つである。

　また，このような実践は，フォローアップ面接に位置づけられると考えられ，生死の問題のカウンセリングにおいて重要である。Bは仏教との縁も深く，もともと浄土真宗に帰依していたと考えられるが，カウンセラーとの関わりの中で念仏を称えることができ生死の問題への解決を再確認できた。このような実践は，生死の問題の宗教的カウンセリングを示すものであり，死を目の前にしている人へ受容と共感ができるビハーラ・カウンセリングにおいて重要なことの一つと考える。

　Bとの第8回面接において，カウンセラーは〈でも，浄土真宗は賢くなくてもいい教えなんで，なお良かったですね〉と，積極的に浄土真宗について述べた。このことは，第7回面接までに，念仏し合う関係を結べていたためである。その結果，お互いに念仏し合うこととなった。このようにクライエントとカウンセラーが真宗者であることを表明している関係であれば，より積極的に浄土真宗を中心に対話することができると考える。

（4）　ケース1とケース2の比較考察

　ケース1において，Aが話した内容は，夫や母，弟など家族を中心とした近親者の死や，自身の健康問題や認知症になる不安，自身の死後の居場所としての仏壇の意義について話した。一方で，ケース2において，Bは，自身の人生史を中心に回想しながら，浄土真宗に基づく死生観について話し，念仏した。

　両者に共通していたことは，カウンセラーとクライエントの対話は家族や印象に残っている出来事が中心となり，過去の回想について話したことである。また，自身の健康や人間関係に関するものもみられた。

　一方で，両者の異なる点は，Aは近親者の死や自身の老いの話の延長線として，死後の問題が表出され話し合われたが，Bは自身の体調の悪化がきっかけとなって，浄土や念仏など浄土真宗に基づいた話となったことである。これは，Aは仏教に対する経

験がほとんどない一般女性であるため，近親者の死や自身の老いをきっかけとして，自分自身の死の問題について話すことになったと考えられる。一方で，Bは寺院出身者であり仏教を生活の中心の一つとしていたため，自身の体調の悪化をきっかけとして浄土真宗に基づいた死生観を表明した。

さらにAは，死後の問題の解決方法は，仏壇の設置によって自分の死後を位置づけるという方法であった。これは浄土真宗の立場とは異なった解決策である。このように，生死の問題へのカウンセリングを実践する場合，クライエントそれぞれによって解決策は異なる。場合によっては，他宗教による解決や，習俗的な解決を選択するクライエントがいる。カウンセラーはそれを受容していくことで，クライエントは生死の問題についてより洞察を深められる。本ケースにおいても，今後，仏壇を中心として死後の世界について検討することも可能であると考える。

一方で，Bは死後の問題について，浄土真宗の立場から明確な答えを既に持っていた。「浄土が一歩手前」といった死後観は，浄土真宗に親しんでいたことによって表明したことである。寺院関係者は，浄土などの死後観や仏に関する情報にかかわる機会が多く，生活の一部になっていることが多い。これらの情報を，ビハーラ・カウンセリングを通して再認識し，自分自身の死の問題の悩みを解決することができると考える。

また，ケース1，ケース2それぞれにおいて，カウンセラーはクライエントの生死の問題に寄り添う姿勢を示した。ケース1において，カウンセラーが，第3回面接で，認知症への不安を訴えるAに対して，〈本当にそれは嫌ですね，ただし，Cさんがそう言うかもしれませんけど，私たちは思いませんよ。僕たちも結局，年取ったらいっしょに行く道ですしね〉といったことや，第18回面接において，仏壇を購入することを喜ぶAに対して〈どうしてそんなに良かったんですか？〉と応じたことは，老いと死後の問題に対する柔軟な応答性を示している。また，ケース2において，カウンセラーが，第3回面接の後にBの長女へカウンセリングの説明をしつつ，老いの問題を直面化したり，第4回面接で死後のことを話したクライエントの気持ちを聞くなどといった対応も同様である。これらの対応は，場合によっては，クライエントの反応が不能となっていたため，カウンセラーが侵襲的になった可能性が高く，検討を要する。しかしながら，生死の問題に対して，過度に不安を感じずに柔軟に応答できる可能性を示したと考える。

長谷川ら（2002）が述べるように，死の問題に対して，カウンセラーは無力感に陥る可能性は高い。ロジャーズ（1957）はカウンセリングにおいて，適切な客観性と共感性が重要であるとして「クライエントの私的な世界を，あたかも自分自身のもので

あるかのように感じとり,しかもこの"あたかも……のように"という性格を失わない」と述べている。このように生死の問題に対して,適切な客観性と共感性を保ち,柔軟な姿勢がとるためには,カウンセラーがカウンセリングに対して習熟することと同様に,死生観を確立することが重要であると考える。

文　献

Hedtke, L., & Winslade, J.　2004　*Re-membering lives: Conversations with the dying and the bereaved*. Amityville, NY. Baywood Publishing Company.
浄土真宗本願寺派社会部　2010　ビハーラ20年総括書〈http://social.hongwanji.or.jp/〉
長谷川伸江・待鳥浩司　2002　ある末期患者との面接—スーパービジョン体験を交えて　三木浩司(監修)　死をみるこころ生を聴くこころ—緩和ケアにおける心理士の役割木星舎　pp.84-117.
梯　實圓　1994a　聖典セミナー歎異抄　本願寺出版社　pp.168-169.
梯　實圓　1994b　仏教の生命観　浄土真宗本願寺派ビハーラ実践活動研究会(編)　ビハーラ活動—仏教と医療と福祉のチームワーク—　本願寺出版社　pp.87-88.
Rogers, C.　1942　*Counseling and psychotherapy: Newer concepts in practice*. Houghton Mifflin.
Rogers, C.　1957　The necessary and sufficient conditions of therapeutic personality change. *Journal of Consulting Psychology*, 21(2), pp.95-103.
友久久雄　2004　宗教とカウンセリングにおける自分探しのあり方について　龍谷大学仏教文化研究所所報,28,pp.1-5.
友久久雄　2008　ビハーラ活動の歩みと課題—ビハーラ総合施設開所にあたって—　浄土真宗本願寺派編　『宗報』,5月号,p.21.

第17章
重度障害(脳性マヒ)児への教育学的アプローチ

守田弘宣

はじめに

　この小稿は，京都教育大学発達障害学科障害児医学特別専攻科修士課程を終えるに当り，提出した修士論文を要約・抜粋したもので，紙面の都合による研究内容の簡略化・省略などで標題の内容を充分に再編できていないことをお詫びしなければならない。
　友久研究室で学んだ医学的研究の中で脳性マヒの分類については，「脳性マヒの分類」のほか，A児をとりまく取り組みについてはその概略を記すことができた。修論では障害児教育（特に第二次大戦後）の歴史的考察においてすでに各機関で取り組まれた内容も含んでいるが，それはここでは省略する。
　障害児教育が"慈善的態度"や"保護施策"に戻らないことを特に念じながら肢体不自由児教育史を多くの頁をさいて概観しているがここでは割愛したい。また，各教育機関の教育資料を別途参照願いたい。

1　事例（生育歴）

A児について：1959出生（満期安産）
　1. 出生時重量　3,000g
　2. 始語生後12ヵ月，始歩15ヵ月頃
　3. 生後17ヵ月（1960）　百日咳で発熱が10数日続き，医師の治療を受ける。
　4. 1960（生後18ヵ月頃）　歩行がおかしくなり，手押しの歩行練習器を使用，歩行練習中3歩目位に足をひきずり，歩行に異変が起こる。

5. 生後19ヵ月　突然自力歩行が困難となり，介助しても尖足歩行となる。物につかまり，つたい歩き，自力での移動など特別な介助が必要。言語にも特別な異常はないように見受けられたが，歩行に異変が生じて以後2～3ヵ月頃にはうまくしゃべることができず，聞きとりにくいことが多くなってきた。
6. 1962～63（生後3年～4年）　某大学附属病院整形外科・神経科受診。同じ頃県立医大附属病院第二外科で診察を受け，脳波に異常はないが脳性小児マヒと診断された。
7. その後，各病院など転々として治療を受けたが動作がにぶり，自力での活発な運動（動作）が困難になり，異常が明確となってきた。
8. この頃から接骨院でマッサージと電気治療を受ける（約2ヵ年間）。
9. その頃，二本杖の歩行の練習をするが，不安定な程度が高まり，松葉杖歩行に移行。
10. 手指は一応うまく使えるが，特に左足は尖足歩行。
11. 1964　自宅療養を続けながら，国立病院へ通院治療。しかしADL（日常生活行動）全面介助となる。
12. 1964　生後5歳　県内，民営のT聖肢園に入園。脳性マヒ児の収容施設で治療を受けながら，施設内の公立小学校分室で機能訓練を受ける。歩行は介助が必要であったが上肢の機能は健全。
13. 1964　下肢股関節部腱手術。術後2ヵ月で車椅子使用開始。
14. 1965　生後6歳　風邪，40℃高熱1週間・肺炎併発（動作が極度ににぶくなる）。
15. （同年）　下肢アキレス腱および膝部分手術。
16. 1966　園内で麻疹に罹患。
17. 1965　施設園内幼稚園入園。
18. 1966　小学部入学。
19. 1968　小学部3年時　外泊（自宅）　発熱40℃約1週間，施設内で肺炎15日間程就床
20. 小学部在学中　施設園当局とA児保護者との諸問題から1970年の外泊を機に退園した（1970. 7. 31付　自主退園）。
21. 1972　A児地域の諸運動と活動により，A児在住の公立小学校第6学年・就学
　　　　特記事項　1970年6月～1972年1月までの間の在宅期間は就学せず，学籍も明らかでなかった。
22. 1972　地域町内公立中学校第1学年入学（肢体不自由児学級新設）。
　　　　ADL全面介助が必要なため［母子入学］（筆者がA児の担任—3ヶ年間）。

23. 1973　校内文化祭に意見発表（友人代読）。
24. （同年）　労働省主催「心身障碍者雇用促進ポスター」（応募）　入賞・表彰。
25. 1974　郡内障害児学校学習文歓発表会参加。
26. 1974　卒業記念旅行参加（第3学年全クラス）―関東方面（東京中心に）。
　　　　　両親・筆者・A児＝当時では困難を伴ったが，大阪－羽田航空機搭乗。
　　　　　中学校就学中，校内体育大会全回・車椅子参加。
27. 中学卒業後は家庭で労働として，家業の一端である木製品を鑢で部品の研磨作業の手伝い。
　　電動タイプライターの給付を受け，友人との交流・日常生活用品（家族とのコミュニケーション）に活用している（操作は中学校在学中に習得した）。

上肢・指の特徴　右，左　示指（スワンネック）
　　　　　　　　　　左　　親指（サム インパルム）
知能診断検査（評価点総計　102）（IQ；102）やや情緒不安定
その他　諸検査結果は省略。

2　重複身体障害児学級設置への営み

小学校卒業までの短期間就学への取り組み
　・地域内隣保館学習－学習校の保障のために小学校にA児の学習の場を設定する取り組み。
　・学級の新設はできなかったが一定の成果があって両親，本人も公立学校への通学を決め無事に形の上での小学校課程を卒業することとなる。
　・中学校（義務教育最終課程として）に就学することが現実の課題となり，昭和46年11月より障害児学級担任を中軸として校内で肢体不自由児学級開設への取り組みを始める。
　当初は両親の遠慮がちな気持ちもあり，他の生徒にも親子で毎日学校へ顔を出したら戸惑うだろう，また，地域の人々にじろじろと見られるのは，恥ずかしい，などの様子であったが，当時，知的発達障害学級を担当していたT教諭は，すべての子どもの学習権を保証するため，度重ねて，両親，本人を説得してくださった。障害児教育の実践家であり，理論的背景に基づく教育学的実績も，地域の教育関係者に高く評価され，筆者も，彼の姿勢と教育学的な深い知識などなど強烈な影響を受け，校内職員会議において様々な論議の結果，当時学年主任に任じられていた筆者が脳性マヒ児A

君の学級担任を引き受け，学級開設への具体的な取り組みに着手し，県立肢体不自由児養護学校へ訪問し，同校で教育現場の見学および貴重な教育体験などを実践的に実習させていただいた。なお，県立難病児養護学校（進行性筋萎縮症（筋ジス））でも前記学校同様，心やすく体験させていただき，教育学的に具体的な方向性や，Ａ児の両親とも入学後の具体的な介添（介助）・担当教師の役割りなどなどを話し合いを更に深め，地域・学校ともども肢体不自由児学級新設運動を展開し，町民1,000名にのぼる署名などその年次の4月開設に漕ぎ着けた。また町教委・県教委への嘆願活動を推進し，全校態勢で可能な限りのＡ児受け入れ準備をすすめる。

① 二階の現在位置を一階へ（教室の移転）
② 環境の設定：学習コーナー，遊戯コーナー，生活指導コーナー，訓練コーナーを設ける。
③ 学習・訓練機具の整備：歩行訓練器具，手の運動用訓練機を備え，入口敷居のエスカレート化工事（バリアフリー化），出入口自動開閉化工事，洋式工事（トイレ改造）を実施。給食用特殊テーブルや水のみ場を整備した。
④ カリキュラム：学習面，特殊訓練，生活指導，生活機能訓練のため養護学校の指導・助言を得ることを中心に組む。
　また，母子入学を建て前とするが，順次本人の力や，友達の協力を得て行動できる形にする，食事は学校給食を主に，さらに校医及び栄養士の指導を受けるなどの編制とした。
⑤ 変わっていく子どもたち（地域社会）：トイレに従来なかった洋式便所を備え，昇降口の階段はスロープ化するなど工事が始まって，環境が急変していく様子を奇異な目で観ていた子どもたちであったが，Ａ児の入学はその当時としては，ことの他驚きの連続だったらしい。車椅子で入場してきたＡ児の姿には，それまでに知的発達障害の友だちのことは現実の問題として認識していたが，Ａ児の車椅子姿は異様な感じだったと，とりまく子どもたちは入学式当日の感想を述べたものだった。これまでは，社会的には『めくらへびにおじず』『ばかは死ななきゃ治らない…』『いざりのこじき…』など差別に偏った「差別的偏見」，障害児者を人間と見ない，扱わない風潮のなかで，学校・父母集団・生徒会等は，Ａ児の入学（就学）を機に，自ら解決しなければならない課題と，現実の問題への取り組みに直面した。しかし，時間が経過し，子どもたちがそれぞれの場面で課題解決への方途を見出していくようになった姿に，教育現場で取り組んだ教育学的なアプローチの成果の一端を感得した。個々が具体的なさらなる課題への正面からの取り組みを誓い，具体的な課題の発掘と，それに立

ち向かう姿勢の重要さも感得できるようになった。そしてほとんどすべての活動や行事などにも，教育的な観点と結びついた各個人の行動（活動）を決定する力量を持てるようになり，やがて集団としての問題や課題に立体的に取り組めるように変わっていった。しかしすべての課題が解決された訳ではなく今後の緊急課題に取り組まなければと痛感する。

3 脳性マヒの分類（医学的考察）抜粋

　脳性マヒの定義は単一な原因に基づく単一な障害ではなく，種々な疾患，すなわち脳の損傷に起因する肢体の運動障害の総称であると言える。従って分類の仕方にも標準化されたものがない。多くの文献に解剖学的，生理学的分類として示されているが，どの研究者もこれでよいと断定する意見は述べられていない。

　山本および楢林（佐藤ら，1971）は分類するなかで分類上の問題は指摘しているが標準化された分類型を示していない。また福山（1961）は「従来，脳性マヒの分類はいくつかの観点でなされてきたが極めて大ざっぱに言えば大体似たりよったりと言ってもよいだろうが，研究がすすむにつれて，色々な混乱や矛盾を内蔵することが明らかになってきた」と述べ，さらに「分類の問題が解明されてないのは用語についての統一的見解がないままに同一語が著者によって異なった意味をもって語られているという混乱が一つの原因である。この混乱をさらにさかのぼって考えてみれば，これらの用語は，その多くは成人を対象とした神経病学から借りてきたものであり，小児の複雑な病像とした神経病から借りてきたものであり，小児の複雑な病像，現象を表現するには必ずしも適切でないものを無理して用いているところに原因があるのではなかろうか？」と述べている。山本も用語（訳語）についても問題のあることを認めている。福山は他の研究者も賛同しているようにAACP（American Academy for Cerebral Palsy：米国脳性マヒ学会）の分類を支持しながらも，「細部に亘っては異論がある」としている。すなわちAACPの分類では生理学的分類，分布上の分類，原因的分類，機能的分類，治療の必要度の別に分類し，①生理学的分類，②分布上の分類，③原因的分類は少なくとも必ず記載するように勧告している。また補助症状的分類があるために脳性マヒの呈する複雑な障害が総合的に表現されることに対して特に関心を示しながら，これを支持している。ここではAACPの分類に従うことにする（以下，生理学的分類を主として記すことにする）。

(1) AACPによる分類

　AACPによる分類のうちPhysiologyに属するのは以下のごとくである。
　Physiologic（motor）
　　A．Spasticity（痙直）
　　B．Athetosis:　　　（アテトーゼ）
　　　1．Tension　　　（緊張性）
　　　2．Non-Tnesion　（非緊張性）
　　　3．Dystonia　　　（異緊張性）
　　　4．Tremor　　　（振戦性）
　　C．Rigidity　　　　（強剛）
　　D．Ataxia　　　　　（失調）
　　E．Tremor　　　　（振戦）
　　F．Atonia　　　　　（無緊張）
　　G．Mixed　　　　　（混合型）
　　H．Unclassified　　（不明）

　小池（1974）は「上記の分類も世界各国でそのまま広く採用されているわけではなく，少なくともわが国においてはDystonia（B-3），Tremor（B-4），Tremor（E），Atonia（F）は比較的"まれ"にしか見られないこと，Dystonia（B-3）は必ずしも"まれ"ではないが，Athetosis（B）を細部に亘って分類することの実用的意義を必ずしも重視しないからであろう」とその理由を説明している。

　フェルプスら（Phelps et al., 1958／邦訳，1974）の著書"脳性マヒ―両親へのガイド―"の中で"脳性マヒの型"として大きく分けると5つの型，すなわち①Spasticity，②Athetosis，③Rigidity，④Ataxia，⑤Tremorであり，⑥Mixedもあると説明している。

　①痙直型　Spastic Type：この型は，腱反射の亢進，伸長反射（stretch reflex）の閾値の低下，足クローヌスの出現などが特徴である。尖足，膝関節屈曲拘縮，股関節内転などがしばしば起きる。整形外科的手術の対象となるのが大部分この型である。肢体では起立歩行時に両脚を交差した肢位（はさみ状肢位 scissors position）をとりがちである。
　②アテトーゼ型　Athetoid Type：この型は肢体に不随意運動を呈するのが特徴的である。そして，この不随意運動はなにか目的のある行動を起こそうとすると著しく

なる。腱反射は亢進せず，病的反射は認められない。

　四肢の拘縮は稀である。普通この型では乳幼児期に非緊張が見られ，成長とともに緊張に移行することが多い。従って幼児期以後は，アテトーゼ型は大部分が緊張型であると考えても差し支えないだろう。筋トーヌス亢進（hypertonic）のため痙直や強剛型との区別にとまどうことが生じるかもしれないが緊張性アテトーゼにおける筋トーヌスは不定（変動的）であることが特色であることから判別できるであろう（夜間睡眠中は筋トーヌスは〔−〕であり，意図的に動作しようとすると筋トーヌスは最高度に亢進する）。

　③強剛型 Rigid Type：この型は他動運動に際して，四肢が鉛管状（lead-pipe）または歯車状（cog-wheel）の抵抗を示すのが特徴とされている。そして痙直型では，ジャックナイフ様の現象（clasp-knife phenomenon）と呼ばれ，他動運動をある程度推しすすめると，それから先は急激に抵抗がなくなり目的が達成されるのが普通であるが，強剛型ではどこまでいっても当該肢節の抵抗は同じである。また屈曲・伸展のいずれにおいても同様の抵抗を示す。この型では二方向に抵抗があることになる。痙直型では例えば肘を伸ばす時に抵抗があっても，屈曲する時には抵抗がない。またこの型では急激な運動に対して大きな抵抗を示すのに対して強剛型では緩徐な運動に対して最大の抵抗を示すのが特色である。この強剛型では筋トーヌスは亢進しているけれども，腱反射は正常ないしは減少（減退），伸張反射およびクローヌスは欠如，また不随意運動も認められない。

　④失調型 Ataxic type：この型は運動感覚または平衡感覚（もしくはその双方）の障害に基づく一次的不協調（primary incoordination）であるといわれる。しばしば触覚異常や深部感覚異常を伴う。歩行するようになると，よろめいた足どりを呈する。筋トーヌスはむしろ低下する場合が多い。

　⑤混合型 Mixed Type：前述の各種の型にあてはまらないで，いずれか2つの型にまたがるケースも少なくない。例えば不随意運動を呈し，腱反射の亢進，足クローヌス陽性などの症状を呈するものはアテトーゼと痙直の両型の特徴を示している。このような場合は混合型と考えられる。

　⑥不明 Unclassified：どの病型に明確に分類するのか決し難いケースもあるので，この型すなわち"不明"が設けられている。

(2) "マヒ"の部位による部位的分類
　① 単 マ ヒ Monoplegia：1肢のみのマヒ
　② 対 マ ヒ Paraplegia：両下肢のみのマヒ，主として痙直型にみられる

③ 片マヒ Hemiplegia：上半身がマヒ，主に痙直型
④ 三肢マヒ Triplegia：三肢がマヒ，多くは両下肢と片方の上肢，痙直型に多い。
⑤ 四肢マヒ Quadriplegia：四肢のマヒ，ただしこの内で両上肢に比して両下肢がよりおかされているのが痙直型に多く，両上肢がよりおかされているのがアテトーゼ型に多い。
⑥ 両マヒ Diplegia：四肢マヒの一種で，両上肢に比し両下肢がおかされている場合が多く，痙直型に多い。
⑦ 両側マヒ Double hemiplegia：両マヒとは反対に両側上肢が両側下肢に比してより多くおかされている場合を指す。

部位別分類は必ずしも絶対的なものではなく便宜上の分け方である場合が多い。

(3) 障害の程度による分類

AACPは障害の程度（機能的能力）を次の4等級に分類している。
① ClassⅠ：行動の制限はほとんどない脳性マヒ患者
② ClassⅡ：経度ないし中等度の行動の制限のある脳性マヒ患者
③ ClassⅢ：中等度ないし重度の行動の制限のある脳性マヒ患者
④ ClassⅣ：有用な行動をすることが全く不可能な脳性マヒ患者

研究者の推測によると脳性マヒ患者の中での各Classでの占める比率推計は，
ClassⅠが10〜20％，ClassⅡが30〜40％，ClassⅢが30〜40％，ClassⅣが10〜20％であり，さらに脳性マヒの重症度にも関連するが治療のから次のような分類をしている。
① Class A：治療を要しない脳性マヒ患者
② Class B：装具とセラピー（機能訓練）をわずかに必要とする脳性マヒ患者
③ Class C：装具と器具を必要とし，かつ脳性マヒ治療チームのサービスを必要とする脳性マヒ患者。
④ Class D：障害が高度であるため，長期の施設収容と治療を必要とする脳性マヒ患者。

脳性マヒ児の知能の病型別知能段階について，脳性マヒ児の知能はその病型によっても異なるといわれている。従来の見解では，フェルプス以来，アテトーゼ型は最も高く，痙直型，強剛型，失調症の順になっている。ニュージャージー州調査では，ア

テトーゼ型と痙直型は，失調型・強剛型より確かに高い（有意性はない）がアテトーゼと痙直はほとんど同じ程度であるとしている。また他の研究者によれば，病型別の知能比較に関して，ホプキンス（Hopkins, 0000）のニュージャージー調査より，アテトーゼ型の知能が最も高く，痙直型，失調症，その他の順になっているが，今日では，この傾向は一般的なものとなっているようであると述べている。以上のことから本症例中のA児については，以上の分類上の概観的分類での重度さに加えて，随伴障害としての言語障害（発語〔声〕，構音）を重複していたことを附記する。

4　A児の口腔器官の機能についての評価

評価基準：随意性評価基準は以下のごとくである。
　　　A：スムーズにできる
　　　B：時間はかかるが可能
　　　C：不能
以下にA児の各評価を示す。

1）口筋群の随意性の程度（内）は主動作筋	（評価）
ア．口をすぼめ唇を強く合す（口輪筋）	(B～C)
イ．上唇を前方に突き出す（上唇方形筋）	(C)
ウ．ストローで吹く時の動作（頬筋）	(B)
エ．下唇を前方に突き出す（下唇方形筋）	(C)
オ．口を閉じる（側頭筋・咬筋・内側翼突筋）	(A)
カ．下顎を左前方に出す（左外側翼突筋・上に同じ）	(B)
キ．下顎を右前方に出す（右外側翼突筋・上に同じ）	(B)
ク．口を開く（顎＝腹筋，舌骨上筋）	(A)
2）舌の随意性の程度	（評価）
ケ．上唇に舌をつける	(C)
コ．下唇に舌をつける	(B)
サ．左口角に舌をつける	(C)
シ．右口角に舌をつける	(C)
ス．上門歯の裏に舌をつける	(B)
セ．下門歯の裏に舌をつける	(B)
ソ．左の頬を舌でおす	(C)
タ．右の頬を舌でおす	(C)

3) 歯の発育状況　15歳当時，ウ歯はなく発育は良好である。歯茎は色が少し悪く，指で少々強くふれて摩擦すれば軽い出血がある。

4) 口臭があり，咀嚼が不十分なためと考えられる。また流涎によるものもある。

5) 流涎有り。特に注意すると意図して下唇をつかって，ようやく止めることが時としてある。舌が同時に動作することには時間を要し，ただ口を閉じる動作で，流涎を阻止している。

6) 咀嚼⇒上下歯で咀嚼することを速くできない。上顎にひだができていて，にぶい舌の運動の助けで軟らかいものは，押しつぶすようにする。硬いものは歯をつかって，噛み砕くが，時間がかかると噛まずに呑み込む，呑み込めるものは噛まない。

7) 嚥下は比較的容易なように見受けられるがスピードの点では困難であり，一度に呑み込む食物量も比較的少ない

　おわりに，ご指導くださった研究室友久先生に深く感謝申し上げます。併せて"友久研同窓会"の先生方との出会いのご縁にお礼を申し上げます。本レポートは全くまとまりのないものとなりましたが，重度障害児（重度脳性マヒ児）教育を推しすすめる課題に直面した時，基本的な姿勢として障害の医学的研究の重要さ，基礎的な研究として教育現場での方向性をも示唆しているとも考えます。その観点から資料としてご一考くだされば幸甚です。

文　献

福山幸夫　1961　脳性小児マヒの分類について　小児の精神と神経，**1**(2)，112-121.
石部元雄　1975　肢体不自由教育史　世界教育史研究会（編）　世界教育史大系33　講談社
小池文英　1974　脳性マヒ―その他の肢体不自由　リハビリテーション医学全書15　医歯薬出版　pp.23-46.
Phelps, W. M., Hopkins, T. W., & Cousins, R.　1958　*The cerebral-palsied child: A guide for parents.* New York: Simon & Schuster.（山本　浩他（訳）　1974　脳性マヒ児―両親へのガイド　文光堂　p.3.）
佐藤孝三・馬場一雄・小池文英・山本　浩（編）　1971　脳性麻痺　医学書院

第18章
情緒障害を有するM児の対人関係に関する一考察

村田稔晴

はじめに

　本稿は本児の学校における不適応行動について，出生後，小学校に入学するまでどのような環境で生育してきたかについて検討を行った。その結果，本児が示す不適応行動①多動性，②女児に対する愛着行動と男児に対する攻撃性，③視線が合わないこと，④言語の遅れなどが乳幼児期における母子関係に起因しているのではないかと推察された。
　入学当初は，
　①友だちや先生に興味を示さず，視線が非常に合いにくく，瞬間には相手の顔を見ているのであろうが，数秒間として固視することができなかった。
　②多動性も大きく，部屋の中で自分の興味の対象となるものがなければ，2～3分間でもじっとしていることができなかった。例えば，入学式の時に他の児童は一人でいすに座って30分間過ごせたが，本児は，母親の膝の上にだかれて，ときどき奇声を発しながらでないと過ごせなかった。
　③コミュニケーションとしての言語はほとんどなく，要求語としての「ジュースほしい」「パンたべる」「おしっこいく」等の二語文が少ししゃべれる程度であった。それでも入学を控えて母親が訓練したらしく「M君」と呼ぶと，比較的明瞭に「はい」と返事することができた。しかし，自分から教師やクラスの子どもたちに話しかけることはなかった。
　④対人関係がきわめて少ない中で，長髪（おさげ）と丸顔の女児には自分の方から積極的に接触していった。本児の学校における対人関係の窓口はまさに，長髪と丸顔タイプの女児であった。

⑤誰かが手でも引っぱって遊びに誘わない限り一人で部屋や廊下で走りまわったり，4月中毎日20分から30分の間，自分の興味の対象となるバスを職員室から眺めたり，水道で水や石けんをさわって遊んだり，数字をノートや黒板に書いたりして一人で過ごすことが多かった。

　このような彼の行為が何を意味するのか，何が原因でこのような行為が起こるのか。

　ポルトマン（Portmann, 1944／邦訳, 1961）は，「人間の誕生時の状態は，一種の生理的，つまり通常化してしまった早産だ」と，指摘しているように極めて不安定な（自分一人では生きられない）状態として生まれてくる。

　このような新生児は，両親あるいはそれに代わる養育者からの手あつい養護が必要となる。とりわけ母親とのかかわりがマザーリング（mothering）を通して密となり，ここにおいて人間関係の第一歩を踏み出すことになる。

　ボウルビィ（Bowlby, 1951／邦訳, 1967）は，母性喪失（maternal deprivation）が乳幼児の心身の発達を阻害すると指摘している。

　次に症例としてあげるM児が出生後，小学校に入学するまでどのような環境で生育してきたかについてながめていきたい。

1　事例M児　（男；昭和X-6年2月生）

(1)　**生育歴・家族**
- 胎生期：在胎10ヵ月　妊娠中毒等母体の異常なし
- 出生時：満期安産，仮死なし，出生時体重3150g
- 新生児期：新生児黄疸が軽度に見られた。また，高熱疾患，けいれん，頭部外傷，その他の疾病等いずれもなし
- 乳幼児期：栄養は母乳，疾病は特になし
- 発育状態：定頸は0：3，初歯は0：7，初歩は0：11，初語は3：0

　家族は，父母，兄，弟，および本児の5人家族。父は社交性があり，多忙であまり家族を顧みる余裕がない。母は勝気な性格で，きれい好き，小さい子どもがいても常にきちんと部屋がかたづいていないと気がすまない。1歳年長の兄は，本児がうまくしゃべれないのでほとんど一緒に遊ばない。弟は1歳。

(2)　**乳児期**

　1歳ごろまで兄に比べ，あまり泣かないのに気づく。しかし「手のかからない育て

やすい子だ」と思っていた。1歳年長の兄はよく泣いたので，本児よりも兄の方に手がかかることが多かった。母乳であったため，抱いて授乳した。おむつの交換も，授乳と同様，適当な時間がくれば行う以外，おとなしかったのでほとんど寝かせていた。授乳以外抱いたりおんぶしたりしなかったので，その時の本児のようすについて，母親は記憶にないという。しかし，3ヵ月微笑がなかったこと，人見知りをしたり，母親がいなくなってさびしがったりするいわゆる分離不安はなかったということははっきりと覚えている。

　身体的な発育は順調であり，敏しょうに動きまわり，2歳になるまでには，タンスの上にある物をとるのに，イスを持ち出してその上にあがってとることをした。

(3)　2～3歳

　2歳になってもことばが出ない。少し気になるが，兄の方も遅く，3歳近くになってしゃべり出したので，「そのうちに」と思っていた。

　2歳半ばごろオムツがとれる。母親の手をつかみオシッコの時は前を，ウンコの時は後ろを指示した。

　このころから努めて戸外で遊ばせるようにしむけるが，チョロチョロ動きまわり，多動のあまり，母親が後をついていけないこともしばしばであった。

　ちょうどこのころ近所に年下のかわいらしい女の子がいて彼女に興味を抱き，そばに寄って行き，様子をうかがいながら，頭の髪を引っぱって泣かすことを覚える。時には，いきなり髪をわしづかみにして，道にひき倒し，彼女が泣けばさらに引っぱったりすることもあった。また，よその家へだまってあがり込み冷蔵庫を開けてまわったりもした。

　母親は，上記の状況の中で，本人の危険，他人への迷惑等を考え，2歳半から3歳を過ぎる約半年間，家の中に閉じ込め，ほとんど外へ出さなかった。

　この時期では，泣いたり笑ったりはするが，ことばらしいことばもなく，自分の欲求は，親の手をとり，ひっぱっていって指示するいわゆるクレーン現象によって行っていた。

　3歳になって，「コピコピ」「アクチババ」「チャーナウーリー」「オーバカンニン」等，親もまったく理解できぬことば？がでてきた。その後しばらくして「グリコ」という意味の理解できることばがでてきた。

　言語は遅れたが，運動面では部分的にかなり発達し，3歳の終わりごろから自転車に乗ることを覚える。しかしブレーキのかけ方は覚えられなかった。

(4) 私立保育園（4歳）

保育園でも落着きがなくチョロチョロするが，先生の厳しい指導で，名まえを呼ばれたら「ハイ」とかすかながら返事ができたり，自分のくつ箱の位置が理解できたりした。

担任の女の先生を見ると，嬉しそうな態度を示し，先生に抱きついていった。

保育園でも，家の近くでも外で出合うと「あっ，マーちゃんや」と言って声をかけてくれるが，本児は知らん顔であった。

通園バスに乗るのが好きで，運転手さんのめがねをすばやくとり，「エヘヘ」と笑ったりした。

このころから行動半径が広くなり，自転車で，また歩いて約1km遠くまで一人で出かけるようになる。母親は，本児が何に興味があってそんなに遠くまで行ったのかよくわからなかった。

冬の寒い日に，本児がいなくなったことがあった。それに気づいた父親は2時間ばかり心配して捜しまわった。その時母親は，「おとうさん，あんまり心配せんでも大丈夫ですよ。マーちゃんはいつも暗くなり，おなかがすいたら帰ってくるから……」と言った。それでも父親は不安で捜しまわった。

うす暗くなってきた時，町並みを本児がとぼとぼ帰ってくるところを母親が見つけた。親の姿を見ると，きまり悪そうに物陰にかくれようとした。

ここでは，母親の本児への関心の薄さが問題となる。この点は後述する。

(5) 公立幼稚園（5歳）

環境が変化し落着かなかった。

入園当初のようす：

・どこの部屋へも自由にいきまわる。
・室内を走りまわったり，机の上をとびまわったりする。
・みんなが並んでいるところへ自分のからだをぶっつけて，将棋倒しにする。
・友人のさそいに反応せず。
・対話，会話がなく，意味のわからないひとりごとを言う。
・好きな女児（長髪・丸顔）にだきつく。
・高い所へのぼる。
・欲求不満の時は，奇声を発する。
・水道での水あそび。

自由遊び：昨日買って来た人形とめがねを見つけてとびつく。それをしばらく持っ

ていた。
　星組のA先生の姿を見かけると、人形をほり出してとびかかり、抱きついて頬に口づけする。なかなか離れないので、引き離す（幼稚園「保育日誌」M児観察記録より）。
　6月の父親参観日：みんながオルガンに合わせて歌ったり、遊戯をしたりしているのにわが子だけは教室の隅の水道で石けんを使って水遊びにふける。それにあきると外へ飛び出す（父親の手記「マーちゃんの記録」より抜粋）。
　この参観で、父親は大きなショックを受ける。
　このころE教育研究所へ教育相談に通いはじめ、本児は少し自閉的な傾向があるのではないか、と言われ、親子のふれ合いの大切さを指摘される。
　父親もこれを契機として、世間体ばかりつくろっていたのでは本児はよくならないということをやっと自覚する。
　7月になり担任の先生とのコミュニケーションもできだした……と喜んでいるうちに夏休みを迎える。
　X年2月就学指導のため、D病院で脳波検査、レントゲン検査及び発達検査をうける。
　本児の担当医は、「この子は、兄ちゃんのまねをしながら後からついていったりしている。こんな子は自閉症ではない」と診断される。

(6)　教育・医療機関とのかかわり
　B教育センター：
　・2歳6ヵ月　遊び方は普通、こちらの言うことも理解できる。ことばはやや遅いが心配はいらないという指導を受ける。
　・3歳　プレールームでの遊びかた、兄とのかかわり方、母親の存在の確認等から、「ことばには問題があるが大丈夫、家庭での接し方に留意するように」と助言される。
　・3歳6ヵ月　「自閉症ではないか」と相談に行く。心配はいらないと言われる。
　兵庫県立子ども病院を紹介してもらう。
　C病院：4歳8ヵ月から約1ヵ月間に4回にわたって通院し、脳波の検査をうけたが異常は認められなかった。
　D病院：就学指導委員会の依頼による診断
　・脳波、レントゲン、血液検査等いずれも異常なし。
　・行動パターンでは、物への固執性が認められ、withdrawalな傾向にあるが、自閉的傾向はない、と診断される。

E教育研究所：X-1年6月から週1回の教育相談を受け，現在も継続中である。
・両親に対するカウンセリング
・本児に対しては，プレーセラピーが実施されている。

F児童相談所（5歳）：心理検査の結果，運動面は発達しており，食事，衣服の着脱，トイレット・トレーニング等の生活習慣もほぼできているが，社会性や知的面では2歳程度でかなりの遅れが生じていると指摘された。

(7) 就学後（小学校第1学年）

①対人関係・言語：入学式には，母親の膝の上にだかれて時々奇声を発しながら過ごした本児も，それから約2週間たつと担任とのラポートがとれるようになった。

担任以外でも専科の教師など本児によくかかわってくれる先生にはなついていった。また，幼稚園時代から自分の好きな丸顔タイプと長髪タイプである女の子には，隣のクラスであれ，授業中であれおかまいなしに入っていってほおずりをしたり，抱きついたりした。

5月からG教諭が副担任の形でM児につくこととなった。副担任のしつけは，たたいたり，だきしめたり，文字通り肌を通してのものであった。

5月から7月にかけて，特定の女児からより多くの女児に関心をむけるようになった。例えば，自分のま横に座っているH子にほっぺたをくっつけたり，後ろに座っているY子の腕をつかんだりした。しかしながら，男児に対しては，自分にとりわけ親切にしてくれる2〜3人を除いて，身体的な接触は見られなかった。それよりもむしろ男児に対しては攻撃的で，床を清掃中の男児のグループへ倒れ込んだり，ぬれ雑布をふりまわして叩きにいったり，また，ビニールのひもで首をしめたりした。このように担任から見れば，衝動的と思われる如き行動がしばしば目にとまった。

9月に入り，副担任が変更した。I教諭が本児の担当となった。I教諭は，本児に対してはほとんどすべての面で受容的態度をとった。

運動会の練習によるより多くの児童との接触や，I教諭の全面的受容によって本児はかなり落着くようになり，授業中はほとんど動きまわらなくなったほか，男児に対する攻撃性も減っていった。こうしてクラスメイトとの関係もたかまっていった。またこのころより，ひらがなが読める本児は，ゆうびん係としてプリントやノートをまちがいなく配る活動を通して，クラス全員の名まえと顔が一致するようになった。

一方，言語面では，入学当初要求語としての「パンたべる」「ジュースのむ」「おしっこいく」などの二語文が少し言える程度であったが，2ヵ月後には，「せんせいちゅうしゃいたい」「せんせいのめがね」等ときどき三文語が言えるようになった。入学後

7ヵ月を経た11月26日に「れんらくちょうがない」といい,初めて主格助詞が出た。しかしこの主格助詞の出現はこの時だけで,第1学年の終わりまで一度も出なかった。その後も語彙は少し増加したが,二文語が中心でときどき三文語が言える程度である。

入学以来,現在に至るまで,対話や会話は困難であるが,就学後2ヵ月経た6月ごろに友だちに名まえを呼ばれたら返事ができるようになり,さらに10月頃になると,二語文で簡単なうけ答えが可能になった。

②社会性:4月には自分一人ではあいさつできなかったが,5月になると,教室でさようならの歌を歌い,くつ箱のところへ来ると,友だちの様子をまねながら「さようなら」と頭を下げて言えるようになった。9月になり登校してきた教師に出会うと,「おはよう」が言えるようになった。すなわち場に応じたあいさつが定着してきたのである。

また,朝会で学級ごとに整列するときでもクラスの赤いシンボル旗を持って好き勝手な所へ走りまわっていった。4月末から5月にかけて自分の位置につくことができ,9月には列からほとんどはみ出さなくなった。

1学期末の7月には,給食時にみんなと同じように「いただきます」と言えだし,そうじも男児をつきとばしながらも,気がむけば友だちの様子をまねて床をふくことができた。

一方,このころ学習面でもかなり進歩がみられた。例えば,自分の横に座っている女の子の文字(ひらがな)を見ながらノートに写したり,自分の好きなタイプの女児と,よくかかわってくれる女児の名まえもよくノートに書いたりしていた。

対人関係のひろがりを観察する上で,人物画が参考になった。すなわち,1学期に

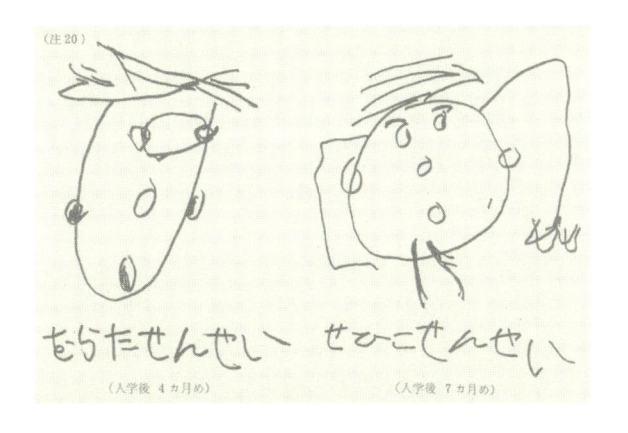

(注20)

もらたせんせい　　　せひこせんせい
(入学後 4ヵ月め)　　(入学後 7ヵ月め)

は目と鼻と口が描かれた顔であったのが，2学期からは，腕，足等もかき込むようになったのである。

③対物関係：
・石けん，のり，ねん土，などぬるぬるしたもので感触を楽しむ。
・ぶらんこ遊びを好み他の遊具へは移らない。
・数字，TVのコマーシャルに非常な興味を示す。
・学校の前がバスターミナルで，そこに集ってくるバスは暖色（朱色）であり，それ以外の色のバスにあまり関心を示さなかった。そのバスの動きを毎朝20〜30分間見ないと落着かなかった。こういう状態が4月，5月と約2ヵ月続く。
・水道での水遊びが好きで，ほっておけば1時間以上遊ぶ。これは幼稚園時代から続いていたが，4月中は許容し，5月からは数分間で禁止する。
・窓の開閉も幼稚園時代から続いており，各教室の開いている窓は閉め，閉じている窓は開けてまわる。これは特に禁止しなかったが，約1ヵ月で消えてしまった。

以上，症例について述べてきたが，次に本児の不適応行動（就学後）が，何に起因するかについて考察していきたい。

2 考　察

就学後の不適応行動が，乳幼児期における母子関係に起因すると考えられる。「多動性」「女児に対する愛着行動と男児に対する攻撃性」「視線が合わないこと」「言語の遅れ」について考察したい。

(1) 多動性について

前述したごとく，入学当初における本児の多動性は大きく，特定の興味ある物に対している時以外は，数分間としてじっとしていなかった。本児と同じクラスにいる他の43名の児童は，集団生活に必要な最低限のルールは守り得たが，本児にとってはその最低限のルールさえも守ることが困難であった。その困難性は何に起因するのだろうか。

本児は，1歳2ヵ月年長の兄の次に生まれている。兄はよく泣き母の手をわずらわしたが，本児は，ほとんど泣かないおとなしい子として乳児期を過ごした。したがって母親は，手のかかる兄にかかりきり，本児には授乳とオムツ交換を適当な時間をきって行った以外はずっと寝かせているという扱いをとっていた。そこには，母親と

第18章 情緒障害を有するM児の対人関係に関する一考察

しての暖かい愛撫やスキンシップ（skin ship）の欠如が認められる。

母親は,「この子は, 兄に比べて泣かないおとなしい子だったので,『育てやすい子だ』と思っていた」と言っている。本児は, 生得的に泣く (crying) の欲求が弱かったのかも知れないが, しかしこのcryingも, 他の乳児が母親を呼び寄せるその意味を知って欲求としてのサインをおくるように, 母親の機械的な授乳のみならず, あたたかいマザーリング（mothering）があれば, 本児も母と子の相互作用の中で, 泣くことの意味を獲得し, 母親にもっと多くのサインとしてのcryingを示していたのではないかと思われる。

また, 本児には3ヵ月微笑もなかった。小嶋 (1977) は, 乳児における微笑 (smiling) の学習について「乳児の微笑は, すでに新生児の段階で認められ, 初期のころは, 内部の自発的な刺激でおこり, 口のあたりに微笑らしきかたちがただよう, はかないものであるが, やがて外から働きかけた『ひとの声』や,『鈴の音』など, 聴覚刺激に応じて, まどろみのうちに微笑するようになり, 生後1ヵ月すぎたところで,『ひとの声』と,『ひとのうなずく顔』がプラスされたときに, もっともよく微笑することが, ウルフ（P. H. Wolff）の観察で明らかにされている」と述べている。

この生得的と思われる乳児の微笑反応も外からの刺激がなければ, その内なるものを引き出すことができない。その意味で, 乳児の, ひとに対する微笑もひとつの学習であるということができる。

したがって, 本児はこの微笑の学習をせずに成長したことになる。このことは換言すれば, 母親の本児に対する刺激の欠如を物語るものであり, 先のcryingとこのsmilingの2点を考え合わせただけでも, 非常に不安定なつまり欲求不満な状態で乳児期を送っており, ここには母子関係における信頼感が極めて希薄であることが認められる。

前述したごとく, 乳児期における子どもは母親に対して, 全幅の信頼をよせて依存している。それに対して母親は子どもの信頼に十分こたえる。このような信頼関係が成立しているからこそ, 幼児期へと成長した子どもは, 他の子ども（仲間）をも信頼し, その中で安心して遊ぶことができるのである。しかしながら, 乳児期に母子の信頼関係がないと, 友だちの中へストレートに入っていけない。その場合には, 多動か自閉かの道を余儀なくされる。前述したごとく, 本児の場合, 乳児期の母子の信頼関係が極めて薄く, それが幼児期, 学童期における彼の多動性となってあらわれているのではないかと考えられる。しかしながら本児の多動性も, 副担任が全面的受容をとって約1ヵ月後の9月下旬頃より減じ, 運動会における集団行動でも一学期ほど目立たなくなった。このことは本児が全面受容を望んでいたことを意味し, 母親に代

わって，彼女の欠けていた面を補償していったことになり，その教育的意義は大きい。

(2) 女児に対する愛着行動と男児に対する攻撃性

　小嶋（1977）は，乳児の母親に対する心のシステム（system）をアタッチメント（attachment）という概念でとらえ，乳児の行動に他者と母親とを弁別し，母親を探索の対象や，安全の基地にするような変化が生起した時をもって母子関係成立の起源としている。

　さらに具体的には，アインズワース（M. D. S. Ainsworth）のいう，6ヵ月で母親と他者とちがった泣き方をすること，また9ヵ月における母親へのあと追いをする（浅見，1969）。また，スピッツ（Spitz, 1962／邦訳，1965）は，ひとみしりのはじまるころをさし，これを"8ヵ月不安"と呼んでいる。

　前述したように，本児は3ヵ月微笑が認められなかったのみならず"8ヵ月不安"いわゆる「ひとみしり」もなかったという。母親に対しての分離不安，またそれにかかわる愛着行動がなかった。つまり本児には，小嶋（1977）のいうアタッチメント（attachment）が成立していなかったとみることができる。

　ハーロウ（H. F. Harlow）は，人間の乳児によく似た赤毛ザルの子どもを用いた実験から，母親との結びつきは，"接触のたのしさ"によるのではないかといっている（真仁田，1969）。

　また，浅見（1969）によれば「ローレンツ（K. Z. Lorenz）は，カモを使った実験で，追従反応を示す種類のヒナでも，出生後ある時間を経過したあとに初めて対象が眼に入っても，そのときはもう追従反応が起こらなくなることを観察し，出生後のきわめて限られた時期に起こると考えた。この時期を臨界期（critical period）というが，ある発達の時期を過ぎると，安定した母子像に向けられた刻印づけ（imprinting）は不可能となる」としている。

　ハーロウの研究から，ヒトの乳児の場合は3ヵ月から12ヵ月の間と考えられる。

　シュマールオア（Schmalohr, 1968／邦訳，1975）は，臨界期の重要性について次のように指摘している。

　　子どもがもしこの時期に愛することを学習していないと，それ以後になって人を愛することができるようになることはまずない。もし母親に対する根源的な愛情を経験していなければそのような子どもには，外界に近づき，周囲を探索し，社会的な交流の中で接触を持つための安心感も信頼感も欠けている。

このようにみてくると，本児の場合，乳児期におけるアタッチメントの成立が困難であったことへの代償として幼稚園時代から小学校1学年にかけて女児に接触を求めていたということは容易に理解できるところである。

一方，女児に対する接触，愛着行動とは逆に男児に対する攻撃性はどうとらえればよいのどろうか。

小嶋(1977)によれば，シアーズの研究において「子どもの攻撃性行動に母親が体罰を与えることは，子どもに罰の痛さを教えるよりも，攻撃行動のモデルを示していることになる」と指摘している点に注目したい。

本児の母親は，微笑（smiling）が少なく勝気であり，きれい好き（潔癖性が強い）である。排尿便自立の遅れた本児（3歳）に対して，大変きびしくトイレット・トレーニング（toilet training）をしたという。

牧田（1977）は，トイレット・トレーニングに対するしつけのきびしさそれ自身よりも，むしろそのような有害なしつけが強行されるという親の全般的態度が人間形成に影響を投げかける点を強調している。

また，本児の5歳から6歳は，フロイト（S. Freud）のいうエディプス期にあたり，本来，母親に対する積極的な対象愛が存在する時期であるが，母親からの十分な愛情を受容できなかったため，その代償として女児に対する愛着行動を示したものと考えられる。一方，母というひとりの女性の愛を競いあうライバルとしての父親を家庭の中に発見し得なかった本児は，いわゆるエディプス的な願望を達成するために，父親を排除する代償としてその攻撃性を男児に向けたのではないかと考えられる。

この時期には，父親もすでに本児とのかかわりの重要性を認識しているが，実際の生活には十分反映されていなかったこと。さらに幼稚園時代からの攻撃性が残っていたこと等によって，就学後における男児への攻撃がしばらく続いたものと解される。

(3) 視線が合いにくい問題

ただ単に物を見ているということよりも社会的に意味のあることは，乳児がヒトに対してどのような反応を示すかということである。

スピッツ（Spitz, 1962／邦訳, 1965）は，乳児の微笑を引き起こす対象について，人間的（human object）なものを認め，さらに動いている人間の顔が最も有効であることを暗示した。

浅見（1969）によれば，ウォルフ（P. H. Wolff）は，第4週と第5週の間に音声がない人の顔でも十分に微笑を生ずるようになる。しかし，そこに子どもと観察者との間に"眼と眼の接触"（eye-to-eye contact）があることが必要であると述べている。さ

らにウォルターズとパーク（Walters & Parke, 1965）は，有機体の初期幼児期における社会的反応の発達には，食事を与えたり，身体的な要求を満たしてやるように世話をすることによって，子どもの社会的反応を生起させることができるのではなく，遠受容器である視覚とか聴覚の機能を通して，赤ん坊との相互作用が成立することが重要であるとその意義を主張している。

　本児の場合，3ヵ月微笑が認められなかったことから考え合わせ，すでにそのころから視線が合いにくかったのではないかと考えられる。すなわち前述のウォルフやウォルターズとパークのいうように母親と乳児の相互作用，とりわけごく初期での母親の本児に対する視覚刺激がきわめて少なかったのではないかということである。

　「泣かない育てやすい子」として，定期的に授乳やオムツ交換をする以外はほとんど寝かされたまま，さらに加えて母親以外の家族との接触も乏しかった本児は，いかに人間的に薄い刺激の中で乳児期を過ごしたかということが理解される。このことは，母親が物理的，生物学的に存在し得ても，心理学的には存在していないと考えられる。したがってここでは母性喪失（maternal deprivation）が形成され，その結果としてヒトの顔が知覚できなかったり，人に対して無関心であったりするのではないかと考える。

　本児はヒトに対するよりもモノに対する関心が強かった。それは生得的な面があったのかどうかということはともかく，刻印づけ（imprinting）という面から考察すれば，母親の接触刺激（授乳・愛撫），運動性刺激（だきあげ・ゆりかご），視聴覚刺激（ほほえみ・ささやき）が非常に重要な意味をもっている。つまり，本児がその情動表出においてたとえ乏しい側面を有して出生してきていたとしても，母親の愛情深さ，あたたかさが十分であったとしたら本児もおそらく母親から肌を通して，あるいは呼吸を通して受けるよりよい刺激に快の反応を示し，母親を喜ばせたに違いない。またそのような相互作用の中で視線も合う（eye-to-eye contact）ようになっていたのではないだろうか。

(4)　言語の遅れについて

　ここにおいても父母の冷淡さを指摘せねばならない。「兄もことばが遅かったので，この子もそのうちに…と思っていた」と言う。そのうちに…と言っている間にも，言語習得の臨界期（critical period）が過ぎてしまう。しかも父親は多忙で育児は母親まかせ，そのまかされた母親は，育児に自信がない。手のかかる1歳2ヵ月年長の兄にかかりきりであった。したがって本児に対する話しかけ，呼びかけがきわめて少なかった。

第18章 情緒障害を有するM児の対人関係に関する一考察

小嶋 (1977) によればブローヴィンズ (S. Provence) は，施設の乳児の発達を長期にわたって継続観察して家庭児に比較して，施設の乳児は，ことばの発達に関しては，生後2ヵ月前後のボーカリゼイションから遅れはじめ，1年間を通じてめだって遅れることを指摘したとしている。

本児の場合，乳児期に母性喪失的状況に置かれていたこと。それに加えて，2歳6ヵ月から3歳にかけて約半年間ほとんど外出できず，家の中に閉じ込められていたこと等がことばの遅れの原因して考えられる。家の中にいる間は，母親から特に言語指導を受けるわけでもなく，テレビの一方通行によることばを機械的に受け入れるだけであった。

諏訪ら (1976) は「遊びは，人間との出会いの場であり，そこでは，人間の真実にふれることができ，豊かな人間性が形成され，自我が確立されていく」と言い，さらに遊びは，「彼らの全体的な精神活動と一体のもので，それゆえ知的・情緒的・社会的などの生活の全的表現である」。

子どもの遊びは，具体物にかかわって，そのものの性質を認識していく基本的要求であると言える。その要求が，本児のように半年間も制限された場合非常に問題であり，そのことによる障害は決して小さくはないと思われる。

子どもは，遊びを通じて模倣 (imitation) し多くの言語を獲得していく。そして前述のようにそのことばの持つ真実の意味をつかんでいくのである。

本児におけることばの遅れの原因は，容易に解明できるものではないが，少なくとも乳児期における母親から受ける感覚刺激の欠乏と，幼児期における閉じ込めに少なからず求めることができるのである。

以上，本児の学校における不適応行動が，乳幼児の母子関係に起因していたと考えられる点について明らかにしてきた。

①乳児期におけるマザーリング (mothering) の不足による多動性と攻撃性
②乳幼児期における母性喪失 (maternal deprivation) 的状況による女児への愛着行動 (attachment behavior)
③母親の接触・運動・視聴覚刺激等の不足による視線が合いにくい問題
④乳児期における感覚刺激の欠乏と幼児期の閉じ込めによる言語発達遅滞

いろいろなハンディをもって入学してきた本児も，教師の受容的態度や普通児と共に生活する中で，知的にはもちろんのこと，対人関係において特に著しい進歩がみられた。このことはとりもなおさず，もっと早い時期（乳幼児期）により多くの対人的な刺激が有効にはたらいておれば，本児の対人関係を中心とする情緒的なゆがみは現在ほど大きくはなかったろうと思われるのである。

今後われわれは，本児の発達をさらに保障していくためにどうすべきか真剣に検討しなければならない。

そのために，次の点に考慮したい。

①本児の発達段階を正しく認識し，それに基づいたカリキュラムを編成すること。

②本児を普通学級の中でより正しく位置づけるため，全職員はもちろんのこと父母，地域社会への啓発を強化すること。

③母親との連絡を密にし，家庭においても学校と一貫した方針をとること。そのための指導，助言を行うこと。

文　献

浅見千鶴子　1969　社会的反応の成立　岡本夏木他（編）　児童心理学講座第7巻　金子書房　pp.42-43.

Bowlby, J. 1951 *Maternal care and mental health.* World Health Organisation, Monograph Series No. 2.（黒田実郎（訳）　1967　乳幼児の精神衛生　岩崎学術出版社）

小嶋謙四郎　1977　母子関係と子どもの性格　川島書店　p.50, & pp.86-87.

牧田清志　1977　改訂児童精神医学　岩崎学術出版社

真仁田昭　1969　対人関係の発達　岡本夏木他（編）　児童心理学講座第7巻　金子書房　p.33.

Portmann, A. 1944 *Biologische Fragmente zu einer Lehre vom Menschen.* Verlag Benno Schwabe.（高木正孝（訳）　1961　人間はどこまで動物か：新しい人間像のために　岩波書店）

Schmalohr, E. 1968 *Frühe Mutterentbehrung bei Mensch und Tier.* E. Reinhardt.（西谷謙堂（監訳）　1975　子にとって母とは何か：サルとヒトとの比較心理学　慶応通信　p.126.）

Spitz, R. A. 1962 *The first year of life: A psychoanalytic study of normal and deviant development of object relations.* International University Press.（古賀行義（訳）　1965　母子関係の成り立ち：生後1年間における乳児の直接観察　同文書院）

諏訪　望・三宅和夫　1976　乳幼児の発達と精神衛生：子どもの成長を促進するために　川島書店

Walters, R. H. & Parke, R. D. 1965 The role of the distance receptors in the development of social responsiveness. In L. P. Lipsitt, & C. C. Spiker (Eds.), *Advances in child development and behavior.* Academic Press.

第19章
自閉児への教育的アプローチに関する一考察：
対人関係の発達を中心に

眞弓春雄

はじめに

　本稿では，自閉児の中心症状と考えられる「対人接触の障害」の改善と教育について，事例検討を行った。
　対人接触の困難な自閉児の人間関係の成長・発達をめざした指導の経過を振り返り，本児に対する有効な指導の一方法についての知見を得た。まず本児の行動を容認し，共感することによって，安心感・信頼感を醸成・保持する。そのことが，諸感覚刺激の啓発・統合に結びつき感情の表現を促す。対象認識の深まりと自己像の確立によって，対物関係から対人関係へと発展していく経過を示した。
　以上のことから，自閉児の対人関係障害に関する指導の方策としては，物への執着傾向を容認し，物を媒介とした特定の人との結びつきを日常生活の中で活用し，その人との共感・交流の喜びを体験させることによって，さらに社会的人間関係へと発展させていくこと。そして，これらを支えるものとして，身体的・精神的諸機能の発達と，家族（特に母親）や本児をとりまく人々の理解と協力が重要であることが明らかとなった。
　以下，事例について経過を述べ，考察を加える。

1　事例の概要

(1)　生　育　歴
　①A児，女子（以下，本児と記す）
　②昭和X－7年2月生れ。

③胎生期，母胎の異常なし。

④出産時，満期，難産（逆子，片足だけ先に出たので，一度胎内に戻す）。

⑤新生時期，仮死状態（時間不明，臍帯に注射）。生下時体重3,200g，新生児黄疸は軽い。

⑥乳幼児期，1ヵ月以内の発熱やひきつけは全くない。授乳は，6ヵ月まで，母乳は人工乳（SMA）併用。離乳開始は6ヵ月頃からで，問題なく容易。定頸3〜4ヵ月。ひとり立ち9ヵ月。始歩1歳〜1歳3ヵ月頃。喃語は8ヵ月頃出はじめたが，少なかった。意味のある言葉を言ったのは1歳〜1歳3ヵ月頃（ママ）。3ヵ月頃の微笑反応，7〜8ヵ月頃の後追いや人見知りがあったかどうかは，母親の記憶にない。

⑦家庭状況，父母，姉，本児の4人家族

⑧相談歴：（母親の話）2歳の終り頃，癇癪が烈しくなったので，近所の鍼灸院に連れて行ったところ「自閉症ではないか」と言われた。その頃から，多動傾向も強まってきたので，中央児童相談所を訪れた。母子面接の結果，「自閉的傾向がある」と言われた（3歳）。それまで，母親は全く「異常」とは思わなかった。以後就学（6歳）まで，隔週，中央児相に通所。本児への集団遊戯療法，母親への集団カウンセリングを実施した。しかし，本児の状態は改善されず，母親もカウンセラーに好感をもてなかった。

(2) 本児の異常の誘因要素

・出産時の障害（難産，仮死），ただし，脳波等の神経生理学的諸検査はない。

・出生直後から，母親は，会陰裂傷治療のため，1ヵ月入院。その後も状態が悪く，再入院（2ヵ月間）。

その間，本児の養育は，家政婦に頼む。母親の話では，その人は「ほとんど家から出ず，本児をTVの前に置いたままで，可愛がってくれなかった」と言う。

・母親は，退院後も家事に忙殺され，十分に本児の世話ができなかった。

・本児が物心つく，2歳半〜3歳の頃，「言うことを聞かない」と言って，父親に叩いたり，蹴ったりの暴行を受けた。

(3) 就学と受け入れ

当時，本児の校区の学校には，養護学級が未設置であった。保護者の強い要望により，既設の本校への入学が許可され，卒業までの6年間校区外から通学。

1年入学当初は，情緒障害児学級での個別指導（遊戯療法）による情緒の安定と，精薄児学級での身辺自立のための指導，通常学級との交流を行った。

2 対人関係の発達,向上をめざした指導

(1) 第1段階　特定の人（教師）との信頼関係（安定性）獲得期（X年4月〜X+1年5月）

出会いの頃の本児の状態：
　・筆者（以下，Tと記す）とも，ほとんど視線が合わず，常にあちこち動きまわる。
　・虚ろな目なざしで遠くを眺めるような表情を呈したり，はしゃぎ廻っていたかと思うと急に泣き出したり怒ったりする。
　・高い音や大きな音に過敏に反応し，耳をふさぐ。また，音は聞こえないのに何か物音をじっと聞いている感じの動作をする。
　・同じレコードを1日に何十回とかけさせたり，TVのコマーシャルや「チュルチュル，リルリル」というような意味不明の発声を繰返す。応答は「オーム返し」である。
　・人が来ると逃げて高い所にあがり，いつまでもおりてこない。
　・名前を呼んでも何の反応も示さない。
　・好きなお菓子（「サッピー」「チョコボール」）を何回もしつこく要求する。
　・水に対しては異常な興味を示す。また，色のついた小さな玩具（「チャーミー」）や黒い丸い皿（「お守り」）に強い執着を示す。
　・自分の要求が阻止されると激しいパニック（掌をかむので皮膚が固く，たこのようになっていた。引っかく，髪を引っぱる。烈しく泣き叫ぶなど）に陥る。
　等々の行動や反応を示していた。そこで，次の指導目標を設定した。

指導のための重点目標：
　①外部刺激に対する受容の幅を広げ，情緒の安定をはかる。
　②母親から家庭での様子や悩みを聞いたり，学校での状態を知らせたりして，親と教師の連携を密にする。

　活動内容：イライラしたり，怒ったり，泣き叫んだりする時は，①何を訴えようとしているのか，何故そうするのか，その原因や対応の仕方を考える。②少し離れて見守りながら，気持ちが落着くのを待つ（行動を許容し，エネルギーを発散させる）。
　活動を開始したら，①本児の真似をしたり，②次の行動を予測して，使いそうなものを探してやったり，③「Aちゃんかしこいね」「じょうずじょうず」と言って誉めたり励ましたりする。

また，Tの要求に応えて頑張った時には，本児の要求も叶えてやるようにした。

指導の結果：
情緒の安定
・にこにこと笑顔が多くなり，表情（感情表出）も豊かで，急激に感情の変化をきたすことが減少した。
・怒って掌をかむ自傷行為が減少したので，固い皮膚が軟化してきた。
・水や「お守り」への執着が緩和し，高い所や「お城」（プレイハウス）に行く行動は，遊び場の要素が加味されつつある。
・欲求不満の解消手段としての，お菓子や飲み物の要求が減少し，本来の食欲の満足のために要求するようになりつつある。食物の種類が増え，吸ったり，嘗めたりすることから，噛んで食べるようになった。
・今まで，ファンタやジュース（刺激性の強いもの）の要求が多かったが，生まれてはじめて"真水"を飲んだ。そのことは，校外での行動範囲の拡大につながった。
対人関係の変化
・人形（「リカちゃん」）の頭部だけ引っこ抜いては水道の水で洗ったり，砂の中に埋めたりしていたのが，「ミューピーね」と言って，ほほずりしたりする。
・人形の絵のある型はめパズル（「魔法のコマちゃん」など）では，顔の部分から抜きとり顔の部分からはめ込む。
・黒板に貼り付けておいた絵（動物，数字，花，果物，野菜，人）の中から"ヒト"（父，母，男と女の子）だけはがして，窓のしきいに並べる。
これらは，遊びの中に，「ヒト」に対する関心（ヒトと他の物の区別）が芽生えてきた証因ではないかと考える（「象徴的遊戯期」）。
・こたつの中に隠れたので，「Aちゃんは，どこへ行ったのかなあ？」と言って，あっちこっち探しまわる振りをすると，ソッと顔を出してのぞき，また隠れる。「アッ！ここにいた！バア」と言うと，キャッキャッと喜声をあげる。
・床に寝転んでいるのを「丸太ころがし」したり，ジャングルジムの上と下で「にらめっこ」遊びをしたりすると，大変喜ぶ。
このように，遊びの中で，本児と交流する場面ができるようになってきた。ひとり遊びをしている時は，黙って側に座っているだけで満足している。
・Tの背中や肩に乗り（「お馬さんごっこ」「肩車」）身体接触を好む。
・台の上にのり，片足をあげたり，両手を水平にしたりしてポーズをとり，自分の姿を鏡（全身ミラー）に写してみる（ボディイメージの形成）。

・「にほんばしコチョコチョ」をしてやり，指を曲げたり伸ばしたりすると，人差し指の節の所を不思議そうに触ってみる。
・わざとTの嫌がることをして喜ぶ。
・Tが持っていたゴム紐を長く引っ張っていって，急に手を放し「パチン」と当てる。オーバーに「痛い！」と悲鳴をあげると，面白がって何回も繰り返す。
・大きくふくらましたゴム風船の上に，スリッパを置き「パーン」と破裂させる。次にTにも破らせようとするので，本児の動作をまね両耳をふさいで「アーこわいこわい」と言うと，よけいに喜んで破らせようとする（音への恐怖感減少）。

　このような，本児と筆者の関係（共生的）は，他者との関係では，次のような態度として現れる。
　6年の女の子が，教室に入ってきてTと話をしていると，彼女をつねりに行ったり，邪魔をしたりする。また，本児の知らない人が来て，ソファに座ろうとすると，その人の体を押しやったり，自分の足を大きく広げて「アッチイッテ！」と露骨に不快感（嫉妬心）を表わし，座らせまいとする。そんな時は，「先生とお友だちよ！　少しお話しさせてね」と頼むと了解してくれることもある。
　山中（1977）は，この段階での「治療者（教師）」の存在感について「となりにいて恐くない，彼にとって邪魔にならぬ存在から，隣にいる方が不安が少なくなる存在，そして最後には，隣りにいてほしい存在へと変化しうればこの期（受容期）の目標は達成」されたと見ていいと述べている。

(2)　第2段階　「安全基地」をもとに外界への働きかけを開始する時期（X+1年6月～X+2年4月）
指導の重点目標：
　①次第に活発化してきた自発的行動を重視し，自立心を高める。
　②身辺自立を中心とした，よりよい適応の仕方を覚えさせる。
　③視覚，聴覚の機能を高める。

　活動内容：受容をベースにしながら，内的刺激や外的刺激に対してコントロールできるように，徐々に抵抗を増しながら指導する[1]。

---

[1] Hutt, S. J. & Hutt, C.(Eds.)　1970　*Behaviour studies in psychiatry*. Pergamon Press.（中井　久・中川四郎(監訳)　1979　自閉児の行動学　岩崎学術出版社）

ゴムボートを使った指導

本児はプールに入ることを要求。Tは, そのことを承知しながら, 欲求を抑え, 別の活動に導きたいと考える。そのため, 室内の活動で興味を示しているゴムボートに誘い込むことを試みる。

(場面) Tは黙ってゴムボートに空気を入れる。Aは, 全身ミラーの前に座って, 素知らぬ振りをしながら, 鏡に写っているTの様子を見ている。「ドウショカナ…」とつぶやきTの反応を伺う。Tはそれに反応を示さず, 黙って活動を続ける (ここで, 「Aちゃんボートに乗り!」と促したら失敗する)。そのまま放っておくと, いつの間にかボートに乗って遊んでいる。

いつもTの策にのってくるとは限らない。逆に, TがAの作戦にのせられてしまうこともある。むしろ, Aの意図を知っていながら自然に"のせられた"と思い込ませる (本児の作戦の逆利用) ことの方が難しい。

この段階 (筆者との交流が深まり, 自分の要求を対象 (T) に向けてくる) では, "受容"といっても, 要求に対して即時的に受け入れることよりも, 要求実現の過程の中に意図的に心理的葛藤場面を設け, 体験を通してより高い適応力を修得させていくことが重要である。

この場合配慮すべき点は, 指導者は, 常日頃子どもが興味を示す物や好む活動を十分把握し, 子どもの要求と指導者の意図が合致するよう, タイミングよくもっていかなければならない。ここでの本児の要求は,「プール」であるが, これを運動感覚のレベル[2][3]でとらえると「揺れ」(前庭刺激) と「触れ」(触覚) にある。そういう意味で,「プール」と「ボート」にはかなりの近似性がある。また, 対人関係の面では,「自分の要求を受け入れてもらうためには, 相手 (T) の要求も受け入れざるを得ない」(「洞察行動」が出現してきた段階, 約1歳半～2歳) ということが, 体験的にわかってきた時点での相互交流の場面である。このような活動を, 何度も何度も繰り返すことによって獲得された「行動のシェマ (調節)[4]」は, 他の行動場面にも適用され, そこにひとつの行動パターンが形作られる。これは, 交互の信頼感によって強められ, 定着し, そこから活動意欲も旺盛になってくる。

---

(2) Ayres, A. J. 1975 *Sensory integration and learnig disorders* (4th ed.). Western Psychological Services. (宮前珠子・鈴倉矩子 (訳) 1978 感覚統合と学習障害 協同医書出版社)
(3) つくも幼児教室 (編) 1980 「自閉」をひらく 風媒社
(4) Piaget, J. 1952 *Origins of intelligence in children* (Trnas. by M. Cook). International University Press. (Originaly published 1936 *La naissance de l'intelligence chez l'enfant.* Delachaux et Niestlé. (谷村 覚・浜田寿美男 (訳) 1978 知能の誕生 ミネルヴァ書房)

「歌」と「お話」による指導

本児をひざの上で軽く抱いて，テレビ漫画の主題歌（「すきすきすきよ一休さん」）や童謡（「山口さんちのつとむくん」「あの子は誰」等）を，ゆっくり体を揺すりながら歌って聞かせたり，またむかし話（「ももたろうさん」「舌切りすずめ」等）や童謡（大好きな「おむすびころりん」など）を，やさしい声で話してやったりした（触覚，前庭感覚，聴覚への刺激を中心に）。

ゆったりとした雰囲気の中で，スキンシップ[5]を深め，同時に，言語（音声）刺激を与えるよう心がけた。

つまり，替え歌調で「すき，すき，すきよ！　Ａちゃんがすきよ！」とか「あの子は誰，誰でしょね？（中略）かわいいＡちゃんじゃないでしょうか？」というように，「Ａちゃんが好きだよ，Ａちゃんは可愛いよ」という意味や感情を，快適な状況設定と感覚刺激を伴った動作の上に，今までに本児が獲得し好んで用いる言語表現のパターン（単語のくりかえしやＴＶやレコードの模倣）を借りて伝達（communication）[6]する方法である。この方法も，最初は思いつき的に後では意図的に試行してみた。

本児は，「ムカシ，ムカシ」ということばや「おむすびころりん，スットントン。ころりん，ころりん，スットントン」という文中で，「スットントン」という音声が，感覚レベルと合致したのか，大変気に入ってくれた。お気に召した時には「トラちゃ〜ん」とか「オニイちゃ〜ン」とか言って，首に手を巻きつけたり，ほほを寄せてきたりして，親愛と感謝の情を表現してくれる。筆者も，そういう時は，少しきつく抱きしめ「Ａちゃん，ありがとう」と言ってやる。

イメージによる対象認識（視覚刺激への反応）

着せ替え人形の長いまつ毛を指さして，「ムシ，ムシ」と言って教えてくれたり，教材のカタログを見て「ムシ！　ムシ！」と言うので，「何だろう」と思いのぞいてみると，そこには影絵の写真に小さくて黒いネズミが何匹もいて，本当に虫そっくりに見える。

当初見られた，「黒いもの」への強い執着が，現段階では「イメージによる対象認識」（(J. Piaget)「表象的思考」）の段階へと質的転換を遂げた。すなわち，自己（主体）と物（客体）が不離一体の関係にあったものが，分離し，「モノ」（自己とは別の）

---

(5) Montagu, A.　1971　Touching：The human significance of the skin. Macmillan.（佐藤信行・佐藤方代（訳）　1977　タッチング：親と子のふれあい　平凡社）
(6) 阿久津喜弘（編）　1976　コミュニケーション：情報・システム・過程　現代のエスプリNo.110　至文堂

として認識し得るに至った（「自己と物との境界の形成」（L. J. Yarrow)[7]）と言える。そのことを基礎に，過去の経験と「モノ」の知覚的特徴が統合し，音声に言語概念が付与されてきた（言語獲得）時期ではないかと考える。
それは次の事象とも共通する。

ある時，ねじ込み積み木で → ▨ の形を造り→印の所に口を近づけ，腹の底から吐き出すような大声で「ウォーッ」という叫び（うなり）声をあげ，それを何度も繰り返していた。筆者には，マイクに向って叫んでいるようでもあり，また，ライオンに見立てて，ほえる真似をしているようにも見えた。本児の真意の程はわからないが，筆者には，後者の意味が強い感じがして，当時の記録にも，「言語活動の発展の糸口になればと期待している」と記している。

指導の結果：活動領域（社会性，対人関係の面）が広がり，「ことば」の数も増え，機能的活用の面でも進歩がみられた。

(3) 第3段階 「内」と「外」の調整を試行する時期（X+2年5月～X+3年12月）

経過と指導の観点：現時点から振り返ってみると，この時期はまさに「疾風怒濤の激動期」であった。

前段階までで信頼関係も確立し，家庭環境も整備され，本児自身も安心して外的世界への積極的働きかけを開始した時である。筆者自身，これからの発達は割に順調に進行するのではないかと期待していた。しかしその予測は実に甘い主観的願望でしかなかった。

幸い短期間で，しかも良い結果になったが母親が入院した。それに，私事であるが，長女の長期の入院，そして，遂に最愛の娘を失ってしまった。心の痛みを消すことはできないが，今から考えると，この時期は「人間の発達とは何か，生きるとは，いのちとは何か」という根源的な問題に，一歩でも近づくための，かけがえのない貴重な体験であったと思っている。

本児は，このような周囲の状況に強く影響されたのか，それとも，「素通り」してきたと思われる0～3歳までの過程の追体験のためか，「引き込もり」と，それに続く「攻撃行動」，その合間合間に驚く程の成長をとげた。発達的には，やはり「内」と

---

[7] Yarrow, L. J., Rubenstein, J. L.,& Pedersen, F. A. 1975 *Infant and environment : Early cognitive and motivational development.* John Wiley & Sons.

「外」の調節のための，本児自身の苦闘の過程と言えよう。したがって，引き続き，日常生活場面での適応力をつけることに，指導の重点をすえた。

行動変化の概要：この期の本児の行動を特徴づけるものとして，「引き込もり」と「攻撃行動」がある。その経過を以下に概述する。

X＋2年5月　土間に「ウンコ」をする。
・第1次「引き込もり」（消灯，カーテンを閉める，Tの側にくっつく）
外的刺激，脅威からの自己防衛反応[8]
X＋2年6月　人との接触を能動的に求める。
X＋2年9月・第2次「引き込もり」（消灯，カーテンを閉める，鍵をかける，観察室へ）「巣作り」「子宮の象徴」＝退行現象
行動の変容（「アリガトウ」自－他の認識，自立心，他児とのケンカ）
X＋2年10月～12月　第1次「攻撃行動」（Tに物を投げる，叩く）
X＋3月1月・じゅうたんの上に「ウンチ」「オシッコ」をする。
・本児が主導してTにやらせる。
X＋3年2月　第2次「攻撃行動」（「いたずら大好き」＝ゲーム化，試し）
X＋3年4月・分離不安（「お母さん行かないで」）
・林間学舎
X＋3年9月第3次「引き込もり」（相談室＝「お城」）
・エアマット（「プール」（水）にかわるもの）
X＋4年1月第3次「攻撃行動」（エネルギーの噴出，ことばによるコントロール）
・服を着たまま「ウンチ」「オシッコ」

以上の流れから言えることは，「引き込もり」は，5月と9月で，春・夏休みの長期休暇が終った後の新学期に発現していることがわかる。X＋3年の場合は，「引き込もり」より，分離不安の様相を呈している。

また，「攻撃行動」[9]の方は，第1次　10月から12月，第2次　2月，第3次　1月から3月と冬期を中心に，その前後に発現している。

したがって，このことから，前者は，学校生活への不適応（分離不安，外的刺激からの防衛）的要素が強く，後者はエネルギーの発散（創造的，建設的活用の失敗）のように思える。そのことは，両者の後に続く行動にも差異がうかがえる。すなわち

---

(8) Hermelin, B. & O'Connor, N.　1970　*Psychological experiments with autistic children.* Pergamon Press.（平井　久・佐藤加津子(訳)　1980　自閉児の知覚　岩崎学術出版社）
(9) 原　俊夫・鹿野達男(編)　1979　攻撃性：精神科医の立場から　岩崎学術出版社

「引き込もり」の後には行動上の進歩が，逆に「攻撃行動」の後には退行現象が見られることである。

「引きこもり」行動の指導
①第1次（X+2年5月）の場合：学年が進むにつれて，本児と他児との諸能力の格差は次第に増大してくる。春の運動会の日，大勢の人に注目されるのを嫌がり，参加することに強い抵抗を示した。そして，「(教室の入口の所で) 開けて！こわいトラちゃん。わかってるの⁉」と言って，教室に引き込もり一歩も出ようとしなかった。この頃から，教室の灯りを消し，窓のカーテンを全部閉め切って，金魚の水槽を長い間じっと見ていたり，Tの側にくっついて離れようとしなくなった。

これは，外的刺激からの「自己防衛反応」ではないかと考え，できるだけ強い刺激を与えないよう，やさしく抱いて安心感をもたせ，また，そっとして余り干渉しないように配慮した。

②第2次（X+2年9月）の場合：第1次の行動に，入口の戸に鍵をかける（内側から）ことと，観察室に入り，Tの入室も拒否することが相違点である。すなわち，さらに強固に外的刺激をしゃ断し内へ向かって入り込んで行く行動は，あたかも母胎内への回帰を象徴しているかに思える。出会いの頃の行動と質的に異なる点は，行動は安定し，まとまりがあり，何よりも目的志向性があるということである。すなわち，本児にとって最も安全で，しかも最もくつろげる場作り（「巣作り」）の行動である。これは，胎内（子宮）にいた頃を再現し，再び外界へ出ていく，いわば，「自己再生の準備ではないだろうか」と当時の記録に記している。

この時は「そっとして見守る」対処の方法をとった。

③第3次（X+3年9月）の場合：この時も，1年前に入った「観察室」を好んだ。前回との相違は，中に入れていた物（現在は不用品の倉庫にしている）をそこら中に散乱させた。恐らく，探索活動の意味があったのだろうと考える。対処としては，入室を禁止したり，強制的に引っ張り出したりせず，機が熟して自然に出てくるのを待った。

「攻撃行動」の指導
①第1次（X+2年10月〜12月）の場合：この行動が発現する少し前までは，本児も昼の休み時間には，運動場に出て自由に遊びまわったり，以前恐がっていた犬の背

中を撫でてやったり，安定した積極的な行動が見られた。
　また，教室に他児（中度の肢体不自由　男児）が来て，遊具を取ろうとして奪い合いになり，本児が勝った。居合わせた他の教師に「Aちゃん強くなったね」と誉められ自分の力に自信をつけたように思う。
　この頃から，Tに向かって物を投げつけたり，体を叩きにきたりする行動が盛んに現われはじめた。「始めるな」と予測できるときはいいが，不意に物を投げてこられると，避けきれず，まともに当たることがある。その時は，大声で「ワァ痛い！コラッ！」と恐い顔で叱り，本児の掌を力一杯叩き返す。そのうちに，当たっても余り痛くないような軽い物や小物を投げるようになり，自分から「ダメよ！」と言って手を出してくるようになった。
　この行為は，Tへの「試し」であり，本児自身の防衛の壁を破るための自発的行動ではないかと考え，本児の「心の痛み」をTの「体の痛み」として，受けとめようと考えた。

　②第2次（X＋3年2月）の場合：「攻撃行動」に変化が見られた。一種のゲーム性を帯びてきたことである。
　本児が投げつけた物を拾い，"ヒョッコラ　ヒョッコラ"近づいて行き，頭上（本児の）から当てるまねをして，「ポトン」と側に落とすとケラケラ笑い，それを拾ってまた投げる。「物」を媒介にして，相互交流を行っているのである。この「ゲーム」は，本児も大変気に入って何回も繰り返しやった。
　さらに，投げる物が，紙袋，帽子，マーガリン等，当てても全然痛くない物に変化したことも，「ゲーム化」の証左と言えるであろう。
　ある時，Tを攻撃しながら「イタズラ　ダイスキ！」と言う。また，「笑い者，困っちゃうな！」とは，これまた痛烈なことば。

　③第3次（X＋4年1月～3月）の場合：この時も，発現までは，気持ちは安定し，表情も豊かで，行動も落着いて，葛藤場面での感情のコントロールも良好であった。
　ここでは，攻撃が第三者にも向けられるようになったことが，前回までと異なる点である。すなわち，第三者との関係において，本児の要求が満されなかったり，制限を受けたり，または本児に対応してやれず不快感が充満している場合に見られるようになったことである。
　「攻撃行動」は，現象的，あるいは，現実の対応場面でとらえると，「困った，否定すべき行動」として受けとられがちである。しかし，筆者は，本質的な意味では，発

達の重要なひとつの指標として肯定的に評価する。すなわち，本児は，長期にわたって，怒り，恐れ，嫌悪，嫉妬などの「不快」の感情を外へ向けて表出できず，抑圧され内に封じ込められたり，自分自身に向け，「自傷行為」という自己破壊的な形で体現していたのである。それが，現段階では，自閉の厚い障壁を打ち破り（内的発達と外的働きかけにより），肯定的な自己同一性を確立し，自己への阻害対象に対して，その内的エネルギーをブチ当てていけるような強さを今獲得し得たのだと言える。まさに，180度の質的転換である。そういう意味で高く評価したい。

しかし，人に向かって物を投げつけたり，物を壊したりすることを，全面的に容認してよいのではない。ここにこそ，教育的課題が存在するのである。すなわち，全面的な依存から自立心が芽生え，さらに，社会にうまく適応して生きていくためには，自律心を養わなければならない。そのためには，「欲求不満への耐性（フラストレーショントレランス）」をつけていくことが，重要な課題である。

そのためには，次の5つが重要であると，ローゼンツバイク（S. Rosenzwig）は言っている（浅見他，1980）。

①幼児期から適度な欲求不満の経験が与えられること。
②愛情などの基本的欲求は十分に満足されていること。
③しつけや訓練が，一貫性，合理性を有すること。
④発達水準を考慮した欲求不満を経験させること。
⑤欲求不満を解消する技術や知識を習得させること。

次に，欲求不満耐性を高めるための，ひとつの試行例を示す。

  C 「ヨーカン！」
  T 「ヨーカンね？　ノー！　ノー，ヨーカン。」
  C ケラケラ笑う。次は，「ブドー！」
  T 「ブドーもノー！　ノー，ブドー。」
  C Tの目をジッと見つめて，また，ケラケラ笑う。そして，「アイスクリーム！」
  T 「アイスクリーム？　ユースクリーム，ノー！　ノー！，ノースクリーム」
  C また笑う。

上記の事例から「ノー（No）」という語が，否定的な意味伝達において，大変効果的であった。「ノー」と言う時，右手を顔の前で左右に振る動作を伴うので「○○はないよ！」とか「ダメよ！」というより明確で，しかもことばの響きや醸し出す雰囲気から，生理的にも受け入りやすかったのではないかと考える。

(4) 第4段階　外界に向け積極的にかかわりをもつ，統合期（X＋4年1月～）

指導の観点：悩みや苦しみの多い現実の生活の中で，苦悩を十分味わい，それをのりこえ，喜びや希望へと変えていく術を体得した時，われわれ人間は生きていくことの意味を知っていくものだと考える。心的エネルギーが外へ向かって開くようになったこの時点では，本児が，うまく社会へ適応していけるような力をつけることが大切なことだと考えた。

プール指導を通して：自閉児に共通する特徴として，本児も例にもれず，水に対して極めて強い執着を示した。これには，生理的心理的要因があると思われる。

プール指導においても，単に，本児がうまく泳げるようにするのが目的ではない。直接的な効果としては，欲求の充足による情緒の安定や皮膚感覚（特に温感）の正常化，また，水中で体を自由に動かしたりすることでのボディイメージの養成にも有用である。

しかし，ここでは，そのこととは別に，この「水に対する強い欲求」に着目し，そのエネルギーを如何に社会性の発達や身辺自立の課題に結びつけていったかということである。

すなわち，「プールに入りたい」という欲求が強ければ強い程，何とかして欲求を満たしたいと考え行動する。以前のように，欲求即行動という段階では，この方法をとり入れることは困難である。しかし，「欲求不満耐性」がある程度養成された，つまり，"待てる"段階では，目的達成までの過程に，実生活場面で活用できる諸能力・発達課題を，目的意識的に設け，そのエネルギーを有効に教育的課題と接合させていく方法である。

次のような2つの課題を設けた。
(1)衣服の脱着が自分でできるようにする。
(2)人との接触を広め，その場に応じてことば使いができるようにする。

先ず，(1)については，前年までは，待ちきれず服を着たままプールにとび込んだり，ボタンやホックを自分でははずせず力まかせに，引きちぎったことが何度もあった。

この指導の場合，留意したことは，①順序を追って，ひとつずつ段階的に，ゆっくりやること。②できなくて，イライラしたら少し介助したり，はげましたりする。③うまくできたら，必ずほめてやること。

（例）ⅰ）ボタンをはずす時は上から順に，はめる時には下から順に。ⅱ）シャツの袖通しは，左から先に。ⅲ）パンツは前と後ろを間違えないように。ⅳ）靴下をはく時は，つま先までしっかり突っ込む。というように。

(2)について

　プールの入口の鍵を管理作業員（校務員）さんに借りに行く時，あらかじめ「鍵を借りておいで。『カシテ　チョウダイ』と言うんだよ」と教えてやると「カシテ　チョーラ（ダ）イ」と言える。終ったら，「返しに行くんだよ。『アリガトウ』と言って返してね」と言っておくと，はっきりと「アリガトウ」と言える。管理作業員さんも，にっこりして「Ａちゃんかしこいね」と言ってくださる。このように，物を媒介して，人との接触を深めたり，ことばを覚えたりするようになった。Ｔも「上手に言えたね。かしこかったよ」と誉めてやる。

　役割分担の萌芽：給食時間は，今では本児にとって，学校生活の中で最も楽しいひと時である。

　この時間の指導事項としては，①時間まで待つ，②給食，食器を運ぶ，③手を洗う，④座って食べる，⑤食べ物の種類を増やす，⑥食器を片付ける，⑦食器を給食室に返す等である。一般の子どもたちにとっては，実に簡単な課題であるが，本児たちにとってみれば，それぞれ，なかなか難しいものである。これまでは，①と⑤を重点に指導し，効果がみられた。ところが，最近，②と⑦の場面で，行動上に好ましい変容が見られるようになった。それは，教室への運搬の際，Ｔが食器かごにパンや牛乳を入れ，本児は自分の好きなおかずを運ぶ（熱い時はＴがする）という役割のパターンができていた。パターンそのものの変化ではない。Ｔが食器かごを持って，パン，牛乳の置き場に行くと，本児が，かごの中に，それらを入れてくれ，後で自分のおかずを持つようになったことである。また，Ｔが入口の戸を開けたままにしておくと，本児が行ってちゃんと閉めてくれるようになったことである。このことの意味は大きい。

　すなわち，人間が何かひとつのことを複数でやろうとする時，それぞれ，その人の役割がある。その際，自分の仕事の分担だけやれば，仕事は一応終ったことにはなる。しかし，もう一歩進めて，他者の足りないところを補助するというのは，相手の気持ちを思いやったり，本当の主体性がなかったら，そういう行動はできるわけがない。それまでは，Ｔが本児の補助をし，本児は受身の立場にいたわけであるが，この時点では，関係が全く逆転していることに重要な意味がある。「他に関心を示さず勝手な振舞いをする」というのが，自閉児に貼られたひとつのレッテルだったわけである。

　このことは，自閉児が，これまで超えようとして超えることのできなかった，高くて厚い障壁を，今，本児は自らの力によってのり越えたことを明確に実証したのである。

本児は,「自閉」から脱却し,人間社会の中で生きていく道を,自ら選択し,力強くその一歩を踏み出したと言えよう。

3 考　察

　以上は,筆者自身の5年間にわたる実践事例の記録をもとに,一自閉児の対人関係の発達を中心に,指導の概要を述べてきた。
　そこで,対人関係の発達を促進するための一つの試行について若干の考察を加える。

(1) 自閉症状(特に,対人関係の障害)に何らかの関係を有すると思われる事柄

　自閉児の場合,しばしば妊娠中および周産期の障害が認められることは,多くの研究者の指摘しているところであるが,本児においても,胎生期の障害はないとしても,出産期におけるトラブルが神経生理学的な負因として影響しているのではないかと考える。このような本児自身の生得的なハンディキャップの上に,さらに,出生後初期の,二度にわたる母親の入院,母親に替わる養育者の本児への対応,また,母親退院後の養育状況等から来る母子関係の障害（マザーリングの欠如)[10]等が,アタッチメントの不成立に強く影響を及ぼしているのではないかと考える。
　同時に,2～3歳頃の父親の本児に対する加虐的行為が,一層自閉症状（人間不信）を強化させたのではないかとも思える。
　以上のような,諸要因の複合によって,本児の発達は阻害され,自閉児特有の諸症状を呈するようになったのではないかと考える。しかし,5年間のかかわりの中で,それは徐々に減少,変容し,遅滞は残存しているが,「自閉」からは脱却し得たと思える。

(2)　関係づけの手がかり

　第1段階における本児の常同行動や,物への執着傾向は,外的刺激に対する内的調節力の未成熟（発達）を意味する。この時点で,そのような行動パターンを外的力によって修正を加えようとすることは,益々,混乱を助長し単一的な行動パターンを固定化するだけである。したがって,本児の行動そのものを容認し,その意味の理解に

---

[10] Bower, T. G. R.　1977　*A pimer of infant development*. W. H. Freeman.（岡本夏木・野村庄吾・岩田純一・伊藤典子(訳)　1980　乳児期　可能性を生きる　ミネルヴァ書房）

努め（共感），情緒の安定をはかることが先決である。

つまり，この時点での指導の手がかりは，まさに，自閉児の「問題点」として指摘されているところに秘んでいると言える。「人との接触は避けるが，物に対して強い執着を示す」と言われるこの「物」こそが，自閉児との関係をとり結ぶ「カギ」なのである。ある人は，行動を容認することは「自閉性を助長する」ことになると主張するが（小関，1981），実際はそうではない。本事例では，丸い皿（「お守り」），水，風船，ビニル，トランポリン，エアマット等が，知覚の発達，情緒の安定，対人接触への媒介項となり有効性を発揮した。この物への執着傾向は，「距離の障害」とも関係が深いと言われている。初期の段階では安易に近づこうとすると，脅威を感じさせ，かえって逆効果である。

したがって，物を媒介とし，適切な距離を保ちつつ，いかにして対人接触をつけていくかは，興味の対象，欲求充足の意味，発達のレベル等を十分配慮して，徐々に接近していかなければならない。

橘（1978）が，「eye-to-eye contact」と「smiling response」に関して，行動学的研究の結果を報告していることによっても，上記のことは示されている。

このように，行動を容認することによって安心感や自己肯定感が獲得され，ヒトへの関心や接近欲（心的エネルギーを外へ向ける）も養成されると考える。これは，特別の訓練によるものではなく，日常生活の中で，楽しい「遊び」を通してつくりあげていくものである。そういう意味においても，初期の段階では心理療法的なアプローチは有用であると考える。

(3) 「物」から「人」へ

第2段階では，諸感覚刺激への働きかけを総動員しつつ，筆者との人間関係（信頼関係）を基軸として，本児の活動意欲を活発にしていくことをめざした。

その結果，探索活動に興味を示しはじめ，物に対しても，パターン化した反応は減少し「ごっこ遊び」（象徴的）への新しい変化を示しはじめた。このことは，人間に対して，物との関係とは違った特別の関係をもつこへの期待がこめられていることを物語るものであると言えよう。おとな（筆者）によって誘発された対象への注意が子どもの要求を充分満足させるものである時，子どもの中に新しい「期待のシステム」が発生してくる。「ゴムボート」を使った例がそれである。このような共感と交流の喜びを体験することによって子どもは，次の活動への意欲を，つまり，「対象が共有されるような対人的場面」をもつことを，期待するようになるのである。そして，同じ行為を何度もくり返しながら，「期待のシステム」をふくらませ，まだ「物」に密着的で

はあるが，本児にかわっておとな（筆者）にさせる（「〇〇つ（し）て」）行動へと変化してくる。つまり「遊び」が，社会的意味を強く帯びた行為へと発展してくる。
　この時点では，指導者による，志向的活動への積極的な働きかけが必要である。

(4)　活動領域の広がり

　当初，教室での筆者と本児との一対一の関係における感情的交流の深まり，そして，来室者（教師，来客者）との接触の広がり（はじめは逃避，拒否）と特定者への親密化，誰が来ても嫌がらない段階を経て，本児自ら教室を出て，他者への人間関係を求めるところまで到着した。
　このような，対人関係の発達を可能にしたのは，
　①本児自身の内的発達要因（生理的心理的諸機能）
　②外的環境要因（本児の存在や欲求を受容し充足し，行動を誘発する人や物の存在）
の2側面がある。
　本児の場合，他の教職員や子ども達の理解と協力[11][12]が，大きく寄与していると考える。

　家庭の問題（特に母子関係）：自閉児の対人関係の障害の原因について，自閉症研究の初期においては，母親の養育態度に求める傾向もあったが，現在では，それを単一の要因とする考え方は否定されている。しかし，子どもの発達に与える母親の影響の大きさについては，否定する者は誰もいない。そういう意味で，筆者自身も母親との意思疎通をはかっていくことに大きな力を注いできた。
　現在，母親は，「この子と一緒にいる時が一番幸せです。この子は，私の宝物です…」と語ってくれるようになった。
　人には，それぞれもって生まれたものに違いがある。個性（個体差）がある。当然，その歩みにも，ひとりひとりの違いが出てくる。
　人間は，自分の生涯を全うするまでに，いろんなことに遭遇し，悲しみや苦しみ，時には喜びや希望を抱きながら，自分に合った生き方で生きていく。
　精一杯生きている姿，その命の尊さを認め生き方に共感することこそが大切なことだと思う。
　触れ合いの過程を通して教えられたもの，それは，愛と忍耐，そして，常に希望を

---

[11] 小関康之　1981　自閉症児へのダイナミックアプローチ　東京書籍
[12] 寺山千代子　1980　自閉児の発達と指導　教育出版

持ち続けることの大切さである。

今後，本児の成長を見守ってくれる，家庭，学校，地域社会の問題が大きく浮かびあがってくる。

本児は，すでに，筆者の手を離れてはいるが，機会あるごとに接触を保ちながら，今後の成長を見守っていきたいと考えている。

文　献

浅見千鶴子・稲毛教子・野田雅子　1980　乳幼児の発達心理 1-3　大日本図書
小関康之　1981　自閉症児へのダイナミックアプローチ　東京書籍
橘　英弥　1978　重症心身障害児における常同行動の研究 児精医誌，**19**(3)，162-176.
津守　真・稲毛教子　1961　乳幼児精神発達診断法―0才～3才まで　大日本図書
津守　真・磯部景子　1965　乳幼児精神発達診断法―3才～7才まで　大日本図書
梅津耕作　1975　自閉児の行動療法　有斐閣
Weston, P. T. B. (Ed.)　1971　*Some approaches to teaching autistic children: A collection of papers*. Pergamon Press.（牧田清志（訳）　1981　自閉児の教育　岩崎学術出版社）
山中康裕（編）　1977　自閉症　現代のエスプリ　No.120　至文堂

第20章
映画は障害と人間をどのように描いてきたか：
知的障害者に神性を見た作品について

吉田　巽

はじめに

　映画は時代を映す鏡である。映画はその時代の観客のニーズをとらえながら数々の作品を私たちに提供してきた。映画館の周りに長蛇の列ができるほどヒットした作品もあれば，わずか1週間しか上映されなかった作品もある。多くの観客を動員した作品とは，その時代の人々が共感をもって喝采した作品であり，時代の気分にマッチした作品である。また，観客動員は少なかったが，その時代の人々に訴えたいと願って作られた社会的な作品や，芸術的にすぐれた作品もある。そういう意味で，映画は時代を映す鏡であると言えるのである。

　では，障害のある人々については，映画はどのようにその障害と人間の生き方を描いてきたのだろうか。それを明らかにすることによって，障害と人間への理解がより豊かなものになるのではないかと考えた。本稿では，知的障害者に神性を見た作品を中心に考えてみたい（なお，本稿で扱う作品は一般公開された劇映画である）。

1　「手をつなぐ子等」に描かれる善良な者に神性を見た作品

〔作品の概要〕「手をつなぐ子等」昭和23（1948）年・大映京都作品・白黒スタンダード86分
監督：稲垣浩／原作：田村一二／脚本：伊丹万作／撮影：宮川一夫／出演：初山たかし・笠智衆・杉村春子・徳川夢声・沢村アキオ　ほか
受賞：キネマ旬報ベストテン第2位，毎日映画コンクール男優演技賞，脚本賞受賞

内容：昭和12年のはじめ，京都市に近い町で，中山寛太（小学校3年生，脳膜炎により知能障害を起こした精神薄弱児，知能指数80あまり，言語やや不明瞭，動作緩慢など）を中心に，山田金三（5年生から転校してくる，環境によって歪められた不良児，動作敏捷，闘志旺盛など），奥村健次（級長，判断力と果敢な実行性があるなど）と担任の松村先生の指導が描かれる（人物の説明は伊丹万作によるものである）。

　伊丹万作は，この作品を自分が演出するつもりで脚本を書いていた（伊丹はこのシナリオを昭和19年に書いた後，昭和21年，46歳の若さで亡くなる）。その演出意図を次のように述べている。

　　この作品の基調をなすものは，道義的精神と芸術的精神との二つから成っている。そのうち道義的精神は具体的にどこに表現されているかと言うと，第一は精神薄弱児の問題であって，これは狭義には個人的な同情心に訴えることをねらい，広義には社会的立場から未発掘の人的資源としての意義を明らかにし識者の社会的熱情に訴えることを主眼としている。

　　第二は，不良児が次第に感化されていく過程を通じて善の意識に或る快い刺激を与えることが期待されるのであるが，同時にこれは前者と密接に結びついて，互いに効果を授けあっているはずである。

　　さて以上がこの作品の道義的方面であるが，（そして，もちろんそれは極めて重要な点には相違ないが）しかし我々の努力がただ道義的方面にのみとどまってしまったならば，この映画は十分りっぱな作品とは成り得ないと思う。そこにはどうしても，もう一つの基調，すなわち芸術精神が強力に作を貫くことが必要である。実を言うと，私がこの原作によって非常に心を動かされた理由は，先に述べたような道義方面による点も決して少なくはないが，それにも増して私はむしろそこに描かれている小さい者たちの世界の澄み切った美しさに感嘆したことを白状する。ここには快いユーモアもあり，悲しみもあり，その他社会にあるようないろいろなものがあるにはあるが，ただ違う点は，こちらはどこまでも純真であり，明朗であり，徹底的に澄みきっていることである。このような美しさを，もしそっくり映画に移し植えることができたならば，多くの人がその映画を見て，泣いたり笑ったりしたあげく，結局心を洗われたような快感を抱いて帰って行くだろう。そういう映画をつくりたいものだというのが私の最初に描いた夢であり，そして未だ覚めない夢なのである。

　さらに，伊丹は登場人物の中山寛太を，次のように性格付けする。

第20章 映画は障害と人間をどのように描いてきたか

　　幼時の脳膜炎によって知能障害を起こした精神薄弱児。知能指数八十あま
　　り。言語やや不明瞭。動作緩慢。ただし指先は器用。（中略）愛敬あり。笑顔
　　特に愛すべし。性善良，温順。神性に近きものあり。（「伊丹万作全集第三巻」
　　昭和36年・筑摩書房刊より）

　この演出意図をよく理解して稲垣浩が監督した作品である。
　中山寛太は知的障害のため普通学級での学習が難しいので，教室の片隅で一人遊ん
でいる。しまいには授業のじゃまだからと廊下に出されたりする。両親は何とか寛太
が勉強できる学校はないものかと探しまわり，ようやく引き受けてくれる学校にめぐ
りあう。
　当時は就学児童の2パーセントが精神薄弱児童で，全国で30万人にもなるという状
況が冒頭のシーンで語られる。そして，この子らの教育についても，ようやく一部の
理解ある教師たちが取り組もうとしているという時代であることが説明される。
　こうして寛太の担任になった松村先生が学級の子どもたちに向かって，次のような
話をする。
　松村「さて，みんなに頼みたいのだが，中山君は小さい時，大病にかかって，その
　　ため少し脳が悪くなったのだ。それで，勉強は皆と一緒にはついていけない。
　　そういう気の毒な人だから，みんなは一層仲良くして，かわいがってあげなく
　　てはいけない。決して馬鹿にしたりなんかしないように，中山君に親切にでき
　　るかできないか，それによって皆は，自分の義侠心が本物であるかないかを試
　　すことができるのだ。わかったね。どうか，みんなで固く手をつないでやって
　　もらいたい」。
　そしてその日の放課後の教室に級長の奥村など四，五人の児童を集めて，松村先生
が話す。
　松村「今までの中山君は，学校は嫌なところ，辛いところだというふうに感じてい
　　るらしい。だから中山に勉強させるよりも先に，何よりも学校というところを
　　面白いところだとわからせる必要がある。…しかし，これは先生だけがいくら
　　一生懸命になってもだめなんだ。学校を面白くするかしないかは，ほとんど友
　　だちの力なのだ。それはわかるだろう？」。
　生徒「はい」。
　松村「そこで，まず当分の間，ぜひ君たちにやってもらいたいことは…」。
　次のシーンで，クラスの子どもたちが馬になって寛太を乗せて校庭を走り回り，寛
太がニコニコ笑っている様子が映し出される。
　松村先生がここで子どもたちに，「自分の義侠心が本物であるかないかを試すこと

ができる」のだから，「みんなで固く手をつないでやってもらいたい」と言っている。現代ではほとんど聞かれなくなったと思われる「義侠心」を子ども心に訴え，子どもにそのような心情を育てようとしていることがわかる。こうして，寛太は担任の松村先生の熱意と級友たちの理解のもとに，学校が面白くなってきて，毎朝一番に登校してくるようになる。

　やがて，5年生になったとき，山田金三という，ちょっといじけていて，何かにつけていじわるをする男の子が転校してくる。この山田が寛太の帽子をとったり，空き地の穴の中に寛太の顔だけ出して埋めたりするのを，級長の奥村ががまんできなくなって，山田と取っ組み合いをしたりする。寛太は山田がいじわるをしても一向に動じないで，いつもニコニコ笑っている。

　そんなある日，学校の周辺の街路の落書きをクラスで消して回るという奉仕活動で，寛太が山田の受け持ちのところを（山田がさぼるので，まだ落書きが残っている），山田に代わって消して回ったのがきっかけとなって，山田がようやく自分の行いを悔いて寛太に謝る。

　山田は自分が担当のところを寛太が消したのを知って，思わず涙する場面が描かれる。寛太がいじわるな山田金三を，その善良そのものの心で改心させたのである。たしかに松村先生の山田に対する粘り強い指導もあるのだが，山田が寛太というパーソナリティにふれることによって自分自身に気付き，自分を見つめ直すことができたということにも大きいものがある。

　つまり，ここでは，寛太のそのような純朴さ，善良さにふれることによって，周りの者（山田や奥村などの級友，松村先生など）が何らかの感化を受けている，別の言い方をすれば，周りの者を感化させる力を寛太は備えているということが描かれるのである。

　伊丹万作が意図した中山寛太の「性善良，温順。神性に近きものあり」という性格付けが，特に，寛太が山田を改心させていくシーンに端的に現れていると思われる。

　しかし，松村はそれで良しとするのではなく，寛太の良さを高めるべく，寛太の得意なこと，好きなことを見つけて，それを伸ばしていこうとする。このあたりが演出意図にある「広義には社会的立場から未発掘の人的資源としての意義を明らかにし識者の社会的熱情に訴えること」につながるものだと思う。そして，ラストの卒業式となるのである。

2 「安宅家の人々」で描かれる宗一の悲劇

〔作品の概要〕「安宅家の人々」昭和27（1952）年・大映東京作品・白黒スタンダード116分
監督：久松静児／原作：吉屋信子／脚本：水木洋子／撮影：高橋通夫／出演：田中絹代・船越英二・乙羽信子・三橋達也・三條美紀 ほか
内容：戦後間もない神奈川県下の養豚場が舞台である。主人公安宅宗一は，年齢は30歳くらい，知的障害児施設で教育を受けた知的障害者で，広大な養豚場を経営する安宅家の当主である。妻の国子は安宅家の執事の娘であり，安宅家を守るべく実質上の経営者として，事業のこと，宗一のことの一切を切り盛りしている。一方，宗一の異母弟譲二は宗一の無能を利用して安宅家の財産をねらう。そんな中で，譲二の妻雅子は，宗一の人間性に接し，ただ一人の理解者となっていく。

この作品に登場する知的障害のある宗一について，映画の初めのほうで，国子と雅子の間に次のような会話が描かれる。
雅子「お義兄様，本当にいい方ですわ。純粋な，ちっとも汚れを知らない，まるで神様のような方ですわ」。
国子「そうおっしゃってくださるのは，第三者として好意的な見方かもしれませんけど，男が一人前として世の中に立って行く以上，それでは何の役にも立ちません。主人は気の毒な人です」。
雅子「でも，お嫂様のような奥様がいらっして，お義兄様の生涯は平穏に守られているのですわ」。
国子「そんなことは安宅の周囲は認めてくれません。雅子さん，女と生まれて，誰が頼りになる夫をと願わない者があるでしょうか。私の父は主人のためなら自分の娘のことさえ，進んで犠牲に捧げるという人だったんです。ですから事情を知らない人は玉の輿と言い，知ってる人は金が目当てと誹ります」。
雅子「お嫂様，私にはよくわかりますわ。いいえ，私ばかりでなく，心ある人はお嫂様を尊敬すると思います」。
このシーンでは，宗一に対する国子と雅子の思いが端的に描かれている。国子の父は安宅家を守るために自分の娘を犠牲にして，宗一の妻にと差しだしたものである。国子はその父の思いを受けとめ，自分の気持ちを封じて，安宅家のために宗一を当主

の枠にはめ込もうとする。だから，純粋で汚れを知らないだけでは当主としては何の役にも立たないと言っているのである。一方の雅子は実際に宗一に接するうちに，宗一が汚れを知らない，まるで神様のような人であると思ったのである。

この会話の日からしばらく後に，雅子は宗一の書斎を訪ね，
「お義兄様にさしあげようと思って」，
と鳩時計を持ってくる。時刻がくると文字盤の下の窓から鳩が顔を出して時刻を告げる時計である。宗一は，
「他人から物をもらってはいけないと国子に言われているから」，
と言って一度は鳩時計を雅子に返す。しかし，雅子から，自分はお義兄様の弟の譲二さんの嫁だから他人ではないと言われて，鳩時計を受け取る。宗一は，時刻がくると，鳩が首を出したり引っ込めたりするのが面白くて，鳩時計に興じる。

本棚に並ぶ子供向けの「かぐや姫」や「ガリバー」などの本を眺めながら，雅子が
「お義兄様は大人の本は読まれないのですか」，
と尋ねると，宗一は
「難しいって，国子が。ぼく，頭，弱いからね」，
と答える。宗一の日常は国子によって厳しく律せられており，国子の指示に従順であった。勉強の時間は書斎で，おはじきの数を数えたり，子供向けの絵本を読んだり，敷地の中を散歩したりという生活である。雅子との出会いは宗一の生活に変化をもたらす。雅子は宗一の様子を見ながら，宗一はもっとほかにできることがあるのではないかと考え始める。

宗一を散歩に連れ出し，テニスやピアノを教えたり，絵本ではない漱石の「坊ちゃん」を読んで聞かせたりして，宗一の特性を探りながら，興味を引き出していくのである。宗一は新しい経験の中で，少しずつ世界を広げていく。そんな変化の中で，いつしか宗一のなかに雅子への思慕が育まれていく。

その頃，祖父の三十三回忌の法要が営まれる。法要に集まった人々への当主の挨拶を，国子は宗一に教え込み暗誦させる。当日，法要後の宴席で宗一は教えられたとおりのお礼の言葉を間違いなく述べる。それができたことが嬉しくて，隣席の国子に
「どう，国子，よくできたよ，一言も間違わなかったよ，ぼく」，
と嬉しそうに語るのだが，それがその場の人々にもよく聞こえ，親族たちの失笑を買ってしまう。国子はいたたまれなくなって，席を立って控室に戻っていく。雅子も心配して国子の後を追ってくる。

その控室で，次のような国子と雅子のやりとりが描かれる。

雅子「そんなにお気になさることありませんわ，お嫂様。お義兄様は，言葉を間違

わずにできたことを喜んでおっしゃっただけじゃございません」(そこへ宗一も入ってくる)。
国子「主人はやっぱり来なければよかったんです」。
雅子「お嫂様はあんまり体面にばかりこだわりすぎますわ。よその人がどう見ようと，ご自分自身が信念をお持ちになれば，お義兄様のことは少しも恥じることじゃないと思います」。
宗一「ごめんよ，国子。やっぱり，ぼく，来なきゃよかったね」(国子，涙を拭う)。
雅子「お義兄様，とってもご立派でしたわ。…」。
　このとき雅子は，宗一が単に神様のような人ではなく，自分ができたことの喜びを素直に国子に語りたいという気持ちを表現できる力があることに気付いたのである。だから，嫂の国子に，もっと宗一の気持ちをわかってやれ，と言ったのである。
　この後，さらに譲二が養豚場の使用人にストライキを煽動して混乱させる。一方では，国子は宗一が勉強しなくなったので，雅子から遠ざけてしまう。
　ある日，宗一は雅子が来てくれなくなったので，テニスコートや森の中を探しているうちに，小高い崖から転落して亡くなるという悲劇が起こる。宗一の葬儀の後，国子は養豚場を宗一が教育を受けた小桜学園に寄付し，事業を整理する。そして，国子は宗一への自分の理解が間違っていたことを悟って，小桜学園の保母になる決意をする。雅子も譲二と別れ，私もお嫂様と一緒に保母になりたいと言って，国子についていくところで物語は終わる。
　この作品は，宗一をとりまく人々が，宗一をどう理解していたか，宗一にとって何が幸せだったかなどについて，国子と雅子の対比，宗一と譲二の対比を軸にして描いている。
　国子はあくまでも安宅家を守るために，宗一を当主の枠にはめ込もうとし，後見人のようなかたちで厳しく宗一に接する。宗一は日常の生活で国子の指示に従順に従っている。譲二ははじめから宗一を無能ときめつけ，それを利用して安宅家の財産を私物化しようとする。雅子だけが宗一の人間性を尊重し，宗一の興味を引き出し，得意なものを伸ばそうとする。この三者の宗一への理解は，その姿は変わっていても，現代においても見られるのではないだろうか。

3　知的障害者に神性を見ることについて

　「手をつなぐ子等」において伊丹万作は，中山寛太の性格付けを，なぜ，「神性に近きものあり」としたのだろうか。彼がこの原作に心を動かされたのは「小さい者たち

の世界の澄み切った美しさ」を感じ取り，そこには「どこまでも純真であり，明朗であり，徹底的に澄みきっている」ものがあると受けとめたからである。そして「このような美しさ」を映画にしたいと考え，シナリオ化したのである。そのために，中山寛太に「性善良。神性に近きものあり」と性格付けしたのではないだろうか。

つまり，「どこまでも純真で，澄みきって」いて，「性善良」であるということを，神性に近きものとしたのである。これは，「安宅家の人々」の宗一にも言えることで，雅子の言う「純粋な，ちっとも汚れを知らない，まるで神様のような方ですわ」と共通する。ここでは，「純粋で汚れを知らない」ことが，「神様のよう」だと言っているのである。したがって，この二作をみると，「神性」の中身には，「性善良」，「純粋な，汚れを知らない」という二つの条件が考えられる。

この二つの作品が製作されたのはいずれも昭和20年代（1940年から1950年にかけて）である。では，現代の作品を一つ見てみよう。

平成8（1996）年製作「学校Ⅱ」に登場する高志という高等養護学校の生徒は，クリーニング工場に実習に行って，その職場の人たちから心ない言葉を浴びせられ，担任のリュー先生に，

　高志「俺，もっとバカだった方がよかったな。だってわかるんだ，自分でも。バカだからなかなか仕事が覚えられなくて，計算も間違ってばかりいて，みんなが俺のことバカにするのがわかるんだよ。先生，佑矢の方がいいよ。自分がバカだってわからないんだから」，

と涙ながらに語るシーンがある。ここでは，純粋にまっすぐにものごとを見るがゆえに苦悩する生徒が描かれている。このような苦悩は，中山寛太や安宅宗一には描かれていない。当時の知的障害への理解が，まだそこまで高まっていなかったと言えるだろう。

映画の中で，生徒の高志と佑矢が雪の平原で気球に乗るシーンについて山田洋次監督は，

　「吉岡秀隆君や神戸浩君の演じた生徒を通して，いろいろな感情を言葉にして表現できない，この少年少女たちの悲しみが，雪の平原を背景にして現れ出たのではないのか。…そんなことを深く考えて気球というアイデアを入れたわけじゃないけれども。でも，知的障害をもった子供たちの中には，空を高く舞い上がりたいという気持ちが強いのね。「ギルバート・グレイプ」という映画もそうだったでしょう。鳥になりたいとか，空を飛びたいというあこがれ，熱気球のるのはちょっと不思議な体験なんですよ。…白い雪の中に鮮やかな色の大きな気球が上がるでしょう。ひどく現実ばなれがしていてね，視覚的にも変化

があっていいんじゃないか。そんなことで考えついて，あのシーンを作ったんです。華やかな色彩の気球が天に，いわば神のいるほうに向かってゆったり上がっていく。至福の感情とでもいうか」（山田・朝間，1996）。

と語っている。このように映画に描かれた知的障害の中には，知的障害のある人々に神性に近い性格付けをした，あるいは作者がそういう思いを込めてシナリオを書き演出した作品がある。

一方では，知的障害者が子どもの危機を救う，いわばヒーローのような役割をもつ作品もある。たとえば，アメリカ映画で1962年製作の「アラバマ物語」や1996年製作の「スリング・ブレイド」では，子どもの危機を救う知的障害者が描かれている。また，1996年製作のフランス・ベルギー合作の「八日目」は，仕事一途のサラリーマンが家族との関係をとりもどすのに一役買ってやるダウン症の青年が主人公である。これらはいずれも丹下左膳や座頭市のようなスーパーマンではないが，日常生活の身近にいるヒーローとして描かれている。つまり，純粋さが人を救うという神性の側面をうかがわせる作品である。

なぜ，今もなお，このように知的障害者に神性を見る作品が製作されるのだろうか。私たちには純粋なもの，汚れのないものに憧れをもつ，誰しも不純なものよりも純粋なものに価値をおいている，純粋なものに夢を託す，純粋なものを理想とするなど，そういう傾向を持っているからではないかと考えられる。その純粋さを知的障害者に感じ取っているからではないだろうか。

言い換えれば，自分はいろいろと汚れている（どちらが安くて長持ちするか，どちらが自分にとって利益になるかを考えるなど），その自分と比べて，知的障害者はまっすぐに正直にものを見る，汚れていない，自分にないものを持っているというふうに，自分を映す鏡のように見ているからではないだろうか。

もう一つは，彼らのなかに神性を見ることによって，だからこそ人間性を伸ばしていくことが大切ではないかという考えである。このことは，子どもは天からの授かりものだから大切に育てていかねばという考えに通じるものがある。現代では子どもは天からの授かりものという言葉は，ほとんど聞くことはなくなったが，そういう思いで子どもを育てるということと，彼らのなかに神性を見るということには通じるものがあるのではないだろうか。いわば宗教的真情とでも言うべき思いである。

おわりに

本稿では知的障害者に神性を見て描かれた作品について，その代表的なものを見て

きた。

　昭和20年代の「手をつなぐ子等」と，平成8年の「学校Ⅱ」との間には48年の開きがある。

　「学校Ⅱ」では，「性善良」，「純粋な汚れのない」というイメージはかなり薄れ，対人関係などの困難に苦しみながらも教師たちの指導で自立していく知的障害児が子どもの視点から描かれる。知的障害のある人々への理解が，少しずつではあるが進んでいることが感じられる。

　アメリカ映画で2001年製作の「アイ・アム・サム」は，知的障害のある青年が苦労しつつ子育てをする物語であり，2010年の中国映画「海洋天堂」は，水族館に勤める父の仕事を覚えて，自立していく自閉症の青年の物語である。

　このように，障害と人間を映画はどのように描いてきたかを探っていくことは，その時代の人々が障害と人間をどのように理解していたかを読み取り，それが現代にどうつながっているかを明らかにしていくことになると思う。また，障害理解のあり方や障害観，人間観を豊かにしていくための示唆も得られるのではないかと考えている。障害のある人々が，どんな人間関係のなかで描かれ，また，本人を取り巻く人々が，どのように障害のある人々を理解してきたかなどについて，今後も探究していきたい。

文　献

伊丹万作　1961　伊丹万作全集第1-3　筑摩書房
佐藤忠男　2006-2007　増補版日本映画史1-4　岩波書店
田村一二　1966　手をつなぐ子ら　北大路書房
山田洋次・朝間義隆　1996　学校Ⅱ　筑摩書房
吉屋信子　1975　吉屋信子全集7 安宅家の人々・女の年輪　朝日新聞社

第21章
教頭が実践する特別支援教育：
小学校

今泉和子

はじめに

　特別支援教育が始まった当初，学校現場では特別なことをしなければならないという気負いと何をすればいいのかよくわからないという戸惑いがあった。しかし実施後教職員の理解が進み確実に教室が変わってきている。これまで教師が経験的に身につけてきた学級経営の方法は，特別支援教育というフィルターにかけ整理され，すべての子どもにとって必要な学校生活の環境調整が図られるようになった。視覚的な支援を意識した教室掲示，机や椅子の足にテニスボールを着けた雑音の少ない教室づくり，コンピュータや大型テレビを利用して複数の刺激を利用した教材提示など，特別支援教育の指導方法を取り入れた授業づくりも進んできている。「特別ではない特別支援教育」「みんなの特別支援教育」「ユニバーサルデザインの授業」等様々な表現がされるが，特別支援教育が支援を必要とする子どもたちを含めたすべての児童にとってわかりやすく安心で楽しい学校生活を送らせるための考え方となったこの時期に，小学校の教頭として何をするのかということを改めて考えてみたい。

1　教頭に求められる実践

(1)　支援体制の構築

　教頭は職員室の先生と言われる。児童にとって有効な支援を実施できるように学校体制を整備して，具体的な準備を整え指示を与えながら，実態把握→課題の設定→支援の計画→実施→評価の一連のPDCAサイクルが円滑に進むように調整していく必要がある。あくまでも児童への支援の当事者は担任であり，コーディネーターが校内

委員会や研修を推進する。しかし，学校全体の動きを統制するのは管理職の職務で，教員の考え方や行動を把握したうえで的確にサポートをしなければ児童への有効な支援になりえない。近年，担任は1年で交代して次の学年に上がるときには学級編成も担任も変わるようになっており，1年という短期間のうちに教育の成果が公表できる教育が求められているのが現状である。

小学校では学年に担任以外の教師はなく，中学校の「学年団」と言われるような教師による学年組織を構成することは困難な状況がある。このため，音楽や図工等の専科授業の空き時間のある教師による補欠時間割を編成し，必要な緊急対応ができるように人員配置を計画している。

一般に学校では関連機関との連絡や調整は教頭の職務で，特別支援教育コーディネーターが単独で動いて教頭が知らないということはない。特別支援教育コーディネーターは特別支援学級の担任が指名されることが多いが，3～4年で担任が交代することもまれではない。的確に必要な支援を実施するには，教頭が特別支援教育コーディネーターよりまだ幅広い関連機関の役割を熟知し校区の担当者との連絡を取っておき，必要があるときにはすぐに手をうてるよう，日常の準備が欠かせない。

(2) ベテラン教師へのサポート

ことに，最近の教員の年齢構成はワイングラス型と言われるように中堅であるべき30～40代の教職員がなく，大量採用される若手の教員の指導力の育成が緊急の課題になっている。

学級編成時にはできるだけ児童の状況が均等になるよう，具体的な項目を立てて作成した資料に基づきクラス替えをするが，担任を決定するときには困難度の高い児童のいるクラスを経験豊富な教師が受け持つことになる。校務分掌は一人一役と言われながらも，教務主任や生徒指導主任を始め重要な分掌はベテランが担当する。学年主任に加え若手育成・指導の困難なクラスの経営・学校全体に関わる重要な校務の担当と，ベテラン教師に期待される役割は大きく，まじめな教師ほど疲弊感が強い傾向がある。管理職は「困難な学級を引き受けているのであるから，学級が落ち着かなくなることもある」と予想しておき，ベテラン教師のクラスが困難な状況になったときにも決して批判せず，50代教師がつぶれないようにサポートする必要がある。

(3) 若手育成の方策の一つとしての特別支援教育

特別支援教育は教育の原点と言われる。若手の教師に実践力をつけ資質を向上させるためには，一人ひとりを大切にする学級づくりを基礎とした人間関係作りが欠かせ

ない。個としての一人ひとりを大切にしながらその児童にとって必要な社会集団の中で望まれる生活様式やコミュニケーションを円滑に進める方法を身につけさせることが必要になる。特別支援教育にはスモールステップで社会性を身につけさせるノウハウが蓄積されており、通常の学級担任が学ぶべき点が多い。

　注意しなければならないことは個への支援に目を向け過ぎて集団形成を後回しにすることにある。人として社会生活を営む上での種々の技能は、すべての児童にとって必要な技能である。特別支援教育を効果的に進めるためには教師の指示が通り、子ども集団が安定している学級が必要で、学校生活に困難を抱えた児童にとって一番安心で安全な居場所である学級があってこそ有効な支援になる。このため若手の教員の力量アップは授業力の向上だけでなく、生徒指導重視の集団づくりや特別活動による自己有能感の育成等、困難のある子もない子も生き生きと楽しく学べる学級をつくることのできる教師力をつけさせる必要がある。このため、校内研修や授業研究を計画的に実施させる。また、教育センター等の学校以外の研修や他校の授業研究会に積極的に参加させ力量の向上を図り、落ち着いた学習集団での特別支援教育を推進させる。

(4)　校内巡視で問題を未然に防ぐ

　校内巡視をしていて、前年度普通の声の大きさで語りかけて指導が通っていた教師が、今年は声が大きくなり言葉がやや粗くなったように見受けた。指摘したところ本人はまったく気づいてなくて「昨年と変わらない」という返事であった。

　靴箱の靴が乱れている・教室の机イスが整っていない・教師が語りかけていてもざわついている・一斉指示の後に聞き返しが多い・ロッカーの音楽や図工の用具が整頓できず片付いていない・廊下のぞうきんが乱雑に干してあってバケツの水が換えられていない・教室の窓下の屋外に紙飛行機が落ちている等のサインが出ていたときには、教室の荒れの前兆と受け止めて早急に手を打つ必要がある。

　放課後の職員室で「子どもたちの様子はどう？」「〜君を叱っていたけれど、どうしたの？」等々、声をかけることで児童や教師の困っている点が明らかになりアドバイスをすることができる。学年の年長の教師や指導にたけた教師に相談するように仕向け、一人で悩まずに荒れる前に手を打つようにさせる。

　困難になってから教室に出入りすると、悪いクラスだから教頭が介入していると児童が意識してしまい逆効果になる。どの教室にも予告なく入ることができる教頭の特権を利用して、「教頭先生がまた来て誉めてくれた」と喜んでくれるようなかかわりを日常から心がけ、荒れを早期に発見することで問題を未然に防ぐよう努める。

(5) 担任以外の教職員からの情報を大切にする

　小学校の高学年に教科担任制を導入したり算数の少人数指導の加配があったりして，学級担任以外の教師が児童を指導する機会が増えてきた。複数の目で児童を見ることで，小さな変化も見逃さずに誉め叱ることができる。栄養教諭は食育の指導の時に気になった児童間の関係を知らせてくれたり，養護教諭は身体測定時の気になる児童や学級の様子を知らせてくれたりする。情報をもとに校内巡視で児童や指導の様子を観察して問題を未然に防ぐ手立てを打つことができ，児童の頑張りを認めてやることができる。普段から児童と密着して生活している担任が見逃してしまうような児童やクラスの変化を客観的にとらえてくれる担任以外の教師の目はなかなか鋭く貴重な情報になる。

　学校にはこの他にも，事務職員・校務員・調理師・校門の安全管理員等様々な職員が児童を見守っている。これらの職員との関係を円滑に保ち，学校を作り上げていく仲間としての意識を高めることは教頭の重要な仕事である。

(6) 穏やかな学習環境の整備

　教科の指導を円滑に進めるためには，集団での学習の規律を守り年齢にふさわしい行動ができることが基礎になる。学習規律の徹底・学校のきまりの徹底・家庭学習の習慣づくりやなど，学年が上がるにつれ発達段階に応じて水準が上がるよう，6年間かけた系統的な指導が必要になる。まして環境の変化に弱い発達障害のある児童の指導には，一貫した生活のありようや同じことを要求する大人がいることで学年が上がって生活の環境が変わっても適応のために費やす時間が短く済ませることができる。校内の学力向上プロジェクトなどで，一貫した指導の在り方を検討させ実践させる。子どもにとってわかりやすい学習環境を整えることは困難を抱える子どもだけでなくすべての児童にとってわかりやすく安心して過ごせる環境になる。困難のある子どもが落ち着いて学習できる学級集団は教師の指示が通りやすく教師自身も楽に楽しく過ごせる教室になる。また，指導の成果が上がることが教師のモチベーションを高めることになる。

(7) 国県市の特別支援教育の施策を活用する

　国の特別支援教育推進の予算は地方交付税として交付されていて，直接的な支援として形には見えにくい。しかし，県や市の特別支援教育の施策を知っておくと必要な時に特別支援学校の巡回相談や専門家チームの派遣を受けることができる。公の制度に加え，近隣大学の中には特別支援教育の事業を展開しているところがあり，学生の

派遣やインターンシップ制度やボランティア派遣制度と条件が合えば，必要な人手を確保することができる。

(8) 地域保護者への啓発

発達障害のある児童の中には，社会性の課題がある児童が多いが，クラスにはほかに生徒指導上の課題のある子など様々な児童が在籍している。保護者同士が同じ年代の子どもを育てている仲間として共感的に相手を理解し励ましあい，必要な時にはよく育ってほしいという願いを持って叱ることのできる関係が望ましい。特に相手に傷を負わせたり持ち物を壊してしまったり心を傷つける発言をしてしまった時には，加害者・被害者の関係にならないように調整することも必要になる。トラブルを小さいうちに収めるためには保護者間の人間関係が必要で，PTAの講演会の開催等の機会を通して特別支援教育の啓蒙をしたりクラス懇談会時の担任の話等でいろんな人がいて成り立っている社会の一部としての学校や教室であり共に理解しよう・支えあおうという意識を醸成する必要がある。校区内には登下校時のスクールガードや保護者の見守り隊・清掃ボランティア・図書館ボランティアなどの多くの地域の人々が児童の生活に関わる重要な役割を果たしている。この方たちにも温かい目で児童を見てもらえるように働きかけることも大切になる。

2　事　例

教頭として学校運営に当り，想像していたよりも多くのケースに関与することになった。以下3事例を支援の実際として考察する。

(1) 事例1：指導が困難になった担任をサポートする

①児童の様子：5年生男子。気に入らないことがあると逆上してすぐに手足が出て自分では行動を止められなくなってしまう。相手にけがをさせることが度々あり，1年のうちにけがをさせられた子が病院受診するケースが3件になった。相手の気持ちを逆なでするようなからかいを安易に口にしてしまい，そこから口論になり暴力に発展するなどトラブルが多発していた。授業に参加できないことが多く離席して友だちにちょっかいをかけるなどするため，級友や教師が注意するとまたそれが原因でカッとなってしまう。

2年生の時には子どものトラブルから保護者関係が険悪になり，本児の保護者から同じクラスにしないでと申し入れがあったことで，3年時には相手の児童と違うクラ

スにして学級編成をした。配慮指導のもと大きなトラブルなく3・4年生を過ごしたが，5年生になりまた当時のトラブル相手と同じクラスになったことや，3クラスから2クラス編成になり児童数が約10名増えたことでトラブルが再発した。

　②保護者の様子：手を挙げることが度々あり，近隣の住人から虐待の疑いで警察に通報されたことがあった。本児は学校での出来事を親に知られることを極端に嫌がる。保護者はかつてトラブルのあった児童と同じクラスになったことで学校への不信感を持っている。

　③担任の傾向：50代女性。言葉が短く初めて見た人には冷たい印象を与える。1学期末には退職を口にするほど指導に行き詰っていた。本児の行動を保護者に伝えることをためらうことがあり，教頭は今日の出来事を保護者に伝えたか確認する必要があった。夏休みをはさみ担任が少し元気を取り戻して2・3学期を過ごした。

　④クラスの様子：他に，発達障害の診断があって服薬中の児童で万引き・外泊等の生徒指導上の問題行動のある子や一斉授業での指導が困難な児童が複数在籍している。次第に他の児童が本児とのトラブルを回避する接し方を身につけていったが，本児の行動に我慢することが多くイライラした雰囲気の学級になり，担任だけでなく専科等の指導も困難になった。

　⑤支援の実際と成果：市から週に2日配置された支援員にこのクラスを中心に活動させた。専科担任や少人数指導の担当者などで高学年部会を組織して，部会を短時間で何度も開き，現状と対応策について共通理解の上必要な指導を確認しながら対応をした。担任は授業をきちんと進め，授業の中で一人ひとりの児童を大切にした。補欠の時間割により他の教師が指導に入り，問題発生時の個別指導にあたった。対象児が人にけがをさせないためにクールダウンの部屋を確保し，必要なときは取り出しをした。またクラス全体の児童に承認と励ましの声かけを意識し大勢の目で見る指導を大切に進めた。校内電話を整備し，担任のSOSにすぐに応じるようにした。

　近隣大学や県の巡回相談を利用し専門的な立場からのアドバイスを受けたり校内研修を実施したりした。困ったときには管理職は学校体制でサポートしてくれるという安心感を担任が持つことができた。このことで周囲の教員も共感的に担任を理解し協力する雰囲気ができた。校長・教頭は頻繁に校内巡視をして，小さな変化を見逃さず教師の指導や児童のよいところを積極的に認め努めて担任に伝えた。校長が父親とのコンタクトに成功し，必要なことは知らせる約束ができた。全校児童の個人カルテを作成してクラス編成の時に必要な情報が漏れず次々の学年に伝わるようにさせた。

　⑥課題：5年時に保護者からしつけについて困っていると訴えがあり専門機関を紹介したが，相談には至っていない。6年生で学級編制替えがあり男性担任になり，大

きなトラブルは激減している。環境が変化したための問題の減少であって本人の持つ困難さが減っているわけではない。中学校への進学を控え，中学校生活に適応させるためにも小学校在籍中に医師等の診断や中学校生活で必要な支援について保護者や中学校が知る必要がある。できるだけ早く専門的なアドバイスが受けられるようにさせたいが，単年度で担任が変わることで児童の困難さは保護者に十分に伝えられていない。保護者から教頭にコンタクトしてもらうように新担任には伝えているが，親との強力な信頼関係がなければ伝えにくい内容であることから担任が躊躇している現状がある。中学校の進学時には個別の指導計画をもとにした綿密な引継ぎが必要になる。

(2) 事例2：福祉との協働が必要なケース
①児童の様子：6年生女子　特別支援学級（知的）に小3より入級。6年生になって3日登校し，母親の腰痛を看護させるために欠席させて以来不登校。小1から小5までの欠席日数は他児よりも多い。

特別支援学級では，下学年の児童の面倒を見ることができよく話し笑う。通常の学級との交流ではほとんど声を出すことがなく，黙って教室に入り黙って帰ってくるため，交流時には担任または生活介助員が同行した。不登校になってから，特別支援学校の見学会と就学指導の検査日以外外出していない。

②保護者・家庭の様子：「本人が家庭内で暴れる。以前には母親の服薬中の薬を多量に服用したりマンションの踊り場から飛び降りそうになったり，刃物を手首に当てたりという自殺企図があったので，他人に刺激されると自殺されることが心配なので，本人に会わせられない。通常の学級に在籍していた時にいじめられたこと（給食に異物を入れられた，下校時に複数の女子から暴言を浴びせられた・家の近くに来ては聞こえよがしに陰口をたたく等）がトラウマになっている。本人が6年生の教室に行くのを嫌がるので登校できない」等の訴えで，登校させない。登校の約束をしても，登校中に他児に見られることがいや・体調が悪い・起こしても起きない・お風呂に入っていない等を理由に，登校させない。母親はイライラした時には保護施設への入所を希望するなど対応に苦慮している様子が見られる。学校からの送り迎えや他児の登下校時間を避けた登校や通常学級への交流授業をしないことなどを提案しても，受け入れない。

母子家庭。母親は内部疾患で障害者手帳を保持。兄は軽度知的障害で非行事件を起こし施設に入所したため中学校から知的障害特別支援学校に異動し，高等部に進学したが中退して，在宅。痴呆で要介護の祖母と同居。

③担任の傾向：特別支援学級担任2年目の40代女性。子どもの育ちが見える授業が

できていて，特別支援学級の経営ができる。1年生の時に交流学級の担任だったことから，保護者からの信頼が厚く携帯電話やメールでコンタクトを継続できているが，本人と話したり会ったりはできない。特別支援学級の出来事や他の児童が会いたがっていると母親を通じて知らせ，本人が学校に行きたいという意欲が出るように仕向けている。また，母親から本人の家庭での様子や母親の不安や言い分を聞きだすことができる。

④支援の実際と成果：家庭からの連絡なしに欠席が始まった当初より欠席状況を記録して，定期的に市の家庭児童相談室の地区担当者に報告した。地区の不登校対策の担当者にも定期的に報告した。登校を約束した日の欠席の連絡は電話で教頭に入るので，常に保護者と担任とのやり取りについて連絡を受け担任が保護者との対応に授業時間を割かなくてもいいようにした。教頭が家庭訪問を実施して，児童の安全を確認した。

校長は，児童に登校する能力があるにもかかわらず登校させないことはネグレクトに当ると考えており，福祉による積極的な介入を希望した。生活保護の担当者・子ども家庭センター職員・家庭児童相談室担当者・教頭でケース会議を開催して，対応を協議した。子ども家庭センターは，保護者の相談に乗るとともに，本人のカウンセリングの約束を取り付けたがキャンセルが続き実現できていない。担当者が家庭に出向き本人の様子を確認したうえで，医療への紹介を視野に入れた保護対策を講じる。特別支援学校への進学を希望しているため，中学校への進学に向け就学指導委員会にかけ，2回目の予約日に検査に出かけることができた。

特別支援学級児童が安心して通常の学級との交流をするために，特別支援学級担任以外の教職員が特別支援学級児童に温かく接していることが保護者に伝わるよう，あと一声ずつ特別支援学級の児童に声かけするように教職員に指導した。

⑤課題：母親と担任との信頼関係を大切にして，連絡を取り，本人の登校を促す。学校外の関連機関と連携の上，本人の安全確認と適切な生活環境の確保に努める。保護者の養育能力の見極めや必要な保護について，子ども家庭センターによる継続的な支援を要請する。特別支援学校中学部に進学することが決まった時には，母親との良好な関係の継続や本人の学校生活での様子を含めた綿密な引継ぎをする必要がある。母親は，兄が在籍していたことがあり信頼できるので特別支援学校には登校することができると考えている。進学後，出席状況が悪い時には早期に施設入所などの対応が必要になる。

(3) 事例3：母親のサポートが必要なケース

①児童の様子：3年生男子。4月に他市より転入。2年生の10月より学習の遅れを気にして不登校になり，母親が付き添うことで登校を試みたがほとんど登校できなかった。確定した診断名は不明だが，服薬している。思い通りにならないと母親への暴言や妹への執拗な暴言があり妹が泣いても止められない。スピーカーに執着を持っている。自分の興味のあることについてはとめどなく話すが，質問には的確に答えられないことが多く，「疲れた・忘れた・知らないよ・めんどくさいなぁ」と言う。普段は標準語に近いアクセントで話すが，相手を攻撃するような言葉になると関西弁になる。教室では学習用具を出さず机に伏せて学習に参加しないことが多い。発言のルールを守れず，自分の知っていることには不意にしゃべりだす。グループ討議や体育館での集会は離席して部屋に入れない。

②保護者・家庭の様子：父母の考え方の相違から離婚調停になり，母親が本人と妹を連れて実家に近い本校区に転居した。一生懸命に関わろうとするが本人が受け入れず，対応に苦慮していた。

③担任の傾向：ベテランの50代女性教師。母親の話をよく聞くことができた。学級の経営が困難になり教頭に苦境を訴えたり，同学年の教師に援助を求めたりすることができた。

④クラスの様子：学年当初は担任の思いをよく理解して，積極的に本児に関わろうとしたが本人が打ち解けないため，次第に「どうしてあいつだけ」と本児の母子登校や遅刻・早退や学習態度について不満が募り，担任の指示に反発するようになった。

⑤支援の実際と成果：転入前に教頭が保護者と対応した。また，特別支援学級も参観させた。

授業時間中の保護者対応や家庭への連絡は教頭が引き受け，担任ができるだけ学級での指導に専念できるようにさせた。子ども家庭センターを紹介し，療育手帳を取得させた。また，就学指導を受けさせた。自・情学級相当との判断が出たが，本校には知的の学級しかなく次年度新設を要望することとし，通常の学級で配慮指導を受けることになった。このため，通常の学級に週2日配置されている支援員を集中的に活動させ，安心感のある環境づくりに努めた。

当初は母親の付き添いがなければ教室にいることができなかったが，廊下続きの空き教室に母親を待機させ，休み時間には会いに行ってもいいがチャイムで教室に帰ることから始め，徐々に離れることに成功し，春の遠足に保護者なしで行くことができた。母親は図書館ボランティアに加入して，図書館で本児が帰りたいと訴えるまで活動したが，本児が「帰っていいよ」と言えるようになり一人で下校するようになった。

本人が登校する時間を決めて母子登校，本人が耐えられなくなると下校するという遅刻・早退の毎日ではあったが，ほとんど欠席なしに1学期を過ごした。

　管理職が入って学年会議を週に1回定期的に行い，本人の状況やクラスの様子を話し合って，担任の負担が軽減するように学年集団で関わった。

　家庭児童相談室を紹介して，生活に困窮する前に相談したり母親が養育の不安が大きくなったりした時には相談できる体制をつくった。

　⑥課題：離婚が成立して父親が本人の親権をとることになり，夏休み中に転校した。母親にサポートブックの作成を勧め持って行かせ，サポートブックをもとに父母が話をした。学校間で個別の指導計画をもとに，丁寧な連絡をした。ことに，本児が登校できるようになったのは母親が学校に付き添った結果であることを伝え，新しい学校で母親なしに適応できるように十分なサポートを依頼した。父親は新学期が始まったらしばらく学校についていくことを約束している。父親は自然主義で，本人が服薬していることをよく思っておらず，父親との生活では必要な服薬ができないと予想される。

　母親は，本児と父親が二人だけの生活に音を上げて，本児が自分のところに帰ってくることを期待している。本児を献身的に世話することで生活の大きな変化に耐えてきた母親が，妹と二人暮らしになって喪失感を持たないように丁寧に話をしていくとともに，母親自身の生きがいについても考えられるように接していく必要がある。

結びにかえて

　特別支援教育が始まった当初，生徒指導で長年実績のある教師は「特別支援教育なんて大きな声で言うな！」と言った。心ある教師は指導に苦慮しながらも特別な支援が必要な児童も自分のクラスの子として大切に指導してきたという自負からの言葉であった。また最近医療の関係者からは「特別支援教育が広まったことで，発達障害等の子どもたちを特別扱いにしようとしてかえって居場所が小さくなっている」という指摘もある。

　とにかく現場の教師はまじめすぎるところがある。新しい特別なことをしなければならないと思いこみ，これまでの教育が大切にしてきた知徳体のバランスのとれた人間を育成するという教育の大きな目標よりも今日的な教育課題に目を奪われてしまった。特別支援教育が不登校やいじめ，ひいては学力向上の特効薬であると期待しすぎたのかもしれない。専門家がやってきて従前の生徒指導の手法では行き詰まっている指導の困難な子を引き受けてくれるという甘い願望であったかもしれない。

特別支援教育は，第一に教職員の意識改革，そして組織対応と言われる。まず自分が支援の当事者であるという自覚を持って，科学的な根拠に基づいて一人一人のニーズに応じた適切な教育や指導を通じて必要な支援を行う。児童の実態による支援の3ランクを理解して「いつ・どこで誰が・何を目的に・どう支援するか」を明らかにした個別の指導計画を立案し，組織で対応する。特に小学校の教師は組織で対応することには不慣れである。この組織を構築し組織マネジメントを図るのが教頭の役割であり，校内外の関係者をつなぐのがコーディネーターの役割である。支援員や関連機関との連携は具体的な支援を推進する中で必要になるのであって，お任せする連携はあり得ない。また，児童の第一の支援者である保護者との強力な協力関係も支援を実施するには不可欠になる。

　今，すべての子どもたちにとって必要な生活環境の調整の必要性が論じられるようになって，生徒指導を中心とした学級作りや人間関係を大切にした学級経営だけで，特別支援教育ができていると思っていないだろうか。安心できる学習集団をベースにして，個のニーズに応じた支援を見極め実行し集団の中で個を活かす特別支援教育を推進すべき時期と考える。

　学校教育目標を達成するために，学校の特色に応じた目標の設定と様々な教育活動の展開をする中に特別支援教育が重点取組事項として上がることがあってもそれだけでは学校教育は成り立たない。教頭は学校長の教育目標が達成できるように，知徳体のバランスのとれた学校運営をする立場にある。児童が生き生きと楽しく学校生活を送ることが，保護者や地域からの信頼の基礎である。いじめへの対応・学力の向上など学校の求められる課題は多いが，すべての児童が毎日元気に登校できる環境がなくては，特別な支援も効果が無い。当たり前に過ごせる当たり前の学校を作ることが教頭に求められる特別支援教育である。

参考資料
兵庫県教育委員会　2006　「特別な支援が必要な子どもたちのために」
関西国際大学　2011　「みんなの特別支援教育」―授業のユニバーサルデザイン化をめざして―
「子どもたちのコミュニケーション能力をはぐくむために」　審議経過報告　H23.8.29

第22章

社会的養護を必要とする要保護児童への支援の現状と課題：

発達障害児・被虐待児を中心に

井関良美

はじめに

　2011年7月，姉を刺殺した42歳のアスペルガー症候群の男性に対して，大阪地裁は「障害に対応できる受け皿が社会になく，再犯の恐れが強い。量刑上，重視せざるを得ない。許される限り長期間刑務所に収容することが社会秩序の維持につながる」として，検察側求刑（懲役16年）を4年上回る懲役20年の判決を下した。裁判員裁判で裁判員らが「刑を重くすべきだと」判断したもので，裁判員裁判が市民感覚を反映するものであるとすれば，「発達障害」に対する市民感覚は，未だこの程度なのであろう。
　2004年（平成16年）に議員立法として「発達障害者支援法」が制定され，国及び地方公共団体の責務，国民の責務として，発達障害者の理解と協力が謳われているにもかかわらず，未だ「発達障害」に対する理解が進んでいないことを表している。
　2013年2月，大阪高裁は一審を破棄し，「犯行に至る経緯や動機には，敵意を持つと修正が難しく，こだわってしまう障害が大きく影響した。また地域生活定着支援センターなど障害者の社会復帰を支える公的機関が各都道府県に整備され受け皿がないとは認められない」として，求刑を下回る懲役14年の判決を言い渡した。
　被告は生まれながらの障害に気づかれず，小学校5年生頃から引きこもり，自立を促す姉を「報復」と受け止め，殺害を計画，刺殺したのである。また，逮捕後の精神鑑定で初めてアスペルガー障害と診断された者である。今日のように，早期に診断されて適切な支援を受けていればこのような結果を招くことはなかったと思われる。そういった意味では，30年以上前の発達障害に対する支援体制の犠牲者とも言えよう。
　発達障害者福祉法は発達障害の早期発見，早期支援，保育，教育，就労，地域での生活支援，家族への支援と他の福祉関係の法と異なって，ライフステージを視野に入

れた画期的な法律である。法が成立して約10年が経過したが,発達障害をもつ人への支援は進んでいるかと言うと,早期支援,保育,教育の分野では進みつつあるが,就労,地域生活,については緒についたところと言えよう。自立した生活を地域で,いかに支えていくかが課題である。

　法では,発達障害児・者の家族への支援（第13条）も謳われているし,種々の研究でも,家族の適切なかかわりが発達を促すために重要であると言われている。しかし,家族の支援を受けられない子ども,児童福祉法第6条の3第8項において定義される,要保護児童「保護者のない児童又は保護者に監護させることが不適当であると認められる児童」にはどのような支援がなされるのであろうか。児童福祉法では「国及び地方公共団体は,保護者とともに,児童を心身ともに健やかに育成する責任を負う」（児童福祉法第2条）という公的責任のもとに,社会的養護が提供されることになっている。

　そこで,本人や家庭の事情で保護者と別れて児童養護施設で生活をしている（社会的養護を受けている）子どもの現状と退所後の支援の課題について考えたい。

1　児童養護施設の現状

　児童養護施設は児童福祉法第7条に規定される施設で,「児童福祉施設の設備及び運営に関する基準」に基づいて運営されている。もともとは,終戦後,戦災孤児や浮浪児対策として家庭の「代替え機能」を果たすため1947年（昭和22年）児童福祉法制定と同時に設置されたもので,児童の健全育成のために,劣悪な環境での児童の処遇を防ぐため1948年（昭和23年）児童福祉施設最低基準で設備及び職員についての基準を設けて,要保護児童の援助が始まった。

　しかし,高度経済成長期の産業構造の変化に伴い,若者が都市部へ流入し伝統的地域の崩壊がおこった。社会産業構造の変化に伴い雇用形態も変化し,所得格差,少子化・核家族化・ひとり親家庭の増加など家庭状況も変化し,養育環境が整わない家庭が増えてきている。そのため養育不安が拡大し,種々の問題が「子ども」に降りかかってきている。

　特に,児童虐待は,厚生労働省が「社会福祉行政業務報告」で,児童相談所における児童虐待相談対応件数は統計を取り始めた1990年度（平成2年）は1,101件であったものが,2010年度（平成22年）57,154件と,20年間で約57倍になっている。この数字は2000年（平成12年）の児童虐待の防止等に関する法律の制定以降,児童虐待に対する関心が増加し,要保護児童を発見した者の通告が増えたことも一因で,児童数の

減少，相談の約92％が「面接指導」で終結していることから，単純に57倍に増えたとは鵜呑みにはできないが，不安定な家族のもとで養育されている児童が増え，種々の児童問題が増加しているのは事実である。

時代の変化に伴い児童養護施設への入所理由は「保護者のない児童」はほとんどみられなくなり，「保護者に監護させることが不適当な児童」がほとんどとなってきている。つまり，児童養護施設には戦後求められてきた「家庭の代替的機能」に合わせて，子どもや家族への「治療的機能」が求められようになってきたのである。

そのため，直接処遇職員として，従来の児童指導員，保育士に加えて，処遇困難な児童に対して個別対応職員，児童と家庭との再統合を行うための家庭支援専門相談員，心理療法を行う必要があると認められる児童10人以上に心理療法を行う場合には心理療法担当職員（以下心理士とする）を置かなければならないなどの改正が適宜おこなわれてきた。

児童養護施設には2010年（平成22年10月現在），全国で582箇所29,975人が児童養護施設に入所して生活している。その児童を15,636人の職員で支えている。職員のうち，直接処遇を行う児童指導員・保育士は10,541人である。

2008年（平成20年2月）に厚生労働省雇用均等・児童家庭局が行った，児童養護施設入所児童等調査結果によると，児童養護施設入所児童31,593人のうち，被虐待児童は53.4％（16,867人），障害等を有する児童は23.4％（7,384人）であった。障害等を有する児童の内訳は（重複回答） 知的障害9.4％（2,968人） ADHD 2.5％（791人） LD 1.1％（343人） 広汎性発達障害2.6％（815人）であった。

児童養護施設への入所は，児童相談所が相談を受理した後，児童福祉司，児童心理司や児童精神科医が調査・診断・判定を行いその結果をもとに措置判定会議で児童の処遇を決定する。児童相談所が診断・判定した結果であり，この数の信頼度は高いと考えられる。

児童の今後の見通し別調査結果では，保護者のもとへ復帰35.4％（11,193人） 自立まで現在のままで養育55.1％（17,396人）という結果であった。

前述したように，平成22年度の厚生労働省「福祉行政報告例」によると，児童相談所における対応件数として，児童虐待相談は57,154件（児童虐待件数ではなく，児童相談所が児童虐待として対応した件数。日本の公式統計件数はこのみなので，児童相談所に係属しないものは計上されていないことに留意）で，このうち48,172件は「面接指導」で対応終結しており，施設入所は4,038件であった。児童相談所が児童虐待相談として対応した約7％が入所措置であり，そのほとんどが，児童養護施設への入所措置である。

以上の数字から見られるように、入所児童のほとんどが家庭での十分なケアが受けられず、発達段階で種々の心的な問題を抱えている状態であり、問題を抱えている児童の半数以上が、児童養護施設から直接社会に出て行かなければならない状態にあるとも言える。

これは、戦後の緊急保護対策の必要性から家庭の「代替機能」を果たすべく設置された児童養護施設が、発達保障のための「治療的機能」が必要とされる施設へ変わらねばならなくなっているのに対して、制度が「治療的機能」の認識を十分持たず、対症療法的な施策のみで、社会や家族・養育能力変化に対応し切れていないことが根本の問題である。本論では、根本的問題について論じるよりも、今の施設の現状をもとに、社会的養護の課題について論じたい。

児童虐待や発達障害については、日々種々の報道がされ、また「ケア」についての書物も多く発刊されているが、そのほとんどが「家庭」で養育されている児童を対象としている。そのケアの方法を児童養護施設がとれるかというと、とれないと言うのが現実である。

「家庭」で養育されない児童に対しての児童養護施設の支援の課題について考えると、まず、直接処遇職員は発達障害等の処遇の教育を受ける機会が制度化されていないことに問題がある。また、施設ケアから自立生活に向けての移行期間の児童に対してリービングケアの実践に関する実証的な研究は寡聞ながらほとんどない。

2　児童養護施設職員の課題

児童養護施設の直接指導職員は、保育士と児童指導員（任用資格）である。教育においては大学に「特別支援教育」の課程があり発達障害について学習する機会があり、また学校においても支援していく体制は教育委員会などが中心となり、現任教諭への研修や、特別支援教育専門の指導主事や児童精神科医や臨床心理の研究者との巡回指導など、確立されつつある。しかし、児童養護施設が「家庭の代替え機能」が重視される時代から、「治療的機能」が求められるようになったと言うよりも治療的な関わりを必要とする児童が増加している（情緒障害児短期治療施設から児童養護施設へ措置変更される児童も散見されるようになった）にもかかわらず、児童養護施設の直接処遇職員が大学または保育士養成課程で発達障害について専門的に学ぶ課程は未だなく、直接処遇職員が手探りで学んでいるのが現状である。施設内において指導的役割を果たすべきベテランの職員自身も自らの経験則からケアを行っている者が多く、「代替的役割」のケアから「治療的役割」のケアへの転換ができず、「施設内虐待」に

第22章 社会的養護を必要とする要保護児童への支援の現状と課題 255

至る場合もある。
　専門的知識・技能が特に必要とされる，個別対応職員や家庭支援専門相談員にしてもベテランの職員が担当している施設が多く，児童養護施設連盟などが研修を行ったりしているところもあるが，子どもと家庭それぞれの抱える問題が多岐に渡り，十分な対応ができずにいる。
　また入所施設であるため，変則勤務であり，全職員が統一した処遇ができる体制が取りにくい状況になり，入所している子どもの側からすると処遇職員が日々違い，接し方も違うため「信頼関係」を築くのが難しいとも言える。
　本来なら，措置機関である児童相談所は専門職も多く，経験事例も多いので児童養護施設職員への指導の核となって行うべきであると考えるが，全国の児童相談所（206箇所　平成23年12月現在）自体が多くの相談（相談受付件数　総数370,848件　平成22年度，福島県を除いて集計）に追われて，次々と入ってくる新規のケースの対応に疲れ，バーンアウトする児童福祉司も多い。また行政機関であるため人事異動は必ずあり，継続してケースに関わることが難しい現状からすると，児童相談所が児童養護施設職員への指導まで手が回らないのも理解できる。しかし，児童を措置すれば，後は児童養護施設の処遇に一任する形にならないように，児童相談所との連携体制のより濃密な構築が必要とされている。
　平成24年の児童福祉法改正で，児童指導員及び保育士の総数は，少年おおむね6人に1人以上であったものが，少年おおむね5.5人に1人以上と若干の人員増が計られたものの，「生活指導，学習指導，職業指導，家庭環境の調整」を行わねばならず。かつ「自立支援計画を策定」「業務の質の評価等」の業務も増えている。
　直接処遇職員の資質の問題もあるが，約3万人の児童を約1万人の職員で，24時間ケアをしている現状で，職員数の少なさも重要な問題である。
　心理療法を行う必要があると認められる児童10人以上に心理療法を行う場合には，心理療法担当職員を置かねばならない（児童福祉施設の設備及び運営に関する基準第42条の3）と規定され，現在ほとんどの施設に心理士が配置されている。しかし直接処遇を行っている児童指導員や保育士にとって，心理士のイメージは，児童相談所の児童心理司のイメージを持っている，例えば，児童の抱える問題を相談して心理判定をしてもらい，問題の解決を図る。そのイメージが強く，直接処遇職員は心理士がプレイセラピーを行っていても，プレイセラピーと日々のケアは別のものという感覚がある。
　「施設内心理士」という位置づけが未だ明確なものがなく，心理士の役割もあいまいになっており，筆者が知る限りでは，心理士自体も若く，臨床経験が少ない者がほと

んどであり，また心理士に対してのスーパーバイズシステムは確立していない。そのため，直接処遇職員と心理士の間に，児童に対する温度差も見られる。例えば，心理士が愛着形成のために「受容」が必要と伝えても，現実には多くの児童のケアをしなければならない職員にとって「受容」が必要なことはわかっているが，その子どもだけに関わっていくための人も時間もないのに，心理士は実行不可能なことを言うという職種間のギャップが生まれてくる。

筆者が関わっている施設では，心理士として採用しても，1年目は児童指導員として直接処遇に関わり，その後，直接処遇を行いながら心理士としての業務を行うこととして，心理士と直接処遇職員との連携を図るようにしているが，十分な連携が図れているかというと，模索中としか言い切れないのが現在の状況である。

このような課題を抱えながらも，子どもの生活を支え自立に向けて奮闘しているのが現状である。

3 自立に向けての支援と課題

前述したように，児童養護施設入所児童の53.4％が被虐待児で，6.1％が発達障害を持っている児童である。家庭での養育状況はすべて異なっており，入所措置にいたる経過もすべて異なっている。このような児童は入所すると，ほとんどの児童は，自ら望んで入所するのではないため，自分の「位置」を確認するため「ためし行動」を必ずと言ってよいほど行うし，「裏切られ体験」ばかりで人を信用できなくなっていたり，「粗暴」であったり，生活習慣や学習習慣がついていないというケアの課題を持って入所してくる。特に発達障害を持っている児童は，他の入所児童から排他的にされ，「いじめ」のターゲットにされやすい。このように事情が異なる，すべての児童に対しての包括的なケアマニュアルはなく，個別に支援計画を立ててケアを行っていかねばならない。個別支援計画を立てるには，アセスメントが必須である。しかし，アセスメントを行う時間，職員間での意見交換・意思統一の時間などが保証されているわけではなく，日々のケアを行いながら，考えていかねばならない。言い換えれば走りながら考えるとも言えよう。日々のケアや問題行動の対処に追われてしまい，余裕がなくなってアセスメントを考えるまでに至らないのも事実である。

児童福祉施設の設備及び運営に関する基準によると「情緒障害児短期治療施設には，医師を置かねばならず，心理療法担当職員の数は，おおむね児童10人につき1人以上とする。児童指導員及び保育士の総数は，通じておおむね児童4, 5人につき1人以上とする」としており，児童養護施設は情緒障害児短期治療施設よりも少ない職員

で対応していることは意外と知られていない。

　児童養護施設の大きな課題は社会的自立を図ることである。55.1％の児童が家庭復帰は難しく施設から自立して直接社会へ出て行かねばならないと考えられる。

　現代社会において少なくとも高等学校卒の学歴は重視される。生活保護においても，教育扶助は義務教育のみが対象であるが，生業扶助で高等学校等就学費の支給は認められ進学のための道は開かれている。児童養護施設においても，高等学校就学費は認められ，低学力が入所児童の大きな課題の一つであるため，学習塾で学ぶ経費も認められるようになった。体制としては，高等学校進学は保障されてきた。

　しかし，その日の生活を維持することが一番の環境で育ち，学習習慣が身についていない児童や裏切られ体験が身にしみた児童，発達障害を持つ児童にとって，自分の未来・将来像を具体的に描くことは非常に困難である。ある施設のケースカンファレンスの場面で「何のために高校へ進学するよう指導するのですか」と施設職員に聞いたところ，「高卒の学歴は最低必要だから」という返答しか帰ってこなかった。職員も今の時代，「高卒」が当たり前だから進学させるという意識であった。この意識は必要であるが，この意識だけで，子どもたちが進学の意欲を持てるとは思えない。目に見えるモデルとなる人がいること，できたという達成感・成功感を感じ，それを共感して強化していくことが必要とされる。

　高等学校教育までは保障されてきたが，それ以上の高等教育・専門教育は未だ保障されていない。

　専門学校，短期大学や大学を志望する在籍児童もいるが，ごく少数であり，入学しても挫折し退学する者も多い。私の知る限りだが，マルチ商法に加担して退学，授業料を遊ぶ金に使って納付せず退学，生活時間がルーズになって授業に出席しなくなり退学になった事例がある。いずれも，見守りがあれば防ぐことが可能であっただけに社会的自立へ向けたリービングケア，アフターケアの重要性を思い知らされた事例である。

　施設職員はこのことについては，十分理解している。子どもたちに目標を持たせたい，夢を持ってトライさせたいと思っているが，人的制約・時間的制約とともに，ケアが難しい児童（治療的ケアを要する子ども）の増加に伴い在籍児童のケアに時間をとられて，児童の将来を見据えたリービングケア，アフターケアまで手が回らないのが現実問題である。

　児童養護施設は児童福祉法上の施設であるため，在籍には法律上の年齢制限がある。児童福祉法では18歳未満を対象としているが，特別な措置として，在所期間延長を申請すれば20歳の前日まで在所することが可能である。言い換えれば，成年になれ

ば，在籍できないのである。その後は家庭的支援を受けられない被虐待児や発達障害を持つ人は，成年になるまで在籍したとしても，成人したら即自立できるわけではなく，その後も支援を必要とされる人である。

「家庭の代替機能」が重視される時代では，住み込み就職や独身寮を持った会社も多く，児童養護施設を出ても，独り立ちをする前段階を担うステップがあり，その中で社会生活のルールなどを学ぶことができたが，産業構造・雇用形態の変化に伴い，児童養護施設を出ればすぐに社会で自立しなければならない状況になってきている。

児童養護施設は今の人材で，できるだけのことをしているが，人との関わりがうまくもてない，見通しをもって行動できない，自信がないという状態で施設を退所しなければならない児童に対しての支援はどうあるべきか施設としても悩んでいる。成人になっていても解雇されて行き場がなくなったと，施設に戻ってきた者に対して，「うちで育った子やから」と言って，善意で職や住む場所を一緒に探したりしているのが現実である。施設の「善意」に甘えるのではなく，社会的資源として，支援する体制や方法の確立が喫緊の課題である。

児童養護施設退所後の施設として，1997年（平成9年）退所児童の社会的自立を促進することを目的として，自立援助ホームが法定化された。自立援助ホームは2011年（平成23年）10月現在，全国で82ヵ所設置されているが，成年に達するまでの利用制限がある。アフターケアをいかにするべきか，何時までするべきかについては，議論すべき問題であるが，目の前にいる支援を必要としている人に対しての対応の方策の確立が必要だ。しかしこれは福祉関係者のみでできうることではない。教育機関・医療機関・労働機関・司法機関などの行政機関の連携はもちろんであるが，地域社会との連携をいかに図るかが最も重要であると考える。

おわりに

東京都では2012年度より都内のすべての児童養護施設に，子どもたちのリービングケアとアフターケアを担う自立支援コーディネーターの常勤配置化を始め，2013年度からは自立援助ホームへのジョブトレーナーの配置を決定している。この活動の成果に期待をしたいと思っている。

はじめに述べたように，地域生活定着支援センターを障害者の再犯防止施策の一環として認めたことは画期的なことである。この地域生活定着支援センターと発達障害支援センター，自立援助ホームが一体となって連携して，一貫した支援を行えるようになれば，家庭からの支援を受けられない種々の問題を抱えた児童にとって社会的自

立をするうえで有力な社会資源となると考える．

文　献
藤井康弘　2008　わが国の社会的養護の現状と課題　こころの科学，137．
早川悟司　2013　児童養護施設における自立支援の標準化　子どもと福祉，Vol.6．
相坂聖子ほか　2008　心理職の仕事って何だろう　そだちと臨床，Vol.4．
森田喜治　2011　被虐待児への児童養護施設での対応　臨床心理学，Vol.11（No.5）．
西澤　哲　2009　社会的養護における不適切な養育　子どもの虐待とネグレクト，Vol.11（No.2）．
玉井紀子ほか　2013　児童養護施設におけるリービングケアに関する研究　子どもの虐待とネグレクト，Vol.15（No.1）．

第23章

特別支援学校コーディネーターの巡回相談の実際とその支援の一事例：

"死"と"友達の視線"に過度な不安を抱えた算数につまずきのある児童への支援

森田　正

はじめに

　平成19年学校教育法一部改正施行後，東京都立特別支援学校の特別支援教育コーディネーターは，特別支援教育推進のため，地域の幼稚園，保育園，小学校，中学校，高等学校の特別支援教育の環境を整えるべく，助言，援助を行ってきた。今日では，地域の特別支援教育の質を高め，特別支援学校コーディネーターの地域への支援を小さくしていき，学校と学校とのお互いの支援の在り方を構築していくことが課題となってきている。特別支援教育コーディネーターとして，特別支援教育の理解と整備のために東奔西走していた当時の地域支援の一事例について報告する。

1　東京都における特別支援学校特別支援教育コーディネーターの活動について

　2007年4月より特別支援教育が開始された。東京都では，現在までに東京都特別支援教育推進計画を策定し，特別支援教育の啓発及び推進に努めてきた。現在では東京都特別支援教育第三次推進計画を策定し，特別支援教育に関して様々な取組みを展開している。

　2007年に策定された東京都特別支援教育第二次推進計画の中で特別支援学校特別支援教育コーディネーターのあり方にもふれている。

　まず，知的障害特別支援学校の中の小・中学部設置校を，「エリア・ネットワーク」のセンター校と定め，各センター校は，指定された区市町村と連携を図り，幼稚園や小・中学校及び高等学校の教員に対する助言・援助に努め，区市町村における特別支援教育の取組を支援していくとしている。

センター校は，主に知的障害や発達障害に関する支援を行い，他の障害についての相談や支援については障害種別の特別支援学校に支援を要請する等の連携を図ることが望ましいとし，センター校は，各エリア間の特別支援学校との連携を図るため，各校の特別支援教育コーディネーターを主な構成員としたコーディネーター連絡会等の名称で協議会を開催し，各エリアの支援に関する情報交換や事例検討などを行いながら，地域の特別支援教育の充実・発展を目指している。

また，その中で，特別支援学校の地域のセンター的機能として以下の5つの機能を掲げ，支援活動に発揮するよう促している。

①それぞれの専門性を発揮した幼稚園，小・中学校等への支援機能
②特別支援教育に関する相談・情報提供機能
③幼稚園，小・中学校等の教職員に対する研修協力機能
④障害児（者）の理解啓発機能
⑤地域の障害のある幼児・児童・生徒への施設設備等の提供機能

東京都特別支援教育推進計画を踏まえ，筆者は，2005年4月から2009年3月まで特別支援教育のセンター校である都立K特別支援学校で特別支援教育コーディネーターとして地域の特別支援教育に関わる支援活動を行ってきた。その支援の一事例を報告する。

2　支援の一事例："死"と"友達の視線"に過度な不安を抱えた算数につまずきのある児童への支援

(1)　問題と目的

筆者は特別支援教育の東京都支援エリアNo.14のセンター校特別支援教育コーディネーターとして，授業を持たず，エリアの保育園，幼稚園，小中学校に出向き，支援（巡回相談）を行っている。巡回相談を通して，ADHD等医療機関の診断がはっきりしている子どもも，困り感を持って学校生活を送っていることは確かであるが，それ以上にグレーゾーンの子ども，落ち着きのない児童生徒，授業に参加できない児童生徒，あるいは些細なことではあるが，声掛け等の何らかの支援が必要だと考えられる児童生徒が増えてきていることを感じる。2002年の文部科学省が行った「通常の学級に在籍する特別な教育的支援を必要とする児童生徒に関する全国実態調査」では6.3%であったが，その結果よりはるかに多いと感じている。

発達障害の研究が進んでいるアメリカにおいては，アメリカ精神医学区会は，ADHDの「有病率は，学齢期の子供で3-5%と見積もられている」（アメリカ精神医学会DSM-Ⅳ，1994）とし，アメリカ教育省はLDの有する率について「6-17歳で

5.59%」(アメリカIDEA第22回議会報告書,教育省,2000) としている。学習障害とLDを合わせた率は単純ではあるが,8%を超える。これに広汎性発達障害の割合が加わるのである。障害を併せ持つ児童生徒も存在することを考慮しても,また,アメリカとの文化の違い,教育システムの違いはあるものの,日本でも同様と考えられる。

その中で2007年9月に,A小学校の2年生の担任であるB先生より学級経営上,あまり問題ではないが,個々に見ていくと,学級担任にとっては,気になる児童Cがいると,相談を持ちかけられた。

B先生よりC児の状態をきくと,小さい体ながら,大きく2つのことに不安を抱えているとのことだった。学校生活の中において,彼は,クラスの同じ野球チームに所属するD児,E児の視線が気になり,その目が怖いと訴えてくることがよくあった。3人とも団地内の隣り合う棟に住み(母親同士はトラブルが少々あり,C児の母親は孤立している状態がうかがえた),一緒に登校し,放課後は一緒に遊ぶのだが,D児,E児が何かにつけ,睨みをきかし,威圧的な態度をとることが多かった。また,家においては,夕方,暗くなり始める頃になると,1年前に祖父が亡くなったときのことを急に思い出してしまい,死が怖くなり,震えて声を出して泣き出してしまうことがしばしばあり,テレビのニュースで人が刺し殺される事件,テロ事件の報道がされている時も必ず,震えだし,大声で泣き叫ぶという状態である。ぼーっとしていることもある。だが,これらは学校生活の中ではなかったようだ。それから,泣いて興奮していれば当然のことだが,寝付きが悪かったり眠れない日もあったようだ。

スーパーバイザーに本児の状態,様子,行動等を伝え,意見を聞いた。スーパーバイザーは,DSM-Ⅳ-TRにより,コード番号300.02全般性不安障害(小児の過剰不安障害を含む)にあたるとし,家庭(家族)の状況からも本児には包括的な支援が必要なので,本児に,あるいは本児の家族に関わる者が連携をして支援していくことが望ましいと思われた。

週に1日来るスクールカウンセラーとは既に関わりはあったが,保護者との相談のみで,本児と直接会って対応することはなかったとのことだった。保護者との相談も保護者の精神的ケアが中心であった。本児に対する言動や行為について母親,父親がスクールカウンセラーに相談していたのである。

B先生,スクールカウンセラーと報告者の3人でケース会を持ち,本人の死に対する恐怖,友達の視線への恐怖について,また今後どのように家庭を支援していくか話し合った結果,両親については引き続き,スクールカウンセラーが担当すること,授業の中でのD児,E児との関わりについては担任が注意しながら対処していくこと,報告者は本人と2週間に1度程度の回数で彼が困っている現実について話をすること

を3者で連携をとって本人を心理的側面，社会的側面から捉え支援していくことを確認した。

B先生より本児の気になる面はもう一つあり，算数の授業で，内容が図形に入ったが，導入で，切り抜いた図形を見本の通りに置くということが彼にはできなかったとのことであった。また，よく話を聞くと，かけ算九九も覚えるには覚えるが，1日経つと部分的に忘れてしまうことが多々あり，計算問題でも，数題の加法の問題のあと減法の問題が続いた時に，減法をせずに加法をしてしまうことがあったということだった。記号が目に入ってないのではないかと担任は感じていたようだ。

イリノイ州立大学のハウス（House, 2002）は「不安の認知的側面は緊張と覚醒の高まりに伴って見られる高次の精神活動の崩壊をもたらす。思考や抽象的推論，計画立案，問題解決，正しい想起の全てが高い不安によって妨害される。不安は認知の過程を妨害するのである」と述べているが，本児の上記の算数のつまずきと不安との因果関係があるのかどうか非常に興味深いところであり，特別支援教育コーディネーターとして，地域の幼保小中に出向く中，月に2回，個別に対応をしているケースは稀有であることもあり，事例の報告をすることとした。

また，スーパーバイザーから一般化されているアセスメントをして実態把握をした方がよいという助言もあり，報告者の授業観察後，3者および保護者を含めて話し合い，C児の知的発達はどのような状態か，特に認知，記憶，処置等の個人内差はどうか把握した上で支援の方策を考えていくことを確認し，WISC Ⅲによる実態把握をすることとした。

(2) 発達支援対象者C児の概要

C児：2008年8月現在9歳男子　市立A小学校3年生
・出産時は問題なく，乳幼児健康診断，就学時健康診断等でも問題はなかった。
・地域の少年野球チームに所属している（父親もコーチとして所属）が，体は小さく，身体能力に優れているわけではない。
・塾等の習い事はしていない。
・最近の子どもとしては珍しく，ゲームはあまりしないが，読書等をするわけでもない。
・医療機関には関わりはなく，服薬はない。
・DSM-Ⅳ-TRコード番号300.02全般性不安障害（小児の過剰不安障害を含む）
　①多数の出来事または活動についての過剰な不安と心配が少なくとも6ヶ月間起こる日のほうが起こらない日より多いこと

②緊張感，過敏が伴っていること
③心が空白になること
④眠れない等の睡眠障害があること
⑤本人がそれを制御するのが難しいと感じていること
⑥突如，泣き出してしまうこと
⑦服薬はしていないこと

以上のことから小児神経科医師であるスーパーバイザーが全般性不安障害（小児の過剰不安障害を含む）と判断

家族構成：父，母との3人の家庭ではあるが，同じ団地の階下に母方の祖母が暮らしている。

彼の不安の要因の一つとして可能性があるので父についても記しておく。父は威厳のある祖父からの暴力と暴言が多い環境の中で育ち，祖父との会話はなく，圧迫感のある生活をしてきた。そのような親には自分はなりたくないという思いがありながら，親子で行う野球の練習の時に殴ったり，蹴ったり，本児に暴力をふるってしまう。そういう自分に嫌悪感を感じ，そういう行為を改善しないといけない，しかし，同じことを繰り返してしまうということに悩み苦しみアルコールに依存，鬱病で2度入院歴がある。報告者と両親が昨年9月の末に面談したが，父親が退院して間もない頃であった。通勤するのも職場まで本児母親に自動車で送ってもらわないと行けない状態である。

また，母親も神経質気味で，些細なことが気になってしまう性格であり，父親のこと，近所の母親同士のトラブルもある中で，日々，困惑している状態である。

(3) 発達支援等を実施した機関・施設・場所

本児が在籍する市立A小学校において発達支援を行った。

(4) 実施期間

期間としては，2007年9月（小学2年生）より，現在（小学3年生）に至っている。

(5) アセスメント

①発達検査（2007.10実施）：WISC Ⅲを使用し，検査を行った。結果は，全検査IQ：93，動作性IQ：73，言語性IQ：113であった。言語性IQと動作性IQには統計的に有意な差があるので，全検査IQは参考程度にとどめておく。言語性IQと動作性IQの差は40であり，5％水準で有意な差であったため，まず，群指数に着目した。言語

理解に関してIQが115で高く，知覚統合は76，注意記憶は88，処理速度は80という結果であり，言語理解と知覚統合，注意記憶，処理速度のそれぞれとの間に5％水準の有意差が確認された。

プロフィール分析において，下位検査の中では，〈算数〉〈数唱〉〈絵画完成〉〈符号〉〈積木模様〉〈組合せ〉〈記号探し〉に平均からの落ち込みが見られた。

評価点分布で〈積み木模様〉〈組み合わせ〉が－で空間および図形認知が弱く，〈数唱〉がWで算数が－であることから継次処理能力も弱いと仮説することができ，また，短期記憶，注意集中についても同様のことが言える。反面，〈理解〉はS〈単語〉〈類似〉が＋〈知識〉が±であることから文化的機会を享受し，学習に対する意欲が高いことが推察された。

②行動観察：報告者は，市教委区委員会から特別支援学級の立ち上げへの支援を含めた依頼ということもあり，A小学校には，毎週木曜日に巡回相談を行っていた。そういう体制にあったので，B担任より相談を受けてから，本児の授業での様子，休み時間の様子を，毎週，観察することができた。他の児童のこともあり，対象が察しられるような観察はさけねばならず，はり付いての観察ということはできなかったが，学級全体を観察する形で行った。ちょうど運動会の練習の時期で，落ち着いた授業を観察するというわけにはいかなかったが，毎週1時間～2時間程度の授業観察を行った。

その授業においては，B担任の言うように，本児の授業中の様子は，周りの友達としゃべったり，騒いだりすることなく，学習に対して，まじめで，学級経営的に問題となることは表面上なかった。しかし，特筆すべきこと，気になることは何点かあった。本児の書く字は，ノートの罫線にきちっと収まっていて，止め，はらい等が教えられたとおりに，至極丁寧な字であった。こうでなくてはいけない，というような固定観念にとらわれているかのようであった。

授業に対する姿勢も良く，背筋を伸ばし，挙手が多いのが常であった。しかし，その挙手に関しては，わかっていることに関して手を挙げているのではなく，確信があっても，持てなくても元気よく手を挙げるといった感じであった。B担任からされた質問とまるっきり違った答えをすることもあった。算数のテストの時，最初の4問が引き算で，その後の4問が足し算という問題があったが，8問とも引き算をしていた。後半4問は本来，足し算であるので，当然，左の数より右の数の方が大きい式もあり，その場合は右の数から左の数を引いたものを答えに書いていた。最後，見直しもしている様子はあったが，訂正することはなかった。

B担任によると，あることをクラス全体に伝えると，ほとんどの児童は，通常，伝

えられたことから、しなくてはならないことを考えて実行するのだが、本児はできないと言うことであった。例えば、「明日、運動会のエイサーの最後の練習があります」と言えば、みんな太鼓のバチ、衣装を持ってくるが、彼だけは、持ってこなかったと言う。「運動会の練習」という言葉が、「準備」まで結びつかなかったのである。

③環境的・生態的調査：本児の行動観察をする中、D児、E児との関係にも着目し、観察した。休み時間等は、3人とも笑顔絶やさず、一緒に遊んだりするのであるが、本児が発言したり、少々目立つことをした時、やはりD児は特に彼にきつい視線を送っていた。そのときのC児の様子は、震えるまではいかないが、暗くなっていた。D児のその視線は、かなり威圧的で、本児が、精神的に落ち着いて学習に臨むという環境にはないと感じた。

本児は野球チームに所属していて、バントだけは上手だが、捕る、投げる、打つことは、B担任によるとぎこちなさが他のチームメートと比べると、少々目立つということである。ボディイメージという点でも、困難を抱えている可能性があった。

家庭においては、普段、父親が仕事から帰ってきてから2人で野球の練習をすることが多く、仲の良い親子という感じだが、練習中ミスを繰り返したりすると殴ったりすることもあったようだ。また、父親が仕事上の人間関係でうまくいかなかった時などは、昼からでもアルコールを飲み、本児にも厳しく関わることが多い。このような環境の中で、本児は、のびのびと生活しているとは言い難い状況にあると言わざるを得ない。

(6) 総合所見

WISC Ⅲの全検査IQからすれば、通常の発達域ということになろうが、言語性と動作性の関係からすれば、有意差が認められ、知能の個人内差が著しい。また、下位検査では〈算数〉〈数唱〉〈絵画完成〉〈符号〉〈積木模様〉〈組合せ〉〈記号探し〉に平均からの落ち込みが見られる。

以上のWISC Ⅲの結果と行動観察等を照らし合わせてみると、算数での加法、減法の間違いや図形の導入時の件、かけ算九九のエピソード等は、評価点分布からの継次処理、空間・図形認知、短期記憶、注意集中といった力が劣るという結果からもうなずけるものである。したがって、本児は、算数的な領域に関して、LDが疑われるのは否めない。

しかし、本児にはLDであると断言できない要素がある。本児は、全般性不安障害（小児の過剰不安障害を含む）である。ハウスが述べているように、思考や抽象的推論、認知の過程を'不安'が妨害している可能性もあるからである。本児が自覚して

いる困り感である'死'及び'友達の視線'への不安，家庭での環境（父子関係）が彼の発達を阻んでいるかもしれないのである．全般性不安障害（小児の過剰不安障害を含む）とLDの両方の側面から支援を考えていく必要がある．

(7) 総合所見に基づく支援仮説

　対象者への支援：本児がLDであることは，可能性としてはあるものの，'不安'が本児の様々な発達を阻害していることも考えられる．ハウスは「学齢期の小児に不安の問題は過小診断されている．大人はしばしば，そこに問題があることを認識しそこねたり，その問題を正常な成長の変わり目によるものと誤解する」としていることもあり，もし，算数のつまずき等が'不安'に因るものであるならば，'不安'を少しでも解消，改善していくことが最善と考えた．発達の過程で，不安，恐怖を覚えるということも重要なことではあるが，現時点では不安を取り除くことが，最善と思われた．B担任とスクールカウンセラーと報告者との話の中で，長期になるか短期になるかはわからないが，不安材料を減らしていくことに重点を置くこととした．学習に対して，積極性のある本児なので，落ち着いた環境下で学習活動をさせたいという思いは，保護者，担任，スクールカウンセラー，報告者，共に一致してあった．

　また，要因は何であれ，抽象的に言われたことを具体的に考える力が弱いことや算数領域でつまずきがあるのは事実なので，何らかの支援が必要であると考えた．

　3者でチームを組んで本人と家庭を支援していくこととし，話し合いの中で役割分担を確認した．今までの流れで，両親の心の問題はスクールカウンセラーが主に担当し，授業も含めた学校生活中のことは，支援仮説を校内委員会で事例として取り上げて周知し，報告者は不定期ではあるが，月に2回程度，放課後に本児と面談をすることにした．

　担任には，先ず，席替えをし，本児とD児，E児の座席を離す作業をしてもらい，彼らの視線を極力感じさせないようにした．学習に関しては，特に算数の時間には机間巡視を多くしてもらい，不注意な誤り等があった場合には，彼の自尊心を傷つけないように，なるべく他の児童にわからないような形で彼に気づいてもらう支援の仕方を実行してもらった．例えば，足し算のところを引き算をやっているという場合には符号の下に線を引いてもらうなどである．また，クラス全体に連絡をする場合には，具体的な連絡の仕方にしてもらうと共に，その内容も必ず，板書してもらうことにした．例えば，明日，プールがあるという時に，「明日プールがあります」だけではなく，加えて「用意するものは，水着，帽子，タオルとゴーグルです」と言うと共に板書してもらうといった具合である．

報告者と本児との面談は，彼が通っている小学校の教育相談室を使用して面談し，'死' に対する不安の解消と '友達の視線' の不安の改善を目指すこととした。それと共に，面談を始める前にラポートを形成するためにも，また，算数のつまずきの改善にもつながればということで，面談前にWISC Ⅲにもあるような，算数の文章題を図や表にしながら一緒に考えたり，見本と同じように箱（立方体）を積むという取り組み等をすることにした。

野球チームと学校の友達，放課後の遊び仲間が，重なりすぎているので，そのことも話題の内容とした。

父親からの暴言や不適切と思われる行為があるという背景から，父親が不誠実なのではなく，身近にいる人を悲しませたくないという結果から自分自身を追い込み，自己嫌悪感を抱いてしまうことが考えられるので，本児からネガティブな言葉あるいは自分の悪い面が表出された時には，良い面に言い換えてあげて，自己肯定感を高めること（木下，2006）にも努めた。例えば，「お父さんからお節介だって言われたんだ」と言ってきた時に，'お節介' ということはそれだけ親切なことをしたと言うことだよというようにである。

両親への支援は，主にスクールカウンセラーが担当したが，月に1回程度面談をし，父親に対しては，精神的な安定，アルコール依存にならないようにアドバイス，精神科の診察を促すという内容で進めていくこととした。母親に対しては，家庭の中で努力していることを受容しつつも，本児に対しての関わり方等のアドバイスをすることとした。

例えば，算数のテストが返された時，結果を見て「なんでこんなこともできないの」などと言わずに，どこにつまずきがあるのか，一緒に考える姿勢でいきましょうと伝えた。

3 結　果

担任からの相談から約10ヶ月程が経過したが，本児は，良い意味でも悪い意味でも変容してきている。

面談を繰り返すなかで，最初はあまりプレッシャーにならないよう '死' について彼が不安にかられてしまうメカニズムを知ること，野球チームでもクラスでも同じ友達との関係について探ることに終始した。'死' については祖父の死を目の当たりにし，それから夕方，暗くなりかけてくる時や人が殺されたニュースを見た時に，急に

そのことを思い出し，震えてきて声を出して泣いてしまうということだった。ニュースに関しては両親に伝え，そういうニュースはなるべく見せないように配慮してもらうことにした。

'死'そのものに関しては，アルフォンス・デーケンさんの文をわかりやすく一緒に考えるようにした。面談を始めて2ヶ月後くらいからは，'5つの質問'という形式の面談にした。'最近，死ぬのが怖くて泣いたのはいつ'であるとか，'最近，うれしかったのはどういうことか''野球の試合の成績は'等などの5つの質問をするなかで，話をふくらませていくという面談を行った。結果，死ぬのが怖くて泣く回数は減り，3月に入る頃には，最近，死ぬのが怖いことを思い出さなくなったと言っていた。友達とのことでは，面談が終わった後，まだ校庭で遊ぶD児，E児の姿を見ると，報告者に一緒に帰ってほしいと言うようにあまり一緒にいたくない存在であったので，友達は2人だけではないんだから，少なくとも登校は他の友達にしたらとアドバイスをしたら，他の友達と登校するようになり，放課後も仲のいい女の子と遊ぶことが多くなり，D児，E児とも野球チームだけの関わりとなった。2月のことである。

WISC Ⅲの結果報告ということで，父親とも面談をしたが，ボディイメージの問題もあったので，その時に，野球の練習の時も見本を見せて教えるのではなくて，手取り足取り教える方が彼には有効かもしれないということを伝えると，やはり，本児には体そのものの動きで教えられる方が有効で，本児ができないことにいらついて手を出してしまうことも減ったとのことだった。また，あまりスキンシップ等がないまま育ててしまったと語るので，愛着形成をはかるのにまだ有効だと思い，お風呂を可能な限り一緒に入りましょうと提案すると，それも受け入れて，その後，ずっと一緒に風呂に入っているようである。そういうなかで，ちょうど，3月にはいる時期には，父親の精神的なことも安定してきたことも重なり，本児の表情はすこぶる明るくなった。明るくなったのは良いが，授業中に騒いでしまうという悪い面も出てきた。

年度が替わる時，報告者より学年担任にクラス編成上の配慮をお願いした。本児は野球チームの児童たちとは違う学級になり，不安が一気に解消し，算数のつまずき等もなくなりどんどん伸びていくことと思われた。

4 考　　察

本児が3年生になり，1学期が過ぎた。'不安'が軽減され，学級内の連絡や指示は具体的にし，板書するという支援で他の児童と同じ行動がとれるようになり，授業中の符号等の見間違え等も減り，算数の文章題を図や表にしながら考えることになれ，

箱積みで図形にもなれてきた感はある。

　ハウスが言うように，この事例の不安が認知の過程を妨害しているのであれば，不安が改善に向かったり，解消されたりした時には認知の発達は伸びていくことになる。3月にはいる時期には，いろいろな不安が軽減してきたのは事実である。ならば，継次処理，空間・図形認知，短期記憶，注意集中の領域でどんどん発達が促されるはずである。

　部分的に本児が慣れてきていることはあるが，算数のつまずきの問題は解決されている方向にあるとは言えない。最近行われた算数のテスト（2年生で学習したことも含めての）ではやはり符号の取り違えがあり，図形に関しては点はとれていない状況であった。1学期の終わりに3年生，4年生で聞く力のテストというのを行った。3年生では，牛乳からバターを作る工程の話を聞いて，メモをとり，内容に関しての質問に答えるというものであるが，本児は答えられなかったのである。その事実からすると，短期記憶，注意集中の領域での発達も促されていなかったということになろう。

　これらの結果より，LDの可能性が極めて高くなったということに他ならない。慣れてきてできる部分はあるが，やはり，継次処理，空間・図形認知，短期記憶，注意集中の領域での困難さが認められる状況に変化はないと思われるので，2学期以降の発達支援をどうするかを学級担任，スクールカウンセラー，保護者と再考していく必要がある。

文　献

American Psychiatric Association　2000　*Quick reference to the diagnostic criteria from DSM-IV-TR*. American Psychiatric Association.（高橋三郎・大野　裕・染矢俊幸（訳）　2002　DSM-IV-TR精神疾患の分類と診断の手引き　医学書院）

House, A. E.　2002　DSM-IV diagnosis in the school. Guilford Press.（上地安昭（監訳）　宮野素子（訳）　2003　学校で役立つDSM-IV　誠信書房）

木下敏子　2006　子どもの不安症と家族関係　久保木富房・不安抑うつ臨床研究会（編）　こどもの不安症・小児の不安障害と心身症の医学　日本評論社　pp.53-60.

第24章
視覚障がいと肢体不自由障がいを併せ持つ児童のボディイメージの向上と探索活動を引き出す支援

田邊桂子

はじめに

　人との関わりが大好きで，手遊び等を繰り返し楽しみ，喜怒哀楽を豊かに表現することができるが，視覚障がい，肢体不自由障がい，知的障がいを併せ持ち，外界の情報をキャッチして自ら周囲に働きかけることに困難さをもつ事例を紹介する。
　乳児は視覚で捉えた外界の物に興味関心を持ち，自ら手を伸ばし，なめたり振ったりするなかで因果関係に気づいていくが，視覚認知や運動機能の発達に困難さがある子どもは，外界の情報を入力する手段，外界に働きかける手段に困難さをもっているため，学びの場を意図的・系統的に設定していく必要がある。触覚，固有覚，前庭覚の感覚鈍麻による自己刺激行動と触覚防衛反応が見られるK君のボディイメージの向上と探索活動を引き出す支援についての実践報告である。

1　児童の概要

①K君（男子）（身障手帳1種1級）
②年齢：11歳8ヵ月（小学5年）
③診断名：硬膜下出血，脳梗塞による脳原性運動機能障がい，中枢性視覚障がい，知的障がい
④生育歴：
　胎生期，周産期は異常なし。生後2ヵ月半に原因不明の脳内出血（前頭葉左から右後頭葉に向けて）及び脳梗塞が認められ，T医大病院に2ヵ月入院。内科的処置にて小康状態となり退院するが，脳のダメージにより運動機能障がい，視覚障がい，知的

障がいとなる。1歳時，血腫の増大傾向が見られ，手術のため1ヵ月入院。2002年10月（1歳3ヵ月）よりN区の療育施設A園の在宅訪問開始。2003年4月（1歳8ヵ月）より週2回の親子通園開始。2005年4月（3歳8ヵ月）より週2回親子通園，週3回単独通園となる。2008年4月，東京都N区立M小学校肢体不自由特別支援学級に入学。年に1回，T医大病院にて脳波検査を受ける。2010年9月より心身障害児総合医療療育センターの整形外科にて左足股関節亜脱臼の診察を受ける。2012年4月に左足股関節脱臼の手術を行い，5ヵ月入院。入院中はT大学附属K特別支援学校に転学。9月より東京都N区立M小学校特別支援学級に復帰。

2 アセスメント

①発達検査：障害の重さゆえ，これまで発達検査は実施していない。

②行動観察：行動観察期間は，筆者が担任し始めた2011年4,5月の2ヵ月で，学校生活全般における観察と教職員の聞き取りによるものである。

身体機能面：

　視覚　　光覚のみ。外界の情報を取り入れる入力系の異常ではなく，入力された情報を処理する視覚情報処理系と視覚情報を運動機能へ伝える出力系の異常による視覚障がい。はっきりした明暗であれば，明るい方向に顔を向ける時がある。

　全身状態　　体調不良による欠席はほとんどない。軽度の四肢まひ。上肢より下肢のまひ，左半身より右半身のまひが強い。座位がとれる。ベンチ座位，またがり座位で過ごすことが多い。介助立位，介助歩行（装具をつけて，足を交互に降り出すような介助）が可能である。長座位でも車いすでも身体を前後に揺らすロッキング，首振り等の常同運動が見られる。左座骨に重心がのり，左右差がある。床面では長座位を好み，自ら姿勢変換することはない。ストレッチ後であればあぐら座位は可能であるが，安定は悪い。背臥位，腹臥位とも好まず，すぐに腹筋を使って起きる。寝返りは少し介助し促せば可能であるが，自ら行うことはない。介助すれば四つ這い姿勢をとることができるが移動は困難である。聴覚は敏感で，小さい声や音に対して耳をすまして聞き取ろうとする。感覚鈍麻があり痛みには鈍い。左足股関節が脱臼している。脱臼は外傷によるものではなく，加重できないことによる関節の弱さとロッキング等の一定の姿勢で一定場所に力が加わることによる自然脱臼である。

　上肢機能　　物を力を入れてギュッと把握する。力を調整することは難しく，柔らかい食物をつぶしてしまうことがある。左右の手で物を持ち替えることができる。小

さい物を意識的に持たせると拇指，示指，中指でつまむことができる。ぬるぬるやベタベタの感触を嫌がり手を引く。腕や手を介助して動かされることを嫌がり，支援者の手を振り払うことが多い。
認知面：
　対人面　人とかかわることが大好きで，簡単なやりとり遊びを表情豊かに繰り返し楽しむことができる。聞き慣れた声とそうでない声を聞き分ける様子が見られる。「もっとやりたい」という思いを泣いて表現する。十分遊んだあとであれば，「おしまい」を受け入れることができる。「一本橋」等の遊びを見通しを持って楽しむことができる。「駄目」「コラ」等，叱られた口調がわかり真顔になる。
　対物面　自ら物に手を伸ばすことはないが，周囲の床面を手で探る様子が見られる。音の方向に注意を向けることができる。腹側の体幹部周辺であれば身体の一部に触れた物に手を伸ばして取ることができる。手にした物は口に入れる，激しく振る，左手に持って右手のひらに打ち付ける等して，関心がないと投げる。音がする物，振動する玩具が好きで遊び続ける。押すと音がする，叩くと振動する等の簡単な関係であれば，数回一緒に行うと因果関係を理解することができる。バチで太鼓を叩いて遊んだあとに，幾つかの物を順に提示するとバチの時だけ投げずに太鼓を叩くことができる。
言語・コミュニケーション：
　表出言語　音声言語はなく，発声のみである。発声の種類は複数あり，時々大人の発声や単語に近い発声が聞かれることがある。
　理解言語　「もう1回やる？」の問いかけに対して，YESの意思を「うん」という発声や手を1回叩いて伝えることができる。「ちょうだい」に対して自ら手を放す。満足した時には「おしまい」に対して納得する様子が見られる。「もっとやりたい」や「嫌だ」等の要求，拒否，不満，不快の意思表示は不満そうな発声や泣いて伝える。座る，立つ，食べる，バンザイ等，動きを伴う，日常よく使用する言葉は理解している。
情動・社会性：
　感情の波が激しく興奮しやすい。笑い声をあげてはしゃいでいたかと思うと，急に泣いて不満を訴えたりすることがある。泣きの理由がはっきりしないことがある。子どもの声，車の音等で興奮しやすく，興奮するとロッキングや首振り等の常同運動が激しくなり，言葉かけが入りにくい。誉めると嬉しそうな表情になる。電車やレストラン，音楽会等では日常と異なる雰囲気を感じて静かに過ごす。
ADL：
　移動，衣類の着脱，排泄，食事は全介助である。排泄したことを知らせることはな

い。着替えの際の協力動作は見られない。食事は一口大の普通食で，手に持たせた食物やフォークを口元に運ぶことができる。嫌いな物は吐き出す。

③生活環境：
家族構成　　父，母，12歳の姉と8歳の妹，祖父
家族状況　　母は外国籍であるが，日常のコミュニケーションは問題ない。父は仕事が忙しいが協力的で，医療受診時には必ず両親で行く。母が母国に一時帰国したり，祖父の介護等で本児の面倒を見られない時には短期入所施設を利用する。
余暇活動　　下校後は本児と関係がとれたヘルパーがほぼ毎日来て，一緒に過ごしている。休日は家族で過ごし，ドライブや買い物に行くことが多い。長期休み等には家族旅行に出かける。
学校の状況　　現在学級に在籍している児童・生徒は4名である。重度重複障害の児童・生徒で子ども同士の関わりは難しい。教職員（教員，保育士，介護士，看護師）の働きかけが主である。通常の学級との交流は，クラブ活動（月1回）やなかよし班活動（月1回，全学年合同縦割り班），行事の時に該当学年に参加する程度である。

④保護者のニーズ：保護者は，小学校にあがり言葉の理解がすすんだことやできることが増えたことを喜んでいる。引き続き楽しく学校に通う中で好きなこと，できることが増えていくことを望んでいる。健康面では左股関節脱臼の手術をするか，悩んでいる。今後，痛みが出るようであれば手術する方向である。

3　総合所見

(1)　K君の発達

K君は，視覚によって外界の情報をキャッチして自ら周囲に働きかけることに困難さがある。乳幼児期においては，視覚と運動は密接に絡み合い認知発達を促している。見えた物に手を伸ばし，興味関心のある物に近づくために寝返りし，周囲を見るために頭を上げ肘立て姿勢になる。姿勢・運動は興味関心のある物を手に入れるための手段であり，目的ではない。K君は座位は取れるが，肘立てや寝返りはしない。それは見えた物に近づきたいという動機がないためで，視覚による外界認知の困難さが，運動機能発達を歪ませ，座位それ自体が目的となっている姿である。K君は，音源定位や触覚による定位活動が見られること，簡単な因果関係理解が可能であること，身近な単語を理解していること，因果関係を理解した目的的な行動が見られるこ

第24章　視覚障がいと肢体不自由障がいを併せ持つ児童　　277

と，好きな物を選び取る力があること等を考え合わせると1歳半程度の認知能力があると考えられる。しかし外界への探索活動は極めて乏しい。通常発達では4ヵ月頃から視覚的情報を手がかりにしてリーチングが見られるが，盲児が音がする物に手を伸ばすようになるのは因果関係理解が可能になる10ヵ月頃である。それは因果関係が理解できなければ探索行動は始まらないことを意味している。視覚による外界認知の困難さが，外界へ働きかける動機づけとなる魅力的な刺激が少ない，自分の行為のフィードバックを得ることが難しい，自己学習の機会と経験が制限される等につながり，認知発達に大きな影響を及ぼしている。視覚による外界認知の困難さがK君の認知発達を阻む原因である。K君の認知発達を促すためには，因果関係理解を促し，目的的な行動を広げていくことが重要であり，K君の探索活動を豊かにしていくことにつながると考えられる。

　K君の感覚鈍麻は痛覚だけではない。激しいロッキングや首振り，物を手にすると手のひらに打ち付ける行為は，自己刺激行動であり，前庭覚，触覚，固有覚の感覚鈍麻ゆえの姿である。ハンドリングを拒み，大人の手を振り払ったり，柔らかい物や粘性のある物を嫌がり手を引いたりする姿は触覚過敏による触覚防衛反応である。K君は触覚の鈍感さと過敏さを併せ持っており，触覚のネットワークが適正に働いていない状態である。触覚の未発達は物とのかかわりを狭めるだけでなく，対人面，情緒面，運動機能面にも影響を及ぼす。触覚，固有覚，前庭覚の感覚鈍麻と触覚過敏が人や物とのかかわりを固定化させ，認知発達を阻む原因になっている。遊びの中で触覚をたくさん使い，原始系機能ではなく，識別系機能の働きを育てていくことが，ハンドリング等の身体に触れる支援を心地よく受け入れることにつながり，画一的な物へのかかわりを広げ，探索活動を豊かにすることにつながると考えられる。

(2)　K君に関わる人的・物的環境

　視覚による外界情報が得られない状態とはいかなるものか，ということを支援者は十分に理解しておく必要がある。触れ方一つをとっても場合によっては驚かす原因になることを心得ておかなければならない。K君の視覚情報が得られない不安や見通しの持てなさに寄り添い，受け止め，不安や見通しの持てなさを軽減する方法を考えながら支援することが大切である。

　運動機能障がいがあり，姿勢や運動に制限があることを十分配慮し，目的に応じた姿勢を考える必要がある。上肢を使うためには，体幹と下肢の安定が必要であり，重心移動やバランス感覚も影響する全身の協調運動であることを理解する必要がある。また，隣で音が出る玩具を使用していればその音に注意が向き，支援者の声は届きに

くい。支援者や提示した物に注意を向けやすい環境を整える必要があることは言うまでもない。聴覚，触覚が周囲の情報を得る手段であることを理解し，効果的に学んでいくことができるよう計画的，系統的，継続的に支援することが大切である。

K君の行動をどのように読み取るか，教職員の中でも異なる時がある。主観のみで判断するのではなく，教職員全員で意見を出し合い，客観的，総合的に判断することが大切である。教員，理学療法士，作業療法士，看護師等の専門性を生かした視点で児童を捉え，計画的，継続的に支援していくことがK君の総合的な発達につながる。

4　総合所見に基づく支援計画

(1)　支援仮説

支援を行う上で，大人とのかかわりは必要不可欠である。ADLが全介助のK君にとって，身体に直接触れる支援は生涯続くであろう。感覚鈍麻と感覚過敏を軽減し，触覚の識別系機能の働きを促すことが支援を心地よく受け入れ，物に応じた適切なかかわりを広げることにつながる。触覚の未発達と運動機能障がいがあるK君は，ボディイメージの形成も未発達である。ボディイメージを向上させるためには，触覚，固有覚，前庭覚を十分に使って自分の身体の輪郭やサイズを実感し，バランスを取りながら物との距離を測る等，自分の身体を上手に使いこなす経験を積むことが必要である。ボディイメージの向上が物へのかかわり方を広げていくことにもつながる。視覚による外界探索への動機づけが得られないK君にとっては，因果関係理解を促し，目的的な行動を増やすことが探索活動を豊かにする。物を振ったり叩いたりするだけでは，物の特性を知ることはできない。物にじっくり触れ，「これ，何だろう」と手で考えることを身につけてほしい。手で物の特性を知るスキルを身につけることがK君の理解力や感じる力を向上させ，認知や情緒の発達を促すことにつながる。

(2)　支援計画

支援期間は2011年の6月から2012年の12月までである。左足股関節脱臼手術の入院期間5ヵ月を除く。

K君にかかわる全教職員で定期的にケース会を行い，支援を振り返り，評価・修正していく。

支援目標

・働きかけられた身体部位を特定し，リーチングすることを通して，ボディイメージを向上させる。

第24章　視覚障がいと肢体不自由障がいを併せ持つ児童　　279

・因果関係理解を促し，目的的な探索活動を引き出す。
・瞬間から持続へ，点から線へ，人や物へのかかわり方を広げる。
・物を知り分けるための手の巧緻性を高める。

目標を達成するための取り組みとして，「おしくらまんじゅう」「布団ばさみの取り外し遊び」「くす玉遊び」「綱引き」を設定した。

(3) 支援内容

　支援する時には理解しやすい言葉かけを心がけ，音量や抑揚にも注意を払うようにした。課題を提示する時には落ち着いた声で，できた時には張りのある声で喜びがしっかり伝わるように誉めた。初めての取り組みや慣れない物を提示する時には，やってみせ，雰囲気や音を感じ取らせた後，言葉かけをしながらハンドリングで確かめるようにした。他の人の声や気配，玩具の音等に気を取られず，相手や遊びに集中できるような環境を整えた。働きかけに対して気づきがあるかを確認しながら行うことは大変重要である。慣れが生じるとパターン化し，思考をくぐらない動作になる。気づきを確認しながら，習得課題と引き上げ課題のバランスを考えつつ，継続的に取り組むこととした。

　「おしくらまんじゅう」：K君が受け入れやすい場所にしっかり圧力をかけて押すことから始め，徐々に場所を拡大し，圧力をかける方法は面から指先等の点に変化させていった。大好きな歌を歌いながら，圧力をかける時間も延ばしていった。K君の場合は，指先等，末梢の方が抵抗が強かったため，体幹から末梢へ，腹側から背中側へ広げていった。

　活動の発展として，手のひらを，抵抗が少ないたわしやタオルで刺激することから始め，苦手なスポンジや粘性のある物等へ広げている。

働きかけ	引き出したい姿
・腹周辺や背中を手のひらでしっかりと押す。 ・K君と大人の間にベンチクッションをはさんで体重移動しながら，しっかり押す。 ・身体部位を手のひらでしっかり握る。 ・身体部位を指でしっかり押す。 ・苦手な場所は10までカウントし，見通しを持たせる。	・押されたことに気づく。 ・押し返してくる。 ・圧力の変化に気づく。 ・おしくらまんじゅう遊びを楽しみ，楽しさを大人と共有する。 ・「もっとやって」の要求表現を引き出す。 ・「もう1回やる？」の言葉かけに要求を発声や手を叩いて表現する。 ・苦手な部位に触れられることに慣れる。 ・押された部位を特定し，リーチングする。

　「布団ばさみの取り外し遊び」：大人が直接身体に触れ，圧力をかけて，気づきを促

し，リーチングする姿が出てきたところで，「布団ばさみの取り外し遊び」を取り入れた。布団ばさみを使用した理由として，洗濯ばさみで挟むと痛いが布団ばさみは痛くない，挟み続けることができるのでその間刺激が持続する，挟まれた感覚から取り外した感覚の変化を感じやすい，K君自身が取り外しやすいことが上げられる。

働きかけ	引き出したい姿
・身体部位を布団ばさみではさむ。体幹から末梢へ，腹側から背中側へと広げていく。 ・気づきが感じられなかったり，気づいても場所を特定することができない時には，再度挟み直したり，圧力をかけて気づきを促す。 ・励ましたり，布団ばさみの向きを調整したりして，K君自身が取り外せるよう工夫する。	・挟まれたことに気づく。 ・布団ばさみにリーチングして，布団ばさみを取り外す。 ・布団ばさみの取り外し遊びを楽しみ，楽しさを大人と共有する。 ・「もっとやって」の要求を引き出す。 ・「もう１回やる？」の言葉かけに発声や手を叩いて要求を表現する。 ・足先やふくらはぎ，背中等の取りにくい場所，意識しにくい場所にも手を伸ばして，取り外す。 ・挟む場所をいろいろ変えても，迷わず布団ばさみにリーチングして取り外す。 ・試行錯誤してもあきらめずに取り外す。

活動の発展として，布団ばさみより取り外しにくい物（輪ゴムやマジックテープ等）でも取り組んでいる。

「くす玉遊び」：直接身体に働きかける活動と並行して，物を取り入れた遊びも行った。押せば鳴る，叩けば振動する等の簡単な因果関係が理解でき，遊び込めるK君なので，押す，叩くという行為以外の運動に広げることを目的の一つとして「くす玉遊び」に取り組んだ。くす玉の紐を引っぱるとくす玉が割れて，中から鈴入りのクッションボールが落ちるようにした。鈴の音という聴覚刺激とクッションボールが身体に当たるという触覚刺激で，K君が結果を体感できるようにした。引っぱるという運動を意識化させるために，マジックテープを利用して紐をくす玉につけ，力を入れて引っぱらないと開かないよう工夫した。

働きかけ	引き出したい姿
・ハンドリングで大人と一緒に紐を引っぱり、その結果鈴の音とクッションボールが落ちてくることを体験させる。 ・徐々に支援を減らし、「紐、どこ？」と促し、自ら紐を探すよう導く。 ・紐を探すことが定着してきたら、紐の位置を高くしたり、左右にずらしたりして、探させる。 ・準備する間、「待っててね」と言葉かけし、準備ができたら「どうぞ」と言葉かけをして、言葉の理解を促す。 ・感触の異なる紐を用意し、引いても何も落ちてこないことを経験させる。紐を2本左右に設定し、一方だけボールが落ちてくることを経験させる。3、4回行う。	・ハンドリングを受け入れる。 ・紐をひっぱるという運動を引き出す。 ・クッションボールが身体に当たる感触を感じる。 ・顔正面に下がっている紐を探す。 ・紐を見つけて握り、引っぱる。 ・くす玉遊びを大人と共感しながら楽しみ、見通しをもって遊ぶ。 ・「もう1回やりたい」の要求を発声や手を叩いて伝える。 ・「待っててね」の言葉かけに探さずに待つことができる。 ・「どうぞ」の言葉かけで探し始める。 ・紐の高さや左右を予測して紐を探す。 ・ボールが落ちてくる方を予測して紐を探す。

「綱引き」：瞬間ではなく持続的にかかわることを目標に、「綱引き」に取り組んだ。綱は裂いた布を三つ編みにして、痛くなく滑りにくい物を使用した。綱に気づくものの振り回したり、一瞬引いて放してしまうことが多かったので、綱をK君の背中に回し、両端を大人がたぐり寄せて持ち、綱を張った状態を保って一方だけを引っぱり、K君が引っぱり返す運動を導いた。徐々にK君との距離を離していき、2メートル位離れて綱引きできるようにした。

働きかけ	引き出したい姿
・K君の背中に綱を回して、一方を引っぱる。 ・K君が引っぱるのに合わせて力を調整し、綱を滑らせる。 ・綱の端まできたら綱を放し、「K君の勝ち」と言って終わりを知らせる。 ・左右両方行う。慣れてきたら、正面ではなく、左右にずれた所から引っぱり、力の方向を意識させる。 ・上下に引っ張れるようセットし、上から引っ張られていることに気づかせる。	・力が加わっている方の綱に気づき、綱を引っぱる。 ・手を交互に出して引っぱり続ける。 ・急に引っぱられなくなった感覚に気づく。 ・「もう1回やりたい」の要求を発声や手を叩いて伝える。 ・身体を綱の方向に向けたり、力の方向に腕を出したりしながら、紐を引っぱり続ける。 ・手を上下に動かし、引っぱり続ける。

(4) 成果と課題

　K君はいずれも遊び自体を楽しみ、大人と共感しながら活動することができた。K君が主体的、意欲的に取り組む様子が見られた。主体的に取り組んだからこそ、要求表現があり、遊び込んで達成感につながった。K君は学習効果が高く、数回一緒にやると因果関係がわかる。求められていることがわかり、引き出したい姿をおおよそ導

くことができた。姿勢はいずれの課題もベンチ座位と長座位の両方で行った。同じ運動でも、姿勢が変われば身体の使い方、バランス等が変わり、その一つ一つをK君自身が体感していくことがボディイメージの向上につながると考えたからである。

「おしくらまんじゅう」：ベンチ座位，長座位の他に背臥位，腹臥位でも行った。いろいろな姿勢で遊ぶなかで、両腕でしっかり押し返すことが見られるようになり、結果として腕の支持性が高まった。また、自分から臥位になることはないが、「ゴロンして」と促し背臥位にすると「バンザイして」の言葉かけで自分から両腕を伸ばし気持ちよさそうに伸びをする姿が見られるようになり、姿勢や運動が広がった。手のひらへの刺激は「一本橋」等の好きな遊びは受け入れるが、粘性のある物等の苦手さの軽減には至っていない。

「布団ばさみの取り外し遊び」：当初は体幹周辺，手首周辺しか取り外すことができず、指先につけた時には腕を振って振り払う，二の腕や足首では肩等の全く違う部位を探すことが目立った。取り外す感覚がおもしろく、達成感を味わっていたので、取り外すことができる部位を入れながら、体幹から末梢へ，腹側から背中側へ根気よく広げていった。4ヵ月継続的に取り組むことで、ほぼ全身の身体部位を特定し、布団ばさみを取り外すことができるようになった。足先や背中の布団ばさみを取ろうと、上体をかがめたり、膝を曲げたり、腕を脇の下から伸ばしたりして、可動域が広がったと同時に全身を協調させる運動となった。ボディイメージが向上し、自分の身体の隅々まで意識できるようになったことと自分の身体を以前より上手に使いこなせるようになったことは大きな成果である。まひの少ない左手だけではなく、右手を使う機会にもなった。布団ばさみを何としても取り外したいという動機が、脇の下から背中へ腕を伸ばして取れなければ肩先から伸ばして取り外す，左手で取れなければ右手を使って取り外すという思考をくぐった動作につながったことは大きな成果である。布団ばさみの取り外し遊びがボディイメージの向上と共に認知発達を促すことにつながった。輪ゴム等の取り外しにくい物は指先を使うので、巧緻性の向上にもつながる。

課題としては、やらずにいると感覚が鈍り、特定できた場所が特定できずに試行錯誤する様子が見られた。ボディイメージが完全に形成されたわけではないので取り組み続けることが大切である。布団ばさみを取り外したあとに、布団ばさみを投げるのではなく、特定の入れ物に入れて終わりにする等，終わりを意識させること、物を入れるという行為を身につけ、「出し入れ」の遊びに展開していくことが課題である。

「くす玉遊び」：手にした物は振る，叩くという画一的なかかわりと異なる運動を引き出すことができ，目的的に紐を探すという行動につながった．座位で床面を探すことに加え，目的的に空間を探すという行動が見られるようになった．探索範囲の広がりと共に，当てずっぽうに手を出すのではなく，ある程度予測をつけて手を伸ばす目的的行動の一つとなったことは大きな成果である．しかし，明らかに場所を特定して手を伸ばすことや紐の感触の違いで手を伸ばしていたかは疑問が残る部分もあり，予測をつけて探すことや選び取ることを課題にした設定は工夫が必要である．

「綱引き」：3メートルの綱を最後まで引っぱり続けるという，じっくり持続的にかかわることができた取り組みであった．左右の交互性が見られないK君だったので，何度も何度も左右交互に手を出す姿が感動的であった．綱の張りの向こうに大人の存在をはっきり意識して力の方向を感じ取っていた．正面だけでなく，上から下へ引くことは可能になったが，横に引く，斜めに引く等はまだできないので広げていくことが課題である．綱引きで可能になった運動を利用した遊びの展開が必要である．

5 考　　察

　触覚，固有覚，前庭覚を十分に使った取り組みを計画的，継続的に行ったことで，感覚情報のネットワークが適正に働きやすくなり，ボディイメージが形成されつつあると言える．設定した遊びのなかでは因果関係を理解し，目的的な探索活動を導くことができたと思われる．しかし，ロッキングや物を手のひらに打ち付ける等の自己刺激行動や触覚防衛反応が軽減されるまでには至っておらず，継続した支援が必要である．学校生活全体を振り返ってみると，大人の言葉かけを注意深く聞き，聞き分ける姿が見られるようになった，情緒が安定し，ハイテンションになることが減った，理由がわからない泣きから理由がはっきりした泣きに変わり，状況や理由を説明すると納得することが増えた，周囲への関心が高まり，人や物の微妙な気配を感じて顔の正面の空間を探索する行動が増えた，右袖を左手で引っぱる，靴をもって足を引き抜こうとする等の協力動作が見られるようになった，自分のコップやフォーク等，今まで投げていた物を左右の手で持ち替えながらじっくり触って確かめる様子が見られるようになった等の変化があり，対人面，情緒面が安定し，協調運動や手先の巧緻性が向上した様子が見られる．家庭からも，言葉の理解が深まり，言語指示が通りやすくなった，バランスがよくなった，楽しんで一緒にできる体操が増えた等の報告があった．ボディイメージの向上をめざした支援と因果関係理解を促し，探索活動を広げる

支援がK君の全体像を押し上げ，認知発達を促す結果となった。筆者は，当然のことながらK君との共感性が高まり，以前よりハンドリングしやすくなったと感じている。手先の触覚はまだ過敏で手を引くことが多いが，手をつないで腕全体をブラブラさせる，肘の辺りを持って上下左右に動かしたり，円を描いたりする等，動かされることを嫌がらずに受け入れ，楽しむ様子も見られるようになってきている。手の触覚防衛反応が軽減しなければ，物の特性を手で知り分けるスキルの習得には至らない。盲児の発達を促す専門的な知識と教材の工夫が必要であると痛感している。次年度は視覚障害特別支援学校の教員に巡回相談をお願いしているところである。K君の様子を丁寧に読み取りながら今後も認知発達を促す支援に努めたい。

文　献

木村　順　2006　育てにくい子にはわけがある―感覚統合が教えてくれたもの―　大月書店

飯野順子・授業づくり研究会I＆M（編著）　2008　障害の重い子どもの授業づくり Part 2　ジアース教育新社

本郷一夫・長崎　勤（編）　別冊「発達 28」特別支援教育における臨床発達心理学的アプローチ　ミネルヴァ書房

Kranowitz, C. S.　2005　*The out-of-sync child : Recognizing and coping with sensory integration dysfunction.* Skylight Press.（土田玲子（監修）　高松綾子（訳）　2011　でこぼこした発達の子どもたち―発達障害・感覚統合障害を理解し，長所を伸ばすサポートの方法　すばる舎

第25章
遊びと面談を糸口とした在宅病障害児とその家族への看護支援モデルの開発

大脇万起子

はじめに

　疾病や先天性異常をもつ子どもは，入院加療を終えた後，慢性疾患，身体障害，知的障害などを残して自宅で生活する場合が多い。また，健常児として成長する過程で，それらの異常が判明しても，入院加療することもなく，日常生活介助を必要とするような場合であっても，自宅で生活し続ける子ども（以下，在宅病障害児）は多い。彼らの母親は入院加療する急性期や終末期の子どもをもつ母親とは異なり，終結の見えない療育負担を抱えることになる（田中，1996）。看護界では，家族を対象にした看護支援方法が検討されるようになった（Wright et al., 1994；森山，1995）。このような背景の中，遊びと面談を糸口とした在宅病障害児とその家族への看護実践プログラムPLAIを開発した。本稿では，PLAIの構築のプロセスと看護支援による在宅病障害児の変化について報告する。

1　看護実践プログラムPLAIの構築のプロセス

(1)　PLAIとは

　PLAIは，友久ら（1993）が児童分析，非指示的遊戯療法，関係療法などの理論を基に，障害児を対象として開発した教育介入プログラム「カイネティック・プレイ」（力動遊び）をモデルとしている。

　PLAI（Program for Life Activation & Improvement：生活力の活性と改善のための看護プログラム）とは上記をモデルとして，近田の発動性（1997）およびマズローの理論（Maslow, 1970）を概念的モデルとしたものである（大脇・杉下，2004）。

具体的には，在宅病障害児には日常生活に必要なADLやコミュニケーション能力と社会参加の機会を，家族には意欲・活動力，一般社会への参加機会とそれに伴う一般的な経験の機会を促進する看護支援として，遊びと面談を用い，その生活力と生活の質の向上を目指す看護実践プログラムである。看護系大学の教員が，地域の看護職者とも連携して看護独自のプログラムを作成して実践組織「ウリボウの会」(http://www.uribow.org/) を結成し，参加家族と共に，学術・教育および地域で生活する在宅知的障害児と家族のための看護支援システムの開発を目指し，実際に子どもや家族へ支援を提供した。

(2) 看護方法

　看護方法は，すでに報告されていた様々な看護介入分類 (Snyder, 1990 ; McClosky & Bulechek, 2000) を検討し，全体としては活動療法 (Activity Therapy：個人 (または集団) の活動の範囲・頻度・時間を増大させるために，特定の身体的・認知的・社会的・霊的な活動を処方し，援助すること) を用いた。主な内容としては，在宅知的障害児に対しては遊び (Play：遊びへの参加 (Play Participation) すなわち，子どもが，喜び，楽しみ，発達に必要な活動を行うことを前提とした介入) により介入を行い，母親に対しては積極的傾聴 (Active Listening：相手が言っていることや感じていることを理解する技術)，擁護 (Advocacy：他人あるいは他のグループ (クライエント) との関係において看護師の立場で「存在する方法」)，家族支援 (Family Support：家族の価値観や興味，目標を強化すること)，支援グループ (Support Group：メンバーに対する情動的支援と健康関連情報を提供するため，グループ環境を活用すること)，寄り添う療法 (Presence：人が全身全霊を傾けてある人のそばに立ち会い，人間相互の出会いを通じて他者の経験を受け入れるプロセス) およびレクリエーション療法 (Recreation Therapy：リラクセーションと社会的技能の強化を促進するために，レクリエーションを意図的に使用すること) を用いた。

(3) 構成組織

　プログラムの構成員は看護師と看護学生である。看護師は，看護教員もしくは臨床看護師で，3年以上の小児看護あるいは救急看護の経験者を採用した。看護学生は基礎的看護知識・技術を習得した3年制看護短期大学の2年生を採用した。この理由は，このプログラムに携わる看護師には疾患を合併している在宅知的障害児の急変 (発作など) に対応できる能力が必要で，基本的安全確保，排泄などのADLの支援，および指導への速やかな反応ができ，しかも意図的な対応をせず，自然な対応ができること

が必要であると考えたからである。なお，年度始めに最低限必要な障害特性などの知識および注意事項を，看護師でもある総監督者が看護師と看護学生に，受け持つ対象児に応じて個々にオリエンテーションを行った。

(4) PLAI参加者の推移

1996年度から2011年度までのPLAIに参加した家族は，16年間で延べ144家族であった。

参加者の主な病障害は自閉性障害，精神発達遅滞，ダウン症候群，脳性麻痺，ウェスト症候群，脳梁欠損，先天性心疾患，小頭症，事故による脳障害などであった。

なお，2012～2013年は継続参加していた対象児の卒業や受験勉強への専念と，研究者側の他の実践研究への専念の必要性から，活動を休止した。

(5) 実施施設

実施施設は，カイネティック・プレイで使用されたA市の障害者スポーツセンターの重度心身病障害児用体育室をはじめとする9施設をモデルにして研究者の所属する大学内に設営した。現在は実施場所を移転し，B市の障害者施設の協力を得て実施している。

(6) 年間スケジュール

年間スケジュールは，開始当初，カイネティック・プレイをモデルにした。5月～12月の間に1時間の定期プログラム9回，7月にサマー・キャンプ1泊2日1回，12月に3時間のクリスマス会1回を行った。

(7) 倫理的配慮および事故対策

PLAIは実践研究であり，実践的側面と研究的側面の両方についての対応が必要となる。大学の倫理審査委員会での承認を得て，それに基づき，実施した。

(8) 運営資金

開始は文部省科学研究補助金を受けての研究であり，文部科学省16年間，厚生労働省計3年間の助成を受けていた。また，民間助成は16件を受けた。

なお，助成が十分でない年度は，基本的な運営経費は参加家族と筆者が担った。そのため，助成状況が，参加者数やスタッフ数の増減に反映される結果となった。

2 看護支援による在宅病障害児の変化

(1) 方　　法

①対象：PLAIに1年（年間10回）以上の継続参加をした症例のうち，現在もB市近域に在住し，本研究の主旨の理解と協力が得られた在宅病障害児とその母親。

②データ収集方法：

乳幼児精神発達質問紙法の実施：プログラム実施前後に実施した。

検査結果は発達年齢，発達指数，発達輪郭表で示されるが，本研究ではこの発達年齢を用いて評価した。その記載は，まず母親が行い，それを看護師が観察確認し，さらに外部の療育専門家に観察確認の協力を得て最終評価し，評価の信頼性を高めた。

聞き取り調査：公正さを期するため，PLAIについて全く知識・経験のない小児看護職が半構成面接法により個別面談を実施した。なお，母親には調査項目を事前に伝えた。その筆記および録音記録を調査者がまとめ，それを筆者が質的に分析し，その分析が妥当であるか否かを調査者が修正・確認し，分析資料とした。

以下はその3項目である。それぞれの判断理由についても調査した。

①参加して良かったか・良くなかったか・どちらとも言えなかったか

②すぐ（速効性）の効果があったか・ゆっくりとした（遅効性）効果があったか

③不満点・弊害があったか

3 結　　果

(1) 対象児の属性

対象児は，男児7名（男児1～7），女児6名（女児1～6）で，参加開始時の生活年齢は3歳3ヵ月から11歳4ヵ月（平均7歳2ヵ月±2歳6ヵ月），発達年齢は1歳0ヵ月から5歳6ヵ月（平均2歳8ヵ月±1歳4ヵ月）であった。参加回数は7回から26回（平均19.2回±6.5回），参加年数は1年から3年（平均2.4年±0.8年）であった。

診断されていた病・障害名は自閉性障害7名，精神発達遅滞2名，動脈管開存（patent ductus arteriosus；PDA）ほか先天性心疾患，小頭症，ダウン症候群，ウェスト症候群，各1名であった。

(2) 在宅病障害児の発達

①乳幼児精神発達質問紙法に認められた変化：PLAIは5月末～12月初旬まで実施

されていた。つまり，実施前後で行う検査の経過期間は6ヵ月であった。この6ヵ月で，運動，探索・操作，社会，生活習慣，理解・言語の5領域いずれかの項目で7ヵ月以上の発達が認められたのは参加1年目13名中6名（46%），参加2年目11名中6名（55%），参加3年目7名中4名（57%）であった。

この経過6ヵ月で検査上で変化が認められなかったのは参加1年目13名中3名（23%），参加2年目11名中2名（18%），参加3年目7名中1名（14%）であった。

次に，運動，探索・操作，社会，生活習慣，理解・言語の各領域別に変化率をみた。

運動では，6ヵ月間に最大24ヵ月（4倍）1名，次いで18ヵ月（3倍）3名，12ヵ月（2倍）1名，6ヵ月（1倍）2名で，13人中7名（54%）の子どもが発達した。なお，全く変化が認められなかったのは，13名中6名（46%）であった。

探索・操作では，6ヵ月間に最大30ヵ月（5倍）1名，次いで21ヵ月（3.5倍）1名，18ヵ月（3倍）3名，12ヵ月（2倍），9ヵ月（1.5倍），6ヵ月（1倍），各1名で，13人中8名（62%）の子どもが発達した。なお，全く変化が認められなかったのは，13名中4名（31%）であった。

社会では，6ヵ月間に最大26ヵ月（4.3倍），次いで24ヵ月（4倍），各1名，18ヵ月（3倍）2名，6ヵ月間に15ヵ月（2.5倍）3名，12ヵ月（2倍），6ヵ月間に3ヵ月（0.5倍），各1名で，13人中9名（69%）の子どもが発達した。なお，全く変化が認められなかったのは，13名中2名（15%）であった。

生活習慣では，6ヵ月間に最大42ヵ月（7倍）1名，次いで30ヵ月（5倍）3名，24ヵ月（4倍），18ヵ月（3倍），12ヵ月（2倍），9ヵ月（1.5倍），6ヵ月（1倍），2ヵ月（0.3倍），各1名で，13人中10名（77%）の子どもが発達した。なお，全く変化が認められなかったのは，13名中2名（15%）であった。

理解・言語では，6ヵ月間に最大31ヵ月（5.2倍）1名，次いで27ヵ月（4.5倍）2名，18ヵ月（3倍），12ヵ月（2倍），各1名，6ヵ月（1倍）3名，4ヵ月（0.7倍），3ヵ月（0.5倍），各1名で，13人中10名（77%）の子どもが発達した。なお，全く変化が認められなかったのは，13名中1名（8%）であった。

②母親が認めた変化（表1）：聞き取り調査の分析では，母親が認めた子どもへのケア効果として最も多かったのは，発達支援であった。発達検査項目を用い，「運動」「探索」「社会」「生活」「言語」の5領域に分類して調査内容を分析すると，最も多かったのは「社会」12名（92.3%）で，次いで言語4名（30.8%），「運動」「探索」「生活」は0名（0%）であった。一方，発達検査の結果では，1年間で12ヵ月を越える発達が最も多く見られたのは「社会」7名（61.5%）で，次いで「探索」「生活」各6名（46.2%），

表1 対象13例とその母親の聞き取り調査と発達検査とによる PLAI の評価比較

対象児	診断名	プレイ参加開始時生活年齢（発達年齢）	プレイ参加回数（年数）	母親の認めた子どもの発達					乳幼児精神発達診断法の結果				
				運動	探索操作	社会	生活	理解言語	運動	探索操作	社会	生活	理解言語
男児1	精神発達遅滞	6y 4m (2y 1m)	25 (3)			○				○	○	○	○
2	自閉性障害	7y 1m (3y 6m)	18 (2)						○	○	○		○
3	Down症候群	7y 7m (3y 7m)	24 (3)			○							
4	自閉性障害	8y 5m (4y 2m)	17 (2)						○		○		
5	小頭症	8y11m (3y 4m)	7 (1)			○				○			
6	自閉性障害	10y 7m (1y 5m)	26 (3)			○		○					
7	心疾患(PDA他)	11y 4m (5y 6m)	19 (3)			○		○					
女児1	自閉性障害	3y 3m (2y 0m)	25 (3)			○				○	○	○	
2	精神発達遅滞	3y 6m (1y11m)	9 (1)			○							
3	自閉性障害	3y 7m (1y 9m)	17 (2)			○							
4	West症候群	7y 7m (1y 0m)	26 (3)			○							
5	自閉性障害	7y11m (1y 8m)	24 (3)			○					○	○	
5	自閉性障害	8y 4m (2y 9m)	13 (2)			○		○					
各項目の合計人数						12		4	3	6	7	6	4
%						92.3		30.8	23.1	46.2	61.5	46.2	30.8

＊○印は，左の表では聞き取り調査で母親が効果として評価した項目，
右の表では乳幼児精神発達診断法で6ヵ月間経過で7ヵ月以上の発達変化が認められた項目を示す．

言語4名（30.8％），「運動」3名（23.1％）であったことから，子どもの発達についての母親の評価と検査結果の比較検討では，「社会」での母親の評価は現実より高く，逆に「探索」「生活」での母親の評価は現実より低いということが明らかになった．

　具体的には，男児1の母親からは発達に関する語りはなかった．

　男児2の母親は，社会に関して「徐々に学生さんと交流ができるようになって，楽しんでいたみたいです」と語った．

　男児3の母親は，社会に関して「一人遊びをする方だったんですが，少し学生さん

第25章　遊びと面談を糸口とした在宅病障害児とその家族への看護支援モデルの開発　　291

からのアプローチに答えるというか，反応するようになったというか。楽しんでいましたね」という発言があった。

　男児4の母親は，社会に関して「それ（学生さんとのつき合いの経験）を通して女性との付き合い方（対応の仕方）を学んでるっていうか。抱きついたり引っついたりすることは良くない（ことを学ぶ機会になっている）っていうか」「落ち着きもでてきたというか」，理解・言語に関して「会話がスムーズになりましたね。自分の思いをスムーズにとまでは言えませんが，言葉が増えたように思います」という発言があった。

　男児5の母親は，社会に関して「若いお姉さん達と遊んでもらうことで，より人と接することができるようになったように思います」と語った。

　男児6の母親は，社会に関して「特に若い女性との関係…。距離のとり方も学ぶことができたんじゃないかなと」，理解・言語に関して「電車やバスに乗ってもここまでしたら人に嫌がられるとかって，他の人との距離をとることができるようになりました」「学生さんが毎回担当してくれることで回数を重ねるたびに，認識ができるようになり，コミュニケーションが取れるようになっていきましたね」と語った。

　男児7の母親は，社会に関して「私（母親）のそばから離れなかったのが，離れられるようになりました。学生さんとの関係もできるようになったみたいです」と語った。

　女児1の母親は，社会に関して「誰とでも遊べるようになりました」と語った。

　女児2の母親は，社会に関して「ままごとを一生懸命やっていましたね。家で人形なんか嫌いで，遊ばなかったのにって思いましたね」と語った。

　女児3の母親は，社会に関して「私（母親）からも離れて遊べるようになっていってくれて」「担任の先生が出張の時には，違う先生がついてくださるんですけど，初めは確かに泣くんですけど，（それが）長くは続かない（パニックにならない）というか。以前には考えられなかったことなので」「個室（一人だけ違う部屋）で遊んでもらっていたのが，他のお子さん達がいても（部屋に）入って行けるようになったと思います」と語った。

　女児4の母親は，社会に関して「（プレイの）翌日，学校の担任の先生に，落ち着いていたとか，穏やかな表情をしていたと聞くことがありました。…（プレイの最中も）歩きこみが少なくなって膝に座ることができていました」「（プレイによって）子どもも少し母親と離れることで，新たな気持ちになるのか，『おかあさーん』とよってくるというか」「学生には遊ぶための接し方，先生（筆者）にはまた違った対応の仕方など，何か感じるようになってるんでしょうね。相手をみることができるようになったと思う」，理解・言語に関しては「自分で要求することができるようになったと思う」

と語った。
　女児5の母親は，社会に関して「他の人（学生）が入ることで，子どもが他の人との関係を持つことができたように思います」と語った。
　女児6の母親は，社会に関して「学生さんとの交流をはかれるようになったというか」，理解・言語に関して「言葉が少し増えたかと思いました」と語った。

4　考　　察

　結果に示したように，経過時間を発達の伸び率が上回った者は，障害が軽・中度の者であり，発揮する機会を得ていなかった潜在能力を，PLAIへの参加によって発揮できたと考えられた。また，障害が重度の者では，発達検査に反映される程の発達は認められなかったが，母親が認識できる変化を認めることができた。以上のことより，PLAIは在宅病障害児への支援に有効な一つの方法となることが確認できた。

文　献

近田敬子　1997　発動性の理論と看護：体験から理論構築を目指して　日本看護研究学会雑誌，**20**(1)，31-35.
Maslow, A. H.　1970　*Motivation and personality* (2nd ed.). New York: Harper & Row.
McCloskey, J. C., & Bulechek, G. M. (Eds.)　2000　*Nursing interventions classification (NIC)：Iowa intervention project* (3rd ed.). Mosby.
森山美知子　1995　家族看護モデル：アセスメントと援助の手引き　医学書院
大脇万起子・杉下知子　2004　障害を持って生まれた子どもと家族への看護介入　家族看護，**3**，118-121.
Snyder, M.　1990　*Independent nursing interventions* (2nd ed.). Delmar.
田中正博　1966　知的病障がい児を育てる母親のストレスと家族機能　特殊教育学研究，**34**(3)，23-32.
友久久雄・滋野井一博・赤間公子　1993　教員養成系大学における遊戯療法の変遷（Ⅰ）・（Ⅱ）―京都教育大学発達障害学科の場合　京都教育大学教育実践研究年報，**9**，291-309；311-322.
Wright, L. M., & Leahey, M.　1994　*Nurses and families: A guide to family assessment and intervention* (2nd ed.). F. A. Davis.

第26章
中学生の社会貢献に対する意識：
小・中学生のボランティア意識調査を通して

安居昌行

はじめに

　中学生の社会貢献に対する意識を考えるとき，様々な災害時における中学生の行動の状況を知ることは大きな手立てとなる。東日本大震災のおりには，様々な年齢層，地域から人々が集まり，ボランティア活動が行われている。その中でも各地で見られた小学生，中学生，高校生の活動は目を見張るものがあった。

　ところで，阪神淡路大震災における様々な年齢層のボランティアの活躍は，「ボランティア元年」との言葉も生じるほど，我が国におけるボランティア意識の変革をもたらす大きな契機となった。その際，筆者は京都市内の小学校高学年及び中学生のボランティア意識の調査に関わり，報告する機会を得た。ここで改めて，その報告の一部を掲載することにより，中学生の社会貢献に対する意識を知る一助としたい。

1　ボランティア活動と子供の姿

(1)　子供が考えているボランティア

　「ボランティア活動」という言葉は最近様々な場面でよく使われるようになったが，「ボランティア活動」を児童・生徒はどのようなものだと考えているのだろうか。ここでは児童・生徒のボランティア活動に対するイメージを活動の目的と活動との心理的な距離2つの側面からみた。また，どのような社会的課題に関心があるのかを探ることにより，児童・生徒が考えているボランティア活動を明らかにしようと試みた。

　①ボランティアの活躍への思い：阪神・淡路大震災時のボランティア活動を児童・

生徒は様々な形で見聞きしており，どのような思いをもってその活躍を見ていたかを探ることは，児童・生徒のボランティア活動の捉え方を考察する上で，1つの手掛かりになると考える。「ボランティアの活躍をどう思ったか」との設問に対する結果を見ると，全体の約51％が「がんばっているなぁ」と傍観的な見方をしている一方で，「自分も行って手伝ってみたい」と能動的な見方をしたものが約41％いることはボランティア活動に対して関心があると言える。また，京都市の全小・中学校で児童・生徒が募金活動や救援物資の収集活動を自発的に始めたことは，災害現場に直接行くことはできなくても，身近なところでは行動できることを示しており，ボランティア教育の今後に明るい展望をもつことができる。

②ボランティア活動って：
ボランティアイメージ（目的）：児童・生徒がボランティア活動をどのように捉えているかを聞いた「ボランティアとはどのような活動と思うか」の設問に対する結果から，全体の約54％が「困っている人を助ける」と慈善的な活動であると捉えている。このボランティア活動の捉え方を学年別に見ると，小学生は中学生に比べ慈善的な活動と捉えているものが多い。また，中学生になると「社会的に役立つ」と社会貢献的な活動であると捉えるものが増え，ボランティア活動の対象を社会へと広げていることがわかる。中学3年では，「自分の心も豊かになる」と自己実現的な活動と捉えているものが他の学年より多く，年齢的に自分の生き方や存在意義を意識し始める時期だと考えられる。ボランティア活動が"してあげる"といった慈善的な気持ちから始まっても，年齢が上がるにしたがって少しずつ意識が変化することを考慮し，活動内容や目標を検討することが大切であると思われる。

次に「ボランティア活動の捉え方」と「活躍に対する思い」との関連を見ると，ボランティア活動を自己実現的なものと捉えた児童・生徒は，ボランティアの活躍を見て能動的な思いをもったものが多かった（約54％）。ボランティア活動を人や社会への慈善的・社会貢献的な活動と捉えるだけでなく，自分にも心に得るものがあると認識することは，より積極的に行動しようとする意欲につながると考えられる。またボランティア活動が分からないと答えた児童・生徒には「やりたくない・できない・何もしたくない」という否定的な思いのものが約35％と多く見られた。今後,体験的学習等を通してボランティア活動の意義を体感できるような経験が必要であろう。

ボランティアイメージ（距離感）：児童・生徒はボランティア活動と自分との心理的な距離をどのように感じているのだろうか。

「ボランティア活動と聞いてどのように感じるか」との設問の結果から、全体の約50％が「その気になればできる」とボランティア活動と少し距離をおいている。

このボランティア活動との距離感と「ボランティアの活躍に対する思い」との関連を見ると、ボランティア活動は気軽にできると考えているものの約69％が能動的な思いをもっており、"気軽さ"が行動化への1つの要素であると考えられる。また「その気になれば」を選択したものでは、能動的な思いと傍観的な思いのものがほぼ同数おり、ボランティア活動に関心はあるがもう一歩踏み出せない心の中の揺れが表れている。児童・生徒のボランティア活動を促進させるためには、気軽に取り組める活動内容を設定するなど"その気にさせる"働きかけが大切である。

さて"気軽さ"が行動化につながる要素の1つであることは分かったが、気軽にできると考えている児童・生徒は資質面でどのような特徴があるのだろうか。ボランティアに求められる資質はいろいろ言われるが、NHK学園CSネットワークグループは「たゆまず・いのち・やさしさ・ゆうき」の4つ「た・い・や・き」をあげている[1]。

次にボランティア活動を「気軽にできる」と捉えているグループと「(なかなか・難しくて)できない」と捉えているグループを、継続意志・共感・思いやり・挑戦意欲の4つの資質面について比較したものである。特徴的なものを挙げると、「気軽にできる」と捉えているものは継続意志では「がんばって続ける」が多く(約70％)、共感では「大変何かしたい」と共感的な思いをもつものが多い(約52％)。思いやりでも「友として声かけをする」を選択したものが多い(約61％)。挑戦意欲でも「積極的に挑戦」を選択したものは「気軽にできる」と捉えたものの方が「できない」と捉えたものより約23％対約9％というように、比率では約2倍となっている。また「できない」と捉えたものの中に継続意志で「手伝ってもらう」(約29％)、思いやりで「友達と一緒に」という他への依存的な内容を選択したものが目立った(約36％)。ボランティア活動を「気軽にできる」と捉えている児童・生徒は「(なかなか・難しくて)できない」と捉えているものより、新しいことに挑戦する意欲があり、始めたことを継続して続けようという意志も強い。また、困っている人や友達に対して単なる同情ではなく、共感的な思いをもって接することができると言える。このような資質は道徳教育をはじめとする学校教育や家庭環境で培われ、ボランティア活動を体験する中で一層磨かれるものだと考えられる。

関心が高いのは環境保護：ボランティア活動は様々な社会的な課題に対して行われ

---

[1] 「空とべたいやきくん」 NHK学園CSネットワーク編 p.1 第一書林 1995年4月

るが，児童・生徒はどのような社会的課題に関心をもっているのだろうか。調査では「お年寄りや障害のある人などへの手助け（社会福祉）」「自然や環境を守ること（環境保護）」「平和を守り人権を大切にすること（平和・人権）」「外国への手助けや協力（国際協力）」の4つの課題を取り上げ「一番関心のあるものは何か」と質問した。その結果，児童・生徒は環境保護に高い関心をもっていることが分かった（約43％）。これは最近の環境教育の取り組みの成果が現れていると考えられる。

　次に社会的課題に対する関心内容を小・中学生男女別で見ると，社会福祉には小・中学生ともに女子の関心が高く（小学校　26.4％対14.0％，中学校　19.3％対9.1％），国際協力には比率の上では中学生の関心が高いようだ。また「関心なし」は比率の上では男子に多く見られた。社会的課題への関心は，性別や校種によって異なるので，活動を単一的な内容に限定することなく，より幅の広い内容から選択できる形態をとることも大切であると考えられる。

　次に「社会的課題への関心」と「ボランティアの活躍に対する思い」との関連を見ると，環境保護と国際協力に関心の高い児童・生徒は，社会福祉や平和・人権に関心の高い児童・生徒に比べ，ボランティアの活躍を傍観的に見ている比率が高い。

　児童・生徒の環境保護への関心を行動へと高めるには，環境教育の中にボランティア活動を伴う取り組みを意図して計画する必要があると思われる。

　また，国際協力に関連するボランティア活動は，自分には難しいとの思いがあると考えられ，関心を行動へと高めるには難民等への募金・救援物資収集活動や京都を訪れる外国人への手助けなど，身近なところにも国際協力の活動があることを知ることが，ボランティア活動の促進につながると考える。社会福祉や平和・人権といった人に直接かかわる問題に関心をもつ児童・生徒は，比率としては小さいが，ボランティアに対する能動的な思いをもっているものが多く，福祉教育や人権教育の充実を図り，福祉や平和・人権問題に対する児童・生徒の関心を高めることも大切であろう。

(2)　日常の活動とボランティア活動

　学校や地域は，児童・生徒にとって家庭とともに大切な生活の場である。その学校・地域で行われる様々な活動に対して，児童・生徒はどのような思いをもっているのであろうか。ここでは委員活動や奉仕活動に対する参加意識と身近な課題に対する行動意識についてボランティア活動との関連を探ろうと試みた。

　①学校では：学校では児童・生徒は様々な活動を経験するが，活動の中でも集団のリーダーとしての活動場面と集団全体で行う奉仕活動場面についての参加意識を聞い

たみた。まずリーダー活動として聞いた「行事の実行委員を決めるとき」との設問に対する結果によると，「推薦されてもしない」（約32％）と「推薦されればする」（約30％）が多く，主体的な決定ではなく"推薦"という周囲からの働きかけにより行動を決定していることが分かる。

学校内から目を地域に向けた集団活動について，「児童会・生徒会の美化活動の提案に対してどう答えるか」との設問で聞いた結果は，「みんながやれば」を選択したものが約42％おり，奉仕活動への参加についても主体的な決定ができない児童・生徒が多い。しかし，「積極的にやろう」という児童・生徒も約41％おり，委員活動と比べると積極的な姿勢も見られる。集団の中で中心として活躍しなければならない委員活動に対する参加意識は高いとも言える。

次に学校内での身近な課題に対する行動意識を「花だんの花がしおれていたらどうするか」との設問で聞くと，「そのまま通る」（約40％）が多く，集団的な奉仕活動に比べ，身近な課題に対して個人的な行動が起こせないことが分かる。学校における集団的活動の重視が，周囲と同調する意識を強めているのではないかと考えられる。

ここで「学校における委員・奉仕活動意識」と「ボランティアの活躍に対する思い」の関連を見ると，委員・奉仕活動に対して「推薦されれば」「みんながやれば」といった周囲との同調的行動を望む児童・生徒は，ボランティアの活躍に傍観的な見方をしているものがそれぞれ，約52％，約63％を占めている。周囲との同調的行動を望む児童・生徒が能動的な気持ちでボランティア活動を考えるようになることは，新しい学力観が目指す個性の重視や実践的態度の育成にもつながるであろう。

②地域では：児童・生徒のボランティア活動を考える場合，地域とのつながりは重要な要素である。そこで地域で行われる行事や奉仕活動への参加意欲について探ってみた。「夏休みの町内の草刈りに"家庭から一人以上の参加を"というお知らせにあなたはどうしますか」の設問に対する結果を見ると，「一人でも参加する」と意欲的なものは約10％と少なく，「家族一緒なら・誰もなければ」との条件付参加を含めても約44％と，同じ地域の美化活動であっても，学校が行う奉仕活動への参加意識に比べ，地域が行う奉仕活動への参加意識は低いと言える。

地域が行う奉仕活動への参加条件を学年別で見ると，年齢が上がるにしたがって「一人でも参加」を選択したものは減っていく。これは他の地域行事への参加率が年齢の上昇につれて下がっていく［本調査では75.6％（小5）→71.4％→51.7％→43.1％→34.2％（中3）と減少］ことと考え合わせると，単に奉仕活動がいやで参加しないのではなく，年齢とともに地域とのつながりが薄れていくと考えられる。また，中学2,

3年で［家族と一緒なら］を選択したものが急激に減っており，中学2年頃が家族から友人等へと一緒に行動する相手が変化する時期であると思われる。

次に地域での身近な課題に対する行動意識を環境美化と高齢者への親切心について聞くと，何か行動するという点（拾う・かためる，一緒に渡る・聞く・声をかける）では環境美化も高齢者への対応も，ほぼ半数の児童・生徒が行動意識をもっている。

また「関係ない・気がつかないふりをする」といった否定的な行動意識は，それぞれ12％前後であった。学校内での花がしおれた場合の否定的な対応に比べ，地域での身近な課題への行動意識の方が高いと言える。

次に「地域奉仕活動への参加条件」と「ボランティアの活躍に対する思い」の関連を見ると，「一人でも参加」に比べ，「家族一緒なら・誰もなければ」という理由付きのものは，ボランティアに対して傍観的見方をするものが多いことが分かる。一人でもやろうという気持ちが，ボランティア活動への参加には大切であると言える。

2 子供が行動化できない要因

(1) 子供の心の中では

児童・生徒がボランティア活動への関心はあるが行動化できない要因を児童・生徒の内的動機面から探ってみた。

①恥ずかしさと"まっ，いっか"：ここで児童・生徒を次のようなグループに分けて意識の違いを比べることにより，ボランティア活動への行動化を阻止している要因を見た。

［行動群］：ボランティア活動を気軽に・その気になればできると身近に感じており，かつボランティアの活躍を見て自分も行って活動したいと能動的な思いをもった児童・生徒（808人で全体の30.9％）。この群には夏休みも中のボランティア体験者が170人（体験者の53.3％）含まれており，ボランティア活動に対して行動的な意識をもっている群と言える。

「関心群」：ボランティア活動をなかなかできない・難しいと感じており，かつボランティアの活躍を見てがんばっているなあと傍観的な思いをもった児童・生徒（548人で全体の21.0％）。この群の夏休み中のボランティア体験者は31人（体験者の9.7％）と少なく，関心はあるが行動化できていない群と言える。

何らかの経験をするときの「不安感」と「恥ずかしさ」について上記の2つの群で比べると，不安感については「初めて一人で行動することになったとき」との設問で聞くと，行動群と関心群では違いが見られなかった。不安感は，初めて行動するときはだれもがもつものであり，ボランティア活動への行動化を阻害する決定的な要因ではないと言える。

　一方恥ずかしさについては「劇の主役を決めるときの気持ち」との設問で聞いたが，行動群では「恥ずかしいけれどやる」が約39％と多く，逆に関心群では「恥ずかしいのでしない」が約32％と多い。前節で述べた周囲との同調的行動を望む児童・生徒は，集団の中で他と異なる行動をしたり，自分を表現したりすることが苦手であり，集団の中で違った行動をしなければならないときに「恥ずかしい」という気持ちが現れてくるのではないだろうか。行動群・関心群ともに恥ずかしいという気持ちはあるが，その恥ずかしさを乗り越えることがボランティア活動の行動化につながる1つの要素であることが分かる。また，両群とも「冷やかされていや」を選択したものは少なく，周囲の目が気になるという状態でも冷やかされるといった外的状況の問題ではなく，「恥ずかしさ」を乗り越えられないという子供の心の中の動きが行動化を阻害している1つの要因であると言える。

　続いて児童・生徒が活動の内容を選択するときと，活動後の目標達成感について見てみる。内容選択については「クラブの選択を決定したときの気持ち」との設問で聞いたが，行動群・関心群ともに「自分の考え」で決めたものが多く（約67％），内容の選択時には主体的な決定ができると言える。ボランティア活動でも，体験的な活動場面では，豊富な活動内容を準備し，児童・生徒が主体的に選択できるように工夫が必要であると考えられる。

　一方，目標達成感については「何かやりとげたいときの気持ちは」との設問で聞いたが，「より高い目標へ」を選択したものが行動群で約77％，関心群で約47％と大きな違いが見られた。また，関心群では「ここまででいい」を選択したものが約43％と多く，最近の若者言葉の1つ“まっ，いっか”という，すぐに現状に満足してしまう意識が現れていると言えるのではなかろうか。「もうやりたくない」といった否定的なものではないが，「ここまででいい」という現状満足感が，新たな行動を起こそうとしない児童・生徒をつくっているのではないか。学校で行われる奉仕的体験学習等の経験が，自発的なボランティア活動へとつながっていない要因の1つはこの現状満足感であると考えられる。

　最近の中学生の特徴の1つとして，深谷昌志は「社会的な達成を断念して，責任の

ない楽しい仕事をしようという気持ちが強い」と述べている[1]。この社会的な達成を断念する気持ちは学校での体験的活動時の「ここまででいい」と共通の意識であると思われる。学校での奉仕的、体験的な活動を単発的なものに終わらせるのではなくボランティア活動へとつなげるには、児童・生徒が達成感をもち、"もう少しやってみたい""またやってみたい"という気持ちをもたせることが大切である。

　学習内容を準備する時には、ゆとりのある活動内容の検討と、児童・生徒が活動目的をしっかりつかむことができる事前の取組が重要である。

　②心のゆとりは：ボランティア活動は単に物理的時間があればできるのではなく、心の余裕がなければ活動できないのではなかろうか。前節で取り上げた地域が行う奉仕活動について、不参加理由だけを取り出し、学年別に見ると、中学生になると「忙しいので」という理由を挙げるものが急に増えていることが分かる。中学生の忙しさの中身の1つは、中学2年生が最も高い数値が出ていること、調査時期が9月であることを考え合わせると部活動への参加が考えられる。

　次に地域が行う奉仕活動に対する不参加理由を行動群と関心群とで比べてみると、行動群でも「忙しい」との理由を挙げているものが約17％と、他の不参加の理由を挙げているものに比べて高く、ボランティア活動を身近に能動的に考えている児童・生徒でも忙しさを不参加の理由に挙げざるを得ない状況があると言える。

　では児童・生徒が不参加理由に挙げる忙しさとはどのようなものなのだろうか。学校週5日制が月2回実施され、児童・生徒の学校以外で過ごす時間は増えている。しかし、平成4年度の当センターの「小・中学生の土曜、日曜の過ごし方」の調査は「子供が1つのことに集中して時間を使うのではなく、いくつかの活動をこなしていく」といった子供たちの生活実態（細切れ生活）を報告した[2]。物理的時間の長さだけではなく、部活動や塾、習い事へ通う等々といった細切れ生活が、心のゆとりを失わせ、忙しさを地域が行う奉仕活動への不参加の理由に挙げる要因になっているのではなかろうか。この細切れ生活による心のゆとりのなさが、ボランティア活動に関心はあっても行動化できない要因にもなっていると思われる。
（本稿は、平成7年度京都市立永松記念教育センター研究課研究紀要（報告392）「小・中学生のボランティア活動の促進を図る手立てをさぐる」からの一部抜粋である）

---

(1) 深谷昌志　「中学生は変わったのか―1983年との比較」　モノグラフ Vol. 51　p.48　ベネッセ教育研究所　平成7年11月
(2) 平成4年度　京都市立永松記念教育センター報告371　「主体性を育てるために―小・中学生の土曜、日曜の過ごし方の調査を通して」　p.27.

第27章
生徒指導の目標概念としての自己実現

梶川裕司

はじめに：問題の所在

　文教用語の一つとして「自己実現」という語がある。文部科学省公式サイト内で自己実現をキーワードとして検索すると9,600件の文書がヒットする（2014年1月4日現在）。ちなみに最新の文教用語である「確かな学力」5,790件，「豊かな心」9,050件，「健やかな体」3,800件のヒット数であった。このように今日，自己実現という語は，教育政策にかかわる種々の領域で比較的多数，用いられる用語であるといえる。

　この自己実現という語が文教用語として，文部省（当時）が公刊した書籍にはじめて用いられたのは「生徒指導の手引き—改訂版—」（1981）である。そして，この語が，急速に広まるきっかけとなったのが1985年～1987年の間に4次にわたって出された臨時教育審議会（以下，臨教審）答申である。一般に文教用語の寿命は，学習指導要領改訂のサイクルに一致し，10年前後で用いられなくなるものが多い。例えば「教育の現代化（1971年改訂）」「新学力観（1992年改訂）」「ゆとりの教育（2002年改訂）」等々である。これに対し，自己実現は，30年以上にわたって使い続けられているという数少ない文教用語である。

　ではこの自己実現という用語には，どのような定義がなされているのであろうか。筆者の調査では文部省及び文部科学省の文書には，明確な定義を行った文書を見いだすことはできなかった（梶川，1994）。この件に関して自己実現論を含む人間性心理学の研究者であり文教施策立案にも関与された国際基督教大学元学長・星野命氏より，口頭で，自己実現に関して旧・文部省及び文部科学省の文書には明確な定義を行った公式文書は存在せず，その理由は行政の不偏不党の原則にある，との確認を得ている（梶川，1994の際の質疑応答）。すなわち行政が自己実現を，ある理論に基づいて提示

すれば、その理論が唯一正統な理論と捉えられ、その結果、学問の自由を侵害する危険がある。学問研究を所管する文部省（当時）は、種々の学説に対して、率先して中立の立場をとる必要があり、この語に関してもその原則が適用されているというのである。

　この原則が自己実現という語は多用されていながら、明確な定義をされずに流通するという状況を招いた。そのため自己実現を目指す取り組みを議論しようとした際、議論が噛み合わなかったり、さらには単に聴き心地のよいキャッチコピーとして使われたりしているだけである状況も生じている。概念規定が不明確な用語が、公的文書に記され、それが教育政策の方向づけをし、教育現場に降されていくという現状は、自己実現を研究テーマとする筆者は看過することができない。

　本来、自己実現は明確な定義を持った学術用語である。この語は、哲学・思想・心理学等の複数の領域で用いられていた。しかし、この語が、我が国で研究者のみならず広く一般に知られたのは、心理学の領域でself-actualizationの訳に「自己実現」を当ててからであると考えられる（梶川，1999）。

　本稿では、本来、心理学用語であるはずの自己実現がどのような理由で、どのような経緯で、どのような目的を持って教育政策に持ち込まれたかに関する考察を行う。そして、その経緯の分析から、自己実現の定義のもとになる理論は何かを明らかにしたい。ついでその理論によれば自己実現はどのようなものと捉えられるか、その定義を採用し、特に生徒指導領域の実践に生かすことで、それがどのような貢献をするかを提案したい。

1　用語「自己実現」の文教用語としての導入及び変遷

(1)　「生徒指導の手引き（改訂版）」における用法

　文部省（当時）は、生徒指導の現場における実践の指針を与える文書として「生徒指導の手引き」を1965年にはじめて発行した。当時は、少年非行の第2のピークといわれる時期で、問題行動への対処の指針が望まれていた。そして、その改訂版として1981年「生徒指導の手引き（改訂版）」が発行された。改訂版発行の時代は、非行の低年齢化、暴走族、校内暴力、家庭内暴力、登校拒否（当時の用語のまま）等、多岐にわたる問題行動が顕在化・増加した時期である。このような状況で発行された「生徒指導の手引き（改訂版）」で、はじめて自己実現という語が用いられた。同書において一番目に自己実現という語が用いられている箇所を以下に引用する。

　　　（引用1）「生徒指導は、生徒の自主性、自発性を土台にしながら、社会性の

発達を図るという考え方に沿って進めていくように努めることが大切である。よく言われる自己実現も，社会の成員としての自覚に基づく，社会の一員としての自己実現であることは言うまでもない」（「第1章生徒指導の意義と課題」「第1節生徒指導の意義」 p.3）（下線は筆者。以下すべて同じ）。

　この引用は，同書における自己実現という用語の初出であるにもかかわらず「よく言われる自己実現」としており，すでに自己実現という語が，社会に広まり，認知されていることを前提とした表現をとなっている。またこの個所には自己実現の定義を行った文章は見当たらない。同書のどの個所で自己実現の定義を行っているのかを確認するため，以下に自己実現という語があらわれるすべての個所を引用した。

　　（引用2）「生徒は，将来の社会の良い成員となるべき者であるから，将来の社会の中でのより良い自己実現のできる資質や態度を育成すべきことは言うまでもない（後略）」（第1章第1節　p.4）。

　　（引用3）「このような時代の趨勢から，学校教育は，生徒指導によって，生徒の将来における適応や自己実現に役立つ資質を育成する必要に迫られているのである。」（第1章第1節　p.8）。

　　（引用4）「生徒指導は，人間の尊厳という考え方に基づき，一人一人の生徒を常に目的自身として扱うことを基本とする。これは，内在的な価値をもった個々の生徒の自己実現を助ける過程であり，人間性の最上の発達を目的とするものである。（後略）」（第2章「生徒指導の原理」第1節「生徒指導の基礎としての人間観」 pp.11-12］）。

　　（引用5）「青年期の生徒指導においては，既に確立された下位目標を生徒に明確化させるだけでなく，『人生の目標は何か。』，『人間は何のために生きるか。』のような形の問いを発して，社会的な自己実現のために向かうべき基本的な方向に立ち返らせながら，選択した目標を絶えず弾力性をもって考え直していくように援助して，常に目標の確立と明確化における望ましい自主性を育成していくように努めることが大切である」（第2章第2節「自己指導の助成のための方法原理」 p.16）。

　引用4は「生徒指導の原理」を述べる中で，生徒指導が個々の生徒の自己実現を支援するためのものであることを宣言している。このように，すでに30年以上前に自己実現は生徒指導の目的に関わる重要概念として位置づけられていた。問題行動への対処等，目前の課題が山積した状況の中で，学校の秩序維持ではなく，児童生徒の自己実現を生徒指導の目的としてあげたことには敬意を感じる。ただし引用1〜引用5のすべての文章において自己実現の定義は，どこにもなされていない。

(2) 生徒指導提要における用法

「生徒指導の手引き（改訂版）」の絶版状態が長く続いた後，2010年，文部科学省から「生徒指導提要」が発行された。

生徒指導に関わる最新の方向性を示す「生徒指導提要」で自己実現が，どのように扱われているのかを明らかにするため，まず「生徒指導提要」中の生徒指導の目的にかかわる「第1章生徒指導の意義と原理　第1節生徒指導の意義と課題　1生徒指導の意義」を以下に引用する。なおこの箇所では，以下に引用する部分の直前で，生徒指導の目指すものを定義し「生徒指導とは，一人一人の児童生徒の人格を尊重し，個性の伸長を図りながら，社会的資質や行動力を高めることを目指して行われる教育活動のこと」としている。以下はこの定義に続く段落の文章である。

　「各学校においては，生徒指導が，教育課程の内外において一人一人の児童生徒の健全な成長を促し，児童生徒自ら現在及び将来における自己実現を図っていくための自己指導能力の育成を目指すという生徒指導の積極的な意義を踏まえ，学校の教育活動全体を通じ，その一層の充実を図っていくことが必要です。」（「生徒指導提要」第1章生徒指導の意義と原理　第1節生徒指導の意義と課題　1生徒指導の意義　p.1）。

引用文に続く，同一段落中の文章で自己実現は合計5回使用され，キーワードの一つとなっている。「生徒指導提要」の「自己実現」に関する「児童生徒自ら現在及び将来における自己実現を図っていくための能力の育成を目指す」という文脈は，先の「生徒指導の手引（改訂版）」の趣旨を踏襲している。このように30年間に自己実現に関わる基本的方向の変更はなかったといえる。ただし「生徒指導の手引（改訂版）」と同じく，引用文及び続く文章中に自己実現そのものを定義した個所は存在しない。記述されているのは，①自己実現の基礎にあるのは，日常の学校生活の場面における様々な自己選択や自己決定であるが，自己決定や自己選択がそのまま自己実現を意味するわけではない，②自己実現とは単に自分の欲求や要求を実現することにとどまらず，集団や社会の一員として認められていくことを前提とした概念である等である。①②はともに自己実現そのものの定義ではない（梶川，2012）。

ちなみに「生徒指導提要」では，上記の5か所に加え，その他，本文中各章各節の17か所に自己実現という語が用いられている。しかしすべてその語を定義する文章ではなかった。さらに「生徒指導提要」は，最後に詳細な索引を備えているが，その索引中，自己実現の参照個所は上記の引用文の頁となっている。

これまでの検討結果からみて，文部科学省の生徒指導領域における用語「自己実現」は，これまで30年以上にわたって文教キーワードであり続け，30年前に比べて今日で

は，その使用数は格段に増加しているものの，明確な定義づけをされないままに使われ続けていることが明らかである。

　このような不明確な用語が，なぜ文教用語として取り上げられ，それが30年間にわたり使い続けられてきたのか，その理由を以下に検証していきたい。

2　教育界への用語「自己実現」導入の経緯

(1)　臨教審答申の自己実現への言及

　「生徒指導の手引き（改訂版）」によって教育の世界へ自己実現という言葉が導入された。しかしそれは生徒指導領域に限ったものであって，その後，自己実現が教育界で大きな話題となることはなかった。その状況を変えたのが，臨教審である。臨教審は1985年～1987年の間に4次にわたって答申を出している。これらの答申中で自己実現がどのように用いられているのかを以下に確認する。なお以下の引用のページは，臨教審（1988）による。

　　（引用1）「国民の生活水準の上昇，高学歴化，自由時間の増大などを背景として，国民の価値観が高度化，多様化している。今や国民は物質的欲求の充足から質的充実や精神的・文化的充実の方により大きな価値を認めるようになってきており，いわゆる自己実現の欲求が高まるとともに。個性的かつ多様な生き方を求めている」（第1次答申　第1部教育改革の基本方向・第4節改革の基本的考え方　(6) 生涯学習体系への移行　p.15）。
　　（引用2）「自己を他との好ましい人間関係の中でとらえ，自己実現を図ることは，これからの教育にとってとくに重要な課題である。」（第2次答申　第3章初等中等教育の改革　第1節徳育の充実　p.86）
　　（引用3）「社会の変化に対応し学習環境が急速に変化しつつあるなかで，人々は生活上，職業上の様々な問題を解決するため，精神的，文化的な充実を求め，学習活動への参加自体に楽しみや生活の充実感を求めるためなど，自己実現のための各種の多様かつ自発的な学習機会を要求している」（第2次答申　第2部教育の活性化とその信頼を高めるための改革　第5章社会の教育の活性化　前文　p.122）。
　　（引用4）「より高い自己実現を目指し，義務教育の終了後もさらに高い知識や専門的技能を求めることは奨励されるべきである」（第3次答申　第1章生涯学習体系への移行　第2節後期中等教育の多様化　p.192）。

(引用5)「社会の機能分化や労働の分業化,高度管理化に伴い精神的緊張が昂じていること,高齢化社会の進展に伴い生涯にわたる自己実現に対する意欲の高まっていること,などから国民の健康に対する意識は急速に高まっている」(第3次答申　第4章スポーツと教育　p.224)。

(2)　臨教審委員の属性上の特徴

なぜ臨教審で自己実現という語がキーワードとして取り上げられたのかに関しては,委員の構成が影響を与えていたと考えられる。臨教審(1988)所載の委員一覧をもとに,臨教審委員(会長,会長代理を含む)を当該委員の経歴からみて主たる専門(職業)と考えられるものにより分類すると,研究者17名(うち教育学者4名,その他13名),初等中等教育学校教員3名,私立学校経営者2名,実業家5名,官僚6名,政治家3名,文化人(評論家,作家等)7名,労働団体役職者2名となった。臨教審の委員には教育畑の委員が相対的に少なく,経済界にかかわる人物が相対的に多い。これら経済界にかかわる委員が答申に与えた影響は少なくないと考えられる。そしてその影響の一つが自己実現への言及であったと考えられる。以下のこの仮説を検証していきたい。

(3)　用語「自己実現」の出所の推定

臨教審の活動当時,我が国の経済界では,人事管理に関して大きな影響を持っていた理論があった。それはマグレガー(D. M. McGregor)の理論である。マグレガーの理論は,心理学者マスロー(Maslow, 1954)の欲求階層説をその理論的基盤として,旧来の経営理論(X理論と呼ぶ)を批判し,Y理論と呼ばれる新しい経営理論を提唱した。因みにマスローの欲求階層説は,低次の欲求が満足されることによって,はじめてより高次の欲求があらわれるという原則のもと,その欲求の階層を,低次から順に,生理的欲求,安全欲求,所属と愛情欲求,尊重欲求,自己実現欲求の5段階に区分したものである。そして最上位の自己実現の欲求とは,それ以下の低次の欲求が満たされ,はじめて現れるものであり,それは「その人が自分のなりうる最善のものになろうとする欲求」であると定義される(Maslow, 1954)。マクレガーはその著書『企業の人間的側面』において,Y理論にもとづく人事管理の特徴として「自我の欲求や自己実現が企業目標に向かって努力したことの直接の産物として,得られるのである」と述べ,企業における従業員の人事管理の原則を自己実現の欲求の満足に置くべきであることを提唱した(McGregor, 1960)。

このマグレガー及び彼の理論的基礎を与えたマスローが,経済界に与えた影響の例

を以下に示す。

　①アメリカにおける影響：1969年，全米産業会議（NICB：National Industrial Conference Board）は，全米の企業経営者に対して，どのような著作・理論・講義あるいは研究から影響を受けているかを調査した。有効回答302名中，205名が著作・理論・講義あるいは研究から影響を受けたと回答（複数回答可）し，そのうち50名以上の企業家が名前をあげたのは，D. M. McGregor（134人），F. Herzberg（96人），R. Likert（88人），C. Argyris（85人），A. H. Maslow（54人），R .R. Blake & J. S. Mouton（52人）であった。このリストには特徴がある。ゴーブルが指摘しているように，1位にマグレガー，5位にマスローの名前が見られる以外に，このリストにはマスローの理論の影響をうけ，それを承認している人物であるリッカート，アージリスが含まれている（Goble, 1970）。このようにマクレガーをはじめとして，マスロー自身を含めるとリスト中，過半数がマスローにかかわりのある人びとである。1970年前後の時期に，アメリカの実業界にマスローの理論が大きな影響を与えていたことがわかる。

　②わが国の経営界に対するマスローの影響：当時，我が国の社会・経済界は，アメリカでの動向が約10年遅れで反映されているといわれていた。その観点から，前節でのアメリカ経済界の動向が，我が国でどのように反映されていたのかの資料を得るため，経営関係の事典の項目に注目し，アメリカと同時期と思われる1966年から臨教審終了後の1990年までに刊行された一般向けの経営および人事管理に関する事典，ハンドブックの項目にマスローの名前，欲求階層論，自己実現といった用語が，どのように扱われているかを調査した（梶川，1994）。

　調査した事典類18冊中，マスローにかかわる項目がまったく見られないものが6冊あった。この6冊に共通しているのは，1970年以前の発行である点である。このことを裏返えせば1971年以降の事典には必ずマスローにかかわる項目がみられた。これは1990年発行のものに至るまで続く傾向である。さらに特徴的であるのは「欲求」という項目がなくて「欲求階層説」という項目があるものが8冊みられたこと，そして自己実現に関する記述では1冊だけがマスロー以外にユング，フロムなどの名をあげていた以外，他書はすべてマスローの欲求階層説にかかわって自己実現を論じていたことである。このように経営関係事典類の項目からみると，マクレガーの著書『企業の人間的側面』のアメリカでの発行から遅れること，約10年後の1971年から項目として取り上げられはじめ，その傾向は，臨教審が活動していた時期まで継続していたことがわかる。

　経済界の人々が，教育について論じるときには，産業界に有用な人材を育成するという観点を離れることはないのは歴史的事実である。そして仕事が苦痛でもなく，搾

取・被搾取の関係でもなく,「人は仕事によって自己実現する」という雇用者と従業員にWin-Winの関係をもたらすマスローの理論に,実業家たちが出会い,それを人材育成という観点から教育の原理の一つに導入しようとしたということは想像に難くない。以上の推論から,実業家を中心とした臨教審委員が,積極的に「自己実現」概念の導入を推進したという仮説を立て,その仮説を次項③で検証する。

　③臨教審における用語「自己実現」のマスロー理論起源に関する検証：前項の仮説を出発点として臨教審における用語「自己実現」が,マスローの理論に起源をもつものである可能性を検証する。以下ⓐ～ⓔとして,その可能性の根拠を列挙する。

　ⓐ臨教審（引用1）では明確に「自己実現の欲求」としている。「自己実現」が「欲求」という語と結び付けられて,使用されるのは,マスローの理論の大きな特徴の一つである。加えてその直前に「いわゆる」が付いており,この表現から,この文章の作成者が「自己実現の欲求」を造語ではなく,既知の用語であるとしていることがわかる。

　ⓑ（引用2）では,対人関係の中での自己実現について述べているが,マスロー以外の自己実現論では,個人内の自己実現が論じられ,対人的,対社会的観点は,希薄である。

　ⓒ（引用3）では「自己実現のための各種の多様かつ自発的な学習機会」として,その中に「学習活動への参加自体に楽しみ」という表現がある。これはマスロー理論では,人が自己実現の欲求により活動しているとき,主観的には楽しみ,喜びを感じるという「至高経験」の概念につながるものである。このような「楽しみ」に論及した自己実現の理論は他にはない。

　ⓓ（引用4）では「より高い自己実現を目指し,義務教育の終了後もさらに高い知識や専門的技能を求める」とあるが,専門的技能,すなわち職業的技能との関連で,自己実現を論じるのは,人は仕事を通して自己実現するというマスロー理論の特徴である。繰り返しになるが,他の自己実現の理論は,社会との関係が希薄であり,さらに仕事との関連を論じたものは皆無である。

　ⓔ（引用5）では「生涯にわたる自己実現」という表現がみられるが,現時点でなく成人後,それも中年期以降に自己実現したといえる状態があらわれるというマスローの理論に対応した表現である。

　以上ⓐ～ⓔの理由により,臨教審における用語「自己実現」は,種々の自己実現理論の中では,マスローの理論に基づく可能性が最も高いと判断した。さらに次項で,その可能性を傍証する近年の文部科学省文書を掲げる。

　④仮説に関わる傍証：文部科学省直下の文書には,自己実現の定義は見いだせない

と先に述べたが，審議会答申等には「自己実現」にかかわりマスローへの言及が見られる。以下に最近の2例を掲げる。
　ⓐ中教審答申「次代を担う自立した青少年の育成に向けて」（2007年1月30日）
　同答申の用語解説中に自己実現の項目があり，すべてマスローの理論から自己実現について解説している（中央教育審議会，2007）。
　ⓑ幼稚園教員資格認定試験におけるマスローに関する出題
　文部科学省所管の平成24年度幼稚園教員資格認定試験「教職に関する科目（Ⅰ）」問11でマスロー（問題文中ではマズローと表記）の欲求階層説が出題されている（文部科学省，2012）。

3　マスローの自己実現論の生徒指導への導入による効果と問題点及びその解決の方策

(1)　現　　状
　文部省（当時）は「生徒指導の手引き（改訂版）」では自己実現という概念を生徒指導に導入することで，児童生徒の，今ではなく，将来を見据えた生徒指導を構想しようとした。また臨教審委員は自己実現理論によって，より優れた人材育成の仕組みを構築しようとした。1980年代，自己実現概念が，教育界に導入された当初は「教育の人間化」という大きな波があり，ここに取り上げた自己実現，マスローへの関心のみならず，ロジャーズらの広い意味での人間性を尊重する心理学理論に注目が集まった時代であった。
　このような状況で導入された用語「自己実現」であるが，社会情勢が大きく変化した現在も，文部科学施策の中，特に生徒指導領域で一定の位置づけが行われていることは「生徒指導提要」により明らかである。しかし，教育界は「ゆとり」から「確かな学力」へと方向転換した。このような状況の中，マスローの自己実現理論だけではなく，すべての学問的研究による自己実現とは，まったく異なった言説があらわれ，そのような言説にさえ，自己実現という語がキャッチコピーとして使われている（梶川，1999）。

(2)　欲求階層説導入の効果
　教育界で用いられる用語「自己実現」が，マスローの理論に起源をもつものであるとしても，それを理由として，すべての「自己実現」に関する教育的取り組みを，それに従って構成しなければならない義務はどこにもない。逆に文部科学省の不偏不党の原則，学問の自由の尊重は重要である。しかし「自己実現」という考え方を教育現

場に導入するにあたってマスローの理論を，理解したうえで応用すれば次のような効果が生じる。

マスローの自己実現理論の基礎となる欲求階層説は，低次欲求の満足があってはじめてより高次の欲求が生じるとしている（Maslow, 1954）。その最上位にある自己実現欲求の段階に至るには，それまでの段階の欲求満足が必須の条件となる。つまりマスローの理論に基づく自己実現の支援方策は，単純かつ明快である。それは基本的欲求の満足を適切に支援することである。生きるために必要不可欠である食欲，睡眠欲求といった生理的欲求と，次の段階にある安全を求める欲求の満足は，より高次の欲求が発動するためには不可欠な要因である。もし児童生徒が，生理的欲求満足が阻害されたり，安全が脅かされたりする学習環境に置かれたならば，その時点で学習に支障を来すだけではなく，後々の自己実現をも阻害していることになる。このことから考えれば，体罰や，それ以外の高圧的で，不安・恐怖を呼び起こすような学習環境は容認することができないことは明らかである。また，いじめは，被害児童生徒の安全を脅かし，次の段階である所属と愛情の欲求の満足もそのような教室環境下では不可能である。以上の例のように現時点での教育上の問題が，将来の自己実現を阻害することへの認識は，事の重大さを認識する機縁になる。また問題を起こさないというだけではなく，さらに積極的に児童生徒が将来，自己実現を達成するための学校環境の整備の観点とは，ⓐ生理的欲求，安全の欲求を阻害しないこと，ⓑ所属と愛情の欲求及び尊重の欲求を発現しやすくすることとなる。

(3) 問 題 点

マスローの事例研究によれば，自己実現を十分達成したといえる人物は，成人で，さらには年長者であった（Maslow, 1954）。マスローは，基本的欲求が順次，満足されて，自己実現の欲求が，その人の中で主導権を持つに至るには数十年が必要であると考えている。それゆえマスローの理論を根拠としていると考えられる臨教審答申，「生徒指導の手引（改訂版）」「生徒指導提要」等では「将来の自己実現」という表現が頻出する。

しかし各学校の教育目標の中で「自己実現」をキーワードとしたものを見ると，いくつかの例外を除いて，その学校段階で，何らかの自己実現を達成することをめざした表現が多い（梶川，1994）。少なくとも学校教育を修了し，社会人となった後の数十年後の自己実現に向けた教育課程を構想しているものは見いだされない。

マスローの自己実現論が，生徒指導における児童生徒の指導の方向の目標概念となるためには，社会人となった後までを視野に入れなければならない。しかし，わが国

の現状では、長くともその学校段階在籍中に、多くの場合は当該学年1年間になんらかの成果を得ることが要求されているのである。さらに、その成果は、客観的な評価規準で測定することが、望まれている。しかしマスローの理論に依拠すれば、小学校、中学校、高校段階の児童生徒に自己実現することを望むことは不可能であるし、もし児童生徒に、その年齢段階で自己実現をめざす指導を行ったならば児童生徒に「疑似自己実現」を強要していることになるのである。

(4) 問題点解決の方策としての「至高経験」への注目

　以上の問題点を前提としてマスローの自己実現論が、教育現場で有益なものとなるための観点として、マスローのいう「至高経験」の概念に注目したい。マスローによれば、至高経験は自己実現した人に特徴的にみられる心理現象で、次のような特徴をもつ。①受動的にではなく、ある活動をしている最中か、その後に生じる。②主観的には、最善の活動ができている、あるいは、できたと感じられる。③感情体験として大きな幸福感、肯定感、感謝の念等が生じる。④かなり後までその時の記憶がリアルに想起される。また「至高経験」は自己実現の先取りともいえる体験であり、その瞬間、その人は自己実現した人と同じ状態になっているという。そしてそれは、年長の自己実現した人だけではなく、若者、場合によっては幼児にも、見いだされるという（Maslow, 1971）。

　そして自伝、回想録に基づく事例研究によって、幼少期に生じた至高経験が当人に与えた影響の大きさと、その頻度が、後の自己実現を指し示していると考えられる事例が複数、見いだされている（梶川、2004）。なおこれらの事例で特徴的であるのは、①成人後（自伝等の執筆時）までその経験がリアルに想起されている。②至高経験と判断できる経験に関する記述が複数回、見出される。③その経験は必ずしも成人後の職業選択と直接、結びついたものではなかったが、複数回のその経験をたどると人生選択のターニングポイントであったと考えられるものが存在する。

　もし、この至高経験に関する理論を導入するならば、児童生徒の将来の自己実現をめざす生徒指導の基本原理は「至高経験」が起きやすい環境を整備することとなる。具体的にいえば、生理的欲求、安全欲求、所属と愛情の欲求までの基本的欲求が阻害されない状況で、児童生徒が主体的に活動し、それが「感動」を引き起こすような仕掛けを構想することである。種々の特別活動の行事や就業体験をこの観点から構成することで、児童生徒の後々の自己実現の機縁を作ることができるのである。

　自己実現の研究者の一人として自己実現という概念が、このような形であれ、別の形であれ、児童生徒の本当の自己実現に役立つものとなることを祈る。

文　献

中央教育審議会答申　2007　「次代を担う自立した青少年の育成に向けて」　文部科学省公式ホームページ〈http://www.mext.go.jp/b_menu/shingi/chukyo/chukyo0/toushin/07020806.htm〉

Goble, F. G.　1970　*The third force: The psychology of Abraham Maslow.* Grossman.（小口忠彦（訳）1972　マズローの心理学　産業能率短期大学出版部）

梶川裕司　1994　マスロー理論の教育界への影響　人間主義心理学会第17回大会　研究集録

梶川裕司　1994　Maslow心理学の社会への影響についての一考察―経営への影響について―　京都外国語大学研究論叢

梶川裕司　1999　自己実現概念の登場と用法　上田吉一（編）　人間の本質と自己実現　川島書店

梶川裕司　2004　至高経験に関する質問紙作成の試み（Ⅰ）　人間主義心理学会第27回大会研究集録

梶川裕司　2012　生徒指導における自己実現―『生徒指導の手引き』から『生徒指導提要』へ―　人間主義心理学会第34回大会研究集録

Maslow, A. H.　1954　*Motivation and personality.* Haper & Low.（小口忠彦（訳）1971　人間性の心理学　産業能率短期大学出版部）

Maslow, A. H.　1971　*The farther reaches of human nature.* Viking Press.（上田吉一（訳）1973　人間性の最高価値　誠信書房）

McGregor, D. M.　1960　*The human side of enterprise.* McGraw-Hill.（高橋達雄（訳）1966　企業の人間的側面　産業能率短期大学出版部）

文部省　1965　生徒指導の手引き　大蔵省印刷局

文部省　1981　生徒指導の手引き―改訂版―　大蔵省印刷局

文部科学省　2010　生徒指導提要　教育図書

文部科学省　2012　平成24年度幼稚園教員資格認定試験問題　文部科学省公式ホームページ〈http://www.mext.go.jp/a_menu/shotou/nintei/1330461.htm〉

臨時教育審議会　1988　教育改革に関する答申　大蔵省印刷局

第28章
学童保育における発達的支援について：
学童保育指導員の視点からみた個別の支援の必要性

滋野井一博

はじめに

　障害のある子どもたちにとって，放課後の生活の場のひとつである学童保育は，地域の子どもたちとの人間関係の形成に大きな役割を果たす場としても保護者から期待されている。学童保育における集団活動について岩崎ら（2001年）は「障害児と通常の子どもの相互交流を通して両者において他者理解や協同性，集団性などの発達がはかられ，この変化がノーマライゼーションの基盤を形成し，その実質化につながる」と説明している。また，その実践において「障害の重度化と多様化の問題への専門家の対応が学童保育の重要な課題となる」と指摘している。
　そこで本稿では，障害のある子どもたちが学童保育の集団生活に参加していく上で必要とされる支援について検討していきたい。

1　目　的

　近年，子育てを行う家族構成の核家族傾向が進むなか，共働きの家庭や一人親家庭の増加に伴い，学童保育の必要性が急激に高まってきている。また，子どもの安全を守る観点から，放課後や学校休業日に「子どもの居場所」を求める声はさらに高まり，学童期の子どもの放課後の過ごし方に対する対策の一つとしての学童保育の整備が社会的な重要課題とされてきている。
　学童保育は，保護者が労働等により昼間家庭にいない小学生の放課後および学校休業日の生活を守るための施設である。学童保育における事業目的は，放課後および長期休業中，指導員の保育の下，宿題などの学習活動や適切な遊びなどを通して，仕事

を終えた保護者が帰宅するまでの生活の場を提供し，子どもの健全な育成をはかることである．学童保育の対象となる児童については，児童福祉法（第6条の2第2項）の規定にある「おおむね10歳未満の児童」と規定しているが，小学校（特別支援学校も含む）に就学している4年生以上の児童を受け入れている施設も多く見られる．

2012年の全国学童保育連絡協議会の調査では，学童保育数は20,846か所，入所児童数は846,967人となっている．「2012年度に保育所を卒園して小学校に入学した児童数は約48万人に対して，学童保育に入所した新1年生は約29万人で，6割にとどまっている」と報告されている．

一方，障害のある子どもが入所している学童保育数は8,913か所であり，調査に回答した市町村にある学童保育数との比率は47.2％であるとしている．また，障害のある子どもが入所している児童数は，19,639人であり，入所児童数に占める割合は2.3％であるが，「5年前の2007年に実施された前回調査と比較すると1.73倍と増加している」としており，「障害のある子どもの入所要求は強いものがある」と説明している．

今後の課題としては，学童保育に求められる役割や機能について，伊部（2010）は「保育所を利用してきた児童が学齢期に達した時にスムーズに学童保育に移行して利用できるような制度や体制」に関する課題と共に「養育基盤の脆弱な家庭にある児童や障害のある児童などの，特定のニーズ，気になる児童への支援」の検討課題の重要性を指摘している．

一方，筆者（2010年）は，発達障害のある子どもたちの早期支援の充実を図り，小学校へのスムーズな移行を含め，一貫した支援が行えるようにするために，関係機関の連携のあり方と心理臨床的アプローチの有用性について検討してきた．

また，その一連の研究として特別支援教育を実施している小学校に所属する特別支援コーディネーターを対象に，就学に向けた移行支援の実態を調査し（2009年），支援内容の傾向について検討した．その結果，特別支援コーディネーターは，就学後，個々のニーズを踏まえた移行支援の内容を，保護者や他機関と連携した特別支援教育の中で継続的・発展的に取り組むことが重要であり，その連携において専門的な情報の共有やそれらとの関係性を支援する際に，心理臨床的アプローチの有用性をとらえていることが示唆された．このような就学後の他機関との連携による特別支援教育の重要な取組の一つとして，発達障害児と家族の多様なニーズに応じた放課後の生活に対する援助が求められている．

そこで，本稿では，小学校において特別支援教育を実施している児童に対して，放課後，生活支援を行っている学童保育指導員を対象に，学童保育上，個別の支援の必要性を感じている内容に関する調査を実施し，その得られた結果をもとに必要とされ

る支援の傾向を明らかにすることを目的とする。

2 対象と方法

(1) 対　象
小学校において特別支援教育を実施している児童に対して学童保育を行っている学童保育所の指導員27人を調査の対象とする。

(2) 方　法
①書面による調査：学童保育上，個別の支援の必要性を感じた内容について自由記述にて実施する。
②面接による調査：書面による調査後，自由記述内容の確認を目的として実施する。
③分析の手順：各項目について複数の記述を可とし，その内容と人数を分析する。

3 結果と考察

(1) 学童保育所の概要
調査を実施した学童保育指導員が所属する学童保育所は10か所であった。学童保育所の対象となる児童は，保護者が労働等により昼間家庭にいない小学校1年から4年までの通常学級に在籍する児童と特別支援学級，特別支援学校に在籍する小学生である。調査時の学童保育所の入所児童総数は460人であった。その中で，個別の支援を必要とする児童数は27人であり，入所児童数に占める割合は5.9％であった。
表1に示したのは，調査対象の学童保育指導員が保育上，個別の支援を必要とする

表1　個別の支援を必要とする児童の所属する学校及び学級 ($N=27$)

学年／在籍学校・学級	人　数	％
1年	4	14.8
2年	7	25.9
3年	7	25.9
4年	5	18.5
5年	3	11.1
6年	1	3.7
特別支援学級	17	63.0
通常学級	8	29.6
特別支援学校	2	7.4

表2. 個別の支援を必要とする児童の障害種別 （N = 27）

障　　害	人　　数	％
広汎性発達障害	16	59.3
知的障害	14	51.9
注意欠陥多動性障害	6	22.2
癲癇	3	11.1
学習障害	1	3.7
脳性まひ	1	3.7
視覚障害	1	3.7
不明	1	3.7

＊複数回答あり

児童の所属先である。学年と在籍学校・学級ごとの分布である。

表2に示したのは，調査対象の学童保育指導員が保育上，個別の支援を必要とする児童の障害の分布である。障害の種別で最も多かったものは「広汎性発達障害（16人59.3％）」であった。

また，調査対象の学童保育指導員が保育上，個別の支援を必要とする児童が現在医療支援を受けているものは21人（77.8％）であった。また，就学前の療育施設から移行支援があったものは20人（74.1％）であった（複数回答あり）。

調査を実施した学童保育指導員が所属する学童保育所における個別の支援を必要とする児童数は27人であり，入所児童数に占める割合は5.9％であった。前述の全国学童保育連絡協議会の調査結果（2012）に示された入所児童数に占める割合2.3％と比較すると2.6倍となり，障害のある子どもの入所要求の高さを裏づけるものとなった。

その中で1年生の入所児童数が2年生以上の入所児童数に比して少ない傾向が示された。この点については，面接調査で就学時において学童保育の利用を検討しながらも，集団生活環境が大きく変わることに抵抗感がある児童の発達支援における移行支援として，入学当初は学童保育の利用を見合わせるとした保護者の意向があるのではないかという意見が示された。一方，1年生から入所したケースは，就学前の療育施設から移行支援や何らかの医療支援を受けているものであり，その保護者が就学後の発達支援の環境の一つとして学童保育所を視野に入れているのではないかと推察された。

(2) 学童保育における個別の支援の必要性

表3に示したのは，学童保育指導員が心理・発達面と生活・学習面において個別の支援の必要性があると感じた項目の一覧である。

表4に示したのは，学童保育指導員が対人関係，言語面，行動面，情緒面および感

表3 支援を必要とする内容

内容		人数	%
心理・発達面	対人関係	23	85.2
	行動	20	74.1
	情緒	19	70.4
	言語	17	63.0
	感覚・知覚・認知	9	33.3
	身体・運動	4	14.8
生活・学習面	日常生活	21	77.8
	学習活動	12	44.4

表4 心理的・発達的支援を必要とする内容

項目	内容	人数	%
対人関係	同年齢の児童とのトラブル	17	63.0
	異年齢の児童とのトラブル	9	33.3
	指導員とのトラブル	5	18.5
	嫌がることをする	4	14.8
	自分の世界で遊ぶ	3	11.1
	謝れない	1	3.7
言語	コミュニケーションのとりにくさ	16	59.3
	汚言・罵声	12	44.4
	話を聞こうとしない	11	40.7
	意図の理解の困難さ	10	37.0
	意味の理解の困難さ	9	33.3
	相手の気持ちが分からない	2	7.4
	気持ちを言葉にできにくい	2	7.4
	会話に消極的	2	7.4
行動	他児に手が出る	12	44.4
	行動の切り替えの困難さ	8	29.6
	多動	6	22.2
	物を投げる	4	14.8
	勝敗に対する執着やこだわり	4	14.8
	気が散る	3	11.1
	離席をする	1	3.7
情緒	気持ちの切り替えの困難さ	14	51.9
	気持ちの抑制の困難さ	11	40.7
	癇癪	9	33.3
	緊張が高い	2	7.4
感覚・運動	視覚・聴覚敏感に関する援助	6	22.2
	体性過敏に関する援助	3	11.1
	手先の不器用さ	3	11.1
	協調運動の援助	2	7.4
	視力に関する援助	1	3.7

覚・運動面の各項目において支援の必要性があると感じたものとして示された具体的な内容の一覧である。

また，面接調査では，具体的な対人関係における支援として，友達と一緒に遊びたいが活動場面で主張のぶつかり合うことが多く，友達関係の調整のプロセスに支援の必要性があることが示された。

言語面において個別の支援の必要性があると感じたものとして示された内容に関する面接調査では，具体的な言語面における支援として，活動の中で交わされる話題の意味や意図の理解に関する調整の必要性があることが示された。

行動面において個別の支援の必要性があると感じたものとして示された内容に関する面接調査では，具体的な行動面における支援として，活動場面に生じる危険防止に必要となる制限や禁止の方法や行動の優先順位の切り替えの工夫に必要性が認められることが示された。

情緒面において個別の支援の必要性があると感じたものとして示された内容に関する面接調査では，具体的な情緒面における支援として，活動場面に生じた不快な感情のクールダウンの方法や気持ちの切り替えの工夫に必要性が認められることが示された。

感覚・運動面において個別の支援の必要性があると感じたものとして示された内容に関する面接調査では，具体的な感覚・運動面における支援として，活動に集中できるように視覚刺激や聴覚刺激を調整していく必要性が認められることが示された。

表5に，学童保育指導員が日常生活場面と学習活動場面において個別の支援の必要性があると感じたものとして示された具体的な内容を示した。面接調査では，日常生活場面における具体的な支援として，集団活動を共にする枠組みの必要性を実感してもらう工夫の必要性が示された。

一方，学習活動場面において個別の支援の必要性があると感じたものとして示された内容に関する面接調査では，学習活動場面における具体的な支援として，学習の導入や展開に必要となる指示を工夫していくことの重要性が示された。

総合的に見ると学童保育指導員が個別の支援の必要性があると感じたものとして最も多く示された内容は，対人関係における「同年齢の児童とのトラブル（17名 63.0％）」であった。ついで言語面における「コミュニケーションのとりにくさ（16名 59.3％）」，情緒面における「気持ちの切り替えの困難さ（14名 51.9％）」が示された（表4）。

加えて学童保育指導員が日常生活場面と学習活動場面において個別の支援の必要性があると感じたものとして最も多く示された内容は「規則の共有が困難（19名 70.4％）」であった（表5）。また面接調査では，学童保育における集団活動に豊かに参加

表5　生活・学習支援を必要とする内容

項　目	内　容	人数	％
日常生活	規則の共有が困難（ルールが守れない）	19	70.4
	挨拶・感謝・謝罪が困難（謝れない）	14	51.9
	活動のペースが合わせられない	7	25.9
	協力しない	4	14.8
	日常生活習慣	2	7.4
学習活動	具体的な指示が必要	8	29.6
	時間がかる	4	14.8

していくためには規則を共有するために必要となるソーシャル・スキルの獲得の重要性が指摘された。

　このことから上記に示した調査結果が得られたのは，学童保育指導員がソーシャル・スキルの獲得の前提として，個別のニーズに応じたコミュニケーション能力や関係性機能に関する心理的・発達的支援の必要があると感じたためではないかと推察された。

おわりに

　障害のある子どもたちが学童保育の集団活動に豊かに参加していくために，学童保育指導員が，個別のニーズに応じた関係性機能やセルフ・コントロールに関する心理的・発達的支援の必要があるととらえていることが明らかになった。今後の研究として，学童保育において発達障害児が関わる集団活動に生じる様々な問題を発達障害特性の視点から個別の支援の在り方を考えていく際，具体的にどのような心理臨床的アプローチが有用であると学童保育指導員がとらえているのか検討していきたい。

文　献

伊部恭子　2010　学童保育における子育て・家族支援の課題　佛教大学社会学部論集，No.6，1-18.

岩崎沙知子他　2001　障害児の放課後保障と学童保育の課題―東京都下自治体への障害児保育実態調査から―　東京学芸大学教育学部附属教育実践センター研究紀要，25，99-124.

滋野井一博他　2009　特別支援教育における心理臨床的アプローチの有用性について―移行支援を通して特別支援コーディネーターが求めるもの―　日本心理臨床学会第28回発表論文集，211.

滋野井一博　2010　就学における心理臨床的アプローチの役割―移行支援と機関間連携にみる心理的援助―　龍谷大学大学院臨床心理相談室紀要，No.6，1-11.

全国学童保育連絡協議会　2013　学童保育の実態と課題

第29章
コミュニケーションの力を培う指導をめざして

滋野井悦子

はじめに

　A君は，小学校入学1ヵ月後に，「自分のおもいを言葉で表現できずに泣いてしまう。学習面や生活面において，自分のおもいを言葉で表現することに課題がある。また，言葉がうまく話せないところもあり，聞き取る力にも課題がある」という状況で，学級担任に通級指導を進められた。それを受けて，保護者が「他の子と同じようにがんばりたいという本人のおもいがかなう力をつけてあげたい」を主訴として，通級指導教室に来級した児童である。幼稚園の年少のころ，友達とうまく話したり遊んだりすることができないことから，Bセンターで言語相談を行い，その結果，発達に関する専門機関で，入学まで言語指導を受けていた。そのような経過もあり，1年生の5月末から通級を始めた。

　出会ったころのA君は，発音の誤りが多く，会話も続かない状況であった。また，何をするのも自信なさげで，自分のおもいを伝えられずに，ただ，もじもじしているという様子であった。そこで，構音指導と語彙力を高める指導から始めることにした。また，できたという経験をどんどん増やして自信をもたせるようにした。

　小学校のクラスは違ったが，同じように通級指導教室に通っている仲良しのC君の影響もあってA君なりにこつこつと努力をし，どんどん力をつけていき，5ヵ月後に指導を終了した。その事例を報告する。

1　生育歴等

①出生から乳幼児期の様子：特に気になる様子はなかった。

②ことばの発達：始語が1歳7ヵ月で，発達はゆっくりめであり，幼稚園入園後も言葉の少なさや発音の不明瞭さや発音の誤りが顕著になった。

③運動の発達：粗大運動は，何度も繰り返し経験することでできるようになったこともあるが，ケンパーが不完全で，片足立ちで静止できずに姿勢が崩れてしまうなど，体のバランスを調整する力に弱さがあった。また，力が弱く，ボディーイメージも低く，模倣動作も苦手であった。

微細運動は，手先が不器用で苦手さがあった。何を作ってもよいという指示の時には，取りかかるまでに時間がかかった。

④情緒・行動の発達：自分のおもいを言葉で表現することができず，泣くという方法でしか表出できないことがあった。また，他児との関わりの中でマイナス面ばかりを受け取ってしまうことがあり，本児の中で嫌だったことだけが強調され，他児との関わりを狭めてしまう傾向があった。

⑤相談歴および療育歴：

・2歳10ヵ月：Bセンターで言語相談

言語発達の遅れおよび発達のアンバランスさが認められ，特別支援療育の利用が必要との結果が出て，翌年の4月から小学校入学まで，特別支援療育施設に通所した。

・4歳6ヵ月：Bセンターで新版K式発達検査

心理判定所見：境界線級精神発達・自閉症スペクトラムの疑い

・5歳11ヵ月：Bセンターで新版K式発達検査

心理判定所見：平均下精神発達・自閉症スペクトラムの疑い（運動面の発達の遅れ，視覚優位，聴き取りの弱さ，新規場面の弱さ）：総合的には平均精神発達となる。発達のアンバランスが見られ，特に言語面のアンバランスが大きい。

2　入級当初の様子

在籍学級では，おとなしく自分のおもいを言葉で表現できずに泣いてしまうような子どもであった。まじめで何事も一生懸命取り組んでいたが，なかなかうまくできず，また，行動もゆっくりであった。友達ともうまく関われず一人で遊んでいることもあった。

通級指導教室でも，とてもおとなしく，あまり話をしようとしなかった。また，こちらの出した指示に対して，分からないときに口で言えずに，困った顔をしてじっと待っているような状態であった。

構音検査の結果，発音では，サ行→シャ行，ザ行→ジャ行，ケ音→テ音，ツ音→チュ

音，ラ行音⇔ダ行音などの誤りがあり，口をモゴモゴと動かすだけなので発音も不明瞭であった。

　保護者の方は，「何をするのもできないことが多く，人と比べていつも自分はできないと思っているところがあり，1つずつできないことや苦手なことをクリアしていってほしい。自信をもたせてあげたい。せっかく話せるようになり，通常学級に行けたので，自信をもたせてあげたいです」との願いをもっておられた。

　以上のことから，A君は話しことばにおけるリズム障害はないが，構音障害から，「人とのコミュニケーションを円滑に行うことができないことなどから，学校生活等において消極的になりがちである。そこで，教師との良好な関係を築き，気持ちを楽にして話す方法を指導したり，自分の得意なことに気付かせて自信をもたせたりするなどして，障害を自分なりに受け止め，積極的に学習に取り組むようにすること」(文部科学省，2009) も構音指導と合わせて大切であると考えた。

3　指導内容と経過

①指導目標：
・長期目標：①　正音を定着する。
　　　　　　②　自信をもって自分を表現できるようにする。
・短期目標：①　構音器官の機能を高める。
　　　　　　②　正音と誤音を聞き分ける力をつける。
　　　　　　③　誤音を改善し，正音の定着を図る。
　　　　　　④　気持ちやおもいを，他の人に分かりやすく話すことができる。

②指導内容：
・舌の脱力・安定，舌の体操，舌癖トレーニング
・おくちの体操（中川，1986）
・構音練習「ケ」：聞き分け，単音，単語，文章での練習
・構音練習「ツ」：聞き分け，単音，単語，文章での練習
・構音練習「ス」：聞き分け，単音，単語，文章での練習
・構音練習「サ行音」：聞き分け，単音，単語，文章での練習
・構音練習「ザ行音」：聞き分け，単音，単語，文章での練習
・語彙を増やす学習：ことばあつめ，しりとりあそび，じんとりゲーム，かるた
・好きな遊び・ゲーム

③指導の経過

＊A君の指導経過

	指導月	5月・6月(6回)	7月・8月(5回)	9月(6回)	10月(8回)
構音器官の訓練	吹く・吸う	●→			
	噛む・飲む	●→			
	口周辺運動（唇・舌・下顎）	●——————————————————→			
	平らな舌の保持	●——————————→			
聞き分け練習	音の数（音韻）	●→			
	弁別	●→			
	聞く聴くドリル	●——————————————————→			
発音練習	ツ音		●→		
	ケ音		●→		
	サ行音		●→		
	ザ行音			●→	
	ラ行音			●→	
	ダ行音			●→	
	拗音				●→
その他	ことばあつめ	●——————————————————→			
	しりとりあそび			●————→	
	ゲーム	●——————————————————→			

4 指導を振り返って

　「構音障害のある場合には，発声・発語器官（口腔器官）の微細な動きやそれを調整する力を高め，正しい発音を習得させるようにすることが必要である。そのため，音を弁別したり，自分の発音をフィードバックしたりする力を身に付けさせるとともに，構音運動を調整する力を高めるなどして正しい発音を定着させ，発音の明瞭度を上げるようにすることが大切である」（文部科学省，2009）ということで，舌のトレーニングや「おくちの体操」をはじめ，構音器官の機能を高めることから始めた。通級指導第1回目は，「おくちの体操」の①「口を大きく開き，パッと閉じる」，③「唇をつき出す。次に唇を横にひく」，⑦「口を大きく開き，舌先を唇の右端につける。次に左端につける」ができただけであった。②「下あごを左右に動かす」，④「唇を閉じる。ほほをふくらませる。次にほほをへこませる」，⑧「舌先を唇にそって回す」のは夏休み前（通級指導第9回目）でもできなかった。

　構音器官のトレーニングのほかに，音の弁別や「聞く聴くドリル」（和田，2006）をしていろいろな音の聞き分けをしたりことばあつめもしたりした。構音練習をすると「ツ音」が正しく発音できるようになった（通級指導第7回目）。できるようになった

ことで，少し自信をもったのか，次に「ケ音」も正しく発音できるようになった（通級指導第8回目）。また，摩擦音（風の音）が，ストローを使ってきれいに出せるようになった（通級指導第9回目）。

　ここで夏休みを迎えた。「おくちの体操」と舌のトレーニングは，夏休みの宿題として出した。約1ヵ月半ほどの間，A君は毎日，「おくちの体操」と舌のトレーニングを続けた。

　夏休みが明けて初めての通級指導の日（通級指導第10回目）に，毎日の練習の成果を見せてくれた。完璧にこなせていた。また，摩擦音が，ストローを使わずにきれいに出すことができ，摩擦音プラス母音で，サ行音を出すこともできた。A君もとてもうれしそうで，自信に満ち溢れた顔をしていた。その時間の最後のゲームでも，今までと違って大きな声で話し，笑い声が聞かれた。「やればできる！」というおもいが自信につながり，自己肯定感を高めたようであった。帰りの時に，一緒についてきている弟に対しても，今までとは違って大きな声で話し，お兄ちゃんぶりを発揮していた。

　サ行音の正音が定着し，国語の教科書の音読「おむすびころりん」でも，サ行音がきれいに発音できるようになった。会話でもサ行音がきれいに発音できるようになったので，次にラ行音とダ行音の構音指導に移った（通級指導第16回目以降）。

　この頃，仲良しのC君があと1週間で通級指導終了となり，A君も，「負けずに早く終了したい」というおもいをもつようになった。これまでは，「おくちの体操」と舌のトレーニングを家でも続けてやっていたが，この頃からは，構音練習も，家で鏡を見ながらやるようになったそうだ。その結果，ラ行音とダ行音の混同が，単語・文・表記において改善された（通級指導第19回目）。この後，拗音や早口言葉などの練習をして，10月末で通級指導を終了することになった。

　言葉を正しく発音できるようになり，自分の言いたいことがきちんと伝わるということが大きな自信となったようで，担任の先生のお話では，夏休み明けからは，在籍学級でも友達とどんどん関わっていくA君の姿が見られるようになったそうだ。また，在籍校の栄養教諭（本校と兼務）さんからも，給食当番のときに大きな声であいさつができるようになったことと，食べ終わるのが遅くなって後から食器を返却しに来るということがなくなったということを聞かせていただいた。

　A君は構音練習を続け，発音できるようになったことで，できないことや苦手なことを1つずつクリアしていくという経験を積み，その自信が自己肯定感を高め，友達やまわりとの関わりを積極的にしていった。また，仲の良い友だちと切磋琢磨し，支え合うことで大きな力をつけていった。

　「コミュニケーションとは，人間が意思や感情などを相互に伝え合うことであり，そ

の基礎的能力として，相手に伝える内容を広げ，伝えるための手段を育んでいくことが大切」（文部科学省，2009）であるが，A君の場合，通級指導教室での指導が伝えるための手段を育み，そこでの成功体験が自信となり，友達との関わりを深め，相手に伝える内容を広げていった。これからも自信をもっていろいろなことにチャレンジし，1つ1つ課題を克服して成長していってほしいと願っている。

文　献

飯高京子・若葉陽子・長崎　勤（編）　1987　構音障害の診断と指導　講座言語障害児の診断と指導第1巻　学苑社

加藤正子・竹下圭子・大伴　潔（編著）　2012　特別支援教育における構音障害のある子どもの理解と支援　学苑社

文部科学省　2009　特別支援学校学習指導要領解説自立活動編（幼稚部・小学部・中学部・高等部）　海文堂出版

中川信子　1986　ことばをはぐくむ：発達に遅れのある子どもたちのために　ぶどう社

和田秀樹（監修）　2006　聞く聴くドリル　聞き取り練習教材　文英堂

全国公立学校難聴・言語障害教育研究協議会　2012　きこえとことば研修テキスト　日本言語障害児教育研究会第45回大会資料集

全国特別支援学級設置学校長協会　2012　「特別支援学級」と「通級による指導」　東洋館出版社

第30章
知的障害養護学校における生徒の授業評価に関する実践的研究

稲本信正

はじめに

　今日,「子どもの参加や意見表明権を権利として認めていく」という解釈は認められつつある。学校現場における子どもの参加の一つの形態として,児童生徒による授業評価が,多くの自治体で高等学校を中心に,小・中学校でも取り組まれている。
　その中で,小・中学校で実施している仙台市 (2001) は,「授業評価は,教師の評価だけでは不十分であり,独りよがりになりやすい。そこで,客観的な評価の一つが,子どもによる授業評価である。教師が一方的に子どもの学習を評価しようとすることが多かった。子どもの声を受け止めて改善に生かすための評価が,日常的に行われていたとは言い難い」と述べている。これは,教師の最も身近にいて授業を受け入れている子どもの思いや願いを真摯に受け止め,授業の改善に生かすことが重要であることを示唆している。
　この授業評価は,児童生徒の意見を積極的に取り入れ,授業改善に結びつけることに目的を置いており,日々児童生徒が直接関わっている授業へ直接意見を表明していける手段と考えられる。授業は教師と児童生徒が共同して作るものであるという意識を含みながら,児童生徒が授業評価を行うことは重要な意味を持っており,学校参加の典型的な一例である。勝野 (1999) は,「『子どもの学校参加』は,単に『子どもが表明した意見を正当に重視する』ことを要求する,権利にとどまるものではないのであって,子どもたち自身が自分たちの意思・要求を自らの力を結集してどこまでも実現していく,そのような要求実現に向けての行動の権利ともなるのである」と述べ,より積極的,行動的解釈をしている。
　一方,特殊教育諸学校における授業評価の現状を見てみると,「児童生徒による学校

評価」を東京都立大塚ろう学校が取り組んでいるが，知的障害養護学校での授業評価の実施や児童生徒が参加する学校評議会の設置に関しては，筆者が渉猟しえた限りでは行われていない。

しかし，田代（1996）は，「権利行使の基礎としての，教育における子どもの『参加』の実現が，制度論として展開されるのみならず，子ども一人一人の主体形成と結びついた，具体的な教育活動における教師の指導の内容として展開されなければ，子どもの真の権利実現も，実質的な権利行使の主体としての位置づけも実効性を有しないであろう。これが，子どもの権利実現のための学校教育の責務でもある」ことを強調している。このように，「権利としての学校参加」を考える時，今までに見られた，「知的障害児は未熟である」といった見方を通してのパターナリズム的な関係ではなく，教師がいかなる児童生徒も，一人の人格的存在として認めていくという視点を前提に持つことがまず大切である。そして，教師と子どもがお互いの関わりを通じて共通理解し，決定していくことが必要となってくる。このような取り組みは，知的障害者の活動における，当事者参加の姿勢につながるものであり，児童生徒の参加や意見表明に大きな影響を与えるものと考える。このように捉えると，権利として認められた「児童生徒の学校参加」が，知的障害養護学校においても，当然の権利として実現されるべき課題となり，取り組まれるべきものと考える。

知的障害養護学校において生徒の授業評価が実施されてこなかった理由の1つとして，知的障害のある生徒がどこまで客観的に授業の中での自分の姿を評価し，表現できるのか，つまり生徒による授業評価の妥当性に疑問が投げかけられたことが挙げられると思われる。

そこで，本研究では知的障害養護学校において，授業評価を実施し，授業評価が授業や指導計画へどのように影響するか，障害の程度に応じた，授業評価への支援方法としてどのようなものがあるのかを明らかにすることを目的とする。

1 方　　法

(1) 授業評価表の作成

まず，知的障害養護学校の生徒が記入するための授業評価表を作成した。作成にあたっては，①授業評価表（試案）及び授業チェック表（試案）の作成，②授業評価表（試案）及び授業チェック表（試案）の実施，③授業評価表及び授業チェック表の作成という手順を踏んだ。

①授業評価表（試案）及び授業チェック表（試案）の作成：評価項目は，長野県，

高知県等の都道府県教育委員会が小学校向けに作成している授業評価表を参考にして設定した。これらの授業評価表に記載されている項目を分析すると，①生徒は教師による教示内容を理解しているか，②生徒は積極的な発問や参加態度を示しているか，③生徒に授業の達成感や次回授業への意欲，興味・関心が見られるか，④生徒が友だちに関心を寄せたり共同作業に参加したいと思うような授業であったか，⑤教師は授業中に生徒の質問に回答したり適切な支援をしているか，⑥教師は分かりやすく板書しているか，に分けることができた。これらの評価項目のうち，知的障害養護学校では板書をあまり使用しないことから，⑥を除いた。また，授業についての自由な感想を求める項目一つを追加し，計6つを評価項目として設定した。次に，各評価項目から1または2の質問文を作成した。

表1　授業評価表（試案）の各様式における質問番号と評価項目との関連

評価項目		授業評価表の様式				授業チェック表
		自由記載用	二択用	聞き取り用	重複生徒用	
評価項目	教示内容の理解	授業内容の理解	1	1	1	1	1
		教師の指示の理解	2	2	2	2	2
	積極的な発問や参加態度	授業への参加態度	3	3	3	3	3
		教師への発問姿勢	5	5	5	—	5
	授業の達成感と次回授業への意欲，興味・関心	授業の達成感	4	4	4	4	4
		作業内容への興味・関心	7	7	7	6	7
	友だちへの意識と共同作業への参加		8	8	8	7	8
	生徒の質問への回答と適切な支援		6	6	6	5	6
	授業に関する自由記載欄		9	9	9	8	9

＊　数字は設問番号

　授業評価表は，「自由記載用」「二択用」「教師による聞き取り（以下「聞き取り用」とする）」「重度，重複児の代わりに教師が記述（以下「重複生徒用」とする）」の4つの様式を準備し，生徒の認知レベルや書字能力に応じて選択できるようにした。「自由記載用」は設問に対し生徒が自由記述で回答するものである。「二択用」は「はい」「いいえ」での回答を求め，さらに自由記述欄を設けた。「聞き取り用」は生徒の言葉やジェスチャーによる回答を教師が記述する様式である。「重複生徒用」は，教師が生徒の様子を観察し記入するものであり，短時間で記入できるよう，自由記述による回答に加え，二択による回答欄も設けた。

　また，評価項目の意図から外れない範囲で，以上4つの様式の回答方法に応じた質

問文にした。設問1を例に挙げると,「自由記載用」では「きょうはなにをしましたか」,「二択用」では「きょうのさぎょうでしたことはわかりましたか」,「聞き取り用」では「今日は,何をしましたか」,「重複生徒用」では「今日の作業で,生徒がわかる活動がありましたか」とした。さらに,生徒が回答しやすいよう,主語を生徒として回答できるようにした。

次に,授業チェック表を作成した。授業チェック表は,生徒の授業評価と比較するためのものであり,授業評価表と同様の質問に対し教師が生徒の授業での様子を観察し記入するものである。「授業チェック表」は「自由記載用」「二択用」の様式を参考にして作成した。回答は4件法で,自由記述の欄も設けた。なお,「重複生徒用」の授業評価は教師が行うため,授業チェック表は,それ以外の3様式を用いる生徒について実施した。表1に,授業評価表の各様式及び授業チェック表における質問番号と評価項目との関連を示した。

②授業評価表(試案)及び授業チェック表(試案)の実施:授業評価表(試案)及び授業チェック表(試案)が記入しやすいものか,こちらのねらう回答が得られているかを検討するために,平成17年度3学期にA県立B養護学校中学部で実施した。

「自由記載用(試案)」「二択用(試案)」「聞き取り用(試案)」については,課題Aグループの生徒5名で,それぞれ2名,2名,1名が参加した。さらに,授業評価表への記入を支援する教師は3名とし,各様式に1名が支援し,さらに支援が必要な場合には筆者が対応した。対象とした授業は,「課題」(バランスのとれた食事をとろう)の10回である。また,「重複障害用(試案)」と他の様式と「授業チェック表(試案)」の比較については,「美術」(おひなさまをつくろう等)の授業のうち2回において,生徒13名の授業評価表の記入を教師10名が行った。また,チェック表については上記の課題Aグループの5名を主な対象として行った。参加生徒全員が2回ともの実施を原則としたため,クラスによっては評価表とチェック表の記入が重なる教師が出るなど,負担が大きくなるクラスも出た。また,チェック表記入の意味がはっきり理解されず,教師が授業評価を行うなどの困難もみられた。

実施方法は,授業終了後,授業評価表および授業チェック表に記入してもらい,授業評価表に記入する時の生徒の様子や教師に質問したことなどについて,教師から聞き取りを行うというものであった。そして,最後に教師に授業評価表及び授業チェック表についての意見を記述してもらった。

③授業評価表及び授業チェック表の作成:授業評価表(試案)及び授業チェック表(試案),聞き取り,アンケートを参考に,質問文の文言,回答方法,等について検討した。作成した授業評価表,授業チェック表のうち,「自由記載用」と「授業チェック

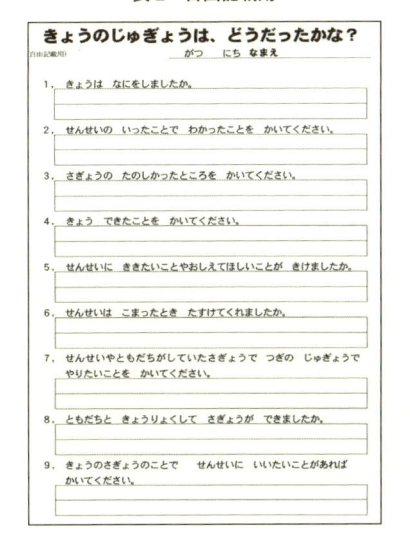

表2 自由記載用　　　　　　　　表3 授業チェック表

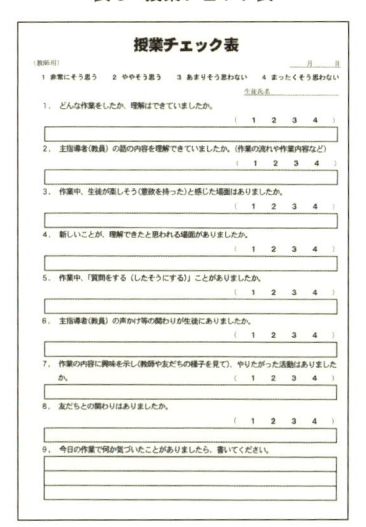

表」を表2, 3に示した。

　授業評価表（試案）及び授業チェック表（試案）について検討する中で，質問文及び回答方法の変更等によって対応できる事柄に加えて，授業評価表や授業チェック表への理解を図る必要や授業評価表への記入を教師が支援する際に配慮すべき点が浮かび上がってきた。これらを踏まえて，以下のような授業評価の留意点が明らかになった。

　①生徒と教師が授業評価の目的を理解する
　②教師が授業チェック表の目的を理解する
　③生徒一人ひとりに対して的確な支援が行えるよう，教師によって支援が可能な無理のない生徒人数にする
　④授業評価が負担にならず，積極的に関われるよう，生徒の実態に応じた様式を選択する
　⑤授業評価表への記入を支援する教師，及び「重複障害用」「授業チェック表」に記入する教師を指名する
　⑥授業評価表への記入は授業終了直後に実施する

(2)　授業評価の実施
　①参加生徒および評価体制：A県立B養護学校中学部生徒および教師を対象とし

た。授業評価に参加する生徒は，筆者と授業の主指導者が授業評価表（試案）の検討の際の様子等から，協議して決定した。なお，生徒の実態は表4に示した。

表4　参加生徒の実態

様　式	生徒	生徒の実態
自由記載用	A（男）	軽度知的障害で，日常会話が可能である。簡単な漢字混じり文で日記を書くことができる。授業評価表（試案）の検討では「二択用」であったが，自由記述の内容から，「自由記載用」での参加が可能であると判断。
二択用	B（女）	軽度知的障害で，日常会話が可能である。簡単な漢字混じり文で日記を書くことができる。軽い片麻痺がある。授業評価表（試案）の検討では「二択用」に参加しており，自らの考えで選択肢を選ぶことができていると判断。
聞き取り用	C（女）	軽度知的障害で，日常会話が可能である。ひらがなで日記を書くことができる。授業評価表（試案）の検討では「二択用」に参加したが，「聞き取り」の方がスムーズに意見を表現できると判断。
聞き取り用	D（男）	軽度知的障害で，日常会話が可能である。簡単な漢字混じり文で日記を書くことができる。1年生ということから，「聞き取り」での参加が適当であると判断。
聞き取り用	E（男）	中度知的障害で，表出言語は少ないが，意思を伝えようとする意欲は強く，ジェスチャーと単語を用いてやり取りする。ひらがなで単語を書くことができる。
重複障害用	F（男）	重度知的障害である。発語，書字はない。表情が豊かで，人と関わりたいという要求は強い。
重複障害用	G（男）	重度知的障害と肢体不自由の重複障害である。車いすを使用しており，全介助が必要である。発語，書字はない。
重複障害用	H（男）	重度知的障害と肢体不自由の重複障害である。自力歩行は可能である。発語はあり，書字はない。興味，関心が強く，表情や参加態度などからの判断が分かりやすく，参加可能と判断。
重複障害用	I（男）	重度知的障害であり，自閉的傾向がある。発語はあり，ひらがなで単語を書くことができる。認識面での力はある程度ある。試案には参加していない。
重複障害用	J（男）	重度知的障害であり，自閉的傾向がある。発語はあり，ひらがなを書くことができる。要求や拒否を明確に表現することができる。

なお，障害の程度は療育手帳の判定による

②対象授業：「職業/家庭科（農業）」（単元名「収穫祭でカレーを作ろう」）の授業で実施した。これは中学部での一斉授業（生徒数18名）で，週1時間の設定である。対象授業に選んだ理由は，以下の3点である。①中学部一斉での授業であるため，生徒の様子を複数の教師で観察しやすい，②作業に多様な工程があり，選択や要求なども問う授業評価には適していると考えられる，③授業が週1時間であり，次回の授業

に向けての検討や見直しに取り組みやすい。
　③実施期間：平成18年度1学期に実施された「職業／家庭科（農業）」の全ての授業計8回において実施した。
　④実施方法
　1）事前説明：春休み中の学部会の時間を利用して中学部の全教師に対し，授業評価の目的や「重複生徒用」授業評価表，授業チェック表の説明を行った。生徒に対しては，初回の「職業／家庭科（農業）」の授業の一部の時間を用いて，授業評価は授業改善をねらいとしていること，授業評価表の質問文と回答方法に関する説明を行った。また，必要に応じて，実施中においても説明を加えた。
　2）授業評価の実施：「自由記載用」「二択用」「聞き取り用」の生徒は，授業終了後すぐに別室に集合し，授業評価表に記入した。記入に際して教師は，質問の意味を生徒に分かりやすく伝えたり授業内容を思い出せるような質問をしたりするなどの支援を行った。授業評価表に記入する際の生徒の様子及び教師の支援については，筆者が記録した。また，「重複生徒用」と授業チェック表は，各教師がその日のうちに記入し，主指導者に手渡すように依頼した。
　3）授業の反省及び変更：主指導者は，学期のはじめに全授業の指導案を作成した。その指導案に，授業の反省と次回の授業への変更を記入する欄を設けておき，授業ごとに授業評価表の結果を踏まえた，授業の反省と次回の授業へ改善点について記述した。
　4）授業評価に関する生徒へのアンケート：全授業が終了した後に，「自由記載用」「二択用」「聞き取り用」に参加した生徒に対し，アンケートを実施した。質問した内容は，授業評価表のなかで設定した設問を基本に，全体的な感想を問うものにした。
　5）授業評価前後の教師へのアンケート：授業評価の実施前後に，「授業評価と授業改善に関する設問」「生徒や教師の授業評価実施に伴う変化」などを問う，教師へのアンケートを実施した。
　6）主指導者からの聞き取り：夏休み中に主指導者から，授業評価を実施した感想等について聞き取りを行った。
　⑤分析方法：以下の2点から結果を整理し，分析する。
　1）授業評価表の記述内容及びチェック表との比較：4つの様式の授業評価に記述されていた内容と，合わせて「自由記載用」「二択用」「聞き取り用」の授業評価表で回答された内容とチェック表が一致しているかどうかを検討する。チェック表との比較では，生徒の肯定的な回答に対して，チェック表で「1．非常にそう思う」「2．ややそう思う」と回答されている，また否定的な回答に対して，「3．あまりそう思わない」

「4. まったくそう思わない」となった場合を「一致」と見なし，「一致」しなかった場合を「不一致」とした。

2）授業評価を実施した生徒と教師の感想：授業評価が負担ではなかったかどうか等について生徒と教師へのアンケートから検討する。

2　結　　果

「自由記載用」「二択用」「聞き取り用」の授業評価表の記述内容及びチェック表との比較についてまとめたもの，また「重複生徒用」の肯定的回答数を表5に示した。

(1)　授業評価表の記述内容及びチェック表との比較

①「自由記載用」：生徒Aは日記などで自分の思いを文章に表現することには慣れていたが，授業評価表を記入し始めた当初は，質問されたことを文章で答えることには不慣れであった。しかし，繰り返しの取り組みや教師の設問に関する説明などの支援により，設問の意図に沿った自分なりにまとめた文章が書けるようになった。

②「二択用」：生徒Bは，全般的に自由記載の文書量は少なかった。これは，試案の際は，教師が1対1で対応できていたが，授業評価では，生徒2名に教師が1名で対応したため，十分な支援ができず，本人の集中力が持続できなかったためと考えられる。また，取り組み当初は自信が持てず，教師が授業の流れを始めから説明し直したり，本人が実際に発言した事柄などを思い出させるような質問をしたりするなど，細かな支援が必要であった。しかし，回を重ねるに従い，設問を読むだけの支援で，回答ができるようになってきた。

③「聞き取り用」：生徒Cは，「試案」で取り組んだ「二択用」のイメージが強く，当初はまだ回答を記述でしなければいけないのではないかということに気をとられていた。その為，自信が持てず，教師が「今日は，最初に何をしたっけ」など，授業の流れをはじめから説明し直すなど，細やかな支援が必要であった。しかし，回を重ねるに従い設問を読むだけの支援でその日の流れを思い出し，回答が言えるようになった。

生徒Dは，普段は対教師や生徒同士のスムーズな会話が可能であるが，授業評価では緊張のため言葉が少なく，途切れ途切れになったり，すぐに「なし」「わからない」などあきらめてしまったりした。しかし，取り組みを繰り返すなかで，「なし」と答えても，すぐに答えるのではなく，教師の説明を聞きながら考えようとする姿勢が見られるようになり，答えられる設問も出てくるようになった。

第30章　知的障害養護学校における生徒の授業評価に関する実践的研究　　335

表5　授業評価表とチェック表の関係

評価項目		授業内容の説明や指示の理解		積極的な発言や参加態度		授業の達成感と次回作業への意欲・関心・態度	友達への意識と共同作業への参加	生徒の質問へのフィードバック	
設問番号		1	2	3	5	4	7 (重複は6)	8 (重複は7)	6 (重複は5)	
自由記載	A	7/7	7/7	7/7	6/7 生徒は「なし」チェック表は「具体的な質問があった」	7/7	5/7 生徒は「なし」チェック表は「あった」その逆の不一致も1回	6/7 生徒は「具体的回答」チェック表は「3あまりそう思わない」(3回とも)	6/7 生徒は「質問を思い出す支援あり」チェック表は「なかった」	設問「8」では、評価表では、「なかよく」、チェック表では「関わり」という表現になっており、答えに対するイメージの違いが出たと思われる。
2択	B	6/6	6/6	6/6	4/6 生徒は無回答 チェック表では口癖の「何で」を質問と解釈	4/6 生徒は「できた」チェック表は「していない」と判断	3/6 生徒は「次問の授業」に対しての回答 チェック表は本時の様子での記載(2回)	6/6 設問がずれた回は、設問7で回答が終わってしまい、設問7,8に同じ回答をしたため、8は一致した	5/6 生徒が設問4以降の回答欄をずらして書いたため	不一致の1回は、生徒が設問4以降の回答欄をずらして書いてしまったことから、混乱したための不一致である。(生徒の自主性を重んじ、訂正させなかった)
聞き取り	C	6/6	6/6	6/6	5/6 生徒は「聞いた」チェック表は「していない」	5/6 生徒は「なし」チェック表は「具体的な作業があった」	3/6 生徒は「あった」チェック表では、「なし」(3回とも)	4/6 生徒は「なかった」チェック表は「友達を意識していた」逆の回答が1回	5/6 生徒は具体的に「皿ふきの支援」チェック表は「一人で」	「二択用」から「聞き取り」用に変更したため、取り組み当初は筆記での回答をしなければとの勘違いをしていたことも一原因である。
	D	6/6	3/6 生徒は「分からない」、無言 チェック表は「できている」(3回とも)	3/6 生徒は「なし」チェック表は「あった」(2回)逆の回答は1回	6/6	6/6	4/6 生徒は「なかった」チェック表は「あった」(3回とも)	3/6 生徒は「できた」チェック表は「なかった」(2回)逆が1回	5/6 生徒は「わからない」チェック表は「あった」	試合不参加からの緊張や記憶は困難な面がある。そのため、すぐにあきらめたり考えるのをやめたりする傾向が強く、授業評価に慣れるまでに時間がかかったものの一原因である。
	E	6/6	4/6 生徒は空欄と「なし」チェック表では「できていた」(2回とも)	6/6	4/6 生徒は「聞いた」チェック表は「していない」(2回とも)	5/6 生徒は「できた」チェック表は「していない」	4/6 生徒は空欄 チェック表は「あった」	2/6 生徒は「できた」チェック表は「なかった」(3回) 逆が1回	5/6 生徒は「なし」チェック表は「あった」	普段、あまり関わりのない教師が、聞き取りの支援を行ったため、十分に生徒の思いが伝わっていないことも多く、あきらめてしまったのも、一原因である。
重複障害	F	6/7	2/7	6/7		1/7	3/7	2/7	7/7	
	G	1/5	0/5	5/5		4/5	2/5	2/5	4/5	
	H	5/5	5/5	5/5		5/5	5/5	3/5	5/5	
	I	7/7	5/7	4/7		6/7	5/7	1/7	7/7	
	J	8/8	6/8	4/8		6/8	6/8	1/8	6/8	
		車いす使用の生徒を除いて、肯定的な回答が多い。	発語のない生徒に否定的回答が多い。	自閉的傾向がある生徒に否定的回答が多い。		F, J児と障害特性の違う二人で、否定的な回答が多い。	H児以外では、否定的な回答が多い。	他の設問では肯定的な回答の多いH児も含めて、全般的に否定的な回答が多い。	全員について、肯定的な回答が多い。	

生徒Eは，担任教師以外の教師が聞き取りの支援を行ったため，伝えたいことが教師に伝わりにくく，何度もジェスチャーや本児なりの発音で伝えようとするが伝わらず，生徒が繰り返し首をかしげてしまう場面が多く見られた。

　④重複生徒用：「重複障害用」の「5．主指導者（教員）の声かけ等の関わりが生徒にありましたか」という設問では，生徒Gが調理実習の日に「グループ活動であった」ということで「4　全くそう思わない」を選択した以外に，「そう思わない」という否定的な選択は見られなかった。生徒Fは，「耕運機を使用したいという態度を表した時に，ちょうどタイミング良くこえをかけてもらった」と書かれている。生徒Gの「前に出て，問題を提示してもらった」や生徒Jは，「何度も草引きをしている様子を見て側に行き，ほめてもらえたことは，本人の励みになったと思う」と記載している。また，生徒H担当教師は，「一人ひとりにはこれで十分だと思う」と見ている。「重複生徒用」の設問の中で，一番肯定的な意見が多い項目であり，教師が積極的に関わりを持っていたことが見てとれる。

(2)　生徒の感想，教師の感想

　①生徒の感想：授業評価実施後に行った生徒へのアンケートにおいて，「授業は楽しかったですか」という設問に対して，生徒A～Eの全てが「はい」と回答した。また，「いろいろ教えてもらった」という意見を始め，授業評価表で質問したことに教師が答えていると全員が感じていることが理解できた。

　また，「授業評価に取り組むことは楽しかったか」という設問も，生徒1名を除いて「はい」と答えている。その中には，「楽しかったです。特に思いだしてかくことが楽しかったです」と書いている生徒がいた。「いいえ」と答えた生徒は，「しんどい」という印象を持っており，授業直後の実施が負担に感じたようである。しかし，自由記述の欄には「授業のことを思い出した」と書いており，肯定的に捉えている面も伺える。これらの回答から，生徒にとって授業評価は，ほぼ負担にはならなかったと推測される。

　「教師に聞きたいことが聞けましたか」という設問には，3名が「はい」と答え，2名が「いいえ」と未回答になっている。回答の中には，「こううんきのつかいかた」と具体的な記述も見られた。また，「授業評価表で質問したことに，教師は答えたか」という設問には，全員が「はい」と答えている。記述では具体的なものはなかったが，「答えてくれました」「いろいろ教えてもらった」というものがあった。おおむね，教師との関係はスムーズに取り組めたことが伺われる回答であったと思われる。

　「教師にもっと聞いてみたいと思いましたか」に対しては，1名が「はい」，3名が

「いいえ」，残りの1名は「△」をつけている。「はい」と答えた生徒は，「二がっきの職家はなにをするの」と今後の職家の授業に興味を示した回答を書いている。他の4名には具体的な記述はないが，前述の通り，生徒の質問に対して，教師はしっかり答えているという印象を生徒は持っており，また作業が理解しやすく，質問することも少なかったという結果も出されており，このような回答になったものと推測できる。

②教師の感想：「授業評価を実施して，良かったと思われますか」の質問に対して，「非常にそう思う」4名，「ややそう思う」7名，「あまりそう思わない」1名，「全くそう思わない」0名であった。授業評価実施に関しての自由記述としては，「主指導者の声かけだけで動けるか，補助の声かけが必要か，どの点で意欲を示したかを振り返ることができた」など，生徒理解に関する意見と「客観的に授業を見る機会になった」「授業ごとの反省，評価をされることにより授業が充実する」といった授業の検討に関する意見が多く述べられていた。

また，「授業評価は，授業の改善につながったと思われますか」に対しては，「非常にそう思う」5名，「ややそう思う」6名，「あまりそう思わない」1名，「全くそう思わない」0名という結果であった。その中には，「授業をやる側（教師）が生徒の自主的な行動，やる気などを引き出そうと工夫するようになる」「よりよく生徒の活動を保証する手立てを考える」というような意見が見られた。一方で「あまりそう思わない」と回答した教師は，「学部全体の指導が主なので，重度の生徒のレベルにあわせるのは難しい」と記述していた。

3 考　察

(1) 生徒の授業評価に関する検討

①生徒の記述時の様子から：授業評価表に記入する際の生徒A～Dの変化から，まずは授業評価に慣れることが大切であることが伺われた。「授業評価に今後も取り組みたいですか」という設問に対して，4名は「かくのがすきだから」などを理由に挙げ，「はい」と回答している。「授業評価に取り組むことは楽しかったか」という設問も，同じく4名が「はい」と答えている。その中には，「楽しかったです。特に思いだしてかくことが楽しかったです」と書いている生徒がいた。自覚が出てくるとより積極的に授業評価に関わっていこうという意欲が見られるようになる。それが要因となって，授業への参加意欲が増すものと捉えることができる。そう考えると，「二択用」「聞き取り用」参加の生徒は，今回の初めての授業評価の経験を通して，授業評価記入への自覚を持つまでに至っており，今後継続した取り組みを行う中で，授業への

積極的な参加意欲が期待できると考えられる。

　一方,「重複生徒用」に参加した生徒は,教師が生徒に代わって授業評価表を記入しているため,直接的な参加になっておらず,参加していることを生徒に何らかの形で伝えようとするような配慮も実践しなかった。その結果,「重複生徒用」に参加した生徒には,生徒A～Eのような授業評価参加に対しての変化を見いだすことができず,参加意識を持ちにくいという課題があった。これは,重度障害児の授業評価の参加に関する課題のひとつと考えられ,教師が代わりに記入するとしても,どのようにして評価の結果を生徒にフィードバックしていくかを検討していく必要がある。

　②授業評価表の記述から:「自由記載用」「二択用」「聞き取り用」では,記入量には大きな差が見られた。しかし,授業ごとの具体的な記述はほぼなされており,「二択用」における選択や授業評価において「なし」と書かれた項目においても,ほぼ授業チェック表との一致はしており,対象授業とかけ離れた評価にはなっていないことがわかる。また,授業評価表と授業チェック表における不一致も,授業内容から逸脱したものはほとんどなく,授業評価表やチェック表の設問表現自体に問題があるためのものと捉えることができる。

　また,「重複生徒用」における否定的な回答が多い設問は,生徒の実態とかけ離れた設問であったり,障害特性からの偏りと捉えられたりすることができるものが多いことが理解できる。

　また,設問によっては自閉性障害の有無によって回答が左右されるような設問や,設問自体が生徒の実態とかけ離れていて,統一した視点で回答がしにくいものもあった。具体的には,「3. 作業中生徒が楽しそうに感じた場面がありましたか」の設問に対して,生徒F, G, Hは,生徒Fの1回を除いて「そう思う」という回答であった。それに対して,生徒Iは7回中3回,生徒Jでは8回中4回で,「そう思わない」と回答されていた。生徒I, Jには「自閉的傾向」という共通した特徴があり,表情からの読み取りが難しく,自分のペースで作業に取り組む特性から,このような評価になったと考えられる。特に自閉的傾向のある生徒に対しては,「楽しそう」という抽象的な文言での質問への回答に困難な面があり,検討する必要がある。

　また,「2. 主指導者（教員）の話の内容で理解できるところがありましたか」の質問では,表出言語のある生徒H, I, Jには,ほぼ（20回中17回)「できている」との回答であったのに対し,表出言語をもたない生徒F, Gには,「困難である」という答えが多かった（12回中10回）。この設問では,生徒の授業時の様子よりも,表出言語の有無が影響を及ぼしていると考えられる。

　③授業チェック表との比較から:設問ごとのチェック表との一致率を表6に示し

た。授業評価表と授業チェック表との全体での一致率は81.0%であった。質問により一致率には差があり，「授業内容の理解」(一致率100%)，「授業への参加態度」(一致率90.3%)では高かった。農業の授業では，授業内容がパターン化されているため，生徒が授業内容を理解しており作業に取り組みやすいことが反映しているとも考えられる。一方，「作業内容への興味・関心」(一致率61.3%)，「友だちへの意識と共同作業への参加」(一致率61.3%)といった，生徒の考えに関する質問については一致率が低かった。生徒が自分の考えを授業評価表に反映させていない，また教師が生徒の考えを正確に把握していないという双方の事情が考えられる。しかし，生徒の意識・興味・関心は授業を実践していく中では極めて重要な項目であり，教師主導で行われる授業評価に対し一考を求めるものであろう。

表6　設問ごとのチェック表との一致率

評価項目（カッコ内は設問番号）		一致率
教示内容の理解	授業内容の理解（1）	100%
	教師の指示の理解（2）	83.9%
積極的な発問や参加態度	授業への参加態度（3）	90.3%
	教師への発問姿勢（5）	80.6%
授業の達成感と次回授業への意欲，興味・関心	授業の達成感（4）	87.1%
	作業内容への興味・関心（7）	61.3%
友だちへの意識と共同作業への参加（8）		61.3%
生徒の質問への回答と適切な支援（6）		83.9%
全体の一致率		81.0%

(2) 適切な支援方法

①「自由記載用」「二択用」：繰り返しの取り組みの中での声かけ支援により，生徒が設問の内容を理解し，回答への見通しが持てるようになり，個別の指示が少しずつ減っていく傾向が見られた。これは，この様式に参加している生徒であれば，授業評価の意味や実施に際しての要点などを理解することができることを示唆していると考えられる。その中で，特に取り組み当初は支援する教師と生徒ができる限り個別で対応する方が，生徒の集中力の持続が可能になり，スムーズな取り組みに移行しやすい。そのためには，取り組み当初に多くの教師が必要になるので，現状では困難な面があり，大きな課題のひとつとなってくる。しかし，取り組み当初に，しっかり説明をしておくことで後半は，ほぼ教師の支援なしに取り組むことができると考えられることから，取り組み始めの綿密な関わりが，この様式での最適の支援となると考えて良いだろう。

②「聞き取り用」：この様式に参加する生徒は，自分の思いや要求などは日常的に話ができたとしても，質問に答えることに関しては，その意味や求められていることの理解が困難であることが多い。そのため，質問の意味の説明に加えて，必要に応じた具体的な授業の流れを始めから説明したり，本人が実際に発言したり関わった事柄の説明をする支援が必要である。これらの支援を通して，生徒は，授業内容を思い出し，回答のヒントとなるケースが多く見受けられた。このように，一人ひとりの生徒の特徴を捉え，授業のどのような事柄について話をすれば，要求している設問に回答しやすくなるのかを把握することが大きな支援になると考えられる。

また，言葉以外でのジェスチャーなどの生徒の表現からの読み取りをするための支援方法の配慮が課題となっている。クラスに戻っての帰りの会などでは，リラックスして単語とジェスチャーを使って伝えようとしている姿が見受けられ，教師もその伝達方法に慣れているので，生徒の思いがよく伝わっていた。この言葉以外の表現を授業評価の中で生かしていくには，授業チェック表を行う教師が同じにならないように配慮が必要になるが，生徒を支援する教師を担任が行うことがひとつの大切な支援になると考えられ，改めて，この配慮点の検討が課題となってくるであろう。

③「重複生徒用」：重度・重複の生徒に対しての授業評価を，教師が生徒の立場に立って代わりに評価する実施方法をとるということが，基本的な支援となっていると考えてよいことは，事後教師アンケート等からの考察で理解できる。その実施に際しては，「教師が生徒の行動，表情をよく観察し見逃さない」という視点を大切にすることや「本来は生徒がするものを，代わりにしているのだという気持ちで評価することが大切」といった教師の基本的な思いを繰り返し確認することが重要であり，それがより的確な評価につながった。特に，表情の読み取りにおいて，自閉的な生徒は表情が乏しく，マイペースで作業を行うため，感情や意欲の読み取りが困難な面があることがわかった。よって授業評価に取り組む以前の生徒との意思の疎通や微妙な表情や生徒が表出している表現の理解の程度が大きく関与すると考えられ，これも生徒への支援の一環としてとらえることができる。

また，今後の評価に対する支援のあり方として，「生徒の表情をよく観察し，笑顔があったとか，視線が長いときで何秒先生を注視したかとか，歓声を何回あげたとかで，授業への参加の様子をとらえていく」という，数量化できる事柄で評価するという意見も出されていた。このような評価が実現できれば，今回のような教師の主観的な評価のみに頼るのではなく，客観性を増した評価ができると考えられる。しかし，実施に向けては，授業を実施しながらでは難しく，評価のみを行う教師の配置が必要になると思われ，現状では教師の人数の問題から困難な状況であり，評価するポイントを

しぼるなどして，授業で関わりながらより的確な支援ができるような方法を考えていくことも大切になってくる。

まとめ

　授業評価を実施することにより，生徒の様子や問題点が明確になり，個々の生徒の授業内容への関わり方を意識した授業の進行を考える土台となったと考える。これは，主指導者一人では把握し切れない多くの生徒に関する情報を得ることができ，授業の見直しに広がりを持たせることができることを意味している。今後は，主指導者が中心となり話し合いを持つことにより，授業の改善につながると共に，授業評価を実施するに当たり，教師が課題としてあげている，「教師の力量とチームワーク」や「その生徒能力を見極め，分かりやすい，興味あることから評価項目に入れ，結果を必ず，次時または先の授業でつたえること」へのアプローチになるものと確信している。

　また，授業評価はパターナリズム的な一方的な関係ではなく，生徒と教師が少しでも対等な立場に立ち，授業を作り上げていくことにつなげていこうとする，教師の生徒への対応を示すものであり，授業評価実施の中で，この点に注目する教師が多くなったことは，大きな意味をなすものである。また，「重度・重複だから表現することは困難」とあきらめるのではなく，積極的な思いを持って生徒と関わっていくことが重要である。重度・重複の生徒に対する授業評価を通しての観点を持ち，生徒との関わりを探求しようとする姿勢が，知的障害養護学校の児童生徒全員参加による「学校参加」につながる生徒への対応につながるものと考える。

　このように，今回の授業評価は，短期間の実施であったが，主指導者を通して次回授業に影響を与えたり，各教師の生徒や授業に対する意識に変化を与えたりするなど，「学校参加」の一環として位置づけることができるものとなったと考えている。

文　献

独立行政法人国立特殊教育総合研究所知的障害教育研究部　2006　知的障害のある児童生徒の特性と教育的対応　p.1〈http://www.nise.go.jp/portal/elearn/zidouseito.html〉（最終アクセス 2006. 9. 8）．

岐阜県総合教育センター　2003　高等部作業学習における生徒の自己評価を指導に生かす工夫　特殊教育諸学校における「指導計画と評価」について，平成15年度の研究実践　p.1〈http://www.gifu-net.ed.jp/ssd/tokusyu/sidohyoka/tokusidou.html〉（最終アクセス 2006. 2. 20）．

堀井雅道　2004　Ⅱ 地域・自治体における子ども参加と学校改革　埼玉県鶴ヶ島市の学校改

革と学校協議会　喜多明人（編著）　現代学校改革と子どもの参加の権利：子ども参加型学校共同体の確立をめざして　学文社　p.126.
藤田昌士　1994　子どもの学校参加　生徒指導，№477．明治図書　p.10．
藤田昌士　1996　第2部第1章　戦後日本における生徒参加と自主活動　1　戦後教育改革と生徒参加の理論—戦後初期の文部省著作物に則して　喜多明人・坪井由実・林　量俶・増井　均（編）　子どもの参加の権利〈市民としての子ども〉と権利条約　三省堂　p.128.
勝野尚行　1999　第Ⅱ部　子どもの人権・権利の状況　第3章　学習指導要領と子どもの苦悩—学習権回復を求めて—　勝野尚行・酒井博世（編著）　現代日本の教育と学校参加—子どもの権利保障の道を求めて—　法律文化社　p.196.
勝野尚行　1999　第Ⅲ部　日本および外国における学校参加の法律・制度　第1章　教育基本法制と学校参加　勝野尚行・酒井博世（編著）　現代日本の教育と学校参加—子どもの権利保障の道を求めて—　法律文化社　p.189.
河東田博　1993　当事者参加・参画に関する研究—当事者組織の育成・強化と政策決定への当事者　参加・参画の試み—　心身障害児（者）の地域福祉体制に関する総合的な研究（平成5年度厚生省心身障害研究）　pp.134-143.
高知県教育委員会　2004　平成16年県立高等学校授業評価アンケートまとめ　pp.5-6.〈http://www.kochinet.ed.jp/koukou/gaku/jugyohyoka.htm〉（最終アクセス 2006.9.8）．
長野県教育委員会　2003　学校自己評価の手引き—よりよい学校作りをめざして—　p.10
〈http://www.nagano-c.ed.jp/kenkyoi/jouhou/gakkou/jikohyouka/index.htm〉（最終アクセス 2006.9.8）．
長野県教育委員会　2003　学校自己評価実施状況調査報告書　pp.1-4.〈http://www.nagano-c.ed.jp/kenkyoi/jouhou/gakkou/jikohyouka/hokoku15.htm〉（最終アクセス 2006.9.8）．
長澤正樹　2001　重度知的障害のある児童生徒を対象とした自己選択の実態—養護学校における食事と遊び場面に基づく調査研究—　発達障害研究，第23号(1)，54-62.
長澤正樹　2002　重度知的障害のある子どもを対象とした自己選択行動アセスメントマニュアルの作成　新潟大学教育人間科学部紀要，第5巻（第2号），49-55.
岡田賢広　1996　子どもの参加権の法的考察—学校への子どもの参加権を中心に—　日本教育法学会年報第25号　有斐閣　p.171.
仙台市教育センター　2001　子どもの声を生かした授業評価・改善—自己改革を目指す仙台市の教師サポートプロジェクト—　p.3〈http://www2.sendai-c.ed.jp/~center/H13tyousa/index.htm〉（最終アクセス 2006.4.2）．
障害保健福祉研究情報システム 2003 アジア知的障害会議と日本の本人活動　p.1.〈http://www.dinf.ne.jp/doc/japanese/daw/wz_cry.htm〉（最終アクセス 2006.4.2）．
高垣隆治・池本喜代正　2001　自己選択，自己決定を育む授業—知的障害養護学校の作業学習を通して—　宇都宮大学教育学部教育実践総合センター紀要，第24号，186-196.
田代高章　1996　第1部第1章　学校における生徒参加　2 子どもの自己　決定と共同決定・参加　喜多明人・坪井由実・林　量俶・増井　均（編）　子どもの参加の権利〈市民としての子ども〉と権利条約　三省堂　p.26.
飛内文代・高坂　智・久保田千夏（青森県教育委員会高校教育課指導主事）　2004　生徒の視点を生かした授業評価についての研究—高等学校における授業改善への活用の可能性

pp.1-12.〈http://www.pref.aomori.jp/education/school/index06.html〉（最終アクセス 2006. 9. 8）．

東京都教育委員会　2004　Ⅰ　生徒による授業評価に対する都教育委員会の考え方　生徒による授業評価を生かした授業改善を目指して　pp.1-3.〈http://www.kyoiku.metro.tokyo.jp/buka/shidou/jugyohyoka.htm〉（最終アクセス 2006. 9. 8）．

東京都教育委員会　2004　Ⅱ　生徒による授業評価の具体的な進め方　生徒による授業評価を生かした授業改善を目指して　p.6.〈http://www.kyoiku.metro.tokyo.jp/buka/shidou/jugyohyoka.htm〉（最終アクセス 2006. 9. 8）．

第31章
ある自閉症児の絵画発達について：
Aくんの育ちから見えるもの

松浦 智子

はじめに

　子どもたちは毎日あふれるエネルギーで外の世界を取り入れ，内なるものを表現して自ら育っていく。その育ちゆく姿は，私たち大人が想像する以上のものとなり，日々驚きと感動を与えてくれる。幼児の通園施設で担任したAくんもその中の一人であり，環境と格闘しながらも生きる喜びをからだじゅうで表現し育ちゆく存在だった。Aくんは毎日数多くの絵を描いていて，それはとてもユニークで彼の豊かな心的世界を垣間見ることのできるものだった。彼にとって「絵を描く」とはどのような意味があったのか，何を感じ，私たちに何を伝えたのか，彼が園で過ごした3年間の中の4歳児の1年間を中心に検討していく。

1　Aくんについて

　2歳の時に自閉症の診断を受けた男児，3歳で入園。3歳10か月の時に発達検査を受けており，発達年齢は1歳9か月だった。好奇心が強く園では積極的に活動していたが，思うようにならない時には激しく泣いてパニックになることも多かった。

(1)　3歳児のとき

　クラスは10人で担任は2～3人の異年齢の集団。3歳児の時の担任はAくんが好きな遊びを一緒に遊び，"楽しかったね" "またあそぼうね"という気持ちを育て，悲しい場面では担任を求めて甘えてくれるように気持ちを受け止めるように関わっていた。また，上手くできた時には"やったね"と褒めて自信につなげようとしていた。

その結果，Ａくんは，してほしいことがあるときは担任の手をひくようになり，パニックになった時は担任におんぶされて時間はかかるが気持ちを静めることができるようになっていった。しかし，友達への関心は少なかったようだ。
　筆者はその次の年からの2年間Ａくんを担任した。

(2)　4歳児のとき
　クラスは10人（3歳から5歳の異年齢児集団），担任は筆者を含む3人。ほとんど病気もせず安定した出席で，生活面の力は着実に付いてきていた。排泄面もタイミングを見て大人がトイレに誘うと成功するようになっていた。園の生活には慣れてきていたが，混乱も多く，パニックも頻繁に起こしていた。この1年間はＡくんにとって，対人関係やコミュニケーション面で大きく成長した時であり，それにともなって，描画や制作活動の様相も変化していった（表1参照）。

2　パニックへの対応とＡくんの育ち

(1)　他児の泣き声（泣いている状態）に対するパニック
　泣き声に対しては前年度からパニックを起こしていて，それは大声で泣き頭打ちをするという激しいものだった。担任はＡくんの体を押さえ怪我をしないように静かな場所に移動し，抱いたりおんぶしたり彼が少しでも安心し楽になるように対応した。しかし，パニックでおしっこを漏らしてしまい，服が濡れるのを嫌うＡくんのパニックはさらに激しくなった。何とか落ち着く方法を見つけ，Ａくんもそれに気付けるようにしたいと考え次のような対応をした。

　①側に行き，抱いたりさすったりして落ち着かせ，「先生がいるから大丈夫」と声をかける。辛い時，困った時には大人が助けてくれる，という信頼関係を築いた。

　②泣き声の主が誰だったか教え，もう泣いていないことを確認する。泣いている理由も伝える。「赤ちゃんだから（泣くのがお仕事）」「転んで痛かったから泣いているけど，薬を塗ってもらったからもうすぐ泣き止んで静かになるよ」など。

　泣き声を遮るという意味では"イアーマフ"[1]が有効な場合もあり，試してみたが，泣いている子の顔をわざわざ見てさらにパニックになっていた。Ａくんには確かに聴覚の過敏性があったが，"音から逃れたい"とだけ思っているのではなく，音源を探し泣き顔を確認し，"この嫌な感覚から抜け出す手段や確信を得たい"と考えていたと思

---
(1) 防寒用ではなく遮音用のもの

第31章　ある自閉症児の絵画発達について

表1　コミュニケーションの発達と描画・製作活動の変化，そこに関わる大人の対応

月	対人関係，コミュニケーション	描画・製作活動
4	・園庭で，他児の泣き声によるパニック（大泣き，おもらし等） ・カバン配りの順番が一番でないとパニック。	・紙にばいきんまんの絵を何枚も書く。3色のこだわり。
5 6	・泣き声でパニックになり漏らしてしまうことが続く。 ＊すぐにトイレに連れて行き漏らすことを回避する。 ＊担任がそばに付いて一緒に遊ぶ ＊配り方を変える ・カバン配りの順番は待てるようになった。 ・担任に遊んでほしくて「もう一回」と言って手をひく。	・パニックになったら部屋に入り，絵を描く ・本児のまねをして線路を描き，汽車になって走ると何度もしてほしいと要求
7	・クラスの友達の泣き声にはパニックにならなくなった。 ・園庭でのパニックが減った（おもらしもなくなった） ・カバン配りでのパニックはなくなる。 ・遊びの切り替えができずパニック	・砂場で砂山を作りトンネルを掘る ・うちわに絵を描くがうまく描けず「ばいばーい！」と怒る
8	・クラスのBくんが気になり顔を覗き込むことが増える。 ・Bくんのカバンを自分の次に配ってあげる。 ・Cちゃんに興味が出てくる。Cちゃんの名前をよく言う。 ・担任に，自分が言った言葉の繰り返しを求めたり，担任の顔を覗き込んだりする。	・園庭で地面にお絵かき　マクドナルド・ローソン等の看板を描く ・スライムでバイキンマンを作る
9	・クラスの友達の顔を覗き込むようになる。 ・わざと違うことをして，担任に「ちがうね」と言ってほしがる。 ・毎日，欠席の友達を探して「〜ちゃんいないね」と言う。 ・他児にブロックを崩されても怒ることなく「あーあ」と言って再び作り出す。	・"むっくりくまさん"の遊びをした後地面にくまを描く
10	・Bくんが泣いていると「だいじょうぶ？」と声をかける。 ・ジャンプや梯子渡りに成功したとき，担任がどんな表情をして褒めているのか，顔を確認する。 ・交流で来ていた保育所の子どもには意識が向かない ・困った事があると「おわります〜」を歌って気持ちを切り替える。 ・Bくんが泣いているのを見て顔を覗き込み一緒に泣き出す。 ・「〜たのしかったね」と何度も担任に言いに来る。	・地面にマーク等の絵を描き担任に知らせて一緒に消すことを楽しむ
11	・担任3人に"お茶の歌"を歌うことを求める。 ・担任に給食を全部食べたことを褒められ「ぼく，えらい」と言う。 ・注意されることをわざとして大人の反応を確かめる。	・担任に注意されてパニックになり地面に絵を描く。 ・地面に絵を描いて楽しむ　PANASONIC等アルファベットを書く ・凧製作で絵の周りにクラスの友達の名前を書く
12	・椅子取りゲームでDくんがわざと座らないと真似して座らない。 ・Dくんが，「椅子取りゲームしよう」と言うと，同じように言う。 ・一人で朝の用意ができた事を「すごいね」と言ってほしがる。 ・以前よりいろいろなことにこだわり泣くことが増える。	・お買いものでパニックになり園庭で絵を描く。担任が笑顔のAくんを描くと，それを消して「えーんえーん」と泣きながら泣き顔を描く
1	・いつもと違うメンバーでのお買いものごっこにパニックになる。 ・困ったことがあると担任に言いに来る ・「たのしかったね」と遊びが終わるごとに担任に共感を求める。	・地面に看板をたくさん描き街をつくる。
2	・Dくんとボーリングをするが，順番がわからず泣く。 ・ボーリングにBくんEちゃんも入り，Aくんが順番を仕切る。 ・担任が厳しい表情で注意するが笑い続け，理解できない。	・木の枝をペン代わりに持ち絵を描く
3	・絵本で泣いているシーンを見て「えーん」と笑いながら言う。 ・注意されることをわざとして担任の顔を覗き込む。 ・担任に甘えて抱っこを求める ・三輪車の順番交代ができずに泣き「お部屋に行く」と訴える。 ・絵本の登場人物の表情を真似する。	・三輪車に乗れるようになり地面に絵を描くことは減った

われる。そこで，"泣いている子も笑顔に戻る"という先の見通しを日々の状況の中で伝えていこうとした。

その後，クラスの子どもの泣き声には動じなくなっていったが，それはクラスの子どもたちの行動のパターン（どんな時に泣くか，どうやって泣き止むのか）や声の音質が分かってきたからだと推測される。

③トイレにタイミングをみて連れて行き，失敗を避ける。漏らして服がぬれるとパニックが再燃するので，"パニックになるぞ！"という前に抱きかかえてトイレに連れて行った。

トイレという静かな場所で自分の体に集中することは，気持ちを切り替えるためにはよい方法だった。その後Aくんはパニックになりそうなとき，自ら「トイレ行く」と言って行くことで気持ちを治めることができるようになっていった。

しかし，体調によっては聴覚の過敏性も一層高くなり，園庭に出られず，静かな部屋で好きな絵を何枚も描くことで気持ちを治めていた。この時の描画はAくんにとって気持ちを静め安定させるものだったことがわかる。

(2) 描いた絵や造った物を壊された時のパニック

Aくんは園庭でのびのびと自分の世界を絵や造形で表現していて，それは街で見た気になる看板であったりアニメのキャラクターであったりトンネルであったりした（写真1）。園庭は共有のスペースで，他の子がAくんの作品を消したり壊したりすることは仕方のないことだが，そんな理屈はAくんには納得できず，そのたびに大泣きしていた。そこで，Aくんが絵を描く時は担任がそばに付くことにした。それは，

①「壊さないで」と他児に伝えたい言葉を代弁する，②壊されたときに悔しい気持

写真1

ちを受け止め,「もう一回,描いて(造って)みよう」と励ます,③何より,Aくんと絵を描くことを楽しむためだった。Aくんの絵を見て担任は心から「上手だね,すごいね」と褒め,違う看板の絵を描き加えたりロゴの見本を描いてあげたり,絵を通してAくんと楽しさを共有しようとした。担任におんぶや抱っこを求め悲しい気持ちをぶつけ,受け止めてもらって心を静めることができるようになっていった。

　気持ちの立て直しが少しずつできてきた秋頃,組み立てていたブロックの作品を崩されたときに,「あーあ」と言って気持ちを切り替え,また作り直すことができるようになった。

3　対人関係・コミュニケーションの発達

　夏ごろから様々な環境や状況によって引き起こされたパニックが落ち着きを見せ,人への関心が前面に現れてきた。
　①担任に同じ言葉を繰り返すことを求める:手拭きタオルをわざと違う所に掛けて「ちがうね」と言ってもらうとうれしそうに笑ったり,遊びの終わりに「たのしかったね」を何度も繰り返して言いに来て同意を求めたり,担任と同じ気持ちを共有しようとする働きかけが増えてきた。
　②クラスの友達が気になる:同じクラスのBくんはよくシクシク泣いていて,AくんはBくんがどんな表情をしているのかとても気になっていた。Bくんが笑っていると安心し,泣いていると同調して泣くことがあった。次に表情豊かなCちゃんの顔を覗き込むようになり,他のクラスの友達にもその行動は広がっていった。友達の名前を覚えると欠席している子がわかり,「○○ちゃんいないね」と毎日担任に確認していた。
　③自分の行動に対して大人がどのような表情をするのか確認する:わざと注意されるようなことをして大人がどんな表情をするのか,顔を覗き込んで確認した。担任が厳しい表情をして注意している時にでも笑ってその表情を見ており,相手の表情の読み取りやそれに対する適切な行動はまだできなかった。
　また,得意の運動遊びでジャンプが成功した時,「すごいね」と褒める担任の表情も間近に来て確認した。
　④絵本の登場人物の表情に注目する:担任,クラスの友達の表情だけでなく,絵本[2]の登場人物の表情にも関心が向けられた。鬼の子が母親を探して「おかあさーん」と

---

(2) 北山葉子　1977　あかたろうの1・2・3の3・4・5　偕成社

写真2

泣く場面で「えーん」といって笑う。それを何度も繰り返すので,「悲しいんだよ」と主人公の気持ちを伝えるが,Aくんはわからないようだった。そのほかの絵本でも,登場人物の表情に関心が向いていった。

⑤クラスの友達の真似をする（行動を真似る）：ゲームのルールが理解できるようになり,友達と遊ぶことが楽しくなった。Dくんは遊びの場面ではリーダー的な存在で,椅子取りゲームで遊びが繰り返されるうちに罰ゲームをしたくてわざと椅子に座らずにいた。その姿を見てAくんも真似して座らず一緒に罰ゲームをして楽しんでいた。

⑥様々なこと・状況に対してパニックが出てくる（パニックの内容の変化）：泣き声や,カバン配りの順番,作品を壊されたことに対するパニックは徐々に姿を潜め,"遊びをもっと続けたかった""いつも遊んでいるメンバーと違う""好きな先生に注意された"など自分の思いがかなわなかった,思っていたことと違う状況だった,というようにAくん自身の「思い」が育ってきていることによる新たな葛藤が表れてきた。その都度,Aくんの側で「～したかったね」「今度しようね」と思いを受け止めて,次につなげる話しかけをした。

Aくんの思いを受け止めようとする担任のエピソードがある。

クラスで楽しんでいたお買い物ごっこを他のクラスと合同でしたとき,いつもと違う状況にパニックになり参加できず,園庭に担任と2人出て落ち着きを取り戻すことにした。しゃがんで泣いているAくんの側で地面に笑顔のAくんを描き,笑顔になってほしい思いを表現した。それを見たAくんはその顔を消して泣き顔に描き換え,悲しい気持ちが消えていないことを担任に伝えた（写真2）。担任はその気持ちを受け止め,その後もそばにいてAくんが落ち着きを取り戻すのを待ち続けた。

⑦担任に甘える：以前は困ったとき,パニックになった時に抱っこを求めてきたが,そうではなく,笑顔で「だっこ」と甘えるように求めてくることが増えてきた。

4 描画・製作活動における発達

　4歳児の1年間の絵で表現されたものの変化をたどれば，昨年から描いていた「バイキンマンを描く」，特徴的な店の「看板を描く」，「経験したことを描く」，「顔を描く」，「文字を書く」，「街の地図を描く」となっている。ただし，一方向に変化しただけでなく，「バイキンマン」に関しては色がついたり，スライム[3]で立体的に表現したりと発展し，看板に関しては街の地図に発展した。繰り返しを経て発展してきたと考えられる。

　量的な面からみれば，「バイキンマン」，「看板」，「文字（アルファベット）」，看板を含む「街の地図」，が圧倒的に多く，経験したことや顔を描くことはわずかだった。

　絵の内容を見てみると，「バイキンマン」については，3歳の時にすでに体，手足が描けていた。手足が描けている物については「バイキンマン」と同じキャラクターの物があるが（写真3），自分や友達の絵はそれ自体少ないこともあり見当たらなかった。経験したことについては，"むっくりくまさん"の遊びをした後，くまの顔を描いているが，これは遊びの内容を描いたものではなく，遊びに使用したお面の絵であった。

　文字に関しては，企業のロゴが多いが，友達に関心が向いてからは友達の名前を書くようになった。友達の姿を描くのではなく名前を書くことで友達を表現しているところから，"むっくりくまさん"の遊びの内容同様，"イメージ"を絵で表現すること

写真3

---

(3) ポリビニルアルコール（PVA）とホウ砂を結合させゲル化した，触って遊ぶ教材

は難しかったと考えられる。

　顔については，写真2からも笑顔，泣き顔の区別はできていて表現方法も獲得していたことがわかる。

5　「絵を描く」ことからわかること

　「絵を描く」ことは，Aくんの生活の中でかなりのウエイトを占めていた。Aくんにとって「絵を描く」ことはどのような意味を持つものだったのか。

　「描く行為」の発生は，全身の感覚を使い，「もの」を自分の中に取り込み「もの」とかかわろうとする行為を繰り返し試みる探索活動の中から生まれてくる（磯部, 2006），と言われている。しかし，感覚に過敏性等の困難があったAくんにとって，それは思うようにいかず，状況理解にも視覚情報を優位に使っていたことからも「もの」にかかわろうとしたときには視覚を優位に使っていたと考えられる。視覚についてもまだ十分に発達していない段階で，自分の中に取り込む「もの」が限られていたことは想像でき，アニメのキャラクターや看板等，輪郭がはっきりして色もコントラストのはっきりした「もの」が取り込みやすかったと考えられる。視覚性が先行して発達したが，探索活動がなかったわけではなく，限られた世界ではあったが彼は環境と結びつき，触れ合い，全身でその感覚を表そうとしていた。それは，生き生きと絵を描く姿から明らかだった。

　次に，描画を通してのコミュニケーションを見ていく。"絵を描いた人"と"見る人"との間のコミュニケーションとして，まず「（他者に）何を伝えたいのか」を考えてしまいがちだが，子どもの場合，「他者とのコミュニケーション」もあれば，「自分とのコミュニケーション」もある（磯部, 2006），といわれる。Aくんの描画を見ると，パニックで混乱したとき，なぐりがきや知っているキャラクターを何枚も描き，体を動かすことで自分を感じ，取り戻そうとしていた。これは「表現」ではなく「表出」と捉えられるかもしれないが，「自分とのコミュニケーション」として描いていたとも言えるだろう。また，Aくんから「これ見て！」という働きかけに対して「すごいね」とこたえることだけでなく，担任がAくんの絵を見て一緒に描いたり，付け加えたり，それを見てAくんがまた描き加える，といった行為そのものも「他者とのコミュニケーション」でもあると言えるだろう。

　また，担任や友達の表情を，顔を覗き込んで確かめていたが，絵で表現することはなかった。表情に関しては，描かれている顔については"泣いている"のか"笑っている"のかということはわかり，絵として描くこともできるが，泣いている絵本の主

人公のセリフを笑いながら言ったエピソードからも，その表情が出てくる"心情"との関係については理解が及ばず，他者の心情をイメージすることは難しかったことがわかる。

まとめ

　パニックが軽減したのは，Aくんの状況を理解する力が育ち，不安を乗り越えていったからだが，それを支えたものは，大人がAくんに関わるときに大切にした"他者への信頼感"と"自分を信じる力"，そして"人を求める心"であると考える。そののちAくんは他者や周りの環境と積極的にかかわろうとしていった。

　Aくんの「絵を描く」ことを通してわかったことの中で，"表情の読み取りと心情の理解の困難さ"という自閉症の特性と言われるものが出てきた。しかしAくんは困難さを持ちながらも積極的に他者と関わり，表情が一番気になっていたBくんが泣いているときには「だいじょうぶ？」と声をかけたり，Dくんに対してはあこがれの気持ちを持って行動を真似したり，Aくん独自の切り口で他者とつながり，その心情を理解しようとしていた。

　また，一般的な絵画発達は「錯画期」から「見立て・つもり期（意味づけ期）」そして具体的なイメージに先導された形象表現の「羅列期」と展開していく（新見, 2010）が，Aくんの園での描画を見る限りでは「みたて，つもり期」が十分ではなく，この時期に育つ力（イメージの広がり）をどのように育てていくかが課題となることがわかる。それには，再現したくなるような豊かな生活経験とそれを共に楽しめる他者の存在，そしてAくんの描いたものを見た者がイメージを広げその絵を楽しみ，具体的な表現として発展させて，Aくんのイメージにつながるようにしていく，といったことが考えられるだろう。しかし，決してそれを急がせないこと，あきらめないことが大切だと考える。

　"表現する"ことは"積極的に生きる"こと（新見, 2010），という言葉の通り，Aくんは今も"表現者"として生活を楽しんでいる。その表現力が今後も豊かに広がっていくことを最後に願います。

文献

磯部錦司　2006　子どもが絵を描くとき　一藝社
新見俊昌　2010　子どもの発達と描く活動―保育・障がい児教育の現場へのメッセージ　かもがわ出版
辻　政博　2003　子どもの絵の発達過程―全心身的活動から視覚的統合へ　日本文教出版

友久久雄先生ご経歴

1. お生まれ　　昭和17年2月21日

2. 学　　位　　医学博士　昭和47年3月31日　神戸大学

3. ご学歴

　　昭和32年4月～35年3月　　兵庫県立姫路東高等学校
　　昭和38年4月～42年3月　　神戸医科大学（現神戸大学）医学部
　　昭和42年4月～43年3月　　神戸大学附属病院にて医学実地修練
　　昭和43年4月25日　　　　　第44回医師国家試験合格
　　昭和43年4月～47年3月　　神戸大学大学院医学研究科　博士課程
　　昭和47年3月31日　　　　　医学博士の学位授与
　　昭和49年4月5日　　　　　精神衛生鑑定医
　　平成7年4月　　　　　　　臨床心理士
　　平成17年10月　　　　　　精神科専門医
　　平成18年1月　　　　　　　精神科指導医
　　平成21年9月　　　　　　　認定産業医

4. ご職歴

　　昭和47年4月～49年9月　　　社会福祉法人枚方療育園　医長
　　昭和49年10月～62年3月　　京都教育大学　教育学部発達障害学科　助教授
　　昭和62年4月～平成14年3月　京都教育大学　教育学部発達障害学科　教授
　　昭和63年4月～平成14年3月　京都大学　医学部附属病院　医師
　　　　　　　　　　　　　　　（小児精神心理）
　　平成4年4月～平成5年3月　　京都大学　教育学部非常勤講師（障害児心理学）

平成5年2月～5年4月	ノースキャロライナ大学・ロンドン大学　文部省海外短期研究員
平成9年6月～14年3月	京都大学大学院　教育学部（平成10年4月大学教育学研究科）附属臨床教育実践研究センター　客員教授
平成13年4月～14年3月	京都教育大学　附属図書館　館長（兼任）
平成14年4月～現在に至る	京都教育大学　名誉教授
平成14年4月～17年3月	京都大学大学院　教育学研究科附属臨床教育実践研究センター（教育心理臨床実践学演習Ⅰ・Ⅱ）非常勤講師
平成14年4月～24年3月	龍谷大学　文学部哲学科教育学専攻　教授
平成14年4月～現在に至る	京都大学大学院　医学研究科・発生発達医学講座発達小児科学（小児科学実習）非常勤講師
平成16年4月～22年3月	社会福祉法人　十条龍谷会　理事長
平成17年4月～22年3月	学校法人　相愛学園　理事
平成17年4月～現在に至る	龍谷大学　附属平安学園　評議員
平成18年8月～18年10月	UCバークレー校・ハーバード大学　龍谷大学短期国外研究員
平成20年4月～現在に至る	佛教大学　教育学部　客員教授
平成22年3月～現在に至る	社会福祉法人　ビハーラ本願寺　医師
平成23年4月～現在に至る	公益財団法人　京都オムロン地域協力基金　評議員
平成24年4月～26年3月	龍谷大学　文学部臨床心理学科　教授

5．ご受賞

平成13年11月10日	京都新聞大賞（教育社会賞）
平成14年10月24日	社会教育功労者　文部科学大臣表彰
平成16年11月	京都府教育功労者受賞
平成22年5月	第25回京都ヒューマン大賞　財団法人京都オムロン地域協力基金

1. 著書

区分	著書・学術論文等の名称 名称	単著共著の別	発行又は発表の年月日	発行所・発表雑誌等又は発表学会等の名称
著書(1)	発達とその障害（Ⅲ章 発達をうながす）	共	1977年6月	ミネルヴァ書房（全311頁）分担部分（pp.92～159）
著書(2)	発達とその障害（第2版）（からだと心の基礎）	共	1981年8月	ミネルヴァ書房（全318頁）分担部分（pp.118～206）
著書(3)	子どもの精神衛生（9章 子どもの非行）	共	1983年3月	杏林書院（全230頁）分担部分（pp.175～194）
著書(4)	Lateral Dominanceに関する研究（利き手・利き脳）	単	1985年2月	多賀出版（全250頁）
著書(5)	目で見る障害児医学（第7章 精神病理 3.精神障害）	共	1985年3月	学苑社（全294頁）分担部分（pp.207～218）（pp.221～224）
著書(6)	障害児教育講座Ⅴ 近未来の障害児教育の動向（第2部 重度・重複障害児教育：障害児の行動特性について）	共	1985年11月	（財）大阪養護教育振興会（全168頁）分担部分（pp.92～115）
著書(7)	医療から教育への提言 ―医学を教育の中でいかに活かすか―	単	育成 1989年6月 1989年7月 1989年8月 1989年9月 1989年10月 1989年11月 1989年12月 1990年1月 1990年2月	大阪養護教育振興会 (pp.2～5) (pp.2～5) (pp.2～4) (pp.2～4) (pp.2～4) (pp.2～4) (pp.2～4) (pp.2～3) (pp.2～4)
著書(8)	幼児教育を学ぶ人のために 4章(4)関連分野に学ぶ・乳幼児の発達相談	共	1994年8月	世界思想社（全321頁）分担部分（pp.287～301）
著書(9)	自閉症障害と教育効果に関する研究―Rett症候群と自閉症の比較検討―	編著	1995年2月	多賀出版（全367頁）分担部分（pp.1～118）
著書(10)	阪神大震災救援ボランティアへのメッセージ（P.T.S.D.を考える）	共	1995年6月	朝日新聞厚生文化事業団（全117頁）分担部分（pp.56～62）
著書(11)	真宗叢書1 真宗葬儀法要法話実践講座（第5章第3節6 心身症の人のいる家族への法話のポイント）	共	1995年11月	四季社（全494頁）分担部分（pp.453～461）
著書(12)	真宗叢書2 続・真宗葬儀法要法話実践講座（資料編・献体と臓器バンク）	共	1996年11月	四季社（全495頁）分担部分（pp.402～427）
著書(13)	ビハーラ基本学習会講義録Ⅶ（臨床Ⅳ：生と精神医学とビハーラ）	共	1999年3月	浄土真宗本願寺派・社会部（全143頁）分担部分（pp.104～143）

著書(14)	学校カウンセリング入門(第1章カウンセリングとは)	編著	1999年12月	ミネルヴァ書房（全227頁）分担部分（pp.3～44）
著書(15)	焦点ビハーラ活動〈Ⅵ〉(Let'sビハーラ)	共	2000年3月	浄土真宗本願寺派・社会部（全79頁）分担部分（pp.28～35）
著書(16)	発達障害児の医学的支援	単	育成 2000年10月 2000年11月 2000年12月 2001年1月 2001年2月 2001年3月	大阪養護教育振興会 (pp.2～4) (pp.2～6) (pp.4～5) (pp.2～5) (pp.2～5) (pp.6～7)
著書(17)	学校カウンセリングの理論と実際(第1章 カウンセリングマインド)	共	2001年9月	ミネルヴァ書房（全205頁）分担部分（pp.1～56）
著書(18)	輝くいのちをみつめて	単	2002年6月	本願寺出版社（全267頁）
著書(19)	真宗「不遇死」葬儀法要法話実践講座(不遇死に思う)	共	2004月2月	四季社（全379頁）分担部分（pp.37～47） （pp.378～379）
著書(20)	発達障害入門(第1章-1 医学からみたLD)(第2章-1 検査と診断)(第4章-1 LDの周辺)	編著	2005年5月	ミネルヴァ書房（全236頁）分担部分（pp.12～29） （pp.65～91） （pp.177～190）
著書(21)	僧侶のための仏教カウンセリング入門（カウンセリングの基礎）	編著	2005年10月	四季社（全343頁）分担部分（pp.12～101）
著書(22)	菩提樹25(輝くいのちをみつめて)	共	2007年3月	京都女子大学宗教部（全118頁）分担部分（pp.8～41）
著書(23)	死と愛──いのちへの深い理解を求めて（宗教とカウンセリングにおける「自分探し」のあり方について）	共	2007年7月	法藏館（全318頁）分担部分（pp.157～167）
著書(24)	唯識 こころの仏教（第5章-2 こころとカウンセリング）	共	2008年9月	自照社出版（全355頁）分担部分（pp.276～303）
著書(25)	仏教とカウンセリング(仏教とカウンセリング)(心理的カウンセリングから宗教的カウンセリングへ)	編	2010年5月	法藏館（全288頁）分担部分（pp.5～15） （pp.133～153）
著書(26)	生きかた死にかた──僧侶ドクターの人生カルテ	単	2013年2月	本願寺出版社（全143頁）
著書(27)	仏教とカウンセリングの理論と実践──仏の教えと心の癒し(臨床における仏教とカウンセリング)(仏教における苦悩とその解決)(煩悩変じて菩提となる)	編	2013年3月	自照社出版（全307頁）分担部分（pp.5-32） （pp.35-50） （pp.169-190）
著書(28)	臨床心理実習マニュアル(第2部第1章 妄想と幻覚)(第2部第5章 心身症)	編	20013年4月	遠見書房（全176頁）分担部分（pp.81-85） （pp.114-117）

2. 論文

区分	著書・学術論文等の名称 名　称	単著共著の別	発行又は発表の年月日	発行所・発表雑誌等又は発表学会等の名称
論文(1)	障害児医療における問題点	共	1973年 2月	児童精神医学とその近接領域 第15巻　1号（pp.15〜16）
論文(2)	重症心身障害児における対人的影響の分析	共	1973年12月	小児の精神と神経 第13巻2・3・4号（pp.20〜25）
論文(3)	障害児をとりまく環境	共	1974年 2月	児童精神医学とその接近領域 第16巻1号（pp.54〜58）
論文(4)	ゲシュタルト認知と心的態度との関連（学位論文）	単	1975年 6月	神戸大学医学部紀要 第34巻　3号（pp.111〜120）
論文(5)	就園に際しての「ある自閉的傾向児の適応過程」	単	1975年 9月	京都教育大学・教育研究所所報 第22号（pp.38〜44）
論文(6)	重症心身障害児の病因的考察	単	1976年 7月	京都教育大学紀要A. No.49（pp.45〜54）
論文(7)	術後長期を経た狭頭症児の精神発達的分析	共	1977年 8月	第4回目日本小児神経外科学研究会講演集（pp.37〜41）
論文(8)	自傷行為をもつ重度障害児の発達分析	単	1978年 2月	児童精神医学とその接近領域 第19巻1号（pp.48〜50）
論文(9)	自閉症児のplay —therapyと親子関係	単	1978年12月	小児の精神と神経 第18巻　4号（pp.211〜218）
論文(10)	Lateralization-testの手びき —右利き・左利きテスト—	単	1979年 3月	京都教育大学・教育研究所所報 第25号（pp.155〜171）
論文(11)	Lateralizationの意義	単	1980年 3月	京都教育大学・教育研究所所報 第26号（pp.204〜216）
論文(12)	自閉症児の治療と教育 —その歴史的変遷と今後の課題—	単	1980年 9月	京都教育大学紀要A. No.57（pp.73〜88）
論文(13)	精神分裂病における時間空間の偏位 —ゲシュタルト認知の分析を通して—	共	1980年10月	臨床精神医学 第9巻　10号（pp.1025〜1031）
論文(14)	人生最初の矛盾	単	1981年 7月	発達 第7巻　2号（pp.39〜51）
論文(15)	教員養成系大学における障害児医学のあり方とその実態	単	1982年 5月	総合リハビリテーション 第10巻5号（pp.481〜487）
論文(16)	自閉症の概念と治療教育	単	1982年 9月	精神薄弱児研究 第291号（pp.90〜97）
論文(17)	幼児期の親子関係について	単	1983年 1月	Reed（リード図書出版・大阪） 第202（pp.36〜46）
論文(18)	学校精神衛生について —精神の健康と問題行動—	単	1983年 4月	学校保健研究 第25巻4号（pp.172〜178）
論文(19)	発達段階からみた自閉症児へのアプローチ	単	1983年12月	小児の精神と神経 第23巻2・3号（pp.187〜188）

論文(20)	親と療育者はひとつの心で―自閉症児へのアプローチを中心に―	単	1985年 8月	発達 第23巻6号（pp.43～54）
論文(21)	学校精神衛生における保健室の役割	単	1987年 1月	学校保健研究 第29巻第1号（pp.7～14）
論文(22)	自閉症における行動分析の研究	共	1989年 9月	京都教育大学紀要A. No.75（pp.45～58）
論文(23)	教員養成系大学における遊戯療法・Ⅰ	共	1993年 3月	京都教育大学教育実践年報 第9号（pp.291～309）
論文(24)	教員養成系大学における遊戯療法・Ⅱ		1993年 3月	（pp.311～322）
論文(25)	登校拒否児童生徒の現状について	単	1994年 3月	京都府学校不適応対策会議まとめ（pp.3～8）
論文(26)	自閉性障害（自閉症）を理解するために	単	1995年 1月	マママとままま　アカデミア出版（pp.83～123）
論文(27)	障害児医学研究室の卒論・修論の歩み	共	1995年 3月	菅田洋一郎教授退官記念論文集（pp.53～66）
論文(28)	生体臓器移植をめぐる精神的社会的・倫理的諸問題に関する研究　第Ⅰ報	共	1996年 9月	京都教育大学紀要 No.89（pp.105～117）
論文(29)	第Ⅱ報		1997年 3月	No.90（pp.37～117）
論文(30)	第Ⅲ報		1998年 3月	No.91（pp.39～50）
論文(31)	学校不適応行動の本態解明とその対応について―不登校前行動をとおして―	共	1997年 3月	京都教育大学紀要 No.90（pp.53～70）
論文(32)	学校不適応行動（不登校の予防と指導に関する研究）	共	1998年 3月	京都教育大学教育実践研究年報 第14号（pp.257～267）
論文(33)	学校カウンセリングのあり方についての一考察	単	1998年 3月	京都大学教育学部附属臨床教育実践研究センター紀要 創刊号（pp.75～87）
論文(34)	不登校と教師カウンセリング	単	1999年 3月	京都大学大学院教育学研究科附属臨床教育実践センター紀要 第2号（pp.43～58）
論文(35)	二次的症状としての不登校へのアプローチ― 精神医学的観点から―	単	2000年 3月	京都大学大学院教育学研究科附属臨床教育実践センター 第3号（pp.87～101）
論文(36)	青年期の精神医学	単	2001年 3月	教育 第36号（pp.16～36）
論文(37)	長期不登校であった生徒への心の援助	共	2001年 3月	京都教育大学紀要 No.98（pp.45～56）
論文(38)	障害児と思春期	単	2002年 2月	産婦人科治療 27巻3号（pp.155～158）
論文(39)	不可思議なるいのち―科学における宗教性―	単	2003年10月	龍谷パドマ2 （pp.13～17）

論文(40)	臨床心理学の変遷とその「気づき」について ―心理学的視点と宗教学的視点から		単	2004年 1月	龍谷大学論集第463号 (pp.42～61)
論文(41)	宗教とカウンセリングにおける「自分探し」のあり方について		単	2004年11月	龍谷大学仏教文化研究所所報 28巻（PP.1～5）
論文(42)	カウンセリングと仏教 来談者中心療法と浄土真宗		単	2005年 3月	龍谷大学大学院臨床心理相談室紀要 創刊号(pp.9～21)
論文(43)	思春期臨床における発達の問題 ―遊びの場の意義―		単	2006年 6月	思春期青年期精神医学 第16巻第2号 (pp.111～120)
論文(44)	浄土真宗における社会活動の基礎的研究Ⅰ―歴史・現状・課題―		共	2007年12月	仏教文化研究所紀要 第46集 (PP.161～180)
論文(45)	仏教とカウンセリング ―親鸞とロジャース		単	2008年 3月	宗教研究 第81巻第4号 (pp.1101～1102)
論文(46)	ロジャースと非指示療法 ―三つの疑問から―		単	2008年 3月	龍谷大学教育学会紀要 第7号 (pp.1～15)
論文(47)	宗教と心理療法 ―三願転入とカウンセリング・プロセス―		単	2008年 7月	龍谷大学論集 第472号(pp.2～18)
論文(48)	浄土真宗における社会活動の基礎的研究Ⅱ ―歴史・現状・課題―		共	2008年12月	仏教文化研究所紀要 第47集 (PP.75～92)
論文(49)	仏教と心理学の接点 聴聞と傾聴		単	2009年 3月	宗教研究 第82巻第4号 (pp.943～944)
論文(50)	面接相談におけるカウンセリングと仏教 ―不登校児の母親の事例を通して―		単	2009年 3月	龍谷紀要 第30巻第2号 (pp. 13～27)
論文(51)	面接場面における気づきの研究：心理的気づきから宗教的気づきへ		単	2010年 1月	龍谷大学論集 第474/475号 (pp.131～150)
論文(52)	三願転入とカウンセリング：親鸞とC・ロジャース		単	2010年 3月	宗教研究 第83巻4号 (pp.1431～1432)
論文(53)	発達障害の理解とその対応		共	2010年12月	子育て支援と心理臨床 第2号 (pp.33～38)
論文(54)	示談における目覚めと面接相談における気づきについて		単	2011年 3月	宗教研究 第84巻4号 (pp.1322-1323)
論文(55)	悩みに対する宗教的・心理的アプローチに関する研究―大学生の悩みとその解決方法―		単	2012年12月	仏教文化研究所紀要 第51集 (pp.1-9)
論文(56)	発達障害からみた大学生における親子関係		単	2013年 1月	追手門学院大学学生相談室年報 第22号 (pp.2-17)
論文(57)	臨床心理学における気付き		単	2013年10月	龍谷大學論集 第482号 (pp.32-45)

3. 過去5年間の学会発表

区分	名称	単著共著の別	発行又は発表の年月日	発行所・発表雑誌等又は発表学会等の名称
学会発表(1)	気づきの心理学－カウンセリングにおける気づきの意義－	単	2009年 8月	日本心理学会第73回大会
学会発表(2)	経験年数におけるビハーラ活動の意義	共	2009年 8月	仏教看護・ビハーラ学会第5回年次大会
学会発表(3)	心理療法におけるトランスパーソナル心理学の役割	共	2009年 9月	日本心理臨床学会第28回大会
学会発表(4)	三願転入とカウンセリング－親鸞とC.ロジャース－	共	2009年 9月	日本宗教学会第68回学術大会
学会発表(5)	ビハーラ活動者のお念仏の実践と認識Ⅱ	共	2010年 8月	仏教看護・ビハーラ学会第6回年次大会
学会発表(6)	示談における目覚めと面接相談における気づきについて	共	2010年 9月	日本宗教学会第69回学術大会
学会発表(7)	ビハーラ活動におけるカウンセリングの意義	共	2011年 8月	仏教看護・ビハーラ学会第7回年次大会
学会発表(8)	臨床における気付きと宗教における目覚め	共	2011年 9月	日本心理学会第75回大会
学会発表(9)	仏教とカウンセリングの接点	単	2012年 9月	日本宗教学会第71回学術大会
学会発表(10)	臨床におけるカウンセリングと仏教	共	2012年 9月	日本心理学会第76回大会
学会発表(11)	ビハーラ活動研修生と大学生における生死の問題(1)	共	2013年 8月	仏教看護・ビハーラ学会第9回年次大会
学会発表(12)	臨床心理学における「気付き」	共	2013年 9月	日本心理学会第77回大会

執筆者紹介（＊印は編者）

吉川　　悟　　序にかえて
友久　久雄　　定年を迎えるにあたって

海谷　則之	真宗・仏教	第 1 章	龍谷大学　名誉教授（教育学専攻）	
吾勝　常行	真宗・仏教	第 2 章	龍谷大学文学部臨床心理学科　教授	
藤　　能成	真宗・仏教	第 3,4 章	龍谷大学文学部真宗学科　教授	
中尾　将大	真宗・仏教	第 4 章	大阪大谷大学人間社会学部　非常勤講師	
原田　哲了	真宗・仏教	第 5 章	龍谷大学文学部　非常勤講師	
大田　利生	真宗・仏教	第 6 章	龍谷大学　名誉教授（真宗学専攻）	
林　　智康	真宗・仏教	第 7 章	龍谷大学文学部真宗学科　教授	
鍋島　直樹	真宗・仏教	第 8 章	龍谷大学文学部真宗学科　教授	
吉川　　悟＊	臨床心理	第 9 章	龍谷大学文学部臨床心理学科　教授	
森田　喜治	臨床心理	第 10 章	龍谷大学文学部臨床心理学科　教授	
東　　　豊	臨床心理	第 11 章	龍谷大学文学部臨床心理学科　教授	
小正　浩徳	臨床心理	第 12 章	龍谷大学文学部臨床心理学科　講師	
赤田　太郎	臨床心理	第 13 章	龍谷大学短期大学部　准教授	
児玉　龍治	臨床心理	第 14 章	龍谷大学文学部臨床心理学科　准教授	
赤津　玲子	臨床心理	第 15 章	龍谷大学文学部臨床心理学科　講師	
伊東　秀章	臨床心理	第 16 章	龍谷大学文学部臨床心理学科　非常勤講師	
守田　弘宣	教育・福祉	第 17 章	（元）奈良県内公立中学校長	
村田　稔晴	教育・福祉	第 18 章	（元）姫路市立御国野小学校長	
眞弓　春雄	教育・福祉	第 19 章	（元）大阪市立特別支援学校　教諭	
吉田　　巽	教育・福祉	第 20 章	大阪信愛女学院短期大学　教授	
今泉　和子	教育・福祉	第 21 章	尼崎市立梅香小学校教頭	
井関　良美	教育・福祉	第 22 章	武庫川女子大学文学部心理・社会福祉学科　講師	
森田　　正	教育・福祉	第 23 章	杉並区立中瀬中学校中瀬学級　主任教諭	
田邊　桂子	教育・福祉	第 24 章	中野区立上高田小学校かみたかだ通級指導学級　主任教諭	
大脇万起子	教育・福祉	第 25 章	滋賀県立大学人間看護学部人間看護学科　准教授	
安居　昌行	教育・福祉	第 26 章	京都市教育委員会指導部学校指導課　首席指導主事	
梶川　裕司	教育・福祉	第 27 章	京都外国語大学マルチメディア教育研究センター　教授	
滋野井一博	教育・福祉	第 28 章	龍谷大学文学部臨床心理学科　教授	
滋野井悦子	教育・福祉	第 29 章	京都市立小学校　教諭	
稲本　信正	教育・福祉	第 30 章	兵庫県立姫路特別支援学校　教諭	
松浦　智子	教育・福祉	第 31 章	児童発達支援センター　保育士	

龍谷大学仏教文化研究叢書32
対人援助をめぐる実践と考察

2014年3月20日　初版第1刷発行　　　定価はカヴァーに
　　　　　　　　　　　　　　　　　　表示してあります。

　　　　　編　者　吉川　悟
　　　　　発行者　中西健夫
　　　　　発行所　株式会社ナカニシヤ出版
　　　〒606-8161　京都市左京区一乗寺木ノ本町15番地
　　　　　　　　　Telephone 075-723-0111
　　　　　　　　　Facsimile 075-723-0095
　　　　　　Website http://www.nakanishiya.co.jp/
　　　　　　Email   iihon-ippai@nakanishiya.co.jp

装幀＝白沢　正／印刷＝ファインワークス／製本＝兼文堂
Printed in Japan.
Copyright© by S. Yoshikawa
ISBN978-4-7795-0844-8 C3000

本書のコピー，スキャン，デジタル化等の無断複製は著作権法上での例外を除き禁じられています。本書を代行業者等の第三者に依頼してスキャンやデジタル化することはたとえ個人や家庭内の利用であっても著作権法上認められておりません。